普通高等教育"十二五"规划教材

经济数学(二)

(线性代数、概率论与数理统计)

主　编　林　谦　陈传明

参　编　王爱菊　马保忠
李梦媛　甄博倩

科学出版社

北　京

内 容 简 介

为适应高等学校数学类课程改革的需要，编者经过多年教学实践经验，并在吸收“十五”和“十一五”规划系列教材成果的基础上编写了本书.本书内容包括行列式、矩阵、线性方程组、随机事件及其概率、随机变量及其数字特征、数理统计初步和概率分布表等，书后附有习题参考答案或提示.

本书可作为普通高等学校经济类各专业的教材，也可作为普通高等学校教师的教学参考书，还可供经济管理人员参考.

图书在版编目(CIP)数据

经济数学.2，线性代数、概率论与数理统计/林谦，陈传明主编.—北京：科学出版社，2015

普通高等教育“十二五”规划教材

ISBN 978-7-03-046073-8

Ⅰ.①经… Ⅱ.①林… ②陈… Ⅲ.①经济数学-高等学校-教材②线性代数-高等学校-教材③概率论-高等学校-教材④数理统计-高等学校-教材 Ⅳ.①F224.0②O151.2③O21

中国版本图书馆CIP数据核字(2015)第249473号

责任编辑：李淑丽 李 萍／责任校对：蒋 萍

责任印制：赵 博／封面设计：华路天然工作室

科学出版社出版

北京东黄城根北街16号

邮政编码：100717

http://www.sciencep.com

大厂书文印刷有限公司印刷

科学出版社发行 各地新华书店经销

*

2015年12月第 一 版 开本：720×1000 1/16

2015年12月第一次印刷 印张：17 1/4

字数：348 000

定价：34.00元

（如有印装质量问题，我社负责调换）

前　言

经济数学在社会经济活动中的应用十分广泛.随着计算机技术及其他高科技的普及和发展,线性代数和概率论与数理统计在经济活动中的重要性日渐突出,这就决定了线性代数和概率论与数理统计的理论和方法具有广泛的应用价值.从1999年我国高等学校扩大招生规模至今,我国高等教育已实现从精英教育向大众化教育的转变,但与之相应的教材建设不尽如人意,还或多或少地停留在传统教育模式上,过分追求逻辑的严密性和理论体系的完整性,重理论而轻实践.那么,什么样的教材才适应当今学生的特点?针对这个问题,编者根据高等学校经济类专业经济数学(线性代数和概率论与数理统计)的教学大纲和教学基本要求,结合编者多年的教学实践经验,并在吸收"十五"和"十一五"规划教材成果的基础上编写了本书.在本书的编写过程中,力求体现如下特点.

(1) 强调概念,淡化理论.教材以现实、生动的实例引进数学概念,以简明通俗的语言深入浅出地阐述基本概念和基本理论,在保证数学概念的准确性及基本理论完整性的原则下,减少抽象的理论证明,并借助几何直观图形和实际意义解释概念和定理,使抽象的概念形象化,使复杂的问题简单化,从而降低难度,精简内容,以适应教学改革的时代需要.

(2) 结合专业,强化实用.在教学内容上充分体现"贴近实际,面向专业"的思想,并以"实用为目的",以"必须、够用为度",同时加强计算.因此,本教材优化整合了经济数学基础课程的基本内容,精选了一定数量的经济应用实例,将数学知识模块与经济案例相结合,使学生能将所学基本知识和基本理论应用到解决实际问题中去,从而使学生充分感受到数学的应用价值.

(3) 把方法的应用程序化、步骤化.

(4) 强调数学思想方法.本书注重培养学生用数学思想方法去分析和解决实际问题的能力,力求将数学的思想和方法融到经济生活中,体现学习经济数学的终极目标是解决实际生活中的经济问题,更好地为国家的经济建设服务,同时为后继相关课程的学习打下良好的数学基础.

(5) 适应少学时要求,本书内容按每周3学时,18周共54学时来编写.教师可以根据实际情况决定教学内容的取舍.

本书内容包括行列式、矩阵、线性方程组、随机事件及其概率、随机变量及其数字特征、数理统计初步和概率分布表;每章、节后都附有一定量的习题,题型较全,以帮助学生巩固和提高所学知识,同时书后附有习题参考答案或提示,以供参考.

另外,为适应不同层次、不同学科的需要,书中有的地方加了*号,它相对独立,可根据需要及学时多少进行适当删减.

本书由6位具有丰富教学实践经验的教师,在云南省多所高等院校近十年来使用的《经济数学》讲稿基础上,结合高等学校数学类课程改革的需要编写而成.编写组为保证本书的质量,将书稿以讲义的形式在多所院校进行试用,并根据广大师生提出的建议、意见,反复对书稿进行修改和补充.其中第1章由陈传明(云南师范大学商学院)编写;第2、3章由林谦(云南师范大学)编写;第4章由王爱菊(云南师范大学商学院)编写;第5章由马保忠(云南师范大学商学院)编写;第6章由李梦媛和甄博倩(云南师范大学商学院)编写.全书由林谦教授负责框架结构安排、统稿、定稿和主审.

由于编者水平有限,书中难免有不妥之处,敬请广大读者和同行批评指正,以便我们再版时进行纠正.

编　者

2014年11月于昆明

目 录

第1章　行　列　式

行列式是线性代数中的重要概念之一，它来源于解线性方程组的问题，并且广泛应用于数学、工程技术及经济学等众多领域. 本章主要介绍行列式的概念、性质及计算方法，并介绍用行列式解一类特殊线性方程组的克拉默(Cramer)法则. 最后，利用克拉默法则给出方程个数与未知量个数相等的线性齐次方程组有非零解的充要条件.

1.1　行列式的定义及其展开定理

1.1.1　二阶与三阶行列式

1. 二阶行列式

定义 1.1　由 $4=2^2$ 个数 $a_{ij}(i,j=1,2)$ 排成的 2 行 2 列的正方形数表，并在它的两旁各加一条竖线所得到的式子

$$\begin{vmatrix} a_{11} & a_{12} \\ a_{21} & a_{22} \end{vmatrix} \overset{\text{记为}}{=\!=} D_2 \tag{1.1}$$

称为**二阶行列式**，它表示一个数，其值为 $a_{11}a_{22}-a_{12}a_{21}$，即

$$D_2=\begin{vmatrix} a_{11} & a_{12} \\ a_{21} & a_{22} \end{vmatrix}=a_{11}a_{22}-a_{12}a_{21}, \tag{1.2}$$

(—)　　(+)

其中 $a_{ij}(i,j=1,2)$ 称为行列式 D_2 的**元素**，且第一个下标 i 称为**行标**，表示元素 a_{ij} 位于行列式中的第 i 行，第二个下标 j 称为**列标**，表示元素 a_{ij} 位于行列式中的第 j 列. 由此知，元素 a_{ij} 位于行列式 D_2 中第 i 行与第 j 列的交叉点处.

从式(1.2)看出：$a_{11}a_{22}$ 是实线(称为**主对角线**)上两数之积，$a_{12}a_{21}$ 是虚线(称为**次对角线**)上两数之积. 因此，按式(1.2)计算二阶行列式的方法(或法则)称为**对角线展开法**(或**对角线法则**).

例 1.1　$\begin{vmatrix} 5 & -1 \\ 3 & 2 \end{vmatrix}=5\times2-(-1)\times3=10+3=13.$

例 1.2　$\begin{vmatrix} \sin x & \cos x \\ -\cos x & \sin x \end{vmatrix}=\sin x\cdot\sin x-\cos x\cdot(-\cos x)=\sin^2x+\cos^2x=1.$

2. 三阶行列式

定义 1.2 由 $9=3^2$ 个数 $a_{ij}(i,j=1,2,3)$ 排成的 3 行 3 列的正方形数表,并在它的两旁各加一条竖线所得到的式子

$$\begin{vmatrix} a_{11} & a_{12} & a_{13} \\ a_{21} & a_{22} & a_{23} \\ a_{31} & a_{32} & a_{33} \end{vmatrix} \xlongequal{\text{记为}} D_3 \tag{1.3}$$

称为**三阶行列式**,它表示一个数,其值为

$$a_{11}a_{22}a_{33}+a_{12}a_{23}a_{31}+a_{13}a_{21}a_{32}-a_{13}a_{22}a_{31}-a_{11}a_{23}a_{32}-a_{12}a_{21}a_{33},$$

即

$$D_3=a_{11}a_{22}a_{33}+a_{12}a_{23}a_{31}+a_{13}a_{21}a_{32}-a_{13}a_{22}a_{31}-a_{11}a_{23}a_{32}-a_{12}a_{21}a_{33}, \tag{1.4}$$

其中 $a_{ij}(i,j=1,2,3)$ 称为行列式 D_3 的**元素**,且位于 D_3 中第 i 行与第 j 列的交叉点处,同时可将式(1.4)按下面规律性较强的**莎路展开法**(仍可称为**对角线展开法**)来进行记忆,即有

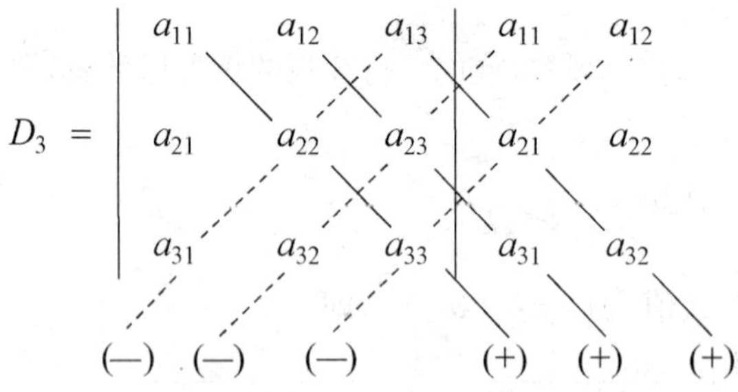

$$=a_{11}a_{22}a_{23}+a_{12}a_{23}a_{31}+a_{13}a_{21}a_{32}-a_{13}a_{22}a_{31}-a_{11}a_{23}a_{32}-a_{12}a_{21}a_{33} \tag{1.5}$$

另外,可规定**一阶行列式** $|a_{11}|=a_{11}$,并注意 $|a_{11}|$ 和绝对值的差别,不要混淆.

例 1.3 计算三阶行列式:$\begin{vmatrix} 2 & 3 & 5 \\ -4 & 3 & 1 \\ 2 & 1 & -2 \end{vmatrix}$.

解 原式$=\left|\begin{matrix} 2 & 3 & 5 \\ -4 & 3 & 1 \\ 2 & 1 & -2 \end{matrix}\right|\begin{matrix} 2 & 3 \\ -4 & 3 \\ 2 & 1 \end{matrix}=2\times3\times(-2)+3\times1\times2+5\times(-4)\times1$

$$-5\times3\times2-2\times1\times1-3\times(-4)\times(-2)$$

$$=-12+6-20-30-2-24=-82.$$ **解毕**

例 1.4 $\begin{vmatrix} a & 1 & 0 \\ 1 & a & 0 \\ 4 & 1 & 1 \end{vmatrix}<0$ 的充分必要条件是什么?

解　因 $\begin{vmatrix} a & 1 & 0 \\ 1 & a & 0 \\ 4 & 1 & 1 \end{vmatrix} = \begin{vmatrix} a & 1 & 0 \\ 1 & a & 0 \\ 4 & 1 & 1 \end{vmatrix}\begin{matrix} a & 1 \\ 1 & a \\ 4 & 1 \end{matrix} = a^2+0+0-0-0-1=a^2-1$，故

$\begin{vmatrix} a & 1 & 0 \\ 1 & a & 0 \\ 4 & 1 & 1 \end{vmatrix}<0 \Leftrightarrow a^2-1<0 \Leftrightarrow a^2<1 \Leftrightarrow |a|<1 \Leftrightarrow -1<a<1$. **解毕**

1.1.2　*n* 阶行列式

在给出 n 阶行列式的概念及行列式的展开定理之前，先介绍**余子式**和**代数余子式**的概念.

1. 二阶、三阶行列式的余子式和代数余子式

定义 1.3　从二阶或三阶行列式中划去元素 a_{ij} 所在的第 i 行和第 j 列的元素后，剩下的元素不改变原来的顺序所构成的一阶或二阶行列式称为元素 a_{ij} 的**余子式**，记为 M_{ij}，而称 $A_{ij}=(-1)^{i+j}M_{ij}$ 为元素 a_{ij} $(i,j=1,2$ 或 $i,j=1,2,3)$ 的**代数余子式**.

例 1.5　在二阶行列式 $\begin{vmatrix} a_{11} & a_{12} \\ a_{21} & a_{22} \end{vmatrix}$ 中，它的各元素的余子式和代数余子式分别为

$$a_{11}:\quad M_{11}=|a_{22}|=a_{22},\quad A_{11}=(-1)^{1+1}M_{11}=M_{11}=a_{22};$$

$$a_{12}:\quad M_{12}=|a_{21}|=a_{21},\quad A_{12}=(-1)^{1+2}M_{12}=-M_{12}=-a_{21};$$

$$a_{21}:\quad M_{21}=|a_{12}|=a_{12},\quad A_{21}=(-1)^{2+1}M_{21}=-M_{21}=-a_{12};$$

$$a_{22}:\quad M_{22}=|a_{11}|=a_{11},\quad A_{22}=(-1)^{2+2}M_{22}=M_{22}=a_{11}.$$

例 1.6　在三阶行列式 $\begin{vmatrix} 1 & 2 & 3 \\ -2 & 0 & 1 \\ 2 & 4 & -1 \end{vmatrix}$ 中，元素 $a_{11}=1$ 和元素 $a_{32}=4$ 的余子式和代数余子式分别为

$$a_{11}=1:\quad M_{11}=\begin{vmatrix} 0 & 1 \\ 4 & -1 \end{vmatrix}=-4,\quad A_{11}=(-1)^{1+1}M_{11}=M_{11}=-4;$$

$$a_{32}=4:\quad M_{32}=\begin{vmatrix} 1 & 3 \\ -2 & 1 \end{vmatrix}=7,\quad A_{32}=(-1)^{3+2}M_{32}=-M_{32}=-7.$$

有了代数余子式的概念之后，便可将二阶或三阶行列式表示为它们的第一行各元素与其所对应代数余子式的乘积之和式，并称该和式为所给行列式**按第一行的展开式**(其实可按任何一行或任何一列展开，该结论将在 1.1.3 节中给出)，如

$$\begin{vmatrix} a_{11} & a_{12} \\ a_{21} & a_{22} \end{vmatrix} \xlongequal{\text{按第1行展开}} a_{11}A_{11}+a_{12}A_{12}; \quad \begin{vmatrix} a_{11} & a_{12} \\ a_{21} & a_{22} \end{vmatrix} \xlongequal[\text{按第2列展开}]{} a_{12}A_{12}+a_{22}A_{22};$$

$$\begin{vmatrix} a_{11} & a_{12} & a_{13} \\ a_{21} & a_{22} & a_{23} \\ a_{31} & a_{32} & a_{33} \end{vmatrix} \xlongequal{\text{按第1行展开}} a_{11}A_{11}+a_{12}A_{12}+a_{13}A_{13}.$$

2. n 阶行列式及其余子式和代数余子式

归纳二阶、三阶行列式及其余子式和代数余子式的概念,以及二阶、三阶行列式的展开规律,便可推广出一般 n 阶行列式及其余子式和代数余子式的定义如下.

定义 1.4 由 n^2 个数 $a_{ij}(i,j=1,2,\cdots,n)$(也称其为**元素**)排成的 n 行 n 列的正方形数表,并在它的两旁各加一条竖线所得到的式子

$$\begin{vmatrix} a_{11} & a_{12} & \cdots & a_{1n} \\ a_{21} & a_{22} & \cdots & a_{2n} \\ \vdots & \vdots & & \vdots \\ a_{n1} & a_{n2} & \cdots & a_{nn} \end{vmatrix} \xlongequal{\text{记为}} D_n \xlongequal{\text{简记为}} |a_{ij}|_n$$

称为 n **阶行列式**,它表示一个数,其值为 $a_{11}A_{11}+a_{12}A_{12}+\cdots+a_{1n}A_{1n}$,即

$D_n=|a_{ij}|_n=a_{11}A_{11}+a_{12}A_{12}+\cdots+a_{1n}A_{1n}=a_{11}M_{11}-a_{12}M_{12}+\cdots+(-1)^{n+1}a_{1n}M_{1n}$,

其中 M_{ij} 是从 n 阶行列式 D_n 中划去元素 a_{ij} 所在的第 i 行和第 j 列元素后,剩下的元素不改变原来的顺序所构成的 $n-1$ 阶行列式,即

$$M_{ij}=\begin{vmatrix} a_{11} & \cdots & a_{1,j-1} & a_{1,j+1} & \cdots & a_{1n} \\ \vdots & & \vdots & \vdots & & \vdots \\ a_{i-1,1} & \cdots & a_{i-1,j-1} & a_{i-1,j+1} & \cdots & a_{i-1,n} \\ a_{i+1,1} & \cdots & a_{i+1,j-1} & a_{i+1,j+1} & \cdots & a_{i+1,n} \\ \vdots & & \vdots & \vdots & & \vdots \\ a_{n1} & \cdots & a_{n,j-1} & a_{n,j+1} & \cdots & a_{nn} \end{vmatrix}_{n-1} \quad (i,j=1,2,\cdots,n),$$

而 $A_{ij}=(-1)^{i+j}M_{ij}$,并分别称 M_{ij} 和 A_{ij} 是元素 $a_{ij}(i,j=1,2,\cdots,n)$ 的**余子式**和**代数余子式**.

由 n 阶行列式 D_n 的定义看出:要计算 D_n 的值,可通过计算 n 个 $n-1$ 阶行列式 $M_{1j}(j=1,2,\cdots,n)$ 的值而得到. 以此类推,对每个 $n-1$ 阶行列式 M_{1j},又可通过计算 $n-1$ 个 $n-2$ 阶行列式的值而得到,继续下去,最终便可得到 D_n 的值.

例 1.7 在四阶行列式 $D_4=\begin{vmatrix} a_{11} & a_{12} & a_{13} & a_{14} \\ a_{21} & a_{22} & a_{23} & a_{24} \\ a_{31} & a_{32} & a_{33} & a_{34} \\ a_{41} & a_{42} & a_{43} & a_{44} \end{vmatrix}$ 中,元素 a_{32} 的余子式和代数余

子式分别为$M_{32}=\begin{vmatrix} a_{11} & a_{13} & a_{14} \\ a_{21} & a_{23} & a_{24} \\ a_{41} & a_{43} & a_{44} \end{vmatrix}$和$A_{32}=(-1)^{3+2}M_{32}=-M_{32}=-\begin{vmatrix} a_{11} & a_{13} & a_{14} \\ a_{21} & a_{23} & a_{24} \\ a_{41} & a_{43} & a_{44} \end{vmatrix}$.

1.1.3 *n* 阶行列式的展开定理

为后面计算行列式的需要,也限于本书的篇幅,下面不加证明地给出行列式展开定理.对后面类似的情形也如此处理,不再赘述.

定理 1.1(行列式展开定理) n 阶行列式

$$D_n=\begin{vmatrix} a_{11} & a_{12} & \cdots & a_{1n} \\ \vdots & \vdots & & \vdots \\ a_{i-1,1} & a_{i-1,2} & \cdots & a_{i-1,n} \\ a_{i1} & a_{i2} & \cdots & a_{in} \\ a_{i+1,1} & a_{i+1,2} & \cdots & a_{i+1,n} \\ \vdots & \vdots & & \vdots \\ a_{n1} & a_{n2} & \cdots & a_{nn} \end{vmatrix}_n=\begin{vmatrix} a_{11} & \cdots & a_{1,j-1} & a_{1j} & a_{1,j+1} & \cdots & a_{1n} \\ a_{21} & \cdots & a_{2,j-1} & a_{2j} & a_{2,j+1} & \cdots & a_{2n} \\ \vdots & & \vdots & \vdots & \vdots & & \vdots \\ a_{n1} & \cdots & a_{n,j-1} & a_{nj} & a_{n,j+1} & \cdots & a_{nn} \end{vmatrix}_n$$

的值等于它的任一行(或任一列)的各元素与其所对应代数余子式乘积之和,即

$$D_n=a_{i1}A_{i1}+a_{i2}A_{i2}+\cdots+a_{in}A_{in}=\sum_{j=1}^{n}a_{ij}A_{ij}\,(i=1,2,\cdots,n)$$

或

$$D_n=a_{1j}A_{1j}+a_{2j}A_{2j}+\cdots+a_{nj}A_{nj}=\sum_{i=1}^{n}a_{ij}A_{ij}\,(j=1,2,\cdots,n).$$

从行列式的定义和展开定理可以看出,根据定义或展开定理计算高阶行列式时,其实质是将高阶行列式降低一阶来进行计算,这是计算行列式的重要方法(称为**降阶计算法**)之一,应熟练掌握.**同时还需指出**:对阶数 $n\geqslant 4$ 的行列式 D_n 来说,不存在对角线展开法.另外,**由展开定理立知**:当一个行列式中的某一行(或某一列)中的元素全为零时,该行列式的值必为零.

例 1.8 计算四阶下三角形行列式$(D_4)_{\text{下三角}}=\begin{vmatrix} a_{11} & 0 & 0 & 0 \\ a_{21} & a_{22} & 0 & 0 \\ a_{31} & a_{32} & a_{33} & 0 \\ a_{41} & a_{42} & a_{43} & a_{44} \end{vmatrix}$和四阶上

三角形行列式 $(D_4)_{上三角}=\begin{vmatrix} a_{11} & a_{12} & a_{13} & a_{14} \\ 0 & a_{22} & a_{23} & a_{24} \\ 0 & 0 & a_{33} & a_{34} \\ 0 & 0 & 0 & a_{44} \end{vmatrix}$ 的值.

解 反复应用行列式的定义和展开定理并结合二阶行列式的对角线展开法有

$$(D_4)_{下三角}\xlongequal{按第1行展开}a_{11}\begin{vmatrix} a_{22} & 0 & 0 \\ a_{32} & a_{33} & 0 \\ a_{42} & a_{43} & a_{44} \end{vmatrix}\xlongequal{按第1行展开}a_{11}a_{22}\begin{vmatrix} a_{33} & 0 \\ a_{43} & a_{44} \end{vmatrix}=a_{11}a_{22}a_{33}a_{44};$$

$$(D_4)_{上三角}\xlongequal[按第1列展开]{}a_{11}\begin{vmatrix} a_{22} & a_{23} & a_{24} \\ 0 & a_{33} & a_{34} \\ 0 & 0 & a_{44} \end{vmatrix}\xlongequal[按第1列展开]{}a_{11}a_{22}\begin{vmatrix} a_{33} & a_{34} \\ 0 & a_{44} \end{vmatrix}=a_{11}a_{22}a_{33}a_{44}.$$

解毕

上、下三角形行列式的概念还可推广到 n 阶的情形，即有以下定义.

定义 1.5 形如 $\begin{vmatrix} a_{11} & a_{12} & \cdots & a_{1n} \\ 0 & a_{22} & \cdots & a_{2n} \\ \vdots & \vdots & & \vdots \\ 0 & 0 & \cdots & a_{nn} \end{vmatrix}$ 和 $\begin{vmatrix} a_{11} & 0 & \cdots & 0 \\ a_{21} & a_{22} & \cdots & 0 \\ \vdots & \vdots & & \vdots \\ a_{n1} & a_{n2} & \cdots & a_{nn} \end{vmatrix}$ 的 n 阶行列式分别称为 n 阶**上三角形行列式**和 n 阶**下三角形行列式**，统称为**三角形行列式**.

反复应用行列式的定义和展开定理，同理可得到**三角形行列式的值如下**：

$$\begin{vmatrix} a_{11} & a_{12} & \cdots & a_{1n} \\ 0 & a_{22} & \cdots & a_{2n} \\ \vdots & \vdots & & \vdots \\ 0 & 0 & \cdots & a_{nn} \end{vmatrix}=a_{11}a_{22}\cdots a_{nn} \quad 和 \quad \begin{vmatrix} a_{11} & 0 & \cdots & 0 \\ a_{21} & a_{22} & \cdots & 0 \\ \vdots & \vdots & & \vdots \\ a_{n1} & a_{n2} & \cdots & a_{nn} \end{vmatrix}=a_{11}a_{22}\cdots a_{nn},$$

且该结果是今后计算行列式的一个重要依据，必须熟练掌握.

例 1.9 计算四阶行列式 $D_4=\begin{vmatrix} 1 & 2 & -1 & 3 \\ 3 & 0 & 1 & -2 \\ 0 & 0 & 4 & 3 \\ 0 & 0 & 0 & -5 \end{vmatrix}$ 的值.

解 因第 2 列含有三个零，故根据展开定理和上三角形行列式的特点，按第 2 列展开有

$$D_3\xlongequal[按第2列展开]{}2A_{12}=-2M_{12}=-2\begin{vmatrix} 3 & 1 & -2 \\ 0 & 4 & 3 \\ 0 & 0 & -5 \end{vmatrix}=-2\times3\times4\times(-5)=120.$$ **解毕**

习 题 1.1

1. 计算下列二阶行列式的值：

(1) $\begin{vmatrix} 1 & 2 \\ 3 & 4 \end{vmatrix}$； (2) $\begin{vmatrix} 5 & 1 \\ 4 & -3 \end{vmatrix}$； (3) $\begin{vmatrix} \sin x & 1 \\ 1 & \cos x \end{vmatrix}$；

(4) $\begin{vmatrix} \cos x & -\sin x \\ \sin x & \cos x \end{vmatrix}$； (5) $\begin{vmatrix} x+1 & x \\ x^2 & x^2-x+1 \end{vmatrix}$； (6) $\begin{vmatrix} a-b & a+1 \\ a-1 & a+b \end{vmatrix}$.

2. 计算下列三阶行列式的值：

(1) $\begin{vmatrix} 1 & 2 & 3 \\ 3 & 1 & 2 \\ 2 & 3 & 1 \end{vmatrix}$； (2) $\begin{vmatrix} 1 & -1 & 3 \\ 2 & -1 & 1 \\ 1 & 2 & 0 \end{vmatrix}$； (3) $\begin{vmatrix} 2 & 7 & 5 \\ -1 & 4 & -2 \\ 1 & 3 & 3 \end{vmatrix}$；

(4) $\begin{vmatrix} 0 & a & 0 \\ b & 0 & c \\ 0 & d & 0 \end{vmatrix}$； (5) $\begin{vmatrix} 0 & a & b \\ -a & 0 & c \\ -b & -c & 0 \end{vmatrix}$； (6) $\begin{vmatrix} a & b & c \\ b & c & a \\ c & a & b \end{vmatrix}$.

3. 当 λ 取何值时，三阶行列式 $\begin{vmatrix} 1 & 2 & \lambda \\ \lambda & -1 & 0 \\ -\lambda & 4 & 1 \end{vmatrix}=0$？

4. 三阶行列式 $\begin{vmatrix} a & 0 & 4 \\ 1 & -1 & a \\ 1 & 0 & a \end{vmatrix}>0$ 的充分必要条件是什么？

5. 写出下列行列式中元素 a_{13}，a_{21} 和 a_{32} 的代数余子式：

(1) $\begin{vmatrix} 1 & 2 & 3 \\ 2 & 1 & 3 \\ 3 & 1 & 2 \end{vmatrix}$； (2) $\begin{vmatrix} -a & b & c \\ b & c & -a \\ -c & a & b \end{vmatrix}$； (3) $\begin{vmatrix} 1 & 0 & 1 & 0 \\ 0 & 2 & 0 & 2 \\ 3 & 0 & 0 & 3 \\ 0 & 4 & 4 & 0 \end{vmatrix}$.

6. 解方程 $\begin{vmatrix} x & 1 & 0 & 0 \\ 3 & 1 & 1 & 0 \\ -2 & 5 & x & 4 \\ x^2 & 3 & 1 & 0 \end{vmatrix}=0$.

1.2 行列式的性质及其计算

1.2.1 行列式的性质

由行列式的定义和展开定理知，对低阶行列式和零元素较多的行列式，用定义或展开定理计算是较方便的. 但是，对阶数较大的行列式，应用定义或展开定理来进行计算则较烦琐且困难. 因此,有必要先导出行列式的一些基本性质,以便利用这些性质来简化行列式的计算. 为此,先介绍**转置行列式**概念.

定义 1.6 将 n 阶行列式 D_n 的行与列依次互换后得到的行列式称为行列式 D_n 的**转置行列式**,记为 D_n^{T},即若 $D_n=\begin{vmatrix} a_{11} & a_{12} & \cdots & a_{1n} \\ a_{21} & a_{22} & \cdots & a_{2n} \\ \vdots & \vdots & & \vdots \\ a_{n1} & a_{n2} & \cdots & a_{nn} \end{vmatrix}_n$,则 $D_n^{\mathrm{T}}=$

$$\begin{vmatrix} a_{11} & a_{21} & \cdots & a_{n1} \\ a_{12} & a_{22} & \cdots & a_{n2} \\ \vdots & \vdots & & \vdots \\ a_{1n} & a_{2n} & \cdots & a_{nn} \end{vmatrix}_N,\text{亦即}\begin{vmatrix} a_{11} & a_{12} & \cdots & a_{1n} \\ a_{21} & a_{22} & \cdots & a_{2n} \\ \vdots & \vdots & & \vdots \\ a_{n1} & a_{n2} & \cdots & a_{nn} \end{vmatrix}_n^{\mathrm{T}}=\begin{vmatrix} a_{11} & a_{21} & \cdots & a_{n1} \\ a_{12} & a_{22} & \cdots & a_{n2} \\ \vdots & \vdots & & \vdots \\ a_{1n} & a_{2n} & \cdots & a_{nn} \end{vmatrix}_n.$$

例 1.10 若 $D=\begin{vmatrix} 2 & -4 & 2 \\ 3 & -1 & 5 \\ 2 & 1 & 5 \end{vmatrix}$,则 $D^{\mathrm{T}}=\begin{vmatrix} 2 & 3 & 2 \\ -4 & -1 & 1 \\ 2 & 5 & 5 \end{vmatrix}$.

性质 1.1 n 阶行列式 D_n 的值与它的转置行列式 D_n^{T} 的值相等(此变换称为行列式的**转置等值变换**),即 $D_n=D_n^{\mathrm{T}}$,亦即

$$\begin{vmatrix} a_{11} & a_{12} & \cdots & a_{1n} \\ a_{21} & a_{22} & \cdots & a_{2n} \\ \vdots & \vdots & & \vdots \\ a_{n1} & a_{n2} & \cdots & a_{nn} \end{vmatrix}^{\mathrm{T}}=\begin{vmatrix} a_{11} & a_{21} & \cdots & a_{n1} \\ a_{12} & a_{22} & \cdots & a_{n2} \\ \vdots & \vdots & & \vdots \\ a_{1n} & a_{2n} & \cdots & a_{nn} \end{vmatrix}.$$

性质 1.1 表明:行列式中行与列的地位是相等的,即对行列式的性质来说,凡是对行成立的性质对列也同样成立,反之亦然. 因此,在下面的性质中仅介绍行列式行的情形.

性质 1.2 将行列式的任两行互换位置后得到的行列式,其值与原行列式的值反号,即

$$\begin{vmatrix} a_{11} & a_{12} & \cdots & a_{1n} \\ \vdots & \vdots & & \vdots \\ a_{i1} & a_{i2} & \cdots & a_{in} \\ \vdots & \vdots & & \vdots \\ a_{s1} & a_{s2} & \cdots & a_{sn} \\ \vdots & \vdots & & \vdots \\ a_{n1} & a_{n2} & \cdots & a_{nn} \end{vmatrix}_n \overset{(i)\leftrightarrow(s)}{=\!=\!=} -\begin{vmatrix} a_{11} & a_{12} & \cdots & a_{1n} \\ \vdots & \vdots & & \vdots \\ a_{s1} & a_{s2} & \cdots & a_{sn} \\ \vdots & \vdots & & \vdots \\ a_{i1} & a_{i2} & \cdots & a_{in} \\ \vdots & \vdots & & \vdots \\ a_{n1} & a_{n2} & \cdots & a_{nn} \end{vmatrix}_n \quad (i\neq s).$$

注 符号$(i)\leftrightarrow(s)$放在等号上(下)面表示互换行列式中第 i,s 两行(列)的

位置.

例 1.11　若 $D_3=\begin{vmatrix}2&-4&2\\3&-1&5\\2&1&5\end{vmatrix}$,则由三阶行列式的萨路展开法有

(1) $D_3=\left|\begin{matrix}2&-4&2\\3&-1&5\\2&1&5\end{matrix}\right|\begin{matrix}2&-4\\3&-1\\2&1\end{matrix}=-10-40+6+4-10+60=10$;

$D_3^{\mathrm{T}}=\left|\begin{matrix}2&3&2\\-4&-1&1\\2&5&5\end{matrix}\right|\begin{matrix}2&3\\-4&-1\\2&5\end{matrix}=-10+6-40+4-10+60=10=D_3.$

(2) $D_3\xlongequal{(1)\leftrightarrow(3)}\left|\begin{matrix}2&1&5\\3&-1&5\\2&-4&2\end{matrix}\right|\begin{matrix}2&1\\3&-1\\2&-4\end{matrix}=-4+10-60+10+40-6=-10=-D_3.$

由例 1.11 看出,性质 1.1 和性质 1.2 的结论的确成立.

推论 1.1　若行列式中有两行的对应位置的元素相同,则该行列式的值必为零. 例如

$$\begin{vmatrix}a_{11}&a_{12}&a_{13}\\a_{21}&a_{22}&a_{23}\\a_{11}&a_{12}&a_{13}\end{vmatrix}=0.$$

性质 1.3　用数 k 乘行列式的某一行中的每一个元素,相当于用数 k 乘此行列式(此变换称为行列式的**倍乘等值行变换**),即

$$\begin{vmatrix}a_{11}&a_{12}&\cdots&a_{1n}\\\vdots&\vdots&&\vdots\\a_{i-1,1}&a_{i-1,2}&\cdots&a_{i-1,n}\\ka_{i1}&ka_{i2}&\cdots&ka_{in}\\a_{i+1,1}&a_{i+1,2}&\cdots&a_{i+1,n}\\\vdots&\vdots&&\vdots\\a_{n1}&a_{n2}&\cdots&a_{nn}\end{vmatrix}_{n\times n}=k\begin{vmatrix}a_{11}&a_{12}&\cdots&a_{1n}\\\vdots&\vdots&&\vdots\\a_{i-1,1}&a_{i-1,2}&\cdots&a_{i-1,n}\\a_{i1}&a_{i2}&\cdots&a_{in}\\a_{i+1,1}&a_{i+1,2}&\cdots&a_{i+1,n}\\\vdots&\vdots&&\vdots\\a_{n1}&a_{n2}&\cdots&a_{nn}\end{vmatrix}_{n}\quad(i=1,2,\cdots,n).$$

推论 1.2　若行列式中有某两行的对应元素成比例,则该行列式的值必为零. 例如,

$$\begin{vmatrix}a_{11}&a_{12}&a_{13}\\2a_{11}&2a_{12}&2a_{13}\\a_{11}&a_{12}&a_{13}\end{vmatrix}=0.$$

例 1.12　计算三阶行列式：$\begin{vmatrix} -8 & 4 & -2 \\ -12 & 6 & 3 \\ -4 & -1 & -1 \end{vmatrix}$.

解

$$\begin{vmatrix} -8 & 4 & -2 \\ -12 & 6 & 3 \\ -4 & -1 & -1 \end{vmatrix} = \begin{vmatrix} 2\times(-4) & 2\times2 & 2\times(-1) \\ 3\times(-4) & 3\times2 & 3\times1 \\ -4 & -1 & -1 \end{vmatrix}$$

$$=2\times3\begin{vmatrix} -4 & 2 & -1 \\ -4 & 2 & 1 \\ -4 & -1 & -1 \end{vmatrix} = 2\times3\times(-4)\begin{vmatrix} 1 & 2 & -1 \\ 1 & 2 & 1 \\ 1 & -1 & -1 \end{vmatrix}$$

$$=-24(-2+2+1+2+1+2)=-24\times6=-144.$$

解毕

例 1.13　设 $\begin{vmatrix} a_{11} & a_{12} & a_{13} \\ a_{21} & a_{22} & a_{23} \\ a_{31} & a_{32} & a_{33} \end{vmatrix}=2$，求 $\begin{vmatrix} 6a_{11} & -2a_{12} & -2a_{13} \\ -3a_{21} & a_{22} & a_{23} \\ -3a_{31} & a_{32} & a_{33} \end{vmatrix}$.

解　原式 $=-2\begin{vmatrix} -3a_{11} & a_{12} & a_{13} \\ -3a_{21} & a_{22} & a_{23} \\ -3a_{31} & a_{32} & a_{33} \end{vmatrix} = -2\times(-3)\begin{vmatrix} a_{11} & a_{12} & a_{13} \\ a_{21} & a_{22} & a_{23} \\ a_{31} & a_{32} & a_{33} \end{vmatrix} = 6\times2=12.$

解毕

性质 1.4　若行列式中某一行的每一个元素都是两数之和，则该行列式可分解为两个行列式之和，即

$$\begin{vmatrix} a_{11} & a_{12} & \cdots & a_{1n} \\ \vdots & \vdots & & \vdots \\ a_{i-1,1} & a_{i-1,2} & \cdots & a_{i-1,n} \\ b_{i1}+c_{i1} & b_{i2}+c_{i2} & \cdots & b_{in}+c_{in} \\ a_{i+1,1} & a_{i+1,2} & \cdots & a_{i+1,n} \\ \vdots & \vdots & & \vdots \\ a_{n1} & a_{n2} & \cdots & a_{nn} \end{vmatrix} = \begin{vmatrix} a_{11} & a_{12} & \cdots & a_{1n} \\ \vdots & \vdots & & \vdots \\ a_{i-1,1} & a_{i-1,2} & \cdots & a_{i-1,n} \\ b_{i1} & b_{i2} & \cdots & b_{in} \\ a_{i+1,1} & a_{i+1,2} & \cdots & a_{i+1,n} \\ \vdots & \vdots & & \vdots \\ a_{n1} & a_{n2} & \cdots & a_{nn} \end{vmatrix}$$

$$+\begin{vmatrix} a_{11} & a_{12} & \cdots & a_{1n} \\ \vdots & \vdots & & \vdots \\ a_{i-1,1} & a_{i-1,2} & \cdots & a_{i-1,n} \\ c_{i1} & c_{i2} & \cdots & c_{in} \\ a_{i+1,1} & a_{i+1,2} & \cdots & a_{i+1,n} \\ \vdots & \vdots & & \vdots \\ a_{n1} & a_{n2} & \cdots & a_{nn} \end{vmatrix}.$$

性质 1.5　将行列式中某行元素的 k 倍加到另一行对应位置的元素上，所得新行列式的值与原行列式的值相等(此变换称为行列式的**倍加等值行变换**)，即当

$i \neq s$ 时有

$$\begin{vmatrix} a_{11} & a_{12} & \cdots & a_{1n} \\ \vdots & \vdots & & \vdots \\ a_{i1} & a_{i2} & \cdots & a_{in} \\ \vdots & \vdots & & \vdots \\ a_{s1} & a_{s2} & \cdots & a_{sn} \\ \vdots & \vdots & & \vdots \\ a_{n1} & a_{n2} & \cdots & a_{nn} \end{vmatrix}_n \xlongequal{(i)\times k+(s)} \begin{vmatrix} a_{11} & a_{12} & \cdots & a_{1n} \\ \vdots & \vdots & & \vdots \\ a_{i1} & a_{i2} & \cdots & a_{in} \\ \vdots & \vdots & & \vdots \\ a_{s1}+ka_{i1} & a_{s2}+ka_{i2} & \cdots & a_{sn}+ka_{in} \\ \vdots & \vdots & & \vdots \\ a_{n1} & a_{n2} & \cdots & a_{nn} \end{vmatrix}_n .$$

1.2.2　行列式的计算

1. 上三角形计算法

掌握了行列式的性质之后，在计算 n 阶行列式 D_n 时，便可结合三角形行列式的特点，利用性质将 D_n 等值转化为某一上三角形行列式来进行计算，其**步骤**是：

(1) 利用行列式的性质将 D_n 中一行一列处的元素等值变换(如将第一行(列)与某一行(列)进行互换)为 1 或 -1(如果需要)；

(2) 把第一行分别乘以适当的数后加到其余各行上去，使得第一列中的元素除第一个元素不为零外其余元素皆为零；

(3) 重复(1)和(2)的方法处理划去第一行第一列后余下的元素所组成的低一阶行列式；

(4) 依次进行，直到把 D_n 等值变换成上三角形行列式与某一个数 k 的乘积为止. 于是，D_n 的值就等于最后这个上三角形行列式主对角线上元素的乘积再乘以数 k.

上述方法是计算行列式时常用的基本方法之一，称为**上三角形计算法**，必须熟练掌握. 另外，在计算行列式的过程中，符号 $(i)\div k$ 放在等号上(下)面表示将行列式中第 i 行(列)的公因数 k 提到行列式符号外面来；而符号 $(i)\times k+(s)$ 放在等号上(下)面则表示将行列式的第 i 行(列)的 k 倍加到第 s 行(列)的对应元素上去. 总之，表示行变换的符号放在等号上面，表示列变换的符号放在等号下面.

例 1.14　计算下列行列式的值：

(1) $D_4=\begin{vmatrix} 0 & -1 & -1 & 2 \\ 1 & -1 & 0 & 2 \\ -1 & 2 & -1 & 0 \\ 2 & 1 & 1 & 0 \end{vmatrix}$；　(2) $D_5=\begin{vmatrix} 5 & 1 & 1 & 1 & 1 \\ 1 & 5 & 1 & 1 & 1 \\ 1 & 1 & 5 & 1 & 1 \\ 1 & 1 & 1 & 5 & 1 \\ 1 & 1 & 1 & 1 & 5 \end{vmatrix}$.

解 (1) $D_4 \xlongequal{(1)\leftrightarrow(2)} -\begin{vmatrix} 1 & -1 & 0 & 2 \\ 0 & -1 & -1 & 2 \\ -1 & 2 & -1 & 0 \\ 2 & 1 & 1 & 0 \end{vmatrix} \xlongequal[(1)\times(-2)+(4)]{(1)+(3)} -\begin{vmatrix} 1 & -1 & 0 & 2 \\ 0 & -1 & -1 & 2 \\ 0 & 1 & -1 & 2 \\ 0 & 3 & 1 & -4 \end{vmatrix}$

$$\xlongequal[(2)\times3+(4)]{(2)+(3)} -\begin{vmatrix} 1 & -1 & 0 & 2 \\ 0 & -1 & -1 & 2 \\ 0 & 0 & -2 & 4 \\ 0 & 0 & -2 & 2 \end{vmatrix} \xlongequal{(3)\times(-1)+(4)} -\begin{vmatrix} 1 & -1 & 0 & 2 \\ 0 & -1 & -1 & 2 \\ 0 & 0 & -2 & 4 \\ 0 & 0 & 0 & -2 \end{vmatrix}$$

$$=-1\times(-1)\times(-2)\times(-2)=4.$$

(2) 因 D_5 的特点是各列(行)中的 5 个数之和都是 9,故有

$$D_5 \xlongequal[\substack{(2)+(1)\\(3)+(1)\\(4)+(1)\\(5)+(1)}]{} \begin{vmatrix} 9 & 1 & 1 & 1 & 1 \\ 9 & 5 & 1 & 1 & 1 \\ 9 & 1 & 5 & 1 & 1 \\ 9 & 1 & 1 & 5 & 1 \\ 9 & 1 & 1 & 1 & 5 \end{vmatrix} \xlongequal{\substack{(1)\times(-1)+(2)\\(1)\times(-1)+(3)\\(1)\times(-1)+(4)\\(1)\times(-1)+(5)}} \begin{vmatrix} 9 & 1 & 1 & 1 & 1 \\ 0 & 4 & 0 & 0 & 0 \\ 0 & 0 & 4 & 0 & 0 \\ 0 & 0 & 0 & 4 & 0 \\ 0 & 0 & 0 & 0 & 4 \end{vmatrix} = 9\times4^4=2304.$$ **解毕**

例 1.15 计算下列 n 阶行列式的值:

(1) $D_n=\begin{vmatrix} 1 & 2 & 3 & \cdots & n-1 & n \\ 1 & 3 & 3 & \cdots & n-1 & n \\ 1 & 2 & 5 & \cdots & n-1 & n \\ \vdots & \vdots & \vdots & & \vdots & \vdots \\ 1 & 2 & 3 & \cdots & 2n-3 & n \\ 1 & 2 & 3 & \cdots & n-1 & 2n-1 \end{vmatrix}_n$;

(2) $D_n=\begin{vmatrix} 1 & 2 & 3 & \cdots & n-1 & n \\ -1 & 0 & 3 & \cdots & n-1 & n \\ -1 & -2 & 0 & \cdots & n-1 & n \\ \vdots & \vdots & \vdots & & \vdots & \vdots \\ -1 & -2 & -3 & \cdots & 0 & n \\ -1 & -2 & -3 & \cdots & -(n-1) & 0 \end{vmatrix}_n$.

解 (1) $D_n \xlongequal{\substack{(1)\times(-1)+(2)\\(1)\times(-1)+(3)\\\cdots\cdots\\(1)\times(-1)+(n)}} -\begin{vmatrix} 1 & 2 & 3 & \cdots & n-1 & n \\ 0 & 1 & 0 & \cdots & 0 & 0 \\ 0 & 0 & 2 & \cdots & 0 & 0 \\ \vdots & \vdots & \vdots & & \vdots & \vdots \\ 0 & 0 & 0 & \cdots & n-2 & 0 \\ 0 & 0 & 0 & \cdots & 0 & n-1 \end{vmatrix}_n =(n-1)!.$

$$(2)\ D_n=\begin{vmatrix}1&2&3&\cdots&n-1&n\\-1&0&3&\cdots&n-1&n\\-1&-2&0&\cdots&n-1&n\\\vdots&\vdots&\vdots&&\vdots&\vdots\\-1&-2&-3&\cdots&0&n\\-1&-2&-3&\cdots&-(n-1)&0\end{vmatrix}_n$$

$$\xlongequal[\substack{(1)\div 1\\(2)\div 2\\\cdots\cdots\\(n)\div n}]{}1\cdot 2\cdot 3\cdot\cdots\cdot n\begin{vmatrix}1&1&1&\cdots&1&1\\-1&0&1&\cdots&1&1\\-1&-1&0&\cdots&1&1\\\vdots&\vdots&\vdots&&\vdots&\vdots\\-1&-1&-1&\cdots&0&1\\-1&-1&-1&\cdots&-1&0\end{vmatrix}$$

$$\xlongequal{\substack{(1)+(2)\\(1)+(3)\\\cdots\cdots\\(1)+(n)}}n!\cdot\begin{vmatrix}1&1&1&\cdots&1&1\\0&1&2&\cdots&2&2\\0&0&1&\cdots&2&2\\\vdots&\vdots&\vdots&&\vdots&\vdots\\0&0&0&\cdots&1&2\\0&0&0&\cdots&0&1\end{vmatrix}_n=n!.$$

解毕

2. 降阶计算法

在计算 n 阶行列式 D_n 时，除直接应用定义或展开定理进行计算外，还可先利用行列式的性质将行列式的某一行(列)中的元素等值变换为仅有一个非零元素的形式，然后按此行(列)展开，使得原行列式转化为低一阶的行列式. 如此继续下去，直到将原行列式转化为三阶或二阶行列式为止，此种计算方法仍称为**降阶计算法**，需熟练掌握.

例 1.16　用降阶法计算下列行列式：

$$(1)\ D_4=\begin{vmatrix}3&1&-1&2\\-5&1&3&-4\\2&0&1&-1\\1&-5&3&-3\end{vmatrix};\qquad (2)\ D_4=\begin{vmatrix}0&a&b&c\\a&0&c&b\\b&c&0&a\\c&b&a&0\end{vmatrix}.$$

解　(1) $D_4\xlongequal[\substack{(3)\times(-2)+(1)\\(3)+(4)}]{}\begin{vmatrix}5&1&-1&1\\-11&1&3&-1\\0&0&1&0\\-5&-5&3&0\end{vmatrix}$

$$\xlongequal{\text{按第3行展开}} 1\times(-1)^{3+3}\begin{vmatrix} 5 & 1 & 1 \\ -11 & 1 & -1 \\ -5 & -5 & 0 \end{vmatrix}$$

$$\xlongequal{(1)+(2)}\begin{vmatrix} 5 & 1 & 1 \\ -6 & 2 & 0 \\ -5 & -5 & 0 \end{vmatrix} \xlongequal[\text{按第3列展开}]{} 1\times(-1)^{1+3}\begin{vmatrix} -6 & 2 \\ -5 & -5 \end{vmatrix}$$

$$=30-(-10)=40.$$

(2) $$D_4 \xlongequal[\substack{(2)+(1)\\(3)+(1)\\(4)+(1)}]{}\begin{vmatrix} a+b+c & a & b & c \\ a+b+c & 0 & c & b \\ a+b+c & c & 0 & a \\ a+b+c & b & a & 0 \end{vmatrix} \xlongequal{\substack{(1)\times(-1)+(2)\\(1)\times(-1)+(3)\\(1)\times(-1)+(4)}}\begin{vmatrix} a+b+c & a & b & c \\ 0 & -a & c-b & b-c \\ 0 & c-a & -b & a-c \\ 0 & b-a & a-b & -c \end{vmatrix}$$

$$\xlongequal[\text{按第1列展开}]{}(a+b+c)\begin{vmatrix} -a & c-b & b-c \\ c-a & -b & a-c \\ b-a & a-b & -c \end{vmatrix}$$

$$\xlongequal[\substack{(2)+(1)\\(3)+(2)}]{}(a+b+c)\begin{vmatrix} c-a-b & 0 & b-c \\ c-a-b & a-b-c & a-c \\ 0 & a-b-c & -c \end{vmatrix}$$

$$\xlongequal{(1)\times(-1)+(2)}(a+b+c)\begin{vmatrix} c-a-b & 0 & b-c \\ 0 & a-b-c & a-b \\ 0 & a-b-c & -c \end{vmatrix}$$

$$\xlongequal[\text{按第1列展开}]{}(a+b+c)(c-a-b)\begin{vmatrix} a-b-c & a-b \\ a-b-c & -c \end{vmatrix}$$

$$\xlongequal{(1)\times(-1)+(2)}(a+b+c)(c-a-b)\begin{vmatrix} a-b-c & a-b \\ 0 & b-a-c \end{vmatrix}$$

$$=(a+b+c)(a-b-c)(c-a-b)(b-a-c).$$ **解毕**

例 1.17 讨论 k 为何值时,行列式 $D_4=\begin{vmatrix} 1 & 1 & 0 & 0 \\ 1 & k & 1 & 0 \\ 0 & 0 & k & 2 \\ 0 & 0 & 2 & k \end{vmatrix}=0.$

解 因 $$D_4 \xlongequal{(1)\times(-1)+(2)}\begin{vmatrix} 1 & 1 & 0 & 0 \\ 0 & k-1 & 1 & 0 \\ 0 & 0 & k & 2 \\ 0 & 0 & 2 & k \end{vmatrix} \xlongequal[\text{按第1列展开}]{} 1\cdot\begin{vmatrix} k-1 & 1 & 0 \\ 0 & k & 2 \\ 0 & 2 & 2 \end{vmatrix}$$

$$\xlongequal[\text{按第1列展开}]{}(k-1)\begin{vmatrix} k & 2 \\ 2 & k \end{vmatrix}=(k-1)(k^2-4),$$

故当 $k=1$ 或 $k=\pm2$ 时 $D_4=0$. **解毕**

3. 综合计算法

在计算较复杂的 n 阶行列式 D_n 时，可将定义计算法、按行或列展开计算法、上三角形计算法和降阶计算法综合应用进行计算，并在计算过程中尽量使过程简便，此种计算方法称为**综合计算法**，下面举例说明.

例 1.18 计算五阶行列式 $D_5=\begin{vmatrix}0&2&0&0&0\\2&5&1&1&5\\-1&2&3&-1&3\\3&7&-2&6&2\\5&1&0&0&0\end{vmatrix}$.

解 $D_5 \xlongequal[\text{定义计算法}]{\text{按第1行展开}} 2\cdot(-1)^{1+2}\cdot\begin{vmatrix}2&1&1&5\\-1&3&-1&3\\3&-2&6&2\\5&0&0&0\end{vmatrix}$

$\xlongequal[\text{按行展开计算法}]{\text{按第4行展开}} -2\cdot5\cdot(-1)^{4+1}\cdot\begin{vmatrix}1&1&5\\3&-1&3\\-2&6&2\end{vmatrix}$

$\xlongequal[\text{上三角形计算法}]{\substack{(1)\times(-3)+(2)\\(1)\times2+(3)}} 10\cdot\begin{vmatrix}1&1&5\\0&-4&-12\\0&8&12\end{vmatrix} \xlongequal{(2)\times2+(3)} 10\cdot\begin{vmatrix}1&1&5\\0&-4&-12\\0&0&-12\end{vmatrix}$

$=10\times(-4)\times(-12)=480.$ **解毕**

习 题 1.2

1. 计算下列三阶行列式的值：

(1) $\begin{vmatrix}-3&4&2\\14&10&1\\1&1&-1\end{vmatrix}$； (2) $\begin{vmatrix}1&-2&5\\4&-1&-3\\4&1&-2\end{vmatrix}$；

(3) $\begin{vmatrix}1&1&1\\1&1+\cos\alpha&1+\sin\alpha\\1&1-\sin\alpha&1+\cos\alpha\end{vmatrix}$； (4) $\begin{vmatrix}-ab&ac&ae\\bd&-cd&de\\bf&cf&-ef\end{vmatrix}$；

(5) $\begin{vmatrix} 1 & 1 & 1 \\ a & b & c \\ b+c & a+c & a+b \end{vmatrix}$;　(6) $\begin{vmatrix} x & y & x+y \\ y & x+y & x \\ x+y & x & y \end{vmatrix}$.

2. 计算下列四阶行列式的值:

(1) $\begin{vmatrix} 1 & 1 & 1 & 1 \\ 1 & 2 & 3 & 4 \\ 1 & 3 & 6 & 10 \\ 1 & 4 & 10 & 20 \end{vmatrix}$;　(2) $\begin{vmatrix} 1 & 2 & 2 & 1 \\ 0 & 1 & 0 & -2 \\ -2 & 0 & 1 & 1 \\ 0 & -2 & 0 & 1 \end{vmatrix}$;

(3) $\begin{vmatrix} 1 & 2 & 3 & 4 \\ 2 & 3 & 4 & 1 \\ 3 & 4 & 1 & 2 \\ 4 & 1 & 2 & 3 \end{vmatrix}$;　(4) $\begin{vmatrix} 1 & 1 & 1 & 1 \\ 1 & 1+a & 1 & 1 \\ 1 & 1 & 1+b & 1 \\ 1 & 1 & 1 & 1+c \end{vmatrix}$;

(5) $\begin{vmatrix} 1 & 0 & a & 0 \\ 2 & 0 & 0 & -1 \\ a & 1 & 0 & 0 \\ 0 & 0 & 1 & 2 \end{vmatrix}$;　(6) $\begin{vmatrix} 1+a & 1 & 1 & 1 \\ 1 & 1-a & 1 & 1 \\ 1 & 1 & 1+b & 1 \\ 1 & 1 & 1 & 1-b \end{vmatrix}$.

3. 计算下列 n 阶行列式的值:

(1) $\begin{vmatrix} a & b & b & \cdots & b & b \\ b & a & b & \cdots & b & b \\ b & b & a & \cdots & b & b \\ \vdots & \vdots & \vdots & & \vdots & \vdots \\ b & b & b & \cdots & a & b \\ b & b & b & \cdots & b & a \end{vmatrix}_n$;　(2) $\begin{vmatrix} x & y & 0 & \cdots & 0 & 0 \\ 0 & x & y & \cdots & 0 & 0 \\ 0 & 0 & x & \cdots & 0 & 0 \\ \vdots & \vdots & \vdots & & \vdots & \vdots \\ 0 & 0 & 0 & \cdots & x & y \\ y & 0 & 0 & \cdots & 0 & x \end{vmatrix}_n$;

(3) $\begin{vmatrix} x & -1 & 0 & \cdots & 0 & 0 & 0 \\ 0 & x & -1 & \cdots & 0 & 0 & 0 \\ 0 & 0 & x & \cdots & 0 & 0 & 0 \\ \vdots & \vdots & \vdots & & \vdots & \vdots & \vdots \\ 0 & 0 & 0 & \cdots & x & -1 & 0 \\ 0 & 0 & 0 & \cdots & 0 & x & -1 \\ a_n & a_{n-1} & a_{n-2} & \cdots & a_3 & a_2 & a_1+x \end{vmatrix}$.

4. 利用行列式的性质证明下列等式：

(1) $$\begin{vmatrix} a_1+kb_1 & b_1+c_1 & c_1 \\ a_2+kb_2 & b_2+c_2 & c_2 \\ a_3+kb_3 & b_3+c_3 & c_3 \end{vmatrix} = \begin{vmatrix} a_1 & b_1 & c_1 \\ a_2 & b_2 & c_2 \\ a_3 & b_3 & c_3 \end{vmatrix};$$

(2) $$\begin{vmatrix} y+z & z+x & x+y \\ x+y & y+z & z+x \\ z+x & x+y & y+z \end{vmatrix} = 2\begin{vmatrix} x & y & z \\ z & x & y \\ y & z & x \end{vmatrix};$$

(3) $$\begin{vmatrix} 1 & 1 & 1 \\ a & b & c \\ a^2 & b^2 & c^2 \end{vmatrix} = (b-a)(c-a)(c-b).$$

5. 解方程 $$\begin{vmatrix} 1 & 1 & 2 & 3 \\ 1 & 2-x^2 & 2 & 3 \\ 2 & 3 & 1 & 5 \\ 2 & 3 & 1 & 9-x^2 \end{vmatrix} = 0.$$

1.3 克拉默法则及其应用

本节讨论方程个数与未知量个数相等的线性方程组在系数行列式不等于零时的行列式解法(通常称为**克拉默法则**),并进一步给出方程个数与未知量个数相等的线性齐次方程组有非零解的充要条件.

1.3.1 克拉默法则

定理 1.2(克拉默法则) 若 n 元线性方程组

$$\begin{cases} a_{11}x_1+a_{12}x_2+\cdots+a_{1n}x_n=b_1, \\ a_{21}x_1+a_{22}x_2+\cdots+a_{2n}x_n=b_2, \\ \cdots\cdots \\ a_{n1}x_1+a_{n2}x_2+\cdots+a_{nn}x_n=b_n \end{cases} \tag{1.6}$$

的系数行列式 $D=\begin{vmatrix} a_{11} & a_{12} & \cdots & a_{1n} \\ a_{21} & a_{22} & \cdots & a_{2n} \\ \vdots & \vdots & & \vdots \\ a_{n1} & a_{n2} & \cdots & a_{nn} \end{vmatrix} \neq 0$,则线性方程组(1.6)有唯一解：

$$x_1=\frac{D_1}{D},x_2=\frac{D_2}{D},\cdots,x_n=\frac{D_n}{D},\tag{1.7}$$

其中，$$D_j=\begin{vmatrix} a_{11} & \cdots & a_{1,j-1} & b_1 & a_{1,j+1} & \cdots & a_{1n} \\ a_{21} & \cdots & a_{2,j-1} & b_2 & a_{2,j+1} & \cdots & a_{2n} \\ \vdots & & \vdots & \vdots & \vdots & & \vdots \\ a_{n1} & \cdots & a_{n,j-1} & b_n & a_{n,j+1} & \cdots & a_{nn} \end{vmatrix}(j=1,2,\cdots,n).\tag{1.8}$$

例 1.19 (1) 对二元线性方程组$\begin{cases} a_{11}x_1+a_{12}x_2=b_1, \\ a_{21}x_1+a_{22}x_2=b_2, \end{cases}$由定理 1.2 知，当 $D=\begin{vmatrix} a_{11} & a_{12} \\ a_{21} & a_{22} \end{vmatrix}\neq 0$ 时，该二元线性方程组有唯一解：$x_1=\frac{\begin{vmatrix} b_1 & a_{12} \\ b_2 & a_{22} \end{vmatrix}}{\begin{vmatrix} a_{11} & a_{12} \\ a_{21} & a_{22} \end{vmatrix}}$，$x_2=\frac{\begin{vmatrix} a_{11} & b_1 \\ a_{21} & b_2 \end{vmatrix}}{\begin{vmatrix} a_{11} & a_{12} \\ a_{21} & a_{22} \end{vmatrix}}$；

(2) 对三元线性方程组$\begin{cases} a_{11}x_1+a_{12}x_2+a_{13}x_3=b_1, \\ a_{21}x_1+a_{22}x_2+a_{23}x_3=b_2, \\ a_{31}x_1+a_{32}x_2+a_{33}x_3=b_3, \end{cases}$当 $D=\begin{vmatrix} a_{11} & a_{12} & a_{13} \\ a_{21} & a_{22} & a_{23} \\ a_{31} & a_{32} & a_{33} \end{vmatrix}\neq 0$ 时，该三元线性方程组有唯一解：

$$x_1=\frac{\begin{vmatrix} b_1 & a_{12} & a_{13} \\ b_2 & a_{22} & a_{23} \\ b_3 & a_{32} & a_{33} \end{vmatrix}}{\begin{vmatrix} a_{11} & a_{12} & a_{13} \\ a_{21} & a_{22} & a_{23} \\ a_{31} & a_{32} & a_{33} \end{vmatrix}},\ x_2=\frac{\begin{vmatrix} a_{11} & b_1 & a_{13} \\ a_{21} & b_2 & a_{23} \\ a_{31} & b_3 & a_{33} \end{vmatrix}}{\begin{vmatrix} a_{11} & a_{12} & a_{13} \\ a_{21} & a_{22} & a_{23} \\ a_{31} & a_{32} & a_{33} \end{vmatrix}},x_3=\frac{\begin{vmatrix} a_{11} & a_{12} & b_1 \\ a_{21} & a_{22} & b_2 \\ a_{31} & a_{32} & b_3 \end{vmatrix}}{\begin{vmatrix} a_{11} & a_{12} & a_{13} \\ a_{21} & a_{22} & a_{23} \\ a_{31} & a_{32} & a_{33} \end{vmatrix}}.$$

例 1.20 解四元线性方程组$\begin{cases} x_1+4x_2-5x_3+7x_4=-1, \\ x_1-3x_2-6x_4=9, \\ 2x_2-x_3+2x_4=-5, \\ x_1+2x_2-6x_3+4x_4=5. \end{cases}$

解 因系数行列式 $D=\begin{vmatrix} 1 & 4 & -5 & 7 \\ 1 & -3 & 0 & -6 \\ 0 & 2 & -1 & 2 \\ 1 & 2 & -6 & 4 \end{vmatrix}=27\neq 0$，且

$$D_1=\begin{vmatrix} -1 & 4 & -5 & 7 \\ 9 & -3 & 0 & -6 \\ -5 & 2 & -1 & 2 \\ 5 & 2 & -6 & 4 \end{vmatrix}=81,\quad D_2=\begin{vmatrix} 1 & -1 & -5 & 7 \\ 1 & 9 & 0 & -6 \\ 0 & -5 & -1 & 2 \\ 1 & 5 & -6 & 4 \end{vmatrix}=-108,$$

$$D_3=\begin{vmatrix}1&4&-1&7\\1&-3&9&-6\\0&2&-5&2\\1&2&5&4\end{vmatrix}=-27,\quad D_4=\begin{vmatrix}1&4&-5&-1\\1&-3&0&9\\0&2&-1&-5\\1&2&-6&5\end{vmatrix}=27,$$

故由克拉默法则知，方程组有唯一解如下：

$$x_1=\frac{D_1}{D}=\frac{81}{27}=3,\qquad x_2=\frac{D_2}{D}=\frac{-108}{27}=-4,$$

$$x_3=\frac{D_3}{D}=\frac{-27}{27}=-1,\qquad x_4=\frac{D_4}{D}=\frac{27}{27}=1.$$

解毕

由克拉默法则和例 1.20 看出：用克拉默法则解方程个数与未知量个数相等的特殊线性方程组时，除要求系数行列式 $D\neq 0$ 外，还需要计算 $n+1$ 个 n 阶行列式的值(当 n 较大时计算量较大). 因此，当系数行列式 $D=0$，或方程的个数与未知量的个数不相等，或未知量的个数 n 较大(如 $n\geqslant 5$)时不能采用或不宜采用克拉默法则来求解，而是采用第 3 章中介绍的消元法来求解. 但是，克拉默法则在理论上却具有重要意义，特别是它明确揭示了方程个数与未知量个数相等的特殊线性方程组的解和系数之间的关系.

1.3.2 特殊线性齐次方程组有非零解的充要条件

常数项都为零的线性方程组

$$\begin{cases}a_{11}x_1+a_{12}x_2+\cdots+a_{1n}x_n=0,\\ a_{21}x_1+a_{22}x_2+\cdots+a_{2n}x_n=0,\\ \quad\cdots\cdots\\ a_{n1}x_1+a_{n2}x_2+\cdots+a_{nn}x_n=0\end{cases}\tag{1.9}$$

称为**齐次线性方程组**，否则称为**非齐次线性方程组**. 显然，$x_1=x_2=\cdots=x_n=0$ 是齐次线性方程组(1.9)的一个解，称为**零解**，即齐次线性方程组至少有一个零解.

对齐次线性方程组(1.9)来说，我们关心的是它是否有除零解以外的解，即是否还有**非零解**. 由克拉默法则易得下面的结论.

定理 1.3 若齐次线性方程组(1.9)的系数行列式 $D\neq 0$，则方程组(1.9)只有唯一零解：

$$x_1=0,x_2=0,\cdots,x_n=0.$$

定理 1.3 的逆否命题如下.

推论 1.3 若齐次线性方程组(1.9)有非零解，则它的系数行列式 $D=0$.

在第 3 章中将进一步证明，$D=0$ 也是方程组(1.9)有非零解的充分条件，从而有下面的定理.

定理 1.4 (1) 方程组(1.9)有非零解$\Leftrightarrow$方程组(1.9)的系数行列式 $D=0$；

(2) 方程组(1.9)只有零解$\Leftrightarrow$方程组(1.9)的系数行列式$D\neq 0$.

例 1.21 判断齐次线性方程组$\begin{cases}x_1+x_2+2x_3+3x_4=0,\\x_1+2x_2+3x_3-x_4=0,\\3x_1-x_2-x_3-2x_4=0,\\2x_1+3x_2-x_3-x_4=0\end{cases}$是否有非零解.

解 因系数行列式$D=\begin{vmatrix}1&1&2&3\\1&2&3&-1\\3&-1&-1&-2\\2&3&-1&-1\end{vmatrix}=-153\neq 0$,故由定理 1.4(2)知,方程组仅有零解而无非零解. **解毕**

例 1.22 当k取何值时,齐次线性方程组$\begin{cases}kx_1-x_2-x_3+x_4=0,\\-x_1+kx_2+x_3-x_4=0,\\-x_1+x_2+kx_3-x_4=0,\\x_1-x_2-x_3+kx_4=0\end{cases}$有非零解?

解 由定理 1.4(1)知,若所给方程组有非零解,则其系数行列式$D=0$,即有

$$D=\begin{vmatrix}k&-1&-1&1\\-1&k&1&-1\\-1&1&k&-1\\1&-1&-1&k\end{vmatrix}=(k-1)^3(k+3)=0,$$

故当$k=1$或$k=-3$时,所给齐次线性方程组有非零解. **解毕**

习 题 1.3

1. 用克拉默法则解下列线性方程组:

(1) $\begin{cases}2x_1+5x_2=1,\\3x_1+7x_2=2;\end{cases}$ (2) $\begin{cases}3x_1-4x_2+2x_3=1,\\5x_1-2x_2+7x_3=22,\\2x_1-5x_2+4x_3=4;\end{cases}$ (3) $\begin{cases}x_1+x_2+2x_3+3x_4=1,\\3x_1-x_2-x_3-2x_4=-4,\\2x_1+3x_2-x_3-x_4=-6,\\x_1+2x_2+3x_3-x_4=-4.\end{cases}$

2. 某企业一次投料生产能获得产品及副产品共四种,每种产品的成本未单独核算.已知投料四次所得四批产品的总成本如下表所示,试求每种产品的单位成本.

批 次	产品/kg				总成本/元
	A	B	C	D	
第一批产品	40	20	20	10	580
第二批产品	100	50	40	20	1410
第三批产品	20	8	8	4	272
第四批产品	80	36	32	12	1100

3. 判断下列线性方程组是否有非零解：

(1) $\begin{cases} x_1+2x_2+3x_3=0, \\ 2x_1+3x_2+4x_3=0, \\ 3x_1+4x_2+5x_3=0; \end{cases}$　　(2) $\begin{cases} 2x_1-2x_2+x_4=0, \\ 2x_1+3x_2+x_3-3x_4=0, \\ 3x_1+4x_2-x_3+2x_4=0, \\ x_1+3x_2+x_3-x_4=0. \end{cases}$

4. 若齐次线性方程组 $\begin{cases} \lambda x_1+x_2+x_3=0, \\ x_1+\lambda x_2-x_3=0, \\ 2x_1-x_2+x_3=0 \end{cases}$ 有非零解，则 λ 应取何值？

习 题 一

一、单项选择题

1. 二阶行列式 $\begin{vmatrix} k-1 & 2 \\ 2 & k-1 \end{vmatrix} \neq 0$ 的充分必要条件是 【 】

A. $k\neq -1$； B. $k\neq 3$；

C. $k\neq -1$ 且 $k\neq 3$； D. $k\neq -1$ 或 $k\neq 3$.

2. 三阶行列式 $\begin{vmatrix} k & 2 & 1 \\ 2 & k & 0 \\ 1 & -1 & 1 \end{vmatrix} \neq 0$ 的充分必要条件是 【 】

A. $k\neq -2$； B. $k\neq 3$；

C. $k\neq -2$ 或 $k\neq 3$； D. $k\neq -2$ 且 $k\neq 3$.

3. 若四阶行列式 $\begin{vmatrix} 0 & 0 & 3 & 0 \\ 1 & 0 & 0 & 0 \\ 0 & -2 & 0 & 0 \\ 2 & 0 & 0 & a \end{vmatrix} =24$，则 $a=$ 【 】

A. 4； B. -4； C. 8； D. -8.

4. 若三阶行列式 $\begin{vmatrix} a_1 & a_2 & a_3 \\ 2b_1-a_1 & 2b_2-a_2 & 2b_3-a_3 \\ c_1 & c_2 & c_3 \end{vmatrix}=2$,则 $\begin{vmatrix} a_1 & a_2 & a_3 \\ b_1 & b_2 & b_3 \\ c_1 & c_2 & c_3 \end{vmatrix}=$ 【 】

A. 1;　　B. -1;　　C. 2;　　D. -2.

5. 若三阶行列式 $\begin{vmatrix} a_{11} & a_{12} & a_{13} \\ a_{21} & a_{22} & a_{23} \\ a_{31} & a_{32} & a_{33} \end{vmatrix}=M\neq 0$,则 $\begin{vmatrix} 2a_{13} & 2a_{12} & 2a_{11} \\ 2a_{23} & 2a_{22} & 2a_{21} \\ 2a_{33} & 2a_{32} & 2a_{31} \end{vmatrix}=$ 【 】

A. $-2M$;　　B. $2M$;　　C. $-8M$;　　D. $8M$.

6. n 阶行列式 D_n 的元素 a_{ij} 的余子式 M_{ij} 和代数余子式 A_{ij} 之间的关系是 【 】

A. $A_{ij}=(i-j)M_{ij}$;　　B. $A_{ij}=(i+j)M_{ij}$;

C. $A_{ij}=(-1)^{i-j}M_{ij}$;　　D. $A_{ij}=(-1)^{i+j}M_{ij}$.

7. 代数方程 $\begin{vmatrix} x+1 & x & x \\ x & x+2 & x \\ x & x & x+3 \end{vmatrix}=0$ 的根为 【 】

A. $-\dfrac{6}{11}$;　　B. $\dfrac{6}{11}$;　　C. $-\dfrac{11}{6}$;　　D. $\dfrac{11}{6}$.

8. 三阶行列式 $\begin{vmatrix} 1 & 3 & -2 \\ -1 & 0 & 3 \\ 1 & 2 & -1 \end{vmatrix}$ 中元素 a_{32} 的余子式 $M_{32}=$ 【 】

A. $\begin{vmatrix} 1 & -2 \\ -1 & 3 \end{vmatrix}$;　　B. $-\begin{vmatrix} 1 & -2 \\ -1 & 3 \end{vmatrix}$;　　C. $\begin{vmatrix} 1 & 3 \\ 1 & 2 \end{vmatrix}$;　　D. $-\begin{vmatrix} 1 & 3 \\ 1 & 2 \end{vmatrix}$.

9. 三阶行列式 $\begin{vmatrix} 1 & 3 & -2 \\ -1 & 0 & 3 \\ 1 & 2 & -1 \end{vmatrix}$ 中元素 a_{32} 的代数余子式 $A_{32}=$ 【 】

A. $\begin{vmatrix} 1 & -2 \\ -1 & 3 \end{vmatrix}$;　　B. $-\begin{vmatrix} 1 & -2 \\ -1 & 3 \end{vmatrix}$;　　C. $\begin{vmatrix} 1 & 3 \\ 1 & 2 \end{vmatrix}$;　　D. $-\begin{vmatrix} 1 & 3 \\ 1 & 2 \end{vmatrix}$.

10. 四阶行列式 $\begin{vmatrix} -1 & 1 & 0 & 2 \\ 0 & 2 & 0 & 4 \\ 1 & 3 & 1 & 6 \\ 0 & 1 & 0 & 2 \end{vmatrix}=$ 【 】

A. 3;　　B. 2;　　C. 1;　　D. 0.

11. 若三元齐次线性方程组$\begin{cases}3x_1+\lambda x_2-x_3=0,\\4x_2+x_3=0,\\\lambda x_1-5x_2-x_3=0\end{cases}$有非零解，则 λ 必须满足 【 】

A. $\lambda=1$； B. $\lambda=3$； C. $\lambda=-1$ 或 $\lambda=-3$； D. $\lambda=0$.

12. 若三元齐次线性方程组$\begin{cases}2x_1-x_2+x_3=0,\\x_1+\lambda x_2-x_3=0,\\\lambda x_1+x_2+x_3=0\end{cases}$只有零解，则 λ 必须满足 【 】

A. $\lambda=-1$ 或 $\lambda=4$； B. $\lambda\neq-1$ 且 $\lambda\neq4$； C. $\lambda=-1$； D. $\lambda=4$.

二、填空题

1. 若三阶行列式$\begin{vmatrix}1&2&5\\1&3&-2\\2&5&\lambda\end{vmatrix}=0$，则 $\lambda=$__________.

2. 当 λ 满足__________时，三阶行列式$\begin{vmatrix}3&1&\lambda\\4&\lambda&0\\1&0&\lambda\end{vmatrix}\neq0$.

3. 四阶行列式$\begin{vmatrix}a_{11}&a_{12}&a_{13}&a_{12}\\a_{21}&a_{22}&a_{23}&a_{22}\\a_{31}&a_{32}&a_{33}&a_{32}\\a_{41}&a_{42}&a_{43}&a_{42}\end{vmatrix}$中元素 a_{31} 的代数余子式 $A_{31}=$__________.

4. 若 D_n^{T} 表示 n 阶行列式 D_n 的转置行列式，则 $(D_n^{\mathrm{T}})^{\mathrm{T}}=$__________.

5. 若 n 阶行列式$\begin{vmatrix}a_{11}&a_{12}&\cdots&a_{1n}\\a_{21}&a_{22}&\cdots&a_{2n}\\\vdots&\vdots&&\vdots\\a_{n1}&a_{n2}&\cdots&a_{nn}\end{vmatrix}_n=M$，则$\begin{vmatrix}-a_{11}&-a_{12}&\cdots&-a_{1n}\\-a_{21}&-a_{22}&\cdots&-a_{2n}\\\vdots&\vdots&&\vdots\\-a_{n1}&-a_{n2}&\cdots&-a_{nn}\end{vmatrix}_n=$__________.

6. $\begin{vmatrix}a_{11}&a_{12}&a_{13}\\a_{21}&a_{22}&a_{23}\\a_{31}&a_{32}&a_{33}\end{vmatrix}+\begin{vmatrix}a_{11}&a_{13}&a_{12}\\a_{21}&a_{23}&a_{22}\\a_{31}&a_{33}&a_{32}\end{vmatrix}=$__________.

7. 二元线性方程组$\begin{cases}3x_1-4y_2=2,\\x_1+2x_2=4\end{cases}$的解为__________.

8. $\begin{vmatrix} -4a_{11} & -2a_{12} & -2a_{13} \\ 6a_{21} & 3a_{22} & 3a_{23} \\ -10a_{31} & -5a_{32} & -5a_{33} \end{vmatrix} = \underline{\qquad\qquad} \begin{vmatrix} a_{11} & a_{12} & a_{13} \\ a_{21} & a_{22} & a_{23} \\ a_{31} & a_{32} & a_{33} \end{vmatrix}$.

9. 当 a,b 满足条件________时，二元线性方程组$\begin{cases} ax_1+by_2=1, \\ bx_1+ax_2=1 \end{cases}$有唯一解.

10. $\begin{vmatrix} a_{11} & a_{12} & \cdots & a_{1n} \\ a_{21} & a_{22} & \cdots & a_{2n} \\ \vdots & \vdots & & \vdots \\ a_{n1} & a_{n2} & \cdots & a_{nn} \end{vmatrix}_n=0$ 是 n 元线性齐次方程组$\begin{cases} a_{11}x_1+a_{12}x_2+\cdots+a_{1n}x_n=0, \\ a_{21}x_1+a_{22}x_2+\cdots+a_{2n}x_n=0, \\ \cdots\cdots \\ a_{n1}x_1+a_{n2}x_2+\cdots+a_{nn}x_n=0 \end{cases}$

有非零解的________条件.

三、解答题

1. 计算下列行列式的值：

(1) $\begin{vmatrix} 0 & a & b \\ -a & 0 & c \\ -b & -c & 0 \end{vmatrix}$；　(2) $\begin{vmatrix} 5 & -1 & 3 \\ 2 & 2 & 2 \\ 196 & 203 & 199 \end{vmatrix}$；　(3) $\begin{vmatrix} 5 & 1 & 1 & 1 \\ 1 & 5 & 1 & 1 \\ 1 & 1 & 5 & 1 \\ 1 & 1 & 1 & 5 \end{vmatrix}$；

(4) $\begin{vmatrix} 1 & 1 & 1 & 1 \\ -1 & 1 & 1 & 1 \\ -1 & -1 & 1 & 1 \\ -1 & -1 & -1 & 1 \end{vmatrix}$；(5) $\begin{vmatrix} a & b & c & d \\ a & a+b & a+b+c & a+b+c+d \\ a & 2a+b & 3a+2b+c & 4a+3b+2c+d \\ a & 3a+b & 6a+3b+c & 10a+6b+3c+d \end{vmatrix}$.

2. 计算下列 $n+1$ 阶行列式的值：

(1) $\begin{vmatrix} 1 & a_1 & a_2 & \cdots & a_{n-1} & a_n \\ 1 & a_1+b_1 & a_2 & \cdots & a_{n-1} & a_n \\ 1 & a_1 & a_2+b_2 & \cdots & a_{n-1} & a_n \\ \vdots & \vdots & \vdots & & \vdots & \vdots \\ 1 & a_1 & a_2 & \cdots & a_{n-1}+b_{n-1} & a_n \\ 1 & a_1 & a_2 & \cdots & a_{n-1} & a_n+b_n \end{vmatrix}_{n+1}$；

(2) $\begin{vmatrix} -a_1 & a_1 & 0 & \cdots & 0 & 0 \\ 0 & -a_2 & a_2 & \cdots & 0 & 0 \\ 0 & 0 & -a_3 & \cdots & 0 & 0 \\ \vdots & \vdots & \vdots & & \vdots & \vdots \\ 0 & 0 & 0 & \cdots & -a_n & a_n \\ 1 & 1 & 1 & \cdots & 1 & 1 \end{vmatrix}_{n+1}$.

3. 解方程 $\begin{vmatrix} 1 & 1 & 1 & 1 \\ 1 & 1-x & 1 & 1 \\ 1 & 1 & 2-x & 1 \\ 1 & 1 & 1 & 3-x \end{vmatrix}=0$.

4. 利用行列式的性质证明下列等式：

(1) $\begin{vmatrix} a^2 & ab & b^2 \\ 2a & a+b & 2b \\ 1 & 1 & 1 \end{vmatrix}=(a-b)^3$； (2) $\begin{vmatrix} a^2 & (a+1)^2 & (a+2)^2 & (a+3)^2 \\ b^2 & (b+1)^2 & (b+2)^2 & (b+3)^2 \\ c^2 & (c+1)^2 & (c+2)^2 & (c+3)^2 \\ d^2 & (d+1)^2 & (d+2)^2 & (d+3)^2 \end{vmatrix}=0$.

5. 用克拉默法则解下列线性方程组：

(1) $\begin{cases} 2x_1+2x_2+x_3=0, \\ x_1+3x_2+5x_3=1, \\ x_1+2x_2+3x_3=2; \end{cases}$ (2) $\begin{cases} x_1-3x_2+2x_3+5x_4=0, \\ 3x_1+2x_2-x_3-6x_4=0, \\ -2x_1-5x_2+x_3+7x_4=0, \\ -x_1-8x_2+2x_3+3x_4=0; \end{cases}$

(3) $\begin{cases} 2x_1+3x_2+11x_3+5x_4=6, \\ x_1+x_2+5x_3+2x_4=2, \\ 2x_1+x_2+3x_3+4x_4=2, \\ x_1+x_2+3x_3+4x_4=2. \end{cases}$

6. 判断三元齐次线性方程组 $\begin{cases} 2x_1+2x_2-x_3=0, \\ x_1-2x_2+4x_3=0, \\ 5x_1+8x_2-2x_3=0 \end{cases}$ 是否仅有零解.

7. 若三元齐次线性方程组 $\begin{cases} \lambda x_1+x_2+x_3=0, \\ x_1+\lambda x_2+x_3=0, \\ x_1+x_2+\lambda x_3=0 \end{cases}$ 有非零解，则 λ 应取何值？

第 2 章　矩　　阵

矩阵是线性代数中最基本的概念之一，是线性代数研究的主要对象，也是解决数学问题和实际应用问题的一个强有力的数学工具，并广泛应用于自然科学的各个分支及经济分析、经济管理等众多领域中. 本章主要介绍矩阵的基本概念、矩阵的基本运算以及矩阵的初等行变换与矩阵的秩. 最后，介绍可逆矩阵的概念及逆矩阵的求法.

2.1　矩阵的基本概念

2.1.1　问题的引入

矩阵和行列式一样，是从研究线性方程组的问题引出来的，只不过行列式是从特殊的线性方程组（即方程的个数与未知量的个数相等且有唯一解的方程组）引出来的，而矩阵则是从一般的线性方程组引出来的. 所以，矩阵的应用范围更广泛. 另外，在日常生活中，人们还常使用一系列的表格来记录和传递信息. 下面先举三个实例来说明矩阵概念的实际背景，进而引出矩阵的定义.

引例 2.1　工程技术中的许多问题都可归结为求解下列含有 m 个方程和 n 个未知量 $x_1, x_2, \cdots, x_n$ 的 n 元线性方程组

$$\begin{cases} a_{11}x_1 + a_{12}x_2 + \cdots + a_{1n}x_n = b_1, \\ a_{21}x_1 + a_{22}x_2 + \cdots + a_{2n}x_n = b_2, \\ \qquad\cdots\cdots \\ a_{m1}x_1 + a_{m2}x_2 + \cdots + a_{mn}x_n = b_m, \end{cases} \tag{2.1}$$

而方程组(2.1)左端的系数及右端的常数项按原来的位置可组成一个 m 行 n 列的矩形数表：

$$\begin{pmatrix} a_{11} & a_{12} & \cdots & a_{1n} & b_1 \\ a_{21} & a_{22} & \cdots & a_{2n} & b_2 \\ \vdots & \vdots & & \vdots & \vdots \\ a_{m1} & a_{m2} & \cdots & a_{mn} & b_m \end{pmatrix}, \tag{2.2}$$

并且数表(2.2)确定了整个线性方程组(2.1).

引例 2.2　A 国家的两个机场 A_1，A_2 与 B 国家的三个机场 B_1，B_2 和 B_3 的通航网络如图 2-1 所示，其中每条连线上的数字表示航线上不同航班的数目（如由 A_1 到 B_1 有 4 个航班），于是可将这些信息列为表 2-1 的形式.

表 2-1

航班数 \ B 国家 / A 国家	B_1	B_2	B_3
A_1	4	0	3
A_2	0	1	2

由表 2-1 看出：如图 2-1 所示的两个国家间的航班信息可用一个排成 2 行 3 列的数表来表示，且可简化排成一个 2 行 3 列的矩形数表$\begin{pmatrix}4&0&3\\0&1&2\end{pmatrix}$的形式.

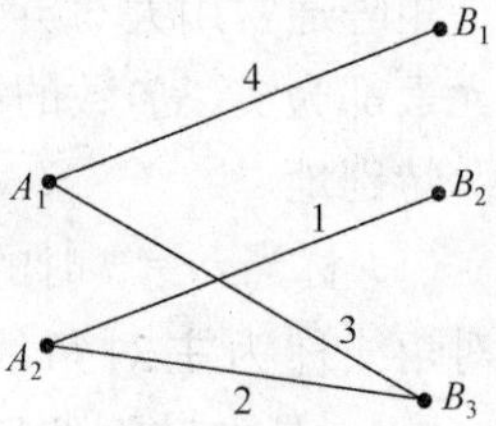

图 2-1

引例 2.3　在三个不同的商场 H_1，H_2 和 H_3 中，四种商品 S_1，S_2，S_3 和 S_4 的价格(单位：元)报表如表 2-2 所示.

表 2-2

价格 \ 商品 / 商场	S_1	S_2	S_3	S_4
H_1	15	27	8	11
H_2	14	25	9	12
H_3	16	26	7	13

由表 2-2 看出：三个商场中的四种商品的价格除可用表 2-2 的形式表示外，还可将其按原来的位置简化排成一个 3 行 4 列的矩形数表$\begin{pmatrix}15&27&8&11\\14&25&9&12\\16&26&7&13\end{pmatrix}$的形式.

2.1.2　矩阵的定义及相关概念

在引例 2.1～引例 2.3 中，以数表的形式来表达一些数量和关系的方法，在经济、管理和工程技术中是常用的，因此人们把这种数表称为**矩阵**. 将上述矩形数表单独抽象出来，便得到下面矩阵的概念.

定义 2.1　由 $m\times n$ 个(实或复)数 a_{ij} $(i=1,2,\cdots,m;j=1,2,\cdots,n)$(也称其为**元素**)排成的 m 行 n 列的矩形数表

$$\begin{pmatrix} a_{11} & a_{12} & \cdots & a_{1n} \\ a_{21} & a_{22} & \cdots & a_{2n} \\ \vdots & \vdots & & \vdots \\ a_{m1} & a_{m2} & \cdots & a_{mn} \end{pmatrix} \xlongequal{\text{简记为}} (a_{ij})_{m\times n}$$

称为 m **行** n **列矩阵**,或简称 $m\times n$ **矩阵**,它表示一个数表而不是数,其中元素 a_{ij} 位于矩阵的第 i 行和第 j 列($i=1,2,\cdots,m;j=1,2,\cdots,n$)交叉处的位置上.

矩阵通常用大写英文字母 $\boldsymbol{A},\boldsymbol{B},\boldsymbol{C},\cdots$ 来表示;m 行 n 列的矩阵 $\boldsymbol{A}$ 可记为 $\boldsymbol{A}_{m\times n}$,且元素都为实(复)数的矩阵称为**实(复)矩阵**.

特别地

(1) 称当 $m=n$ 时的矩阵 $\boldsymbol{A}_{n\times n}$ 为 n **阶方阵**,简记为 $\boldsymbol{A}_n$,并将从左上角到右下角的对角线称为**主对角线**,从右上角到左下角的对角线称为**次对角线**,而 a_{11},a_{22},$\cdots$,a_{nn} 是主对角线上的元素.

一阶方阵 $(a_{11})_{1\times1}\xlongequal{\text{简记为}}(a_{11})$ 是由一个数 a_{11} 组成的方阵,还可记 $(a_{11})=a_{11}$.

(2) 每个元素都为零的矩阵称为**零矩阵**,记为 $\boldsymbol{O}_{m\times n}$ 或简记为 $\boldsymbol{O}$,如 $\boldsymbol{O}_{2\times3}=\begin{pmatrix}0&0&0\\0&0&0\end{pmatrix}$.

(3) 称主对角线上的元素全为 1 而其余元素全为零的 n 阶方阵为 n **阶单位方阵**,记为 $\boldsymbol{I}_n$,如 $\boldsymbol{I}_2=\begin{pmatrix}1&0\\0&1\end{pmatrix}$.

(4) 只有一行的矩阵 $\boldsymbol{A}_{1\times n}=(a_{11},a_{12},\cdots,a_{1n})$ 称为**行矩阵**或**行阵**,还可称为 n **维行向量**;

只有一列的矩阵 $\boldsymbol{A}_{m\times1}=\begin{pmatrix}a_{11}\\a_{21}\\\vdots\\a_{m1}\end{pmatrix}$ 称为**列矩阵**或**列阵**,还可称为 m **维列向量**.

行阵或列阵也可用小写黑体字母 $\boldsymbol{a},\boldsymbol{b},\boldsymbol{x},\boldsymbol{y},\cdots$ 来表示.

(5) 每个 n 阶方阵 $\boldsymbol{A}_n=(a_{ij})_n$ 都对应一个 n 阶行列式,即

$$|\boldsymbol{A}_n|=|(a_{ij})_n|=\left|\begin{pmatrix} a_{11} & a_{12} & \cdots & a_{1n} \\ a_{21} & a_{22} & \cdots & a_{2n} \\ \vdots & \vdots & & \vdots \\ a_{n1} & a_{n2} & \cdots & a_{nn} \end{pmatrix}\right| \xlongequal{\text{记为}} \begin{vmatrix} a_{11} & a_{12} & \cdots & a_{1n} \\ a_{21} & a_{22} & \cdots & a_{2n} \\ \vdots & \vdots & & \vdots \\ a_{n1} & a_{n2} & \cdots & a_{nn} \end{vmatrix} \xlongequal{\text{记为}} \det\boldsymbol{A};$$

反过来,每个 n 阶行列式 $|a_{ij}|_n$ 也对应着一个 n 阶方阵 $\boldsymbol{A}_n=(a_{ij})_n$.

有了矩阵的概念之后,许多实际问题便可通过矩阵表示出来,如引例 2.2 和引例 2.3 中的实际问题就可用矩阵分别表为

$$A_{2\times3}=\begin{pmatrix}4&0&3\\0&1&2\end{pmatrix} \quad 和 \quad B_{3\times4}=\begin{pmatrix}15&27&8&11\\14&25&9&12\\16&26&7&13\end{pmatrix}.$$

例 2.1　掷两颗骰子,并令

a_{ij}={第一颗向上的面出现 i 点,第二颗向上的面出现 j 点}$(i,j=1,2,3,4,5,6)$,则两颗骰子向上的面出现的点数分布可表为如下形式的六阶方阵:

$$\begin{pmatrix}a_{11}&a_{12}&a_{13}&a_{14}&a_{15}&a_{16}\\a_{21}&a_{22}&a_{23}&a_{24}&a_{25}&a_{26}\\a_{31}&a_{32}&a_{33}&a_{34}&a_{35}&a_{36}\\a_{41}&a_{42}&a_{43}&a_{44}&a_{45}&a_{46}\\a_{51}&a_{52}&a_{53}&a_{54}&a_{55}&a_{56}\\a_{61}&a_{62}&a_{63}&a_{64}&a_{65}&a_{66}\end{pmatrix}.$$

注意矩阵和行列式有着本质的区别:行列式是一个算式且它的行数与列数必须相等,一个行列式经过计算可求得其值,但矩阵仅仅是一个数表且它的行数与列数不一定相等. 对于 n 阶方阵 $\boldsymbol{A}$,虽然有时也要计算它的行列式,但是方阵 $\boldsymbol{A}$ 和方阵 $\boldsymbol{A}$ 的行列式 $|\boldsymbol{A}|$ 是两个不同的概念,不要混为一谈.

习　题　2.1

1. 写出确定四元线性非齐次方程组 $\begin{cases}x_1+3x_2-x_3+2x_4=1,\\x_1-2x_2-x_3+3x_4=-2,\\3x_1+5x_2-x_3-2x_4=-1,\\x_1+9x_2-3x_3+4x_4=6\end{cases}$ 的矩阵.

2. 某文具车间有三个班组,第一天生产铅笔、钢笔的数量(单位:支)报表如表 2-3 所示,试写出该车间第一天生产两种笔的数量矩阵.

表 2-3

产品 / 数量 / 班组	铅笔	钢笔
一组	3000	1000
二组	2500	1100
三组	2000	1000

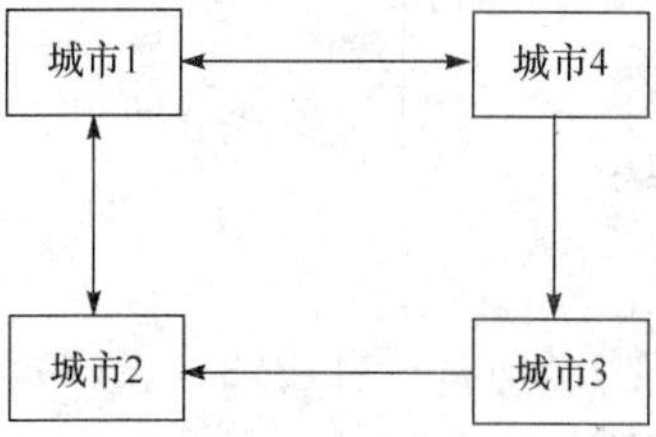

图 2-2

3. 某学生在高中一、二、三年级中各科的成绩分别为语文：90，85，94；数学：100，90，95；英语：80，85，91. 试写出表示该学生高中三年成绩的矩阵.

4. 四个城市间的单向航线如图 2-2 所示，且令 $a_{ij}=\begin{cases}1, & 从\ i\ 市到\ j\ 市有\ 1\ 条单向航线,\\ 0, & 从\ i\ 市到\ j\ 市没有单向航线\end{cases}$ $(i,j=1,2,3,4)$，试写出表示四个城市间单向航线的矩阵.

2.2 矩阵的基本运算

矩阵的意义不仅在于将一些数据排列成阵列的形式，而且在于对它定义了一些既有理论意义又有实际意义的运算，从而使矩阵成为进行理论研究或解决实际问题的有力工具. 但是，在定义矩阵的运算之前必须先给出两个矩阵相等的概念，以及矩阵之间进行运算时需满足的条件，而矩阵的加减法运算、数乘运算和乘法运算是矩阵的最基本运算，下面进行讨论.

2.2.1 同型矩阵与相等矩阵

定义 2.2 若矩阵 $\boldsymbol{A}=(a_{ij})_{m\times n}$ 和 $\boldsymbol{B}=(b_{ij})_{m\times n}$ 均为 $m\times n$ 矩阵，即它们的行数和列数分别相等，则称矩阵 $\boldsymbol{A}$ 与 $\boldsymbol{B}$ 是**同型矩阵**. 若还有(即对应元素相等)

$$a_{ij}=b_{ij}\ (i=1,2,\cdots,m;j=1,2,\cdots,n),$$

则称矩阵 $\boldsymbol{A}$ 与 $\boldsymbol{B}$ **相等**，并记作 $\boldsymbol{A}=\boldsymbol{B}$，即

$$\boldsymbol{A}=\boldsymbol{B}\Leftrightarrow\begin{pmatrix}a_{11}&a_{12}&\cdots&a_{1n}\\a_{21}&a_{22}&\cdots&a_{2n}\\\vdots&\vdots&&\vdots\\a_{m1}&a_{m2}&\cdots&a_{mn}\end{pmatrix}_{m\times n}=\begin{pmatrix}b_{11}&b_{12}&\cdots&b_{1n}\\b_{21}&b_{22}&\cdots&b_{2n}\\\vdots&\vdots&&\vdots\\b_{m1}&b_{m2}&\cdots&b_{mn}\end{pmatrix}_{m\times n}$$

$$\Leftrightarrow a_{ij}=b_{ij}\ (i=1,2,\cdots,m;j=1,2,\cdots,n).$$

由定义 2.2 看出：只有同型矩阵之间才能考虑它们是否相等，否则没有意义.

例 2.2 根据定义 2.2，无论 a,b,c,d 取何值，矩阵

$$\boldsymbol{A}_{2\times3}=\begin{pmatrix}1&10&-3\\2&-7&0\end{pmatrix}\quad 和\quad \boldsymbol{B}_{2\times2}=\begin{pmatrix}a&c\\b&d\end{pmatrix}$$

都不可能相等，这是由于它们的列数不相同.

例 2.3 若矩阵 $\boldsymbol{A}=\begin{pmatrix}x&5\\0&-7\\y&8\end{pmatrix}$，$\boldsymbol{B}=\begin{pmatrix}2&b\\0&c\\a&8\end{pmatrix}$ 且 $\boldsymbol{A}=\boldsymbol{B}$，求 x,y,a,b,c.

解　由 $\boldsymbol{A}=\boldsymbol{B}$ 有 $\begin{pmatrix} x & 5 \\ 0 & -7 \\ y & 8 \end{pmatrix}=\begin{pmatrix} 2 & b \\ 0 & c \\ a & 8 \end{pmatrix}$，进而有 $x=2, y=a=$任意实数，$b=5, c=-7$.

解毕

2.2.2　矩阵的加、减法运算与数乘运算

定义 2.3　若 $\boldsymbol{A}=(a_{ij})_{m\times n}$ 和 $\boldsymbol{B}=(b_{ij})_{m\times n}$ 为两个 $m\times n$ 同型矩阵，则称矩阵 $(a_{ij}+b_{ij})_{m\times n}$ 和 $(a_{ij}-b_{ij})_{m\times n}$ 分别为矩阵 $\boldsymbol{A}$ 与 $\boldsymbol{B}$ 的**和矩阵**与**差矩阵**，并记为 $\boldsymbol{A}+\boldsymbol{B}$ 与 $\boldsymbol{A}-\boldsymbol{B}$，即

$$\boldsymbol{A}+\boldsymbol{B}=(a_{ij}+b_{ij})_{m\times n}=\begin{pmatrix} a_{11}+b_{11} & a_{12}+b_{12} & \cdots & a_{1n}+b_{1n} \\ a_{21}+b_{21} & a_{22}+b_{22} & \cdots & a_{2n}+b_{2n} \\ \vdots & \vdots & & \vdots \\ a_{m1}+b_{m1} & a_{m2}+b_{m2} & \cdots & a_{mn}+b_{mn} \end{pmatrix},$$

$$\boldsymbol{A}-\boldsymbol{B}=(a_{ij}-b_{ij})_{m\times n}=\begin{pmatrix} a_{11}-b_{11} & a_{12}-b_{12} & \cdots & a_{1n}-b_{1n} \\ a_{21}-b_{21} & a_{22}-b_{22} & \cdots & a_{2n}-b_{2n} \\ \vdots & \vdots & & \vdots \\ a_{m1}-b_{m1} & a_{m2}-b_{m2} & \cdots & a_{mn}-b_{mn} \end{pmatrix}.$$

必须注意，只有两个同型矩阵之间才能进行加、减法运算，且同型矩阵之和（差）所得矩阵仍是与原矩阵同型的矩阵.

定义 2.4　由常数 k（实数或复数）与矩阵 $\boldsymbol{A}=(a_{ij})_{m\times n}$ 中的每个元素相乘所得到的矩阵

$$\begin{pmatrix} ka_{11} & ka_{12} & \cdots & ka_{1n} \\ ka_{21} & ka_{22} & \cdots & ka_{2n} \\ \vdots & \vdots & & \vdots \\ ka_{m1} & ka_{m2} & \cdots & ka_{mn} \end{pmatrix}$$

称为数 k 与矩阵 $\boldsymbol{A}$ 的**数量乘积矩阵**（简称**数乘矩阵**），并记为 $k\boldsymbol{A}$，即

$$k\boldsymbol{A}=k\begin{pmatrix} a_{11} & a_{12} & \cdots & a_{1n} \\ a_{21} & a_{22} & \cdots & a_{2n} \\ \vdots & \vdots & & \vdots \\ a_{m1} & a_{m2} & \cdots & a_{mn} \end{pmatrix}=\begin{pmatrix} ka_{11} & ka_{12} & \cdots & ka_{1n} \\ ka_{21} & ka_{22} & \cdots & ka_{2n} \\ \vdots & \vdots & & \vdots \\ ka_{m1} & ka_{m2} & \cdots & ka_{mn} \end{pmatrix}.$$

值得注意的是，用数 k 乘矩阵 $\boldsymbol{A}$ 时，必须用数 k 去乘矩阵 $\boldsymbol{A}$ 中的每个元素，这与行列式的性质 1.3 是不同的.

在定义 2.4 中，数 -1 与矩阵 $\boldsymbol{A}$ 的数乘矩阵 $(-1)\cdot\boldsymbol{A}=(-a_{ij})_{m\times n}$ 称为矩阵 $\boldsymbol{A}$ 的**负矩阵**，并记为 $-\boldsymbol{A}$，即

$$-\boldsymbol{A}=(-a_{ij})_{m\times n}=\begin{pmatrix}-a_{11} & -a_{12} & \cdots & -a_{1n}\\ -a_{21} & -a_{22} & \cdots & -a_{2n}\\ \vdots & \vdots & & \vdots\\ -a_{m1} & -a_{m2} & \cdots & -a_{mn}\end{pmatrix}.$$

例 2.4　若 $\boldsymbol{A}=\begin{pmatrix}2 & 3 & 1\\ 2 & 5 & 7\end{pmatrix}$，$\boldsymbol{B}=\begin{pmatrix}2 & 4 & 7\\ 3 & 5 & 1\end{pmatrix}$，则

$$\boldsymbol{A}+\boldsymbol{B}=\begin{pmatrix}2+2 & 3+4 & 1+7\\ 2+3 & 5+5 & 7+1\end{pmatrix}=\begin{pmatrix}4 & 7 & 8\\ 5 & 10 & 8\end{pmatrix};$$

$$\boldsymbol{A}-\boldsymbol{B}=\begin{pmatrix}2-2 & 3-4 & 1-7\\ 2-3 & 5-5 & 7-1\end{pmatrix}=\begin{pmatrix}0 & -1 & -6\\ -1 & 0 & 6\end{pmatrix};$$

$$3\boldsymbol{A}=\begin{pmatrix}3\times2 & 3\times3 & 3\times1\\ 3\times2 & 3\times5 & 3\times7\end{pmatrix}=\begin{pmatrix}6 & 9 & 3\\ 6 & 15 & 21\end{pmatrix}.$$

例 2.5　有某种物质(单位:t)从 3 个产地运往 4 个销地，两次调运方案分别为矩阵 $\boldsymbol{A}=\begin{pmatrix}3 & 5 & 7 & 2\\ 2 & 0 & 4 & 3\\ 0 & 1 & 2 & 3\end{pmatrix}$ 与矩阵 $\boldsymbol{B}=\begin{pmatrix}1 & 3 & 2 & 0\\ 2 & 1 & 5 & 7\\ 0 & 6 & 4 & 8\end{pmatrix}$，则从各产地运往各销地两次的物质调运量(单位:t)共为

$$\boldsymbol{A}+\boldsymbol{B}=\begin{pmatrix}3 & 5 & 7 & 2\\ 2 & 0 & 4 & 3\\ 0 & 1 & 2 & 3\end{pmatrix}+\begin{pmatrix}1 & 3 & 2 & 0\\ 2 & 1 & 5 & 7\\ 0 & 6 & 4 & 8\end{pmatrix}=\begin{pmatrix}4 & 8 & 9 & 2\\ 4 & 1 & 9 & 10\\ 0 & 7 & 6 & 11\end{pmatrix}.$$

矩阵的加法运算与数乘运算称为矩阵的**线性运算**，且直接由它们的定义可验证(略)矩阵的线性运算满足以下运算规律(其中 $\boldsymbol{A},\boldsymbol{B},\boldsymbol{C}$ 都是 $m\times n$ 矩阵，$\boldsymbol{O}$ 是 $m\times n$ 零矩阵，k,l 为任意常数)：

(1) **加法交换律**　$\boldsymbol{A}+\boldsymbol{B}=\boldsymbol{B}+\boldsymbol{A}$；

(2) **加法结合律**　$(\boldsymbol{A}+\boldsymbol{B})+\boldsymbol{C}=\boldsymbol{A}+(\boldsymbol{B}+\boldsymbol{C})$；

(3) $\boldsymbol{A}+\boldsymbol{O}=\boldsymbol{O}+\boldsymbol{A}=\boldsymbol{A}$($\boldsymbol{O}$ 在矩阵的加法中起着类似于数 0 在数的加法中起的作用)；

(4) $A+(-\boldsymbol{A})=(-\boldsymbol{A})+\boldsymbol{A}=\boldsymbol{O}$($-\boldsymbol{A}$ 起着类似于相反数的作用)；

(5) **数对矩阵加法的分配律**　$k(\boldsymbol{A}+\boldsymbol{B})=k\boldsymbol{A}+k\boldsymbol{B}$；

(6) **矩阵对数的加法的分配律**　$(k+l)\boldsymbol{A}=k\boldsymbol{A}+l\boldsymbol{A}$；

(7) **数乘矩阵的结合律**　$k(l\boldsymbol{A})=l(k\boldsymbol{A})=(kl)\boldsymbol{A}$；

(8) $1\cdot\boldsymbol{A}=\boldsymbol{A}$；

(9) $0\cdot\boldsymbol{A}=\boldsymbol{O}$；

(10) 若 $k\boldsymbol{A}=\boldsymbol{O}$，则 $k=0$ 或 $\boldsymbol{A}=\boldsymbol{O}$.

例 2.6 若 $\boldsymbol{A}=\begin{pmatrix}3 & -1 & 2\\ 0 & 1 & 4\end{pmatrix}$，$\boldsymbol{B}=\begin{pmatrix}-2 & 1 & 3\\ 5 & 2 & -1\end{pmatrix}$，则

$$4\boldsymbol{A}-3\boldsymbol{B}=4\begin{pmatrix}3 & -1 & 2\\ 0 & 1 & 4\end{pmatrix}-3\begin{pmatrix}-2 & 1 & 3\\ 5 & 2 & -1\end{pmatrix}=\begin{pmatrix}12 & -4 & 8\\ 0 & 4 & 16\end{pmatrix}-\begin{pmatrix}-6 & 3 & 9\\ 15 & 6 & -3\end{pmatrix}$$

$$=\begin{pmatrix}12-(-6) & -4-3 & 8-9\\ 0-15 & 4-6 & 16-(-3)\end{pmatrix}=\begin{pmatrix}18 & -7 & -1\\ -15 & -2 & 19\end{pmatrix}.$$

例 2.7 已知 $\boldsymbol{A}=\begin{pmatrix}-3 & 1 & 2 & 0\\ 1 & 5 & 7 & 9\\ 2 & 4 & 6 & 8\end{pmatrix}$，$\boldsymbol{B}=\begin{pmatrix}7 & 5 & -2 & 4\\ 5 & 1 & 9 & 7\\ -1 & -3 & -5 & 0\end{pmatrix}$，且 $\boldsymbol{A}+2\boldsymbol{X}=\boldsymbol{B}$，求 $\boldsymbol{X}$.

解 因 $\boldsymbol{A}+2\boldsymbol{X}=\boldsymbol{B}$，故有 $2\boldsymbol{X}=\boldsymbol{B}-\boldsymbol{A}$，进而有

$$\boldsymbol{X}=\frac{1}{2}(\boldsymbol{B}-\boldsymbol{A})=\frac{1}{2}\left[\begin{pmatrix}7 & 5 & -2 & 4\\ 5 & 1 & 9 & 7\\ -1 & -3 & -5 & 0\end{pmatrix}-\begin{pmatrix}-3 & 1 & 2 & 0\\ 1 & 5 & 7 & 9\\ 2 & 4 & 6 & 8\end{pmatrix}\right]$$

$$=\frac{1}{2}\begin{pmatrix}10 & 4 & -4 & 4\\ 4 & -4 & 2 & -2\\ -3 & -7 & -11 & -8\end{pmatrix}=\begin{pmatrix}5 & 2 & -2 & 2\\ 2 & -2 & 1 & -1\\ -\frac{3}{2} & -\frac{7}{2} & -\frac{11}{2} & -4\end{pmatrix}.$$

解毕

例 2.8 若 $\boldsymbol{A}=(a_{ij})$ 为三阶方阵且 $|\boldsymbol{A}|=-3$，则

$$||\boldsymbol{A}|\boldsymbol{A}|=|(-3)\boldsymbol{A}|=\left|\begin{pmatrix}-3a_{11} & -3a_{12} & -3a_{13}\\ -3a_{21} & -3a_{22} & -3a_{23}\\ -3a_{31} & -3a_{32} & -3a_{33}\end{pmatrix}\right|=\begin{vmatrix}-3a_{11} & -3a_{12} & -3a_{13}\\ -3a_{21} & -3a_{22} & -3a_{23}\\ -3a_{31} & -3a_{32} & -3a_{33}\end{vmatrix}$$

$$=(-3)^3\begin{vmatrix}a_{11} & a_{12} & a_{13}\\ a_{21} & a_{22} & a_{23}\\ a_{31} & a_{32} & a_{33}\end{vmatrix}=(-3)^3|\boldsymbol{A}|=(-3)^3(-3)$$

$$=(-3)^4=81.$$

2.2.3 矩阵的乘法运算

定义 2.5 若矩阵 $\boldsymbol{A}=(a_{ik})_{m\times s}$，$\boldsymbol{B}=(b_{kj})_{s\times n}$，则称以

$$c_{ij}=a_{i1}b_{1j}+a_{i2}b_{2j}+\cdots+a_{is}b_{sj}=\sum_{k=1}^{s}a_{ik}b_{kj}\ (i=1,2,\cdots,m;\ j=1,2,\cdots,n)$$

为元素的矩阵 $\boldsymbol{C}=(c_{ij})_{m\times n}$ 为**矩阵 $\boldsymbol{A}$ 与 $\boldsymbol{B}$ 的积**，记为 $\boldsymbol{AB}$，即 $\boldsymbol{AB}=\boldsymbol{C}=(c_{ij})_{mn}$，亦即

$$
\begin{pmatrix}
a_{11} & a_{12} & \cdots & a_{1s} \\
a_{21} & a_{22} & \cdots & a_{2s} \\
\vdots & \vdots & & \vdots \\
a_{i1} & a_{i2} & \cdots & a_{is} \\
\vdots & \vdots & & \vdots \\
a_{m1} & a_{m2} & \cdots & a_{ms}
\end{pmatrix}_{m\times s}
\begin{pmatrix}
b_{11} & b_{12} & \cdots & b_{1j} & \cdots & b_{1n} \\
b_{21} & b_{22} & \cdots & b_{2j} & \cdots & b_{2n} \\
\vdots & \vdots & & \vdots & & \vdots \\
b_{s1} & b_{s2} & \cdots & b_{sj} & \cdots & b_{sn}
\end{pmatrix}_{s\times n}
$$

$$
=\begin{pmatrix}
\sum\limits_{k=1}^{s} a_{1k}b_{k1} & \sum\limits_{k=1}^{s} a_{1k}b_{k2} & \cdots & \sum\limits_{k=1}^{s} a_{1k}b_{kj} & \cdots & \sum\limits_{k=1}^{s} a_{1k}b_{kn} \\
\sum\limits_{k=1}^{s} a_{2k}b_{k1} & \sum\limits_{k=1}^{s} a_{2k}b_{k2} & \cdots & \sum\limits_{k=1}^{s} a_{2k}b_{kj} & \cdots & \sum\limits_{k=1}^{s} a_{2k}b_{kn} \\
\vdots & \vdots & & \vdots & & \vdots \\
\sum\limits_{k=1}^{s} a_{ik}b_{k1} & \sum\limits_{k=1}^{s} a_{ik}b_{k2} & \cdots & \sum\limits_{k=1}^{s} a_{ik}b_{kj} & \cdots & \sum\limits_{k=1}^{s} a_{ik}b_{kn} \\
\vdots & \vdots & & \vdots & & \vdots \\
\sum\limits_{k=1}^{s} a_{mk}b_{k1} & \sum\limits_{k=1}^{s} a_{mk}b_{k2} & \cdots & \sum\limits_{k=1}^{s} a_{mk}b_{kj} & \cdots & \sum\limits_{k=1}^{s} a_{mk}b_{kn}
\end{pmatrix}
$$

$$
=\begin{pmatrix}
c_{11} & c_{12} & \cdots & c_{1s} \\
c_{21} & c_{22} & \cdots & c_{2s} \\
\vdots & \vdots & & \vdots \\
c_{i1} & c_{i2} & \cdots & c_{is} \\
\vdots & \vdots & & \vdots \\
c_{m1} & c_{m2} & \cdots & c_{ms}
\end{pmatrix}.
$$

从矩阵乘法的定义不难看出,在进行矩阵的乘法运算中,需注意以下三点:

(1) 只有矩阵 $\boldsymbol{A}$ 的列数与矩阵 $\boldsymbol{B}$ 的行数相等时,乘积矩阵 $\boldsymbol{AB}$ 才有意义;

(2) 矩阵 $\boldsymbol{C}=\boldsymbol{AB}$ 中 i 行 j 列处的元素 c_{ij} 等于矩阵 $\boldsymbol{A}$ 的第 i 行的每一个元素与矩阵 $\boldsymbol{B}$ 的第 j 列的对应元素的乘积之和,即

$$
c_{ij}=a_{i1}b_{1j}+a_{i2}b_{2j}+\cdots+a_{is}b_{sj}=\sum_{k=1}^{s}a_{ik}b_{kj}\,(i=1,2,\cdots,m;\ j=1,2,\cdots,n);
$$

(3) 乘积矩阵 $\boldsymbol{C}$ 的行数等于矩阵 $\boldsymbol{A}$ 的行数,列数等于矩阵 $\boldsymbol{B}$ 的列数,即

$$
\boldsymbol{C}_{m\times n}=\boldsymbol{A}_{m\times s}\boldsymbol{B}_{s\times n},\quad 亦即(\boldsymbol{AB})_{m\times n}=\boldsymbol{A}_{m\times s}\boldsymbol{B}_{s\times n}.
$$

例 2.9　(1) 若 $\boldsymbol{B}=\begin{pmatrix}1 & 2 & 3\\ 2 & 1 & 0\end{pmatrix}$,$\boldsymbol{A}=\begin{pmatrix}2 & 3\\ 1 & 2\\ 3 & 1\end{pmatrix}$,则

$$AB=\begin{pmatrix}2&3\\1&2\\3&1\end{pmatrix}\begin{pmatrix}1&2&3\\2&1&0\end{pmatrix}=\begin{pmatrix}2\times1+3\times2&2\times2+3\times1&2\times3+3\times0\\1\times1+2\times2&1\times2+2\times1&1\times3+2\times0\\3\times1+1\times2&3\times2+1\times1&3\times3+1\times0\end{pmatrix}=\begin{pmatrix}8&7&6\\5&4&3\\5&7&9\end{pmatrix};$$

$$BA=\begin{pmatrix}1&2&3\\2&1&0\end{pmatrix}\begin{pmatrix}2&3\\1&2\\3&1\end{pmatrix}=\begin{pmatrix}1\times2+2\times1+3\times3&1\times3+2\times2+3\times1\\2\times2+1\times1+0\times3&2\times3+1\times2+0\times1\end{pmatrix}=\begin{pmatrix}13&10\\5&8\end{pmatrix}.$$

(2) 若 $A=\begin{pmatrix}2&3\\1&2\\3&1\end{pmatrix}$, $B=(3,1,0)$, 则 $AB=\begin{pmatrix}2&3\\1&2\\3&1\end{pmatrix}(3,1,0)$无意义,但

$$BA=(3,1,0)\begin{pmatrix}2&3\\1&2\\3&1\end{pmatrix}=(3\times2+1\times1+0\times3,3\times3+1\times2+0\times1)=(7,11).$$

(3) 若 $A=\begin{pmatrix}6&2\\3&1\end{pmatrix}$, $B=\begin{pmatrix}1&-2\\-2&4\end{pmatrix}$, 则

$$AB=\begin{pmatrix}6&2\\3&1\end{pmatrix}\begin{pmatrix}1&-2\\-2&4\end{pmatrix}=\begin{pmatrix}2&-4\\1&-2\end{pmatrix},\quad BA=\begin{pmatrix}1&-2\\-2&4\end{pmatrix}\begin{pmatrix}6&2\\3&1\end{pmatrix}=\begin{pmatrix}0&0\\0&0\end{pmatrix}.$$

由以上结果看到:不论 AB 与 BA 是否都有意义或是否同型,都不能保证 $AB\neq BA$,**即矩阵的乘法不满足交换律.**另外,两个非零矩阵的乘积矩阵可能是一个零矩阵.

例 2.10 若 $A=\begin{pmatrix}6&2\\3&1\end{pmatrix}$, $B=\begin{pmatrix}1&0\\0&1\end{pmatrix}$, 则

$$AB=\begin{pmatrix}6&2\\3&1\end{pmatrix}\begin{pmatrix}1&0\\0&1\end{pmatrix}=\begin{pmatrix}6&2\\3&1\end{pmatrix}=\begin{pmatrix}1&0\\0&1\end{pmatrix}\begin{pmatrix}6&2\\3&1\end{pmatrix}=BA.$$

例 2.11 (1) 若 $A=\begin{pmatrix}1&1\\-1&-1\end{pmatrix}$, $B=\begin{pmatrix}2&-2\\-2&2\end{pmatrix}$, $C=\begin{pmatrix}-3&3\\3&-3\end{pmatrix}$, 则

$$AB=\begin{pmatrix}1&1\\-1&-1\end{pmatrix}\begin{pmatrix}2&-2\\-2&2\end{pmatrix}=\begin{pmatrix}0&0\\0&0\end{pmatrix}=\begin{pmatrix}1&1\\-1&-1\end{pmatrix}\begin{pmatrix}-3&3\\3&-3\end{pmatrix}=AC,$$

且 $A\neq O$,但 $B\neq C$,即由 $AB=AC$ 及 $A\neq 0$ 推不出 $B=C$;

(2) 若 $A=\begin{pmatrix}1&2\\0&3\end{pmatrix}$, $B=\begin{pmatrix}1&0\\0&4\end{pmatrix}$, $C=\begin{pmatrix}1&1\\0&0\end{pmatrix}$, 则

$$AC=\begin{pmatrix}1&2\\0&3\end{pmatrix}\begin{pmatrix}1&1\\0&0\end{pmatrix}=\begin{pmatrix}1&1\\0&0\end{pmatrix}=\begin{pmatrix}1&0\\0&4\end{pmatrix}\begin{pmatrix}1&1\\0&0\end{pmatrix}=BC,$$

且 $C\neq O$,但 $A\neq B$,即由 $AC=BC$ 及 $C\neq 0$ 推不出 $A=B$.

由以上结果看到:矩阵的乘法既不满足左消去律,也不满足右消去律,而数的乘法运算却是满足的.

从例 2.9 至例 2.11 可以看到:两个矩阵相乘的结果有以下六种:

(1) $\boldsymbol{AB}$ 与 $\boldsymbol{BA}$ 均有意义,但 $\boldsymbol{AB}$ 与 $\boldsymbol{BA}$ 不同型,此时必有 $\boldsymbol{AB}\neq\boldsymbol{BA}$(例 2.9).

(2) $\boldsymbol{AB}$ 与 $\boldsymbol{BA}$ 中一个有意义而另一个无意义,此时也必有 $\boldsymbol{AB}\neq\boldsymbol{BA}$(例 2.9).

(3) $\boldsymbol{AB}$ 与 $\boldsymbol{BA}$ 均有意义且同型,但 $\boldsymbol{AB}\neq\boldsymbol{BA}$(例 2.9),此时称 $\boldsymbol{A},\boldsymbol{B}$ **不可交换**(或称 $\boldsymbol{A}$ 与 $\boldsymbol{B}$ **不可交换**).

(1)~(3)说明**矩阵的乘法一般不满足交换律**.

(4) $\boldsymbol{AB}$ 与 $\boldsymbol{BA}$ 均有意义、同型且 $\boldsymbol{AB}=\boldsymbol{BA}$(例 2.10),此时称 $\boldsymbol{A},\boldsymbol{B}$ **可交换**(或称 $\boldsymbol{A}$ **与** $\boldsymbol{B}$ **可交换**).

(5) $\boldsymbol{A}\neq\boldsymbol{O},\boldsymbol{B}\neq\boldsymbol{O}$,但 $\boldsymbol{AB}=\boldsymbol{O}$(例 2.11),即由 $\boldsymbol{AB}=\boldsymbol{O}$ 推不出 $\boldsymbol{A}=\boldsymbol{O}$ 或 $\boldsymbol{B}=\boldsymbol{O}$.

(6) 当 $\boldsymbol{AB}=\boldsymbol{AC}$ 且 $\boldsymbol{A}\neq\boldsymbol{O}$ 时,不能保证能消去 $\boldsymbol{A}$ 而得到 $\boldsymbol{B}=\boldsymbol{C}$(**例 2.11**);同理,当 $\boldsymbol{AC}=\boldsymbol{BC}$ 且 $\boldsymbol{C}\neq\boldsymbol{O}$ 时,也不能保证能消去 $\boldsymbol{C}$ 而得到 $\boldsymbol{A}=\boldsymbol{B}$(例 2.11).所以,**矩阵的乘法一般既不满足左消去律,也不满足右消去律.**

定义 2.6 若矩阵 $\boldsymbol{A}$ 与 $\boldsymbol{B}$ 满足等式 $\boldsymbol{AB}=\boldsymbol{BA}$,则称矩阵 $\boldsymbol{A}$ 与 $\boldsymbol{B}$ 是**可交换**的,且此时 $\boldsymbol{A}$ 与 $\boldsymbol{B}$ 必是同阶方阵.

例 2.12 求与三阶方阵 $\boldsymbol{A}=\begin{pmatrix}0&1&0\\0&0&1\\0&0&0\end{pmatrix}$ 可交换的一切三阶方阵.

解 若 $\boldsymbol{B}$ 是与 $\boldsymbol{A}$ 可交换的三阶方阵,则可设 $\boldsymbol{B}=\begin{pmatrix}a&b&c\\a_1&b_1&c_1\\a_2&b_2&c_2\end{pmatrix}$,故由 $\boldsymbol{AB}=\boldsymbol{BA}$ 有

$$\begin{pmatrix}0&1&0\\0&0&1\\0&0&0\end{pmatrix}\begin{pmatrix}a&b&c\\a_1&b_1&c_1\\a_2&b_2&c_2\end{pmatrix}=\begin{pmatrix}a&b&c\\a_1&b_1&c_1\\a_2&b_2&c_2\end{pmatrix}\begin{pmatrix}0&1&0\\0&0&1\\0&0&0\end{pmatrix},$$

即有 $\begin{pmatrix}a_1&b_1&c_1\\a_2&b_2&c_2\\0&0&0\end{pmatrix}=\begin{pmatrix}0&a&b\\0&a_1&b_1\\0&a_2&b_2\end{pmatrix}$,亦即有 $\begin{cases}a_1=0,b_1=a,c_1=b,\\a_2=0,b_2=a_1=0,c_2=b_1=a,\\a_2=0,b_2=0,\end{cases}$ 从而

$$\boldsymbol{B}=\begin{pmatrix}a&b&c\\a_1&b_1&c_1\\a_2&b_2&c_2\end{pmatrix}=\begin{pmatrix}a&b&c\\0&a&b\\0&0&a\end{pmatrix},\quad \text{其中 } a,b,c \text{ 为任意常数.}$$

解毕

例 2.13 若 $\boldsymbol{A}=(a_1,a_2,\cdots,a_n)$,$\boldsymbol{B}=\begin{pmatrix}b_1\\b_2\\\vdots\\b_n\end{pmatrix}$,则

$$\boldsymbol{AB}=(a_1,a_2,\cdots,a_n)\begin{pmatrix}b_1\\b_2\\\vdots\\b_n\end{pmatrix}=(a_1b_1+a_2b_2+\cdots+a_nb_n)=\left(\sum_{i=1}^{n}a_ib_i\right)=\sum_{i=1}^{n}a_ib_i,$$

$$\boldsymbol{BA}=\begin{pmatrix}b_1\\b_2\\\vdots\\b_n\end{pmatrix}(a_1,a_2,\cdots,a_n)=\begin{pmatrix}a_1b_1&a_2b_1&\cdots&a_nb_1\\a_1b_2&a_2b_2&\cdots&a_nb_2\\\vdots&\vdots&&\vdots\\a_1b_n&a_2b_n&\cdots&a_nb_n\end{pmatrix}.$$

由上面讨论的结果已看出，矩阵的乘法不满足交换律和消去律，这是**矩阵乘法区别于数的乘法的两个重要特征**. 但是，矩阵的乘法与数的乘法也有相同或相似的运算律，即矩阵的乘法与数乘满足下列运算律，亦即对能够相乘的矩阵 $\boldsymbol{A},\boldsymbol{B},\boldsymbol{C}$ 和常数 k 有：

(1) **乘法结合律**　$(\boldsymbol{AB})\boldsymbol{C}=\boldsymbol{A}(\boldsymbol{BC})$；

(2) **左分配律**　$\boldsymbol{A}(\boldsymbol{B}+\boldsymbol{C})=\boldsymbol{AB}+\boldsymbol{AC}$；**右分配律** $(\boldsymbol{B}+\boldsymbol{C})\boldsymbol{A}=\boldsymbol{BA}+\boldsymbol{CA}$；

(3) **数乘结合律**　$(k\boldsymbol{A})\boldsymbol{B}=\boldsymbol{A}(k\boldsymbol{B})=k(\boldsymbol{AB})$；

(4) 若 $\boldsymbol{A},\boldsymbol{B}$ 均为 n 阶方阵，则 $|k\boldsymbol{A}|=k^n|\boldsymbol{A}|$，$|\boldsymbol{AB}|=|\boldsymbol{A}||\boldsymbol{B}|$.

例 2.14　(1) 对 n 元线性非齐次方程组(2.1)，即

$$\begin{cases}a_{11}x_1+a_{12}x_2+\cdots+a_{1n}x_n=b_1,\\a_{21}x_1+a_{22}x_2+\cdots+a_{2n}x_n=b_2,\\\qquad\cdots\cdots\\a_{m1}x_1+a_{m2}x_2+\cdots+a_{mn}x_n=b_m,\end{cases}\tag{2.1}$$

若记 $\boldsymbol{A}=\begin{pmatrix}a_{11}&a_{12}&\cdots&a_{1n}\\a_{21}&a_{22}&\cdots&a_{2n}\\\vdots&\vdots&&\vdots\\a_{m1}&a_{m2}&\cdots&a_{mn}\end{pmatrix}$（称为**系数矩阵**），$\boldsymbol{B}=\begin{pmatrix}b_1\\b_2\\\vdots\\b_m\end{pmatrix}$（称为**常数项矩阵**），

$\boldsymbol{X}=\begin{pmatrix}x_1\\x_2\\\vdots\\x_n\end{pmatrix}$（称为**未知量矩阵**），则可将方程组(2.1)表为矩阵 $\boldsymbol{AX}=\boldsymbol{B}$ 的形式，即

$$\begin{pmatrix}a_{11}&a_{12}&\cdots&a_{1n}\\a_{21}&a_{22}&\cdots&a_{2n}\\\vdots&\vdots&&\vdots\\a_{m1}&a_{m2}&\cdots&a_{mn}\end{pmatrix}\begin{pmatrix}x_1\\x_2\\\vdots\\x_n\end{pmatrix}=\begin{pmatrix}b_1\\b_2\\\vdots\\b_m\end{pmatrix},\tag{2.3}$$

同时称矩阵 $\begin{pmatrix} a_{11} & a_{12} & \cdots & a_{1n} & b_1 \\ a_{21} & a_{22} & \cdots & a_{2n} & b_2 \\ \vdots & \vdots & & \vdots & \vdots \\ a_{m1} & a_{m2} & \cdots & a_{mn} & b_m \end{pmatrix} \xlongequal{\text{记为}} \overline{A}$ 为方程组(2.1)的**增广矩阵**,而相应的齐次线性方程组 $\begin{cases} a_{11}x_1+a_{12}x_2+\cdots+a_{1n}x_n=0, \\ a_{21}x_1+a_{22}x_2+\cdots+a_{2n}x_n=0, \\ \cdots\cdots \\ a_{m1}x_1+a_{m2}x_2+\cdots+a_{mn}x_n=0 \end{cases}$ 也可表为矩阵

$$\boldsymbol{AX}=\boldsymbol{O} \tag{2.4}$$

的形式,其中 $\boldsymbol{O}=\begin{pmatrix} 0 \\ 0 \\ \vdots \\ 0 \end{pmatrix}_{m\times 1}$.

(2) $f(x,y)=ax^2+2bxy+cy^2=(x\ y)\begin{pmatrix} a & b \\ b & c \end{pmatrix}\begin{pmatrix} x \\ y \end{pmatrix}$.

2.2.4 方阵的幂运算

定义 2.7 若 $\boldsymbol{A}$ 为 n 阶方阵,k 为正整数,则规定 $\boldsymbol{A}$ 的 k **次方幂**(简称 k **次幂**) $\boldsymbol{A}^k$ 为

$$\boldsymbol{A}^k=\underbrace{\boldsymbol{A}\cdot\boldsymbol{A}\cdot\cdots\cdot\boldsymbol{A}}_{k\text{个}},$$

且当 $\boldsymbol{A}\neq\boldsymbol{O}$ 时还规定 $\boldsymbol{A}^0=\boldsymbol{I}_n$.

由定义 2.7 易验证:对任意非负整数 k_1,k_2,方阵的幂运算具有下列性质:

(1) $\boldsymbol{A}^{k_1}\boldsymbol{A}^{k_2}=\boldsymbol{A}^{k_1+k_2}$;

(2) $(\boldsymbol{A}^{k_1})^{k_2}=\boldsymbol{A}^{k_1k_2}$.

需要注意的是,由于矩阵的乘法不满足交换律,故在一般情况下,等式

$$(\boldsymbol{AB})^k=\boldsymbol{A}^k\boldsymbol{B}^k,\quad (\boldsymbol{A}+\boldsymbol{B})^2=\boldsymbol{A}^2+2\boldsymbol{AB}+\boldsymbol{B}^2$$

不成立,除非在 $\boldsymbol{AB}=\boldsymbol{BA}$(即 $\boldsymbol{A}$ 与 $\boldsymbol{B}$ 可交换)的条件下,上面等式才成立.

定义 2.8 设 $f(x)=a_0x^m+a_1x^{m-1}+\cdots+a_{m-1}x+a_m(a_0\neq 0)$ 是 x 的 m 次多项式,$\boldsymbol{A}$ 是 n 阶方阵,则称 n 阶方阵

$$f(\boldsymbol{A})=a_0\boldsymbol{A}^m+a_1\boldsymbol{A}^{m-1}+\cdots+a_{m-1}\boldsymbol{A}+a_m\boldsymbol{I}_n$$

为**方阵 $\boldsymbol{A}$ 的 m 次多项式方阵**.

例 2.15 若 $f(x)=x^2+x+2$,$\boldsymbol{A}=\begin{pmatrix} 1 & 0 \\ 1 & 1 \end{pmatrix}$,则

$$f(\boldsymbol{A})=\boldsymbol{A}^2+\boldsymbol{A}+2\boldsymbol{I}_2=\begin{pmatrix}1&0\\1&1\end{pmatrix}^2+\begin{pmatrix}1&0\\1&1\end{pmatrix}+2\begin{pmatrix}1&0\\0&1\end{pmatrix}$$

$$=\begin{pmatrix}1&0\\1&1\end{pmatrix}\begin{pmatrix}1&0\\1&1\end{pmatrix}+\begin{pmatrix}1&0\\1&1\end{pmatrix}+\begin{pmatrix}2&0\\0&2\end{pmatrix}=\begin{pmatrix}1&0\\2&1\end{pmatrix}+\begin{pmatrix}3&0\\1&3\end{pmatrix}=\begin{pmatrix}4&0\\3&4\end{pmatrix}.$$

2.2.5 矩阵的转置运算

定义 2.9 将 $m\times n$ 矩阵 $\boldsymbol{A}=\begin{pmatrix}a_{11}&a_{12}&\cdots&a_{1n}\\a_{21}&a_{22}&\cdots&a_{2n}\\\vdots&\vdots&&\vdots\\a_{m1}&a_{m2}&\cdots&a_{mn}\end{pmatrix}_{m\times n}$ 的行、列互换得到的 $n\times m$ 矩阵 $\begin{pmatrix}a_{11}&a_{21}&\cdots&a_{m1}\\a_{12}&a_{22}&\cdots&a_{m2}\\\vdots&\vdots&&\vdots\\a_{1n}&a_{2n}&\cdots&a_{mn}\end{pmatrix}_{n\times m}$ 称为 $\boldsymbol{A}$ 的**转置矩阵**,并记为 $\boldsymbol{A}^{\mathrm{T}}$,即

$$\boldsymbol{A}^{\mathrm{T}}=\begin{pmatrix}a_{11}&a_{21}&\cdots&a_{m1}\\a_{12}&a_{22}&\cdots&a_{m2}\\\vdots&\vdots&&\vdots\\a_{1n}&a_{2n}&\cdots&a_{mn}\end{pmatrix}_{n\times m}.$$

注 在矩阵 $\boldsymbol{A}$ 中,元素 a_{ij} 位于第 i 行与第 j 列($i=1,2,\cdots,m;j=1,2,\cdots,n$)的交叉位置处,但在转置矩阵 $\boldsymbol{A}^{\mathrm{T}}$ 中,元素 a_{ij} 却位于第 j 行与第 i 列的交叉位置处($j=1,2,\cdots,n;i=1,2,\cdots,m$).

例 2.16 若 $\boldsymbol{A}=\begin{pmatrix}1&2&1\\0&-1&2\end{pmatrix}$,则 $\boldsymbol{A}^{\mathrm{T}}=\begin{pmatrix}1&0\\2&-1\\1&2\end{pmatrix}$.

显然,矩阵的转置也是一种运算(称为**转置运算**),且该运算满足下述运算规律:

(1) $(\boldsymbol{A}^{\mathrm{T}})^{\mathrm{T}}=\boldsymbol{A}$;

(2) $(\boldsymbol{A}\pm\boldsymbol{B})^{\mathrm{T}}=\boldsymbol{A}^{\mathrm{T}}\pm\boldsymbol{B}^{\mathrm{T}}$,进而有$(\boldsymbol{A}_1\pm\boldsymbol{A}_2\pm\cdots\pm\boldsymbol{A}_n)^{\mathrm{T}}=\boldsymbol{A}_1^{\mathrm{T}}\pm\boldsymbol{A}_2^{\mathrm{T}}\pm\cdots\pm\boldsymbol{A}_n^{\mathrm{T}}$;

(3) $(k\boldsymbol{A})^{\mathrm{T}}=k\boldsymbol{A}^{\mathrm{T}}$($k$ 为常数);

(4) $(\boldsymbol{A}\boldsymbol{B})^{\mathrm{T}}=\boldsymbol{B}^{\mathrm{T}}\boldsymbol{A}^{\mathrm{T}}$,进而有$(\boldsymbol{A}_1\boldsymbol{A}_2\cdots\boldsymbol{A}_{n-1}\boldsymbol{A}_n)^{\mathrm{T}}=\boldsymbol{A}_n^{\mathrm{T}}\boldsymbol{A}_{n-1}^{\mathrm{T}}\cdots\boldsymbol{A}_2^{\mathrm{T}}\boldsymbol{A}_1^{\mathrm{T}}$;

(5) $|\boldsymbol{A}^{\mathrm{T}}|=|\boldsymbol{A}|$.

例 2.17 设 $\boldsymbol{A}=\begin{pmatrix}1&0\\2&3\\4&5\end{pmatrix}$,$\boldsymbol{B}=\begin{pmatrix}2&1\\4&3\end{pmatrix}$,求$(\boldsymbol{A}\boldsymbol{B})^{\mathrm{T}}$ 与 $\boldsymbol{B}^{\mathrm{T}}\boldsymbol{A}^{\mathrm{T}}$,并验证$(\boldsymbol{A}\boldsymbol{B})^{\mathrm{T}}=\boldsymbol{B}^{\mathrm{T}}\boldsymbol{A}^{\mathrm{T}}$.

解　因$\boldsymbol{A}=\begin{pmatrix}1&0\\2&3\\4&5\end{pmatrix}$，$\boldsymbol{B}=\begin{pmatrix}2&1\\4&3\end{pmatrix}$，故$\boldsymbol{AB}=\begin{pmatrix}1&0\\2&3\\4&5\end{pmatrix}\begin{pmatrix}2&1\\4&3\end{pmatrix}=\begin{pmatrix}2&1\\16&11\\28&19\end{pmatrix}$，从而有

$$(\boldsymbol{AB})^{\mathrm{T}}=\begin{pmatrix}2&1\\16&11\\28&19\end{pmatrix}^{\mathrm{T}}=\begin{pmatrix}2&16&28\\1&11&19\end{pmatrix},\quad \boldsymbol{B}^{\mathrm{T}}\boldsymbol{A}^{\mathrm{T}}=\begin{pmatrix}2&4\\1&3\end{pmatrix}\begin{pmatrix}1&2&4\\0&3&5\end{pmatrix}=\begin{pmatrix}2&16&28\\1&11&19\end{pmatrix},$$

由此易见等式$(\boldsymbol{AB})^{\mathrm{T}}=\boldsymbol{B}^{\mathrm{T}}\boldsymbol{A}^{\mathrm{T}}$成立.　　　　解毕

习　题　2.2

1. 设$\boldsymbol{A}=\begin{pmatrix}1&-2\\-4&0\\5&6\end{pmatrix}$，$\boldsymbol{B}=\begin{pmatrix}1&3&4\\-2&6&2\end{pmatrix}$，计算$\boldsymbol{A}^{\mathrm{T}}+\boldsymbol{B}$，$\boldsymbol{B}^{\mathrm{T}}-\boldsymbol{A}$，$2\boldsymbol{A}-3\boldsymbol{B}^{\mathrm{T}}$.

2. 设$\boldsymbol{A}=\begin{pmatrix}0&1&0\\3&1&2\end{pmatrix}$，$\boldsymbol{B}=\begin{pmatrix}1&0&2\\1&4&0\\2&3&0\end{pmatrix}$，计算$(\boldsymbol{AB})^{\mathrm{T}}$及$\boldsymbol{AB}^{\mathrm{T}}$.

3. 设$\boldsymbol{A}=\begin{pmatrix}1&0&1\\2&1&0\\0&2&2\end{pmatrix}$，$\boldsymbol{B}=\begin{pmatrix}1&0&1\\2&-1&0\\-1&0&1\end{pmatrix}$，计算$\boldsymbol{AB}-\boldsymbol{BA}$.

4. 计算下列矩阵的乘积：

(1) $\begin{pmatrix}-2&1\\5&3\end{pmatrix}\begin{pmatrix}0&1\\1&0\end{pmatrix}$；

(2) $\begin{pmatrix}0&1\\1&0\end{pmatrix}\begin{pmatrix}-2&1\\5&3\end{pmatrix}$；

(3) $\begin{pmatrix}4&3&1\\1&-2&3\\5&7&0\end{pmatrix}\begin{pmatrix}7\\2\\1\end{pmatrix}$；

(4) $\begin{pmatrix}1&-1&1\\2&0&1\\3&1&-2\end{pmatrix}\begin{pmatrix}1&1\\0&1\\1&0\end{pmatrix}$；

(5) $(-2,2,5,4)\begin{pmatrix}3\\0\\-1\\2\end{pmatrix}$；

(6) $\begin{pmatrix}3\\0\\-1\\2\end{pmatrix}(-2,2,5,4)$；

(7) $\begin{pmatrix}2&1&-2\\1&0&4\\-3&1&0\\0&1&1\end{pmatrix}\begin{pmatrix}3&1&0\\0&0&1\\-1&2&0\end{pmatrix}$；

(8) $\begin{pmatrix}\frac{1}{3}&\frac{2}{3}&\frac{2}{3}\\\frac{2}{3}&\frac{1}{3}&-\frac{2}{3}\\\frac{2}{3}&-\frac{2}{3}&\frac{1}{3}\end{pmatrix}^2$.

5. 求出所有与二阶方阵 $\boldsymbol{A}=\begin{pmatrix}1&2\\0&1\end{pmatrix}$ 可交换的方阵.

6. 设 $f(x)=x^2-5x+9$, 且 $\boldsymbol{A}=\begin{pmatrix}2&1\\-3&3\end{pmatrix}$, 计算 $f(\boldsymbol{A})$.

7. 计算 $f(x_1,x_2,x_3)=(x_1,x_2,x_3)\begin{pmatrix}1&-1&2\\-1&0&3\\2&3&2\end{pmatrix}\begin{pmatrix}x_1\\x_2\\x_3\end{pmatrix}$.

8. 设 $\boldsymbol{A}=\begin{pmatrix}a&b\\-b&a\end{pmatrix}$, 计算 $|\boldsymbol{A}\boldsymbol{A}^{\mathrm{T}}|$ 及 $|3\boldsymbol{A}\boldsymbol{A}^{\mathrm{T}}|$.

9. 设 $f(x)=x^n+2x+1$ 及 $\boldsymbol{A}=\begin{pmatrix}1&1\\0&1\end{pmatrix}$, 计算:(1) $\boldsymbol{A}^n$;(2) $f(\boldsymbol{A})$.

2.3　几类特殊矩阵

本节介绍几类特殊而重要的 n 阶方阵, 并给出它们的一些简单运算性质.

2.3.1　单位矩阵

定义 2.10　主对角线上的元素全为 1, 而其余元素全为 0 的 n 阶方阵 $\begin{pmatrix}1&0&\cdots&0\\0&1&\cdots&0\\\vdots&\vdots&&\vdots\\0&0&\cdots&1\end{pmatrix}_n$ **称为 n 阶单位矩阵, 记为 $\boldsymbol{I}_n$ 或简记为 $\boldsymbol{I}$, 即**

$$\boldsymbol{I}_n=\begin{pmatrix}1&0&\cdots&0\\0&1&\cdots&0\\\vdots&\vdots&&\vdots\\0&0&\cdots&1\end{pmatrix}_n,$$

并规定: 当 $\boldsymbol{A}\neq\boldsymbol{O}$ 时, $\boldsymbol{A}^0=\boldsymbol{I}_n$.

由矩阵乘法的定义易验证:

$$\boldsymbol{I}_m\boldsymbol{A}_{m\times n}=\boldsymbol{A}_{m\times n},\quad \boldsymbol{A}_{m\times n}\boldsymbol{I}_n=\boldsymbol{A}_{m\times n},$$

$$\boldsymbol{I}_n\boldsymbol{A}_n=\boldsymbol{A}_n\boldsymbol{I}_n=\boldsymbol{A}_n,\quad (\boldsymbol{I}_n)^k=\boldsymbol{I}_n(k\text{ 为自然数}).$$

由上可见, **单位矩阵在矩阵的乘法中起着类似于数 1 在数的乘法中起的作用, 且 $\boldsymbol{I}_n$ 与任何 n 阶方阵 $\boldsymbol{A}_n$ 均可交换.**

2.3.2　数量矩阵

定义 2.11　若 n 阶方阵 $\boldsymbol{A}$ 中主对角线上的元素 $a_{11}=a_{22}=\cdots=a_{nn}=a$, 而其

余元素全为 0,则称 $\boldsymbol{A}$ 为 $\boldsymbol{n}$ **阶数量矩阵**,即

$$\boldsymbol{A}=\begin{pmatrix} a & 0 & \cdots & 0 \\ 0 & a & \cdots & 0 \\ \vdots & \vdots & & \vdots \\ 0 & 0 & \cdots & a \end{pmatrix}_n = a\begin{pmatrix} 1 & 0 & \cdots & 0 \\ 0 & 1 & \cdots & 0 \\ \vdots & \vdots & & \vdots \\ 0 & 0 & \cdots & 1 \end{pmatrix}_n = a\boldsymbol{I}_n.$$

由定义 2.11 立即看出,单位矩阵是当 $a=1$ 时的特殊数量矩阵,且易验证数量矩阵 $\mathbf{A}=a\boldsymbol{I}_n$ 具有下列性质.

(1) 对任意 n 阶方阵 $\boldsymbol{B}=(b_{ij})_n$,等式

$$\boldsymbol{AB}=\boldsymbol{BA}=a\boldsymbol{B}$$

恒成立,即用数量矩阵 $a\boldsymbol{I}_n$ 乘(不论左乘还是右乘)方阵 $\boldsymbol{B}$ 相当于用数 a 乘方阵 $\boldsymbol{B}$(这就是为什么将 n 阶方阵 $a\boldsymbol{I}_n$ 称为数量矩阵之故),且 n 阶数量矩阵 $a\boldsymbol{I}_n$ 与任意 n 阶方阵 $\boldsymbol{B}$ 均可交换. 事实上,由等式

$$\boldsymbol{AB}=(a\boldsymbol{I}_n)\boldsymbol{B}=a(\boldsymbol{I}_n\boldsymbol{B})=a\boldsymbol{B} \quad 与 \quad \boldsymbol{BA}=\boldsymbol{B}(a\boldsymbol{I}_n)=a(\boldsymbol{BI}_n)=a\boldsymbol{B}$$

立知结论成立.

(2) 若 $\mathbf{A}$ 为 n 阶方阵,且对任意 n 阶方阵 $\boldsymbol{B}$ 都有 $\boldsymbol{AB}=\boldsymbol{BA}$,则 $\mathbf{A}$ 必为 n 阶数量矩阵,即"**与任意 n 阶方阵均可交换的方阵必为 n 阶数量矩阵**".

2.3.3 对角矩阵

定义 2.12 形如 $\begin{pmatrix} a_1 & 0 & \cdots & 0 & 0 \\ 0 & a_2 & \cdots & 0 & 0 \\ \vdots & \vdots & & \vdots & \vdots \\ 0 & 0 & \cdots & a_{n-1} & 0 \\ 0 & 0 & \cdots & 0 & a_n \end{pmatrix}_n$ 的 n 阶方阵称为 n **阶对角形矩阵**,简称为 $\boldsymbol{n}$ **阶对角矩阵**,并记为 $\mathrm{diag}(a_1,a_2,\cdots,a_{n-1},a_n)$,即

$$\mathrm{diag}(a_1,a_2,\cdots,a_{n-1},a_n)=\begin{pmatrix} a_1 & 0 & \cdots & 0 & 0 \\ 0 & a_2 & \cdots & 0 & 0 \\ \vdots & \vdots & & \vdots & \vdots \\ 0 & 0 & \cdots & a_{n-1} & 0 \\ 0 & 0 & \cdots & 0 & a_n \end{pmatrix}_n.$$

由定义 2.11 和定义 2.12 立即看出,数量矩阵是当 $a_1=a_2=\cdots=a_n=a$ 时的特殊对角矩阵,即 $a\boldsymbol{I}_n=\mathrm{diag}(a,a,\cdots,a,a)$;单位矩阵既是当 $a=1$ 时的特殊数量矩阵,也是当 $a_1=a_2=\cdots=a_n=1$ 时的特殊对角矩阵,即 $I_n=\mathrm{diag}(1,1,\cdots,1,1)$,且由定义 2.12 易验证对角矩阵具有下列性质:

(1) $\text{diag}(a_1,a_2,\cdots,a_n)\pm\text{diag}(b_1,b_2,\cdots,b_n)=\text{diag}(a_1\pm b_1,a_2\pm b_2,\cdots,a_n\pm b_n)$;

(2) $k\cdot\text{diag}(a_1,a_2,\cdots,a_{n-1},a_n)=\text{diag}(ka_1,ka_2,\cdots,ka_{n-1},ka_n)$，其中 k 为常数；

(3) $\text{diag}(a_1,a_2,\cdots,a_n)\cdot\text{diag}(b_1,b_2,\cdots,b_n)=\text{diag}(a_1b_1,a_2b_2,\cdots,a_nb_n)$;

(4) $[\text{diag}(a_1,a_2,\cdots,a_n)]^m=\text{diag}(a_1^m,a_2^m,\cdots,a_n^m)$，其中 m 为正整数；

(5) $[\text{diag}(a_1,a_2,\cdots,a_{n-1},a_n)]^{\mathrm{T}}=\text{diag}(a_1,a_2,\cdots,a_{n-1},a_n)$;

(6) $$\begin{pmatrix}a_1&0&\cdots&0\\0&a_2&\cdots&0\\\vdots&\vdots&&\vdots\\0&0&\cdots&a_n\end{pmatrix}_n\begin{pmatrix}a_{11}&a_{12}&\cdots&a_{1n}\\a_{21}&a_{22}&\cdots&a_{2n}\\\vdots&\vdots&&\vdots\\a_{n1}&a_{n2}&\cdots&a_{nn}\end{pmatrix}_n=\begin{pmatrix}a_1a_{11}&a_1a_{12}&\cdots&a_1a_{1n}\\a_2a_{21}&a_2a_{22}&\cdots&a_2a_{2n}\\\vdots&\vdots&&\vdots\\a_na_{n1}&a_na_{n2}&\cdots&a_na_{nn}\end{pmatrix}_n;$$

$$\begin{pmatrix}a_{11}&a_{12}&\cdots&a_{1n}\\a_{21}&a_{22}&\cdots&a_{2n}\\\vdots&\vdots&&\vdots\\a_{n1}&a_{n2}&\cdots&a_{nn}\end{pmatrix}_n\begin{pmatrix}a_1&0&\cdots&0\\0&a_2&\cdots&0\\\vdots&\vdots&&\vdots\\0&0&\cdots&a_n\end{pmatrix}_n=\begin{pmatrix}a_1a_{11}&a_2a_{12}&\cdots&a_na_{1n}\\a_1a_{21}&a_2a_{22}&\cdots&a_na_{2n}\\\vdots&\vdots&&\vdots\\a_1a_{n1}&a_2a_{n2}&\cdots&a_na_{nn}\end{pmatrix};$$

(7) $$|\text{diag}(a_1,a_2,\cdots,a_{n-1},a_n)|=\begin{vmatrix}a_1&0&\cdots&0\\0&a_2&\cdots&0\\\vdots&\vdots&&\vdots\\0&0&\cdots&a_n\end{vmatrix}_n=a_1a_2\cdots a_n.$$

性质(1)～(3)说明：同阶对角矩阵的数乘、和、差、积所得矩阵仍为同阶对角矩阵.

例 2.18 若 $\boldsymbol{A}=\begin{pmatrix}2&0&0\\0&5&0\\0&0&-3\end{pmatrix}$，$\boldsymbol{B}=\begin{pmatrix}1&0&0\\0&2&0\\0&0&3\end{pmatrix}$，则由对角矩阵的性质有

$$\boldsymbol{A}+\boldsymbol{B}=\begin{pmatrix}2&0&0\\0&5&0\\0&0&-3\end{pmatrix}+\begin{pmatrix}1&0&0\\0&2&0\\0&0&3\end{pmatrix}=\begin{pmatrix}2+1&0&0\\0&5+2&0\\0&0&-3+3\end{pmatrix}=\begin{pmatrix}3&0&0\\0&7&0\\0&0&0\end{pmatrix};$$

$$\begin{aligned}(2\boldsymbol{A}-\boldsymbol{AB})^{\mathrm{T}}=2\boldsymbol{A}-\boldsymbol{AB}&=2\begin{pmatrix}2&0&0\\0&5&0\\0&0&-3\end{pmatrix}-\begin{pmatrix}2&0&0\\0&5&0\\0&0&-3\end{pmatrix}\begin{pmatrix}1&0&0\\0&2&0\\0&0&3\end{pmatrix}\\&=\begin{pmatrix}4&0&0\\0&10&0\\0&0&-6\end{pmatrix}-\begin{pmatrix}2&0&0\\0&10&0\\0&0&-9\end{pmatrix}=\begin{pmatrix}2&0&0\\0&0&0\\0&0&3\end{pmatrix}.\end{aligned}$$

2.3.4 三角形矩阵

定义 2.13 形如

$$\begin{pmatrix} a_{11} & a_{12} & a_{13} & \cdots & a_{1,n-1} & a_{1n} \\ 0 & a_{22} & a_{23} & \cdots & a_{2,n-1} & a_{2n} \\ 0 & 0 & a_{33} & \cdots & a_{3,n-1} & a_{3n} \\ \vdots & \vdots & \vdots & & \vdots & \vdots \\ 0 & 0 & 0 & \cdots & a_{n-1,n-1} & a_{n-1,n} \\ 0 & 0 & 0 & \cdots & 0 & a_{nn} \end{pmatrix}_n \quad 和 \quad \begin{pmatrix} a_{11} & 0 & 0 & \cdots & 0 & 0 \\ a_{21} & a_{22} & 0 & \cdots & 0 & 0 \\ a_{31} & a_{32} & a_{33} & \cdots & 0 & 0 \\ \vdots & \vdots & \vdots & & \vdots & \vdots \\ a_{n-1,1} & a_{n-1,2} & a_{n-1,3} & \cdots & a_{n-1,n-1} & 0 \\ a_{n1} & a_{n2} & a_{n3} & \cdots & a_{n,n-1} & a_{nn} \end{pmatrix}_n$$

的 n 阶方阵分别称为 n **阶上三角形矩阵**和 n **阶下三角形矩阵**,统称为 n **阶三角形矩阵**.

由定义 2.11～定义 2.13 立即看出,对角矩阵是特殊的三角形矩阵;数量矩阵既是特殊的三角形矩阵,也是特殊的对角矩阵;单位矩阵既是特殊的数量矩阵、特殊的对角矩阵,也是特殊的三角形矩阵,且由定义 2.13 易验证**三角形矩阵具有下列性质**.

若 $\boldsymbol{A},\boldsymbol{B}$ 为同阶同结构的上(或下)三角形矩阵,k 为常数,则 $\boldsymbol{A}\pm\boldsymbol{B},k\boldsymbol{A},\boldsymbol{AB}$ 仍为同阶同结构的上(或下)三角形矩阵.

例 2.19 若 $\boldsymbol{A}=\begin{pmatrix} -2 & 4 & 0 \\ 0 & 1 & -3 \\ 0 & 0 & 5 \end{pmatrix},\boldsymbol{B}=\begin{pmatrix} 1 & 0 & -5 \\ 0 & 3 & 0 \\ 0 & 0 & -2 \end{pmatrix}$ 均为上三角形矩阵,则有

$$\boldsymbol{A}+\boldsymbol{B}=\begin{pmatrix} -2 & 4 & 0 \\ 0 & 1 & -3 \\ 0 & 0 & 5 \end{pmatrix}-\begin{pmatrix} 1 & 0 & -5 \\ 0 & 3 & 0 \\ 0 & 0 & -2 \end{pmatrix}=\begin{pmatrix} -3 & 4 & 5 \\ 0 & -2 & -3 \\ 0 & 0 & 7 \end{pmatrix};$$

$$3\boldsymbol{B}+\boldsymbol{AB}=3\begin{pmatrix} 1 & 0 & -5 \\ 0 & 3 & 0 \\ 0 & 0 & -2 \end{pmatrix}+\begin{pmatrix} -2 & 4 & 0 \\ 0 & 1 & -3 \\ 0 & 0 & 5 \end{pmatrix}\begin{pmatrix} 1 & 0 & -5 \\ 0 & 3 & 0 \\ 0 & 0 & -2 \end{pmatrix}$$

$$=\begin{pmatrix} 3 & 0 & -15 \\ 0 & 9 & 0 \\ 0 & 0 & -6 \end{pmatrix}+\begin{pmatrix} -2 & 12 & 10 \\ 0 & 3 & 6 \\ 0 & 0 & -10 \end{pmatrix}=\begin{pmatrix} 1 & 12 & -5 \\ 0 & 12 & 6 \\ 0 & 0 & -16 \end{pmatrix}.$$

2.3.5 对称矩阵

定义 2.14 若 n 阶方阵 $\boldsymbol{A}=(a_{ij})_n$ 满足条件 $\boldsymbol{A}^{\mathrm{T}}=\boldsymbol{A}$,即

$$a_{ij}=a_{ji}(i,j=1,2,\cdots,n),$$

则称 $\boldsymbol{A}$ 为 n **阶对称矩阵**.

显然,定义 2.14 等价于如下结论:

$$\boldsymbol{A} \text{ 为 } n \text{ 阶对称矩阵} \Leftrightarrow \boldsymbol{A}^{\mathrm{T}}=\boldsymbol{A} \Leftrightarrow a_{ij}=a_{ji}\,(i,j=1,2,\cdots,n),$$

因而 n 阶对称矩阵 $\boldsymbol{A}$ 必具有

$$\boldsymbol{A}=\begin{pmatrix} a_{11} & a_{12} & a_{13} & \cdots & a_{1n} \\ a_{12} & a_{22} & a_{23} & \cdots & a_{2n} \\ a_{13} & a_{23} & a_{33} & \cdots & a_{3n} \\ \vdots & \vdots & \vdots & & \vdots \\ a_{1n} & a_{2n} & a_{3n} & \cdots & a_{nn} \end{pmatrix}_n$$

的形式,即对称矩阵中关于主对角线对称位置上的元素对必相等.因此,对给定的矩阵 $\boldsymbol{A}$,由 $\boldsymbol{A}$ 的结构就能判断 $\boldsymbol{A}$ 是否为对称矩阵,如 $\begin{pmatrix} 1 & 2 \\ 2 & 0 \end{pmatrix}$ 与 $\begin{pmatrix} 1 & 0 & 3 \\ 0 & 2 & 4 \\ 3 & 4 & 3 \end{pmatrix}$ 分别为二阶和三阶对称矩阵,但 $\begin{pmatrix} 1 & 2 \\ 3 & 4 \end{pmatrix}$ 却不是对称矩阵.

显然,对角矩阵是特殊的对称矩阵,且由定义 2.14 易验证对称矩阵具有下列性质.

若 $\boldsymbol{A},\boldsymbol{B}$ 均为 n 阶对称矩阵,k 为常数,则 $\boldsymbol{A}\pm\boldsymbol{B},k\boldsymbol{A}$ 仍为 n 阶对称矩阵,但 $\boldsymbol{AB}$ 却未必为对称矩阵,如 $\boldsymbol{A}=\begin{pmatrix} 1 & 2 \\ 2 & 0 \end{pmatrix},\boldsymbol{B}=\begin{pmatrix} 1 & -1 \\ -1 & 1 \end{pmatrix}$ 均为二阶对称矩阵,但由

$$\boldsymbol{AB}=\begin{pmatrix} 1 & 2 \\ 2 & 0 \end{pmatrix}\begin{pmatrix} 1 & -1 \\ -1 & 1 \end{pmatrix}=\begin{pmatrix} -1 & 1 \\ 2 & -2 \end{pmatrix}\neq\begin{pmatrix} -1 & 2 \\ 1 & -2 \end{pmatrix}=\begin{pmatrix} -1 & 1 \\ 2 & -2 \end{pmatrix}^{\mathrm{T}}=(\boldsymbol{AB})^{\mathrm{T}}$$

知,$\boldsymbol{AB}$ 不是对称矩阵.

例 2.20 若 $\boldsymbol{A}$ 为 $m\times n$ 矩阵,则 $\boldsymbol{AA}^{\mathrm{T}}$ 必为 m 阶方阵,$\boldsymbol{A}^{\mathrm{T}}\boldsymbol{A}$ 必为 n 阶方阵,且

$$(\boldsymbol{AA}^{\mathrm{T}})^{\mathrm{T}}=(\boldsymbol{A}^{\mathrm{T}})^{\mathrm{T}}\boldsymbol{A}^{\mathrm{T}}=\boldsymbol{AA}^{\mathrm{T}},\quad (\boldsymbol{A}^{\mathrm{T}}\boldsymbol{A})^{\mathrm{T}}=\boldsymbol{A}^{\mathrm{T}}(\boldsymbol{A}^{\mathrm{T}})^{\mathrm{T}}=\boldsymbol{A}^{\mathrm{T}}\boldsymbol{A},$$

即 $\boldsymbol{AA}^{\mathrm{T}}$ 与 $\boldsymbol{A}^{\mathrm{T}}A$ 分别为 m 阶和 n 阶对称矩阵.

例 2.21 证明:若 $\boldsymbol{A},\boldsymbol{B}$ 均为 n 阶对称矩阵,则

$$\boldsymbol{A} \text{ 与 } \boldsymbol{B} \text{ 可交换} \Leftrightarrow \boldsymbol{AB} \text{ 为对称矩阵}.$$

证明 因 $\boldsymbol{A},\boldsymbol{B}$ 为对称矩阵,故有 $\boldsymbol{A}^{\mathrm{T}}=\boldsymbol{A},\boldsymbol{B}^{\mathrm{T}}=\boldsymbol{B}$.

"$\Rightarrow$"当 $\boldsymbol{A}$ 与 $\boldsymbol{B}$ 可交换,即 $\boldsymbol{AB}=\boldsymbol{BA}$ 时有

$$(\boldsymbol{AB})^{\mathrm{T}}=\boldsymbol{B}^{\mathrm{T}}\boldsymbol{A}^{\mathrm{T}}=\boldsymbol{BA}=\boldsymbol{AB},$$

由此知 $\boldsymbol{AB}$ 为对称矩阵.

"$\Leftarrow$"当 $\boldsymbol{AB}$ 为对称矩阵,即 $(\boldsymbol{AB})^{\mathrm{T}}=\boldsymbol{AB}$ 时有

$$\boldsymbol{AB}=(\boldsymbol{AB})^{\mathrm{T}}=\boldsymbol{B}^{\mathrm{T}}\boldsymbol{A}^{\mathrm{T}}=\boldsymbol{BA},$$

由此知 $\boldsymbol{A}$ 与 $\boldsymbol{B}$ 可交换. 证毕

2.3.6 反对称矩阵

定义 2.15 若 n 阶方阵 $\boldsymbol{A}=(a_{ij})_n$ 满足条件 $\boldsymbol{A}^{\mathrm{T}}=-\boldsymbol{A}$，即

$$a_{ij}=-a_{ji}(i,j=1,2,\cdots,n),$$

则称 $\boldsymbol{A}$ 为 n 阶反对称矩阵.

显然，定义 2.15 等价于如下结论：

$$\boldsymbol{A}\text{ 为 } n \text{ 阶反对称矩阵} \Leftrightarrow \boldsymbol{A}^{\mathrm{T}}=-\boldsymbol{A} \Leftrightarrow a_{ij}=-a_{ji}(i,j=1,2,\cdots,n),$$

此时由 $a_{ii}=-a_{ii}(i=1,2,\cdots,n)$ 立有 $a_{ii}=0(i=1,2,\cdots,n)$，因而 n 阶反对称矩阵 $\boldsymbol{A}$ 必具有

$$\boldsymbol{A}=\begin{pmatrix} 0 & a_{12} & a_{13} & \cdots & a_{1n} \\ -a_{12} & 0 & a_{23} & \cdots & a_{2n} \\ -a_{13} & -a_{23} & 0 & \cdots & a_{3n} \\ \vdots & \vdots & \vdots & & \vdots \\ -a_{1n} & -a_{2n} & -a_{3n} & \cdots & 0 \end{pmatrix}_n$$

的形式，即反对称矩阵中主对角线上的元素全为零，且关于主对角线对称位置上的元素对必互为相反数. 因此，对给定的矩阵 $\boldsymbol{A}$，由 $\boldsymbol{A}$ 的结构就能判断 $\boldsymbol{A}$ 是否为反对称矩阵，如 $\begin{pmatrix} 0 & 2 \\ -2 & 0 \end{pmatrix}$ 与 $\begin{pmatrix} 0 & 1 & -3 \\ -1 & 0 & 4 \\ 3 & -4 & 0 \end{pmatrix}$ 分别为二阶和三阶反对称矩阵，但 $\begin{pmatrix} 1 & 2 \\ -2 & 0 \end{pmatrix}$ 却不是反对称矩阵.

由定义 2.15 易验证反对称矩阵具有下列性质.

若 $\boldsymbol{A},\boldsymbol{B}$ 均为 n 阶反对称矩阵，k 为常数，则 $\boldsymbol{A}\pm\boldsymbol{B},k\boldsymbol{A}$ 仍为 n 阶反对称矩阵，但 $\boldsymbol{AB}$ 却未必为反对称矩阵，如 $\boldsymbol{A}=\begin{pmatrix} 0 & 2 \\ -2 & 0 \end{pmatrix}$，$\boldsymbol{B}=\begin{pmatrix} 0 & -1 \\ 1 & 0 \end{pmatrix}$ 均为二阶反对称矩阵，但由

$$\boldsymbol{AB}=\begin{pmatrix} 0 & 2 \\ -2 & 0 \end{pmatrix}\begin{pmatrix} 0 & -1 \\ 1 & 0 \end{pmatrix}=\begin{pmatrix} 2 & 0 \\ 0 & 2 \end{pmatrix}\neq-\begin{pmatrix} 2 & 0 \\ 0 & 2 \end{pmatrix}=-(\boldsymbol{AB})^{\mathrm{T}}, \quad \text{即} \quad (\boldsymbol{AB})^{\mathrm{T}}\neq-(\boldsymbol{AB})$$

知，$\boldsymbol{AB}$ 不是反对称矩阵.

例 2.22 证明：若 $\boldsymbol{A}$ 为 n 阶反对称矩阵，$\boldsymbol{B}$ 为 n 阶对称矩阵，则 $\boldsymbol{AB}+\boldsymbol{BA}$ 必为 n 阶反对称矩阵.

证明 因 $\boldsymbol{A}$ 为反对称矩阵，$\boldsymbol{B}$ 为对称矩阵，故有 $\boldsymbol{A}^{\mathrm{T}}=-\boldsymbol{A},\boldsymbol{B}^{\mathrm{T}}=\boldsymbol{B}$，从而有

$$\begin{aligned}(\boldsymbol{AB}+\boldsymbol{BA})^{\mathrm{T}}&=(\boldsymbol{AB})^{\mathrm{T}}+(\boldsymbol{BA})^{\mathrm{T}}=\boldsymbol{B}^{\mathrm{T}}\boldsymbol{A}^{\mathrm{T}}+\boldsymbol{A}^{\mathrm{T}}\boldsymbol{B}^{\mathrm{T}}\\&=\boldsymbol{B}(-\boldsymbol{A})+(-\boldsymbol{A})\boldsymbol{B}=-(\boldsymbol{BA}+\boldsymbol{AB})\end{aligned}$$

$$=-(\boldsymbol{AB}+\boldsymbol{BA}),$$

由此知 $\boldsymbol{AB}+\boldsymbol{BA}$ 为 n 阶反对称矩阵. **证毕**

习　题　2.3

1. 计算 $\begin{pmatrix} d_1 & 0 & 0 \\ 0 & d_2 & 0 \\ 0 & 0 & d_3 \end{pmatrix}\begin{pmatrix} a_{11} & a_{12} & a_{13} \\ a_{21} & a_{22} & a_{23} \\ a_{31} & a_{32} & a_{33} \end{pmatrix}$ 和 $\begin{pmatrix} a_{11} & a_{12} & a_{13} \\ a_{21} & a_{22} & a_{23} \\ a_{31} & a_{32} & a_{33} \end{pmatrix}\begin{pmatrix} d_1 & 0 & 0 \\ 0 & d_2 & 0 \\ 0 & 0 & d_3 \end{pmatrix}$,并说明由此能得出什么结论?

2. 证明:若 $\boldsymbol{A}$ 为 n 阶方阵,则 $\boldsymbol{A}+\boldsymbol{A}^{\mathrm{T}}$ 必为 n 阶对称矩阵.

3. 证明:若 $\boldsymbol{A}$ 为二阶实对称方阵,且 $\boldsymbol{A}^2=\boldsymbol{O}$,则 $\boldsymbol{A}=\boldsymbol{O}$.

4. 证明:任一 n 阶方阵 $\boldsymbol{A}$ 总可以表示成一个对称矩阵与一个反对称矩阵之和.

5. 证明:若 $\boldsymbol{A}$ 为 n 阶反对称矩阵,且 n 为奇数,则 $|\boldsymbol{A}|=0$.

2.4　矩阵的初等行变换与矩阵的秩

矩阵的初等行变换是处理矩阵问题的一种十分重要的运算方法,它在化简矩阵、解线性方程组、求逆矩阵和求矩阵的秩等诸多领域中都发挥着重要作用. 而矩阵的秩则是矩阵的一个重要的数字特征,它反映的是矩阵本质属性的一个不变量,并且在线性方程组等问题的研究中也起着十分重要的作用.

2.4.1　矩阵的初等行变换

定义 2.16　下面三种变换统称为矩阵的**初等行变换**:

(1)(**初等行对换变换**)将矩阵的某两行对换位置;

(2)(**初等行倍乘变换**)以数 $k\neq 0$ 乘矩阵某一行中的每个元素;

(3)(**初等行倍加变换**)把矩阵中某一行所有元素的 k 倍加到另一行的对应元素上去.

和行列式的运算符号一样,作矩阵的初等行变换时,也将相应的初等行变换符号放在"$\longrightarrow$"的上面,如 $\xrightarrow{(i)\leftrightarrow(j)}$ 表示将矩阵中的第 i 行与第 j 行的位置进行对换,以此类推,不再赘述.

例 2.23　$\begin{pmatrix} a_{11} & a_{12} & a_{13} \\ a_{21} & a_{22} & a_{23} \\ a_{31} & a_{32} & a_{33} \end{pmatrix} \xrightarrow{(1)\leftrightarrow(3)} \begin{pmatrix} a_{31} & a_{32} & a_{33} \\ a_{21} & a_{22} & a_{23} \\ a_{11} & a_{12} & a_{13} \end{pmatrix}$;

$$\begin{pmatrix} a_{11} & a_{12} & a_{13} \\ a_{21} & a_{22} & a_{23} \\ a_{31} & a_{32} & a_{33} \end{pmatrix} \xrightarrow[k\neq 0]{(2)\times k} \begin{pmatrix} a_{11} & a_{12} & a_{13} \\ ka_{21} & ka_{22} & ka_{23} \\ a_{31} & a_{32} & a_{33} \end{pmatrix};$$

$$\begin{pmatrix} a_{11} & a_{12} & a_{13} \\ a_{21} & a_{22} & a_{23} \\ a_{31} & a_{32} & a_{33} \end{pmatrix} \xrightarrow{(1)\times k+(3)} \begin{pmatrix} a_{11} & a_{12} & a_{13} \\ a_{21} & a_{22} & a_{23} \\ a_{31}+ka_{11} & a_{32}+ka_{12} & a_{33}+ka_{13} \end{pmatrix}.$$

定义 2.17　如果矩阵 $\boldsymbol{B}$ 是由矩阵 $\boldsymbol{A}$ 经过有限次初等行变换得到的矩阵，即

$$\boldsymbol{A} \xrightarrow{\text{初等行变换}} \boldsymbol{A}_1 \xrightarrow{\text{初等行变换}} \boldsymbol{A}_2 \xrightarrow{\text{初等行变换}} \cdots\cdots \xrightarrow{\text{初等行变换}} \boldsymbol{A}_m = \boldsymbol{B},$$

则称矩阵 $\boldsymbol{A}$ 与 $\boldsymbol{B}$ 等价，并记作 $\boldsymbol{A}\sim\boldsymbol{B}$.

例 2.24　因

$$\boldsymbol{A}=\begin{pmatrix} 0 & 2 \\ 1 & 3 \end{pmatrix} \xrightarrow{(1)\leftrightarrow(2)} \begin{pmatrix} 1 & 3 \\ 0 & 2 \end{pmatrix} \xrightarrow{(2)\times\frac{1}{2}} \begin{pmatrix} 1 & 3 \\ 0 & 1 \end{pmatrix} \xrightarrow{(2)\times(-3)+(1)} \begin{pmatrix} 1 & 0 \\ 0 & 1 \end{pmatrix} = \boldsymbol{I}_2,$$

故

$$\boldsymbol{A}\sim\boldsymbol{I}_2.$$

2.4.2　行阶梯形矩阵

定义 2.18　满足下面三个条件的矩阵称为**行阶梯形矩阵**：

(1) 凡有零行(元素全为零的行)都在矩阵的最下方；

(2) 所有非零行(元素不全为零的行)的首非零元下方的元素(若存在)全为零；

(3) 下一非零行(若存在)的首非零元都在上一非零行首非零元的右边.

例 2.25　$\boldsymbol{A}=\begin{pmatrix} 1 & 3 & 4 & -1 & 2 \\ 0 & 2 & -3 & 5 & 1 \\ 0 & 0 & 4 & -7 & 6 \\ 0 & 0 & 0 & -2 & 1 \end{pmatrix}$，$\boldsymbol{B}=\begin{pmatrix} 2 & 0 & 1 & -3 & 4 \\ 0 & -1 & 3 & 2 & 5 \\ 0 & 0 & 0 & 4 & 3 \\ 0 & 0 & 0 & 0 & 0 \end{pmatrix}$，$\boldsymbol{C}=\begin{pmatrix} 0 & 0 \\ 0 & 0 \\ 0 & 0 \end{pmatrix}$ 均为行阶梯形矩阵，但

$$\begin{pmatrix} 2 & -1 & 3 \\ 0 & 4 & 0 \\ 0 & -1 & 6 \end{pmatrix},\quad \begin{pmatrix} -3 & 2 & 0 & 0 \\ 0 & 0 & 0 & 0 \\ 0 & 1 & 0 & 0 \end{pmatrix} \text{和} \begin{pmatrix} -3 & 2 & 0 & 0 \\ 0 & 0 & 1 & 0 \\ 0 & 1 & 0 & 2 \end{pmatrix}$$

却不是行阶梯形矩阵.

定义 2.19　满足下面四个条件的矩阵称为**行最简阶梯形矩阵**：

(1) 凡有零行都在矩阵的最下方；

(2) 所有非零行的首非零元均为 1；

(3) 下一非零行(若存在)的首非零元 1 都在上一非零行首非零元 1 的右边；

(4) 各非零行的首非零元 1 所在列的其余元素(若存在)全为零.

例 2.26　矩阵 $\boldsymbol{A}=\begin{pmatrix}1&0&0&0&-2\\0&1&0&0&-1\\0&0&1&0&3\\0&0&0&1&2\end{pmatrix}$,$\boldsymbol{B}=\begin{pmatrix}1&0&2&0&5\\0&1&-4&0&3\\0&0&0&1&2\\0&0&0&0&0\end{pmatrix}$与 $\boldsymbol{C}=(0,1,2,0)$ 均为行最简阶梯形矩阵.

例 2.27　用初等行变化将矩阵 $\boldsymbol{A}=\begin{pmatrix}0&16&-7&-5&5\\1&-5&2&1&-1\\-1&-11&5&4&-4\\2&6&-3&-3&7\end{pmatrix}$ 分别化为行阶梯形矩阵和行最简阶梯形矩阵:

解

$$\boldsymbol{A}\xrightarrow{(1)\leftrightarrow(2)}\begin{pmatrix}1&-5&2&1&-1\\0&16&-7&-5&5\\-1&-11&5&4&-4\\2&6&-3&-3&7\end{pmatrix}$$

$$\xrightarrow[(1)\times(-2)+(4)]{(1)+(3)}\begin{pmatrix}1&-5&2&1&-1\\0&16&-7&-5&5\\0&-16&7&5&-5\\0&16&-7&-5&9\end{pmatrix}$$

$$\xrightarrow[(2)\times(-1)+(4)]{(2)+(3)}\begin{pmatrix}1&-5&2&1&-1\\0&16&-7&-5&5\\0&0&0&0&0\\0&0&0&0&4\end{pmatrix}$$

$$\xrightarrow{(3)\leftrightarrow(4)}\begin{pmatrix}1&-5&2&1&-1\\0&16&-7&-5&5\\0&0&0&0&4\\0&0&0&0&0\end{pmatrix}\text{——行阶梯形矩阵}$$

$$\xrightarrow[(3)\times\frac{1}{4}]{(2)\times\frac{1}{16}}\begin{pmatrix}1&-5&2&1&-1\\0&1&-\frac{7}{16}&-\frac{5}{16}&\frac{5}{16}\\0&0&0&0&1\\0&0&0&0&0\end{pmatrix}\text{——行阶梯形矩阵}$$

$$\xrightarrow[(3)\times\left(-\frac{5}{16}\right)]{(3)+(1)} \begin{pmatrix} 1 & -5 & 2 & 1 & 0 \\ 0 & 1 & -\frac{7}{16} & -\frac{5}{16} & 0 \\ 0 & 0 & 0 & 0 & 1 \\ 0 & 0 & 0 & 0 & 0 \end{pmatrix} \text{——行阶梯形矩阵}$$

$$\xrightarrow{(2)\times 5+(1)} \begin{pmatrix} 1 & 0 & -\frac{3}{16} & -\frac{9}{16} & 0 \\ 0 & 1 & -\frac{7}{16} & -\frac{5}{16} & 0 \\ 0 & 0 & 0 & 0 & 1 \\ 0 & 0 & 0 & 0 & 0 \end{pmatrix} \text{——行最简阶梯形矩阵.}$$

解毕

由例 2.27 看出:一个矩阵的行阶梯形矩阵不唯一.但是,**一个矩阵的所有行阶梯形矩阵中所含非零行的行数却是一个唯一确定的非负整数**,矩阵的这一性质在矩阵理论中占有重要地位,由此性质便可引出下面将要介绍的矩阵的"秩"的概念.

2.4.3 矩阵的秩

定义 2.20 非零矩阵 $\boldsymbol{A}=(a_{ij})_{m\times n}$ 的任一行阶梯形矩阵的非零行的行数都为同一个数 $r(1\leqslant r\leqslant \min(m,n))$,并称数 r 为**矩阵 $\boldsymbol{A}$ 的秩**,记为秩$(\boldsymbol{A})$或 $r(\boldsymbol{A})$,即 $r(\boldsymbol{A})=r$.

若矩阵 $\boldsymbol{A}=\boldsymbol{O}$,则规定 $r(\boldsymbol{A})=0$,于是对任意 $m\times n$ 矩阵 $\boldsymbol{A}$ 都有

$$0\leqslant r(\boldsymbol{A})\leqslant \min(m,n),$$

且当 $r(\boldsymbol{A})=\min(m,n)$ 时还称矩阵 $\boldsymbol{A}$ 为**满秩矩阵**.

定理 2.1 n 阶方阵 $\boldsymbol{A}$ 为满秩矩阵 $\Leftrightarrow |\boldsymbol{A}|\neq 0 \Leftrightarrow r(\boldsymbol{A})=n$.

定理 2.2 任一矩阵 $\boldsymbol{A}$ 经矩阵的初等行变换后保持矩阵的秩不变(即**初等行变换不改变矩阵的秩**),即若 $\boldsymbol{A}\xrightarrow{\text{初等行变换}}\boldsymbol{B}$,则

$$r(\boldsymbol{A})=r(\boldsymbol{B}).$$

由定理 2.2 立知:任一 $m\times n$ 矩阵的秩都可由矩阵的初等行变换将该矩阵化为其行阶梯形矩阵而得到.

推论 2.1 对任意矩阵 $\boldsymbol{A}$ 都有 $r(\boldsymbol{A})=r(\boldsymbol{A}^{\mathrm{T}})$,且 $\boldsymbol{A}$ 的秩是唯一的.

例 2.28 若 $\boldsymbol{A}=\begin{pmatrix} 1 & 0 & 1 \\ 0 & 1 & 2 \\ 0 & 0 & -1 \end{pmatrix}$,$\boldsymbol{B}=\begin{pmatrix} 1 & 1 \\ 0 & 2 \\ 0 & 0 \end{pmatrix}$,$\boldsymbol{C}=\begin{pmatrix} 1 & -2 & 3 & 0 \\ 0 & 1 & 0 & 1 \\ 0 & 0 & -1 & 0 \end{pmatrix}$,则

$r(\boldsymbol{A})=3=n$, $r(\boldsymbol{B})=2=\min(3,2)<$行数 3, $r(\boldsymbol{C})=3=\min(3,4)<$列数 4,且都为满秩矩阵.

例 2.29 设矩阵 $\boldsymbol{A}=\begin{pmatrix}3&-3&0&7&0\\1&-1&0&2&1\\1&-1&2&3&2\\2&-2&2&5&3\end{pmatrix}$，求 $r(\boldsymbol{A})$ 和 $r(\boldsymbol{A}^{\mathrm{T}})$.

解 因由

$$\boldsymbol{A}\xrightarrow{(1)\leftrightarrow(2)}\begin{pmatrix}1&-1&0&2&1\\3&-3&0&7&0\\1&-1&2&3&2\\2&-2&2&5&3\end{pmatrix}\xrightarrow[(1)\times(-2)+(4)]{\substack{(1)\times(-3)+(2)\\(1)\times(-1)+(3)}}\begin{pmatrix}1&-1&0&2&1\\0&0&0&1&-3\\0&0&2&1&1\\0&0&2&1&1\end{pmatrix}$$

$$\xrightarrow{(3)\times(-1)+(4)}\begin{pmatrix}1&-1&0&2&1\\0&0&0&1&-3\\0&0&2&1&1\\0&0&0&0&0\end{pmatrix}\xrightarrow{(2)\leftrightarrow(3)}\begin{pmatrix}1&-1&0&2&1\\0&0&2&1&1\\0&0&0&1&-3\\0&0&0&0&0\end{pmatrix},$$

由

$$\boldsymbol{A}^{\mathrm{T}}=\begin{pmatrix}3&1&1&2\\-3&-1&-1&-2\\0&0&2&2\\7&2&3&5\\0&1&2&3\end{pmatrix}\xrightarrow[(1)\times(-2)+(4)]{(1)+(2)}\begin{pmatrix}3&1&1&2\\0&0&0&0\\0&0&2&2\\1&0&1&1\\0&1&2&3\end{pmatrix}$$

$$\xrightarrow[(2)\leftrightarrow(5)]{(1)\leftrightarrow(4)}\begin{pmatrix}1&0&1&1\\0&1&2&3\\0&0&2&2\\3&1&1&2\\0&0&0&0\end{pmatrix}\xrightarrow{(1)\times(-3)+(4)}\begin{pmatrix}1&0&1&1\\0&1&2&3\\0&0&2&2\\0&1&-2&-1\\0&0&0&0\end{pmatrix}$$

$$\xrightarrow{(2)\times(-1)+(4)}\begin{pmatrix}1&0&1&1\\0&1&2&3\\0&0&2&2\\0&0&-4&-4\\0&0&0&0\end{pmatrix}\xrightarrow{(3)\times2+(4)}\begin{pmatrix}1&0&1&1\\0&1&2&3\\0&0&2&2\\0&0&0&0\\0&0&0&0\end{pmatrix},$$

故 $r(\boldsymbol{A})=r(\boldsymbol{A}^{\mathrm{T}})=3$. **解毕**

由例 2.29 看到，$r(\boldsymbol{A})=r(\boldsymbol{A}^{\mathrm{T}})$ 的结论的确成立.

2.4.4 初等行变换的两个重要定理

定理 2.3 任一矩阵 $\boldsymbol{A}$ 均可经过**有限次初等行变换**化为行阶梯形矩阵和行最简阶梯形矩阵，且矩阵 $\boldsymbol{A}$ 的行最简阶梯形矩阵是唯一的.

定理 2.4 任一满秩方阵 $\boldsymbol{A}$ 均可经过**有限次初等行变换**化为单位矩阵.

例 2.30 设方阵 $\boldsymbol{A}=\begin{pmatrix}0&2&-1\\1&1&2\\-1&-1&-1\end{pmatrix}$,判断 $\boldsymbol{A}$ 是否为满秩方阵,若是,则将 $\boldsymbol{A}$ 化为单位矩阵.

解 因 $\boldsymbol{A}\xrightarrow{(1)\leftrightarrow(2)}\begin{pmatrix}1&1&2\\0&2&-1\\-1&-1&-1\end{pmatrix}\xrightarrow{(1)+(3)}\begin{pmatrix}1&1&2\\0&2&-1\\0&0&1\end{pmatrix}$——**行阶梯形矩阵**,故 $r(\boldsymbol{A})=3=n$,由此知 $\boldsymbol{A}$ 是满秩矩阵.下面继续将 $\boldsymbol{A}$ 化为单位矩阵:

$$\begin{pmatrix}1&1&2\\0&2&-1\\0&0&1\end{pmatrix}\xrightarrow[(3)+(2)]{(3)\times(-2)+(1)}\begin{pmatrix}1&1&0\\0&2&0\\0&0&1\end{pmatrix}\xrightarrow[(2)\times\frac{1}{2}]{(2)\times\left(-\frac{1}{2}\right)+(1)}\begin{pmatrix}1&0&0\\0&1&0\\0&0&1\end{pmatrix}=\boldsymbol{I}_3.$$

解毕

综合上面讨论的结果可知:$m\times n$ **矩阵 $\boldsymbol{A}$ 的秩具有下列特点与性质**:

(1) 矩阵的初等行变换不改变矩阵的秩;

(2) $r(\boldsymbol{A})=0\Leftrightarrow\boldsymbol{A}=\boldsymbol{O}$;

(3) $r(\boldsymbol{A})=r(\boldsymbol{A}^{\mathrm{T}})$;

(4) $0\leqslant r(\boldsymbol{A})\leqslant\min(m,n)$;

(5) 若 $\boldsymbol{A}$ 为 n 阶方阵,则 $r(\boldsymbol{A})=n\Leftrightarrow|\boldsymbol{A}|\neq0$.

习 题 2.4

1. 用矩阵的初等行变换把下列矩阵化为行阶梯形矩阵:

(1) $\begin{pmatrix}7&-2&0&1\\-1&4&5&-3\\2&0&3&8\end{pmatrix}$;　　(2) $\begin{pmatrix}2&1&5&4&7\\1&2&1&-1&2\\1&1&2&1&3\end{pmatrix}$;

(3) $\begin{pmatrix}1&0&1\\2&1&0\\-3&2&-5\end{pmatrix}$;　　(4) $\begin{pmatrix}-3&0&1&5\\2&-1&4&7\\1&3&0&6\\2&0&-4&5\end{pmatrix}$.

2. 用矩阵的初等行变换把下列矩阵化为行最简阶梯形矩阵:

(1) $\begin{pmatrix}3&-2&0&-1\\0&2&2&1\\1&-2&-3&-2\\0&1&2&1\end{pmatrix}$;　　(2) $\begin{pmatrix}1&-1&3&-4&3\\3&-3&5&-4&1\\2&-2&3&-2&0\\3&-3&4&-2&-1\end{pmatrix}$.

3. 求下列矩阵的秩：

(1) $\begin{pmatrix} 3 & 1 & 0 & 2 \\ 1 & -1 & 2 & -1 \\ 1 & 3 & -4 & 4 \end{pmatrix}$；　　(2) $\begin{pmatrix} 1 & -1 & 1 & 2 \\ 2 & 3 & 3 & 2 \\ 1 & 1 & 2 & 1 \end{pmatrix}$；

(3) $\begin{pmatrix} 1 & 3 & -1 & -2 \\ 2 & -1 & 2 & 3 \\ 2 & 3 & 1 & 1 \\ 1 & -4 & 3 & 5 \end{pmatrix}$.

4. 设 $\boldsymbol{A}=\begin{pmatrix} 3 & -1 & 2 & 0 \\ 1 & 0 & -4 & 2 \\ 0 & -2 & 3 & 1 \end{pmatrix}$，求 $r(\boldsymbol{A})$ 和 $r(\boldsymbol{A}^{\mathrm{T}})$.

5. 设 $\boldsymbol{A}=\begin{pmatrix} 1 & 2 & 4 \\ 2 & \lambda & 1 \\ 1 & 1 & 0 \end{pmatrix}$，求使得 $r(\boldsymbol{A})$ 有最小值时 λ 的取值.

6. 设 $\boldsymbol{A}=\begin{pmatrix} 1 & -2 & 3\lambda \\ -1 & 2\lambda & -3 \\ \lambda & -2 & 3 \end{pmatrix}$，问 λ 为何值时，可使：

(1) $r(\boldsymbol{A})=1$；　　(2) $r(\boldsymbol{A})=2$；　　(3) $r(\boldsymbol{A})=3$.

2.5 可逆矩阵及逆矩阵的求法

在数与数之间有加法、减法、乘法和除法等运算. 对于矩阵，在 2.2 节中也定义了矩阵与矩阵之间的加法、减法和乘法等运算，其中减法仍可作为加法的逆运算. 那么，矩阵与矩阵之间是否也有类似于数与数之间的除法运算呢？即矩阵的乘法是否存在逆运算？若存在，它的含义是什么？如何进行运算？这就是本节要讨论的问题.

2.5.1 可逆矩阵的概念

在数的运算中，当数 $a\neq 0$ 时有 $a\cdot\frac{1}{a}=\frac{1}{a}\cdot a=1$，即 $a\cdot a^{-1}=a^{-1}\cdot a=1$，亦即存在数 $b=a^{-1}=\frac{1}{a}$ 使得等式

$$a\cdot b=b\cdot a=1$$

成立，并称数 $b=a^{-1}=\frac{1}{a}$ 为数 a 的**倒数**（或称数 b 为数 a 的**逆**）.

在矩阵的乘法运算中,由于 n 阶单位方阵 $\boldsymbol{I}_n$ 的作用相当于数的乘法运算中数 1 的作用.因此,**人们很自然地联想到**:对一个 n 阶方阵 $\boldsymbol{A}$,是否能找到一个与 a^{-1} 地位相似的 n 阶方阵 $\boldsymbol{B}$ 而使得 $\boldsymbol{AB}=\boldsymbol{BA}=\boldsymbol{I}_n$ 呢?如果存在这样的方阵 $\boldsymbol{B}$,就可以称 $\boldsymbol{A}$ 是**可逆矩阵**,并称 $\boldsymbol{B}$ 是 $\boldsymbol{A}$ 的**逆矩阵**.事实上,这样的 n 阶方阵 $\boldsymbol{B}$ 是有可能存在的,如对二阶方阵 $\boldsymbol{A}=\begin{pmatrix}1&1\\2&3\end{pmatrix}$,存在着二阶方阵 $\boldsymbol{B}=\begin{pmatrix}3&-1\\-2&1\end{pmatrix}$,使得

$$\boldsymbol{AB}=\begin{pmatrix}1&1\\2&3\end{pmatrix}\begin{pmatrix}3&-1\\-2&1\end{pmatrix}=\begin{pmatrix}1&0\\0&1\end{pmatrix}=\begin{pmatrix}3&-1\\-2&1\end{pmatrix}\begin{pmatrix}1&1\\2&3\end{pmatrix}=\boldsymbol{BA},$$

于是,我们可给出可逆矩阵及其逆矩阵的一般概念如下.

定义 2.21　对 n 阶方阵 $\boldsymbol{A}$,若存在一个 n 阶方阵 $\boldsymbol{B}$,使得等式

$$\boldsymbol{AB}=\boldsymbol{BA}=\boldsymbol{I}_n \tag{2.5}$$

成立,则称 $\boldsymbol{A}$ 为**可逆矩阵**(或称 $\boldsymbol{A}$ **可逆**),并称 $\boldsymbol{B}$ 是 $\boldsymbol{A}$ 的**逆矩阵**,记为 $\boldsymbol{A}^{-1}$,即 $\boldsymbol{A}^{-1}=\boldsymbol{B}$.

由定义 2.21 易见:$\boldsymbol{A}$ 与 $\boldsymbol{B}$ 均为 n 阶方阵,且它们的地位是同等的.因此,当 $\boldsymbol{A}$ 为可逆矩阵时,$\boldsymbol{B}$ 也为可逆矩阵,且 $\boldsymbol{A}$ 与 $\boldsymbol{B}$ 互为逆矩阵,即 $\boldsymbol{A}^{-1}=\boldsymbol{B}$ 及 $\boldsymbol{B}^{-1}=\boldsymbol{A}$.

例 2.31　若 $\boldsymbol{A}=\begin{pmatrix}1&0&0\\0&2&0\\0&0&-1\end{pmatrix}$,则存在 $\boldsymbol{B}=\begin{pmatrix}1&0&0\\0&\frac{1}{2}&0\\0&0&-1\end{pmatrix}$,使得

$$\boldsymbol{AB}=\begin{pmatrix}1&0&0\\0&2&0\\0&0&-1\end{pmatrix}\begin{pmatrix}1&0&0\\0&\frac{1}{2}&0\\0&0&-1\end{pmatrix}=\begin{pmatrix}1&0&0\\0&1&0\\0&0&1\end{pmatrix}=\begin{pmatrix}1&0&0\\0&\frac{1}{2}&0\\0&0&-1\end{pmatrix}\begin{pmatrix}1&0&0\\0&2&0\\0&0&-1\end{pmatrix}=\boldsymbol{BA},$$

故 $\boldsymbol{A},\boldsymbol{B}$ 均为可逆矩阵,且 $\boldsymbol{A}^{-1}=\boldsymbol{B},\boldsymbol{B}^{-1}=\boldsymbol{A}$.

例 2.32　若 $\boldsymbol{A}=\begin{pmatrix}0&0\\1&2\end{pmatrix}$,则对任意 2 阶方阵 $\boldsymbol{B}=\begin{pmatrix}b_{11}&b_{12}\\b_{21}&b_{22}\end{pmatrix}$都有

$$\boldsymbol{AB}=\begin{pmatrix}0&0\\1&2\end{pmatrix}\begin{pmatrix}b_{11}&b_{12}\\b_{21}&b_{22}\end{pmatrix}=\begin{pmatrix}0&0\\b_{11}+2b_{21}&b_{12}+2b_{22}\end{pmatrix},$$

故由 $\boldsymbol{AB}$ 的第 1 行元素全为零知,不可能存在二阶方阵 $\boldsymbol{B}$ 使得 $\boldsymbol{AB}=\boldsymbol{I}_2$,从而 $\boldsymbol{A}$ 的逆矩阵不存在,即二阶方阵 $\boldsymbol{A}$ 不可逆.

例 2.33　(1) 由等式 $\boldsymbol{I}_n\boldsymbol{I}_n=\boldsymbol{I}_n$ 立知:**凡 $n(n\geqslant1)$ 阶单位方阵 $\boldsymbol{I}_n$ 都可逆**,且 $\boldsymbol{I}_n^{-1}=\boldsymbol{I}_n$;

(2) 对 $n(n\geqslant1)$ 阶零方阵 $\boldsymbol{O}$ 而言,显然对任意 n 阶方阵 $\boldsymbol{B}$ 都有

$$\boldsymbol{BO}=\boldsymbol{OB}=\boldsymbol{O}\neq\boldsymbol{I}_n,$$

由此知:**凡 $n(n\geqslant1)$ 阶零方阵 $\boldsymbol{O}$ 都不可逆.**

通过以上讨论和思考,对方阵自然想到提出下面三个问题:

(1) **方阵可逆的条件是什么?**

(2) **方阵可逆时,其逆矩阵是否唯一?**

(3) **方阵可逆时,如何求其逆矩阵?**

上面三个问题的解答就是本节要讨论的主要内容.

2.5.2 方阵可逆的条件及其逆矩阵的唯一性

定理 2.5 n 阶方阵 $\boldsymbol{A}$ 可逆$\Leftrightarrow r(\boldsymbol{A})=n$(即 $\boldsymbol{A}$ 为满秩矩阵)$\Leftrightarrow |\boldsymbol{A}|\neq 0$.

推论 2.2 若 $\boldsymbol{A},\boldsymbol{B}$ 均为 n 阶方阵,且 $\boldsymbol{AB}=\boldsymbol{I}_n$ 或 $\boldsymbol{BA}=\boldsymbol{I}_n$,则 $\boldsymbol{A},\boldsymbol{B}$ 均可逆,且

$$\boldsymbol{A}^{-1}=\boldsymbol{B},\quad \boldsymbol{B}^{-1}=\boldsymbol{A}.$$

定理 2.6 若 n 阶方阵 $\boldsymbol{A}$ 可逆,则 $\boldsymbol{A}$ 的逆矩阵是唯一的.

证明 由逆矩阵的定义知,对可逆方阵 $\boldsymbol{A}$ 的任意两个逆矩阵 $\boldsymbol{B}_1,\boldsymbol{B}_2$,等式

$$\boldsymbol{AB}_1=\boldsymbol{B}_1\boldsymbol{A}=\boldsymbol{I}_n \quad 和 \quad \boldsymbol{AB}_2=\boldsymbol{B}_2\boldsymbol{A}=\boldsymbol{I}_n$$

同时成立,于是有

$$\boldsymbol{B}_1=\boldsymbol{B}_1\boldsymbol{I}_n=\boldsymbol{B}_1(\boldsymbol{AB}_2)=(\boldsymbol{B}_1\boldsymbol{A})\boldsymbol{B}_2=\boldsymbol{I}_n\boldsymbol{B}_2=\boldsymbol{B}_2,$$

即 $\boldsymbol{A}$ 的逆矩阵是唯一的. **证毕**

例 2.34 设方阵 $\boldsymbol{A}=\begin{pmatrix}1&0&0&1\\1&2&0&-1\\3&-1&0&4\\1&4&5&1\end{pmatrix}$,$\boldsymbol{B}=\begin{pmatrix}1&-1&1\\2&3&3\\1&1&2\end{pmatrix}$,试判断方阵 $\boldsymbol{A},\boldsymbol{B}$ 是否可逆?

解 因

$$\boldsymbol{A}\xrightarrow[(1)\times(-1)+(4)]{\substack{(1)\times(-1)+(2)\\(1)\times(-3)+(3)}}\begin{pmatrix}1&0&0&1\\0&2&0&-2\\0&-1&0&1\\0&4&5&0\end{pmatrix}\xrightarrow[(2)\times\frac{1}{2}+(3)]{(2)\times\frac{1}{2}}\begin{pmatrix}1&0&0&1\\0&1&0&-1\\0&0&0&0\\0&4&5&0\end{pmatrix}$$

$$\xrightarrow{(3)\leftrightarrow(4)}\begin{pmatrix}1&0&0&1\\0&1&0&-1\\0&4&5&0\\0&0&0&0\end{pmatrix}\xrightarrow{(2)\times(-4)+(3)}\begin{pmatrix}1&0&0&1\\0&1&0&-1\\0&0&5&4\\0&0&0&0\end{pmatrix},$$

$$\boldsymbol{B}=\begin{pmatrix}1&-1&1\\2&3&3\\1&1&2\end{pmatrix}\xrightarrow[(1)\times(-1)+(3)]{(1)\times(-2)+(2)}\begin{pmatrix}1&-1&1\\0&5&1\\0&2&1\end{pmatrix}\xrightarrow{(2)\times\left(-\frac{2}{5}\right)+(3)}\begin{pmatrix}1&-1&1\\0&5&1\\0&0&\frac{3}{5}\end{pmatrix},$$

故 $r(\boldsymbol{A})=3<4=n$,$r(\boldsymbol{B})=3=n$,从而 $\boldsymbol{A}$ 不可逆,$\boldsymbol{B}$ 可逆. **解毕**

例 2.35 证明:若 n 阶方阵 $\boldsymbol{A}$ 满足等式 $\boldsymbol{A}^2-3\boldsymbol{A}-\boldsymbol{I}_n=\boldsymbol{O}$,则 $\boldsymbol{A}$ 和 $\boldsymbol{A}-3\boldsymbol{I}_n$ 均可逆,并求它们的逆矩阵.

证明 因 $\boldsymbol{A}^2-3\boldsymbol{A}-\boldsymbol{I}_n=\boldsymbol{O}$,故有 $\boldsymbol{A}(\boldsymbol{A}-3\boldsymbol{I}_n)=\boldsymbol{I}_n$,从而由推论 2.2 知,方阵 $\boldsymbol{A}$ 和 $\boldsymbol{A}-3\boldsymbol{I}_n$ 均可逆,且 $\boldsymbol{A}^{-1}=\boldsymbol{A}-3\boldsymbol{I}_n$ 和 $(\boldsymbol{A}-3\boldsymbol{I}_n)^{-1}=\boldsymbol{A}$. **证毕**

2.5.3 可逆矩阵的性质

性质 2.1 若 $\boldsymbol{A}$ 为 n 阶可逆矩阵,则 $\boldsymbol{A}^{-1}$ 也为 n 阶可逆矩阵,且 $(\boldsymbol{A}^{-1})^{-1}=\boldsymbol{A}$.

性质 2.2 若 $\boldsymbol{A}$ 为 n 阶可逆矩阵,则 $\boldsymbol{A}^{\mathrm{T}}$ 也为 n 阶可逆矩阵,且 $(\boldsymbol{A}^{\mathrm{T}})^{-1}=(\boldsymbol{A}^{-1})^{\mathrm{T}}$.

性质 2.3 若 $\boldsymbol{A}$ 为 n 阶可逆矩阵,k 为非零常数,则 $k\boldsymbol{A}$ 也为 n 阶可逆矩阵,且

$$(k\boldsymbol{A})^{-1}=\frac{1}{k}\boldsymbol{A}^{-1}=k^{-1}\boldsymbol{A}^{-1}.$$

性质 2.4 若 $\boldsymbol{A}$ 为 n 阶可逆矩阵,则 $|\boldsymbol{A}^{-1}|=\dfrac{1}{|\boldsymbol{A}|}=|\boldsymbol{A}|^{-1}$.

性质 2.5 若 $\boldsymbol{A},\boldsymbol{B}$ 均为 n 阶可逆矩阵,则 $\boldsymbol{AB}$ 也为 n 阶可逆矩阵,且

$$(\boldsymbol{AB})^{-1}=\boldsymbol{B}^{-1}\boldsymbol{A}^{-1}.$$

对上面五条性质,由于篇幅关系,我们仅证明性质 2.5,其余性质读者可根据定义 2.21 或定理 2.5 或推论 2.2 来证明.

证明 因 $(\boldsymbol{AB})(\boldsymbol{B}^{-1}\boldsymbol{A}^{-1})=\boldsymbol{A}(\boldsymbol{BB}^{-1})\boldsymbol{A}^{-1}=(\boldsymbol{AI}_n)\boldsymbol{A}^{-1}=\boldsymbol{AA}^{-1}=\boldsymbol{I}_n$,故由推论 2.2 知,方阵 $\boldsymbol{AB}$ 可逆,且 $(\boldsymbol{AB})^{-1}=\boldsymbol{B}^{-1}\boldsymbol{A}^{-1}$. **证毕**

推论 2.3 若 $\boldsymbol{A}_1,\boldsymbol{A}_2,\cdots,\boldsymbol{A}_m$ 均为 n 阶可逆矩阵,则 $\boldsymbol{A}_1\boldsymbol{A}_2\cdots\boldsymbol{A}_{m-1}\boldsymbol{A}_m$ 也为 n 阶可逆矩阵,且

$$(\boldsymbol{A}_1\boldsymbol{A}_2\cdots\boldsymbol{A}_{m-1}\boldsymbol{A}_m)^{-1}=\boldsymbol{A}_m^{-1}\boldsymbol{A}_{m-1}^{-1}\cdots\boldsymbol{A}_2^{-1}\boldsymbol{A}_1^{-1}.$$

例 2.36 若 $\boldsymbol{A},\boldsymbol{B},\boldsymbol{C}$ 均为 n 阶矩阵且 $\boldsymbol{A}$ 可逆,则容易说明(请读者完成)结论

(1) 当 $\boldsymbol{AB}=\boldsymbol{AC}$ 时,$\boldsymbol{B}=\boldsymbol{C}$;

(2) 当 $\boldsymbol{AB}=\boldsymbol{O}$ 时,$\boldsymbol{B}=\boldsymbol{O}$

均成立(这是由于 $\boldsymbol{A}$ 可逆之故),而结论

(3) 当 $\boldsymbol{AB}=\boldsymbol{CB}$ 时,$\boldsymbol{A}=\boldsymbol{C}$;

(4) 当 $\boldsymbol{BC}=\boldsymbol{O}$ 时,$\boldsymbol{B}=\boldsymbol{O}$

却不一定成立(这是由于 $\boldsymbol{B},\boldsymbol{C}$ 不一定可逆之故).

2.5.4　用伴随矩阵法求逆矩阵

定义 2.22　对 n 阶方阵 $\boldsymbol{A}=(a_{ij})_n$，称 n 阶方阵

$$\begin{pmatrix} A_{11} & A_{12} & \cdots & A_{1n} \\ A_{21} & A_{22} & \cdots & A_{2n} \\ \vdots & \vdots & & \vdots \\ A_{n1} & A_{n2} & \cdots & A_{nn} \end{pmatrix}_n^{\mathrm{T}} = \begin{pmatrix} A_{11} & A_{21} & \cdots & A_{n1} \\ A_{12} & A_{22} & \cdots & A_{n2} \\ \vdots & \vdots & & \vdots \\ A_{1n} & A_{2n} & \cdots & A_{nn} \end{pmatrix}_n \xlongequal{\text{记为}} \boldsymbol{A}^*$$

为 n 阶方阵 $\boldsymbol{A}$ 的**伴随矩阵**，其中 $A_{ij}=(-1)^{i+j}M_{ij}$ 和 $M_{ij}\,(i,j=1,2,\cdots,n)$ 分别是 n 阶行列式 $|\boldsymbol{A}|=\begin{vmatrix} a_{11} & a_{12} & \cdots & a_{1n} \\ a_{21} & a_{22} & \cdots & a_{2n} \\ \vdots & \vdots & & \vdots \\ a_{n1} & a_{n2} & \cdots & a_{nn} \end{vmatrix}_n$ 中元素 $a_{ij}\,(i,j=1,2,\cdots,n)$ 的代数余子式和余子式.

定理 2.7　若 $\boldsymbol{A}^*$ 为 n 阶方阵 $\boldsymbol{A}$ 的伴随矩阵且 $|\boldsymbol{A}|\neq 0$，则方阵 $\boldsymbol{A}$ 必可逆，且

$$\boldsymbol{A}^{-1}=\frac{1}{|\boldsymbol{A}|}\boldsymbol{A}^*=\frac{1}{|\boldsymbol{A}|}\begin{pmatrix} A_{11} & A_{21} & \cdots & A_{n1} \\ A_{12} & A_{22} & \cdots & A_{n2} \\ \vdots & \vdots & & \vdots \\ A_{1n} & A_{2n} & \cdots & A_{nn} \end{pmatrix}_n.$$

例 2.37　判断二阶方阵 $\boldsymbol{A}=\begin{pmatrix} 3 & 1 \\ 4 & 2 \end{pmatrix}$ 是否可逆？若可逆，求其逆矩阵.

解　因 $|\boldsymbol{A}|=\begin{vmatrix} 3 & 1 \\ 4 & 2 \end{vmatrix}=2\neq 0$，故 $\boldsymbol{A}$ 可逆，且易计算出下列代数余子式：

$$A_{11}=2,\quad A_{21}=-1,\quad A_{12}=-4,\quad A_{22}=3,$$

从而由定理 2.7 有

$$\boldsymbol{A}^{-1}=\frac{1}{|\boldsymbol{A}|}\boldsymbol{A}^*=\frac{1}{|\boldsymbol{A}|}\begin{pmatrix} A_{11} & A_{12} \\ A_{21} & A_{22} \end{pmatrix}^{\mathrm{T}}=\frac{1}{|\boldsymbol{A}|}\begin{pmatrix} A_{11} & A_{21} \\ A_{12} & A_{22} \end{pmatrix}=\frac{1}{2}\begin{pmatrix} 2 & -1 \\ -4 & 3 \end{pmatrix}=\begin{pmatrix} 1 & -\frac{1}{2} \\ -2 & \frac{3}{2} \end{pmatrix}.$$

验证：因 $\begin{pmatrix} 3 & 1 \\ 4 & 2 \end{pmatrix}\begin{pmatrix} 1 & -\frac{1}{2} \\ -2 & \frac{3}{2} \end{pmatrix}=\begin{pmatrix} 1 & 0 \\ 0 & 1 \end{pmatrix}=\boldsymbol{I}_2$，故所求结果正确.　　**解毕**

注　因求 $\boldsymbol{A}^{-1}$ 的过程容易出错，故求出逆矩阵 $\boldsymbol{A}^{-1}$ 后应验证等式 $\boldsymbol{A}\boldsymbol{A}^{-1}=\boldsymbol{I}$ 或等式 $\boldsymbol{A}^{-1}\boldsymbol{A}=\boldsymbol{I}$ 是否成立，以保证所求结果的正确性.

例 2.38　判断三阶方阵 $\boldsymbol{A}=\begin{pmatrix}1&0&1\\2&1&0\\-3&2&-5\end{pmatrix}$ 是否可逆？若可逆，求其逆矩阵.

解　因 $|\boldsymbol{A}|=\begin{vmatrix}1&0&1\\2&1&0\\-3&2&-5\end{vmatrix}=2\neq0$，故 $\boldsymbol{A}$ 可逆，又经计算得

$$A_{11}=\begin{vmatrix}1&0\\2&-5\end{vmatrix}=-5,\quad A_{21}=-\begin{vmatrix}0&1\\2&-5\end{vmatrix}=2,\quad A_{31}=\begin{vmatrix}0&1\\1&0\end{vmatrix}=-1,$$

$$A_{12}=-\begin{vmatrix}2&0\\-3&-5\end{vmatrix}=10,\quad A_{22}=\begin{vmatrix}1&1\\-3&-5\end{vmatrix}=-2,\quad A_{32}=-\begin{vmatrix}1&1\\2&0\end{vmatrix}=2,$$

$$A_{13}=\begin{vmatrix}2&1\\-3&2\end{vmatrix}=7,\quad A_{23}=-\begin{vmatrix}1&0\\-3&2\end{vmatrix}=-2,\quad A_{33}=\begin{vmatrix}1&0\\2&1\end{vmatrix}=1,$$

从而由定理 2.7 有

$$\boldsymbol{A}^{-1}=\frac{1}{|\boldsymbol{A}|}\boldsymbol{A}^{*}=\frac{1}{|\boldsymbol{A}|}\begin{pmatrix}A_{11}&A_{21}&A_{31}\\A_{12}&A_{22}&A_{32}\\A_{13}&A_{23}&A_{33}\end{pmatrix}=\frac{1}{2}\begin{pmatrix}-5&2&-1\\10&-2&2\\7&-2&1\end{pmatrix}=\begin{pmatrix}-\frac{5}{2}&1&-\frac{1}{2}\\5&-1&1\\\frac{7}{2}&-1&\frac{1}{2}\end{pmatrix}.$$

验证：因为 $\begin{pmatrix}1&0&1\\2&1&0\\-3&2&-5\end{pmatrix}\begin{pmatrix}-\frac{5}{2}&1&-\frac{1}{2}\\5&-1&1\\\frac{7}{2}&-1&\frac{1}{2}\end{pmatrix}=\begin{pmatrix}1&0&0\\0&1&0\\0&0&1\end{pmatrix}=\boldsymbol{I}_3$，所以所求结果正确.　　**解毕**

定理 2.7 不仅给出了判断方阵 $\boldsymbol{A}$ 可逆的条件，同时还提供了求逆矩阵 $\boldsymbol{A}^{-1}$ 的一种方法，但从上面两个例子看出，利用伴随矩阵法求逆矩阵时，当阶数 n(如 $n\geqslant4$)较大时其计算量较大. 因此，一般情况下不采用伴随矩阵法求逆矩阵，而是采用下面介绍的初等行变换法求矩阵.

2.5.5　用初等行变换法求逆矩阵

为得出用初等行变换求逆矩阵的方法，还需用到下面的定理(证略).

定理 2.8　若对 n 阶可逆矩阵 $\boldsymbol{A}$ 和 $\boldsymbol{I}_n$ 作同样的初等行变换，则当 $\boldsymbol{A}$ 变为 $\boldsymbol{I}_n$ 时，$\boldsymbol{I}_n$ 就变为 $\boldsymbol{A}^{-1}$，即

$$(\boldsymbol{A}\ \vdots\ \boldsymbol{I}_n)_{n\times2n}\xrightarrow{\text{初等行变换}}(\boldsymbol{I}_n\ \vdots\ \boldsymbol{A}^{-1})_{n\times2n}.$$

根据定理 2.8，可得到**用初等行变换求可逆矩阵 $\boldsymbol{A}$ 的逆矩阵 $\boldsymbol{A}^{-1}$ 的方法如下：**

作一个 $n\times 2n$ 矩阵 $(\boldsymbol{A}\,\vdots\,\boldsymbol{I}_n)_{n\times 2n}$，然后对此矩阵**施行矩阵的初等行变换**，使左边的子块矩阵 $\boldsymbol{A}$ 变为 $\boldsymbol{I}_n$，则右边的子块矩阵 $\boldsymbol{I}_n$ 就同时变为所求逆矩阵 $\boldsymbol{A}^{-1}$，下面举例说明.

例 2.39 用初等行变换法求二阶方阵 $\boldsymbol{A}=\begin{pmatrix}3&-1\\2&-1\end{pmatrix}$ 的逆矩阵 $\boldsymbol{A}^{-1}$.

解 由

$$(\boldsymbol{A}\,\vdots\,\boldsymbol{I}_2)_{2\times 4}=\left(\begin{array}{cc:cc}3&-1&1&0\\2&-1&0&1\end{array}\right)\xrightarrow{(2)\times(-1)+(1)}\left(\begin{array}{cc:cc}1&0&1&-1\\2&-1&0&1\end{array}\right)$$

$$\xrightarrow{(1)\times(-2)+(2)}\left(\begin{array}{cc:cc}1&0&1&-1\\0&-1&-2&3\end{array}\right)\xrightarrow{(2)\times(-1)}\left(\begin{array}{cc:cc}1&0&1&-1\\0&1&2&-3\end{array}\right)$$

知，所求逆矩阵 $\boldsymbol{A}^{-1}=\begin{pmatrix}1&-1\\2&-3\end{pmatrix}$.

验证：因 $\begin{pmatrix}3&-1\\2&-1\end{pmatrix}\begin{pmatrix}1&-1\\2&-3\end{pmatrix}=\begin{pmatrix}1&0\\0&1\end{pmatrix}=\boldsymbol{I}_2$，故所求结果正确. **解毕**

例 2.40 用初等行变换法求三阶方阵 $\boldsymbol{A}=\begin{bmatrix}1&2&3\\2&2&1\\3&4&3\end{bmatrix}$ 的逆矩阵 $\boldsymbol{A}^{-1}$.

解 由

$$(\boldsymbol{A}\,\vdots\,\boldsymbol{I}_3)_{3\times 6}=\left[\begin{array}{ccc:ccc}1&2&3&1&0&0\\2&2&1&0&1&0\\3&4&3&0&0&1\end{array}\right]\xrightarrow[(1)\times(-3)+(3)]{(1)\times(-2)+(2)}\left[\begin{array}{ccc:ccc}1&2&3&1&0&0\\0&-2&-5&-2&1&0\\0&-2&-6&-3&0&1\end{array}\right]$$

$$\xrightarrow{\substack{(2)+(1)\\(2)\times(-1)+(3)\\(2)\times\left(-\frac{1}{2}\right)}}\left[\begin{array}{ccc:ccc}1&0&-2&-1&1&0\\0&1&\frac{5}{2}&1&-\frac{1}{2}&0\\0&0&-1&-1&-1&1\end{array}\right]$$

$$\xrightarrow{\substack{(3)\times(-2)+(1)\\(3)\times\frac{5}{2}+(2)\\(3)\times(-1)}}\left[\begin{array}{ccc:ccc}1&0&0&1&3&-2\\0&1&0&-\frac{3}{2}&-3&\frac{5}{2}\\0&0&1&1&1&-1\end{array}\right]$$

知，所求逆矩阵 $\boldsymbol{A}^{-1}=\begin{bmatrix}1&3&-2\\-\frac{3}{2}&-3&0\\1&1&-1\end{bmatrix}$.

验证:因 $\begin{pmatrix}1&2&3\\2&2&1\\3&4&3\end{pmatrix}\begin{pmatrix}1&3&-2\\-\frac{3}{2}&-3&\frac{5}{2}\\1&1&-1\end{pmatrix}=\begin{pmatrix}1&0&0\\0&1&0\\0&0&1\end{pmatrix}=\boldsymbol{I}_3$,故所求结果正确.

解毕

注　如果事先不知道方阵 $\boldsymbol{A}$ 是否可逆,也可借助上述方法来判断方阵 $\boldsymbol{A}$ 是否可逆,**其方法是**:如果按上述方法进行到某一步时,$n\times 2n$ 矩阵的左边子块中出现零行,则 $\boldsymbol{A}$ 必不可逆,否则 $\boldsymbol{A}$ 可逆.

例 2.41　判断三阶方阵 $\boldsymbol{A}=\begin{pmatrix}-2&0&1\\1&1&2\\-1&1&3\end{pmatrix}$ 是否可逆?若可逆,求其逆矩阵 $\boldsymbol{A}^{-1}$.

解　由

$$(\boldsymbol{A}\vdots\boldsymbol{I}_3)_{3\times 6}=\left(\begin{array}{ccc:ccc}-2&0&1&1&0&0\\1&1&2&0&1&0\\-1&1&3&0&0&1\end{array}\right)\xrightarrow{(1)\leftrightarrow(2)}\left(\begin{array}{ccc:ccc}1&1&2&0&1&0\\-2&0&1&1&0&0\\-1&1&3&0&0&1\end{array}\right)$$

$$\xrightarrow[(1)+(3)]{(1)\times 2+(2)}\left(\begin{array}{ccc:ccc}1&1&2&0&1&0\\0&2&5&1&2&0\\0&2&5&0&1&1\end{array}\right)\xrightarrow{(2)\times(-1)+(3)}\left(\begin{array}{ccc:ccc}1&1&2&0&1&0\\0&2&5&1&2&0\\0&0&0&-1&-1&1\end{array}\right)$$

知,最后一个 3×6 矩阵的左边子块中第三行为零行,故 $\boldsymbol{A}$ 不可逆.　　解毕

2.5.6　用逆矩阵法解特殊矩阵方程

利用先求逆矩阵,然后再结合矩阵乘法的方法,可解形如

$$\boldsymbol{AX}=\boldsymbol{B} \tag{2.6}$$

的特殊矩阵方程,其中 $\boldsymbol{A}$ 是已知的 n 阶可逆矩阵,$\boldsymbol{B}$ 是已知的 $n\times m$ 矩阵,$\boldsymbol{X}$ 是未知的 $n\times m$ 矩阵(称为**未知矩阵**).

事实上,用可逆矩阵 $\boldsymbol{A}$ 的逆矩阵 $\boldsymbol{A}^{-1}$ 同时左乘矩阵方程 $\boldsymbol{AX}=\boldsymbol{B}$ 的两边,由此便可得到矩阵方程 $\boldsymbol{AX}=\boldsymbol{B}$ 的解矩阵为 $\boldsymbol{X}=\boldsymbol{A}^{-1}\boldsymbol{B}$.

同理,对形如

$$\boldsymbol{XA}=\boldsymbol{B} \tag{2.7}$$

的特殊矩阵方程,其中 $\boldsymbol{A}$ 为已知的 n 阶可逆矩阵,$\boldsymbol{B}$ 为已知的 $m\times n$ 矩阵,$\boldsymbol{X}$ 为未知的 $m\times n$ 矩阵.

事实上,用可逆矩阵 $\boldsymbol{A}$ 的逆矩阵 $\boldsymbol{A}^{-1}$ 同时右乘矩阵方程 $\boldsymbol{XA}=\boldsymbol{B}$ 的两边,由此便可得到矩阵方程 $\boldsymbol{XA}=\boldsymbol{B}$ 的解矩阵为 $\boldsymbol{X}=\boldsymbol{BA}^{-1}$.

例 2.42　用逆矩阵法解线性方程组 $\begin{cases}x_1+x_2=3,\\2x_1+x_2=5.\end{cases}$

解 因所给方程组的矩阵形式为$\begin{pmatrix}1&1\\2&1\end{pmatrix}\begin{pmatrix}x_1\\x_2\end{pmatrix}=\begin{pmatrix}3\\5\end{pmatrix}$，即$\boldsymbol{AX}=\boldsymbol{B}$，且由$|\boldsymbol{A}|=\begin{vmatrix}1&1\\2&1\end{vmatrix}=-1\neq0$知$A$可逆，以及易求出$\boldsymbol{A}^{-1}=\begin{pmatrix}-1&1\\2&-1\end{pmatrix}$，故所求解为

$$\boldsymbol{X}=\boldsymbol{A}^{-1}\boldsymbol{B}=\begin{pmatrix}-1&1\\2&-1\end{pmatrix}\begin{pmatrix}3\\5\end{pmatrix}=\begin{pmatrix}2\\1\end{pmatrix},\quad 即\begin{cases}x_1=2,\\x_2=1.\end{cases}$$ **解毕**

例 2.43 对方程个数与未知量个数相等的特殊n元线性方程组

$$\begin{cases}a_{11}x_1+a_{12}x_2+\cdots+a_{1n}x_n=b_1,\\a_{21}x_1+a_{22}x_2+\cdots+a_{2n}x_n=b_2,\\\quad\cdots\cdots\\a_{n1}x_1+a_{n2}x_2+\cdots+a_{nn}x_n=b_n,\end{cases}\quad 即\ \boldsymbol{AX}=\boldsymbol{B},$$

只要其系数行列式$|\boldsymbol{A}|\neq0$(即$\boldsymbol{A}$可逆)，便可利用逆矩阵法求出该特殊线性方程组的矩阵形式解$\boldsymbol{X}=\boldsymbol{A}^{-1}\boldsymbol{B}$.

例 2.44 用逆矩阵法解矩阵方程$\boldsymbol{XA}=\boldsymbol{B}$，其中$\boldsymbol{A}=\begin{pmatrix}0&2&1\\2&-1&3\\-3&3&-4\end{pmatrix}$，$\boldsymbol{B}=\begin{pmatrix}1&2&3\\2&-3&1\end{pmatrix}$.

解 因由$|\boldsymbol{A}|=\begin{vmatrix}0&2&1\\2&-1&3\\-3&3&-4\end{vmatrix}=1\neq0$知$\boldsymbol{A}$可逆，且可求出$\boldsymbol{A}^{-1}=\begin{pmatrix}-5&11&7\\-1&3&2\\3&-6&-4\end{pmatrix}$，故所求解矩阵为

$$\boldsymbol{X}=\boldsymbol{BA}^{-1}=\begin{pmatrix}1&2&3\\2&-3&1\end{pmatrix}\begin{pmatrix}-5&11&7\\-1&3&2\\3&-6&-4\end{pmatrix}=\begin{pmatrix}2&-1&-1\\-4&7&4\end{pmatrix}.$$ **解毕**

2.5.7 用初等行变换法解特殊矩阵方程

对前面所给的特殊矩阵方程

$$\boldsymbol{AX}=\boldsymbol{B} \tag{2.6}$$

(其中$\boldsymbol{A}$是已知的n阶可逆矩阵，$\boldsymbol{B}$是已知的$n\times m$矩阵，$\boldsymbol{X}$是未知的$n\times m$矩阵)，如果用逆矩阵法来求解矩阵$\boldsymbol{X}=\boldsymbol{A}^{-1}\boldsymbol{B}$，则当$n$较大(如$n\geqslant4$)时不仅需要先求出计算量较大的逆矩阵$\boldsymbol{A}^{-1}$，而且还要进一步求出计算量也不小的乘积矩阵$\boldsymbol{A}^{-1}\boldsymbol{B}$. 所

以，当 $n\geqslant 4$（甚至 $n\geqslant 3$）时一般不采用逆矩阵法来求解矩阵 $\boldsymbol{X}=\boldsymbol{A}^{-1}\boldsymbol{B}$，而是仿照用初等行变换求逆矩阵的方法来求解矩阵 $\boldsymbol{X}=\boldsymbol{A}^{-1}\boldsymbol{B}$，方法如下.

先作一个 $n\times(n+m)$ 的矩阵 $(\boldsymbol{A}\,\vdots\,\boldsymbol{B})_{n\times(n+m)}$，然后对此矩阵施行矩阵的初等行变换，使左边的子块矩阵 $\boldsymbol{A}$ 变为 $\boldsymbol{I}_n$，则右边的子块矩阵 $\boldsymbol{B}$ 就同时变为所求解矩阵 $\boldsymbol{X}=\boldsymbol{A}^{-1}\boldsymbol{B}$.

例 2.45 用初等行变换法解例 2.42 中的线性方程组 $\begin{cases}x_1+x_2=3,\\2x_1+x_2=5.\end{cases}$

解 因所给方程组的矩阵形式为 $\begin{pmatrix}1&1\\2&1\end{pmatrix}\begin{pmatrix}x_1\\x_2\end{pmatrix}=\begin{pmatrix}3\\5\end{pmatrix}$，即 $\boldsymbol{AX}=\boldsymbol{B}$，故由

$$(\boldsymbol{A}\,\vdots\,\boldsymbol{B})_{2\times3}=\left(\begin{array}{cc:c}1&1&3\\2&1&5\end{array}\right)\xrightarrow{(1)\times(-2)+(2)}\left(\begin{array}{cc:c}1&1&3\\0&-1&-1\end{array}\right)\xrightarrow[(2)\times(-1)]{(2)+(1)}\left(\begin{array}{cc:c}1&0&2\\0&1&1\end{array}\right)$$

知，所求解为 $\boldsymbol{X}=\begin{pmatrix}2\\1\end{pmatrix}$，即 $\begin{cases}x_1=2,\\x_2=1.\end{cases}$ **解毕**

例 2.46 用初等行变换法解矩阵方程 $\boldsymbol{AX}=\boldsymbol{B}$，其中

$$\boldsymbol{A}=\begin{pmatrix}1&1&0\\2&1&-1\\3&4&2\end{pmatrix},\quad \boldsymbol{B}=\begin{pmatrix}1&-4\\0&2\\3&-1\end{pmatrix}.$$

解 由

$$(\boldsymbol{A}\,\vdots\,\boldsymbol{B})_{3\times5}=\left(\begin{array}{ccc:cc}1&1&0&1&-4\\2&1&-1&0&2\\3&4&2&3&-1\end{array}\right)\xrightarrow[(1)\times(-3)+(3)]{(1)\times(-2)+(2)}\left(\begin{array}{ccc:cc}1&1&0&1&-4\\0&-1&-1&-2&10\\0&1&2&0&11\end{array}\right)$$

$$\xrightarrow[\substack{(2)\times(-1)\\(2)+(3)}]{(2)+(1)}\left(\begin{array}{ccc:cc}1&0&-1&-1&6\\0&1&1&2&-10\\0&0&1&-2&21\end{array}\right)$$

$$\xrightarrow[(3)+(-1)+(2)]{(3)+(1)}\left(\begin{array}{ccc:cc}1&0&0&-3&27\\0&1&0&4&-31\\0&0&1&-2&21\end{array}\right)$$

知，所求解矩阵为 $\boldsymbol{X}=\begin{pmatrix}-3&27\\4&-31\\-2&21\end{pmatrix}$. **解毕**

习 题 2.5

1. 判断下列方阵是否可逆：

(1) $\begin{pmatrix}1 & 2\\3 & 4\end{pmatrix}$； (2) $\begin{pmatrix}a & b\\c & d\end{pmatrix}(ad-bc=0)$； (3) $\begin{bmatrix}2 & 2 & 3\\1 & -1 & 0\\-1 & 2 & 1\end{bmatrix}$；

(4) $\begin{bmatrix}0 & 3 & 3\\1 & 1 & 0\\-1 & 2 & 3\end{bmatrix}$； (5) $\begin{bmatrix}1 & 2 & 3 & 4\\0 & 1 & 2 & 3\\0 & 0 & 1 & 2\\0 & 0 & 0 & 1\end{bmatrix}$； (6) $\begin{bmatrix}0 & 0 & 0 & 1\\0 & 0 & 2 & 0\\0 & 3 & 0 & 0\\4 & 0 & 0 & 0\end{bmatrix}$.

2. 设二阶方阵 $\boldsymbol{A}=\begin{pmatrix}1 & 2\\-3 & 4\end{pmatrix}$，$\boldsymbol{B}=\begin{bmatrix}\frac{4}{10} & x\\\frac{3}{10} & y\end{bmatrix}$，求 x，y 的值，使得 $\boldsymbol{B}=\boldsymbol{A}^{-1}$.

3. 已知 $\boldsymbol{A}^{-1}=\begin{bmatrix}1 & 2 & 1\\0 & 1 & 3\\1 & 2 & 4\end{bmatrix}$，$\boldsymbol{B}^{-1}=\begin{bmatrix}2 & 1 & 0\\-1 & 2 & 1\\-2 & 3 & 1\end{bmatrix}$，求：

(1) $(\boldsymbol{AB})^{-1}$； (2) $(\boldsymbol{A}^{\mathrm{T}}\boldsymbol{B})^{-1}$； (3) $[(\boldsymbol{AB})^{\mathrm{T}}]^{-1}$.

4. 判断下列方阵是否可逆，若可逆，利用伴随矩阵法求其逆矩阵：

(1) $\boldsymbol{A}=\begin{pmatrix}5 & 4\\3 & 2\end{pmatrix}$； (2) $\boldsymbol{A}=\begin{pmatrix}1 & -3\\-2 & 6\end{pmatrix}$；

(3) $\boldsymbol{A}=\begin{bmatrix}\cos\theta & -\sin\theta\\\sin\theta & \cos\theta\end{bmatrix}$ (4) $\boldsymbol{A}=\begin{bmatrix}1 & 0 & 0\\1 & 2 & 0\\1 & 2 & 3\end{bmatrix}$.

5. 用初等行变换法求下列方阵的逆矩阵：

(1) $\begin{pmatrix}1 & 2\\2 & 5\end{pmatrix}$； (2) $\begin{bmatrix}1 & 2 & -1\\3 & 4 & -2\\5 & -4 & 1\end{bmatrix}$； (3) $\begin{bmatrix}1 & 2 & 2\\2 & 1 & -2\\2 & -2 & 1\end{bmatrix}$；

(4) $\begin{bmatrix}1 & 0 & 1\\2 & 1 & 0\\-3 & 2 & -5\end{bmatrix}$； (5) $\begin{bmatrix}1 & 1 & 1 & 1\\0 & 1 & 1 & 1\\0 & 0 & 1 & 1\\0 & 0 & 0 & 1\end{bmatrix}$.

6. 解下列矩阵方程：

(1) $\begin{pmatrix}2 & 5\\1 & 3\end{pmatrix}\boldsymbol{X}=\begin{pmatrix}4 & -6\\2 & 1\end{pmatrix}$； (2) $\begin{bmatrix}1 & -2 & 0\\4 & -2 & -1\\-3 & 1 & 2\end{bmatrix}\boldsymbol{X}=\begin{bmatrix}-1 & 4\\2 & 5\\1 & -3\end{bmatrix}$；

(3) $\begin{pmatrix} 2 & 2 & 3 \\ 1 & -1 & 0 \\ -1 & 2 & 1 \end{pmatrix}\boldsymbol{X}=\begin{pmatrix} 4 & 2 & 3 \\ 1 & 1 & 0 \\ -1 & 2 & 3 \end{pmatrix}$；(4) $\boldsymbol{X}\begin{pmatrix} 3 & -1 & 2 \\ 1 & 0 & -1 \\ -2 & 1 & 4 \end{pmatrix}=\begin{pmatrix} 3 & 0 & 2 \\ -1 & 4 & 1 \end{pmatrix}$；

(5) $\begin{pmatrix} 1 & 4 \\ -1 & 2 \end{pmatrix}\boldsymbol{X}\begin{pmatrix} 2 & 0 \\ -1 & 1 \end{pmatrix}=\begin{pmatrix} 3 & 1 \\ 0 & -1 \end{pmatrix}$.

7. 用初等行变换法解矩阵方程 $\boldsymbol{AX}+\boldsymbol{B}=\boldsymbol{X}$,其中

$$\boldsymbol{A}=\begin{pmatrix} 0 & 1 & 0 \\ -1 & 1 & 1 \\ -1 & 0 & -1 \end{pmatrix},\quad \boldsymbol{B}=\begin{pmatrix} 1 & -1 \\ 2 & 0 \\ 5 & -3 \end{pmatrix}.$$

8. 用逆矩阵法解下列线性方程组：

(1) $\begin{cases} x_1+2x_2+3x_3=1, \\ 2x_1+2x_2+5x_3=2, \\ 3x_1+5x_2+x_3=3; \end{cases}$ (2) $\begin{cases} x_1-x_2-x_3=2, \\ 2x_1-x_2-3x_3=1, \\ 3x_1+2x_2-5x_3=0. \end{cases}$

习 题 二

一、单项选择题

1. 若三阶方阵 $\boldsymbol{A}=\begin{pmatrix} a_{11} & a_{12} & a_{13} \\ a_{21} & a_{22} & a_{23} \\ a_{31} & a_{32} & a_{33} \end{pmatrix}$,$k$ 为常数,则 $k\boldsymbol{A}=$ 【 】

A. $\begin{pmatrix} ka_{11} & ka_{12} & ka_{13} \\ a_{21} & a_{22} & a_{23} \\ a_{31} & a_{32} & a_{33} \end{pmatrix}$； B. $\begin{pmatrix} ka_{11} & a_{12} & a_{13} \\ ka_{21} & a_{22} & a_{23} \\ ka_{31} & a_{32} & a_{33} \end{pmatrix}$；

C. $\begin{pmatrix} ka_{11} & a_{12} & a_{13} \\ a_{21} & ka_{22} & a_{23} \\ a_{31} & a_{32} & ka_{33} \end{pmatrix}$； D. $\begin{pmatrix} ka_{11} & ka_{12} & ka_{13} \\ ka_{21} & ka_{22} & ka_{23} \\ ka_{31} & ka_{32} & ka_{33} \end{pmatrix}$.

2. 若 $\boldsymbol{A},\boldsymbol{B}$ 均为 n 阶矩阵,则下列命题中正确的是 【 】

A. $\boldsymbol{A}+\boldsymbol{B}=\boldsymbol{B}+\boldsymbol{A}$； B. $\boldsymbol{AB}=\boldsymbol{BA}$；

C. $(\boldsymbol{A}+\boldsymbol{B})^2=\boldsymbol{A}^2+2\boldsymbol{AB}+\boldsymbol{B}^2$； D. $(\boldsymbol{A}+\boldsymbol{B})(\boldsymbol{A}-\boldsymbol{B})=\boldsymbol{A}^2-\boldsymbol{B}^2$.

3. 若 $\boldsymbol{A}=\begin{pmatrix} 1 & 2 & 4 \\ 0 & 2 & 1 \end{pmatrix}$,$\boldsymbol{B}=\begin{pmatrix} 0 & 0 & 1 \\ 0 & 2 & 4 \\ 1 & 0 & 1 \end{pmatrix}$,则 $\boldsymbol{AB}=$ 【 】

A. $\begin{pmatrix} 0 & 4 & 13 \\ 1 & 2 & 6 \end{pmatrix}$； B. $\begin{pmatrix} 4 & 4 & 13 \\ 1 & 4 & 9 \end{pmatrix}$；

C. $\begin{pmatrix}0 & 4 & 3\\1 & 4 & 9\end{pmatrix}$；　　　　D. $\begin{pmatrix}2 & 3 & 9\\1 & 2 & 6\end{pmatrix}$.

4. 若 $\boldsymbol{A}=\begin{pmatrix}a_{11} & a_{12}\\a_{21} & a_{22}\\a_{31} & a_{32}\end{pmatrix}$，则能右乘 $\boldsymbol{A}$ 的矩阵是　【　】

A. (b_{11},b_{12},b_{13})；　B. $\begin{pmatrix}b_{11} & b_{12}\\b_{21} & b_{22}\\b_{31} & b_{32}\end{pmatrix}$；　C. $\begin{pmatrix}b_{11} & b_{12}\\b_{21} & b_{22}\end{pmatrix}$；　D. $\begin{pmatrix}b_{11}\\b_{21}\\b_{31}\end{pmatrix}$.

5. 若 $\boldsymbol{A},\boldsymbol{B}$ 均为 n 阶可逆矩阵，则下列命题中错误的是　【　】

A. $\boldsymbol{AB}=\boldsymbol{BA}$；　B. $(\boldsymbol{AB})^{\mathrm{T}}=\boldsymbol{B}^{\mathrm{T}}\boldsymbol{A}^{\mathrm{T}}$；

C. $(\boldsymbol{AB})^{-1}=\boldsymbol{B}^{-1}\boldsymbol{A}^{-1}$；　D. $|\boldsymbol{AB}|=|\boldsymbol{A}||\boldsymbol{B}|$.

6. 若二阶矩阵 $\boldsymbol{A}=\begin{pmatrix}a & b\\c & d\end{pmatrix}$ 且 $ad\neq bc$，则 $\boldsymbol{A}$ 可逆，且 $\boldsymbol{A}^{-1}=$　【　】

A. $\dfrac{1}{ad+bc}\begin{pmatrix}d & -b\\-c & a\end{pmatrix}$；　B. $\dfrac{1}{ad+bc}\begin{pmatrix}d & -c\\-b & a\end{pmatrix}$；

C. $\dfrac{1}{ad-bc}\begin{pmatrix}d & -b\\-c & a\end{pmatrix}$；　D. $\dfrac{1}{ad-bc}\begin{pmatrix}d & -c\\-b & a\end{pmatrix}$.

7. 若三阶方阵 $\boldsymbol{A}=\begin{pmatrix}1 & 2 & 3\\0 & 1 & 2\\2 & 0 & 1\end{pmatrix}$，则 $r(\boldsymbol{A})=$　【　】

A. 0；　B. 1；　C. 2；　D. 3.

8. 若三阶方阵 $\boldsymbol{A}=\begin{pmatrix}1 & 1 & 1\\1 & 2 & 1\\2 & 3 & \lambda+1\end{pmatrix}$ 且 $r(\boldsymbol{A})=2$，则 $\lambda=$　【　】

A. -1；　B. 1；　C. -2；　D. 2.

9. 若 n 阶方阵 $\boldsymbol{A}$ 既是上三角形矩阵，又是下三角形矩阵，则 $\boldsymbol{A}$ 必是　【　】

A. 零矩阵；　B. 单位矩阵；　C. 数量矩阵；　D. 对角矩阵.

10. 若 $\boldsymbol{A},\boldsymbol{B}$ 均为 n 阶矩阵，且 $\boldsymbol{AB}$ 不可逆，则　【　】

A. $\boldsymbol{A},\boldsymbol{B}$ 中至少有一个可逆；　B. $\boldsymbol{A},\boldsymbol{B}$ 都可逆；

C. $\boldsymbol{A},\boldsymbol{B}$ 中至少有一个不可逆；　D. $\boldsymbol{A},\boldsymbol{B}$ 都不可逆.

11. 若 $\boldsymbol{A}$ 为已知的 n 阶可逆矩阵，$\boldsymbol{B}$ 为已知的 $n\times m$ 矩阵，$\boldsymbol{X}$ 为未知的 $n\times m$ 矩阵，则矩阵方程 $\boldsymbol{AX}=\boldsymbol{B}$ 的解矩阵 $\boldsymbol{X}=$　【　】

A. $\boldsymbol{BA}^{-1}$；　B. $\boldsymbol{A}^{-1}\boldsymbol{B}$；　C. $\boldsymbol{AB}^{-1}$；　D. $\boldsymbol{B}^{-1}\boldsymbol{A}$.

12. 二阶方阵 $\boldsymbol{A}=\begin{pmatrix}\cos\theta & -\sin\theta\\\sin\theta & \cos\theta\end{pmatrix}$ 的伴随矩阵是　【　】

A. $\begin{pmatrix} \cos\theta & \sin\theta \\ -\sin\theta & \cos\theta \end{pmatrix}$;　　B. $\begin{pmatrix} -\cos\theta & \sin\theta \\ \sin\theta & \cos\theta \end{pmatrix}$;

C. $\begin{pmatrix} \cos\theta & \sin\theta \\ \sin\theta & -\cos\theta \end{pmatrix}$;　　D. $\begin{pmatrix} \cos\theta & -\sin\theta \\ \sin\theta & \cos\theta \end{pmatrix}$.

二、填空题

1. 若 $\boldsymbol{A}$ 为 $m\times n$ 矩阵,$\boldsymbol{B}$ 为 $s\times t$ 矩阵,则 $\boldsymbol{A}+\boldsymbol{B}$ 有意义的必要条件是__________.

2. 若 $\boldsymbol{A}$ 为 $m\times n$ 矩阵,$\boldsymbol{B}$ 为 $s\times t$ 矩阵,则 $\boldsymbol{AB}$ 有意义的必要条件是__________.

3. 若 $\boldsymbol{A}^{\mathrm{T}}=\boldsymbol{A},\boldsymbol{B}^{\mathrm{T}}=\boldsymbol{B}$,则当__________时,$(\boldsymbol{AB})^{\mathrm{T}}=\boldsymbol{AB}$.

4. 若 $\boldsymbol{A}$ 为 n 阶可逆矩阵,则 $(\boldsymbol{A}^{-1})^{-1}=$__________.

5. 若 n 阶方阵 $\boldsymbol{A}$ 满足等式 $\boldsymbol{A}^2-\boldsymbol{A}+\boldsymbol{I}_n=\boldsymbol{O}$,则 $\boldsymbol{A}$ 可逆,且 $\boldsymbol{A}^{-1}=$__________.

6. 若 $\boldsymbol{A}$ 为 n 阶可逆矩阵,则 $(\boldsymbol{A}^{-1})^{\mathrm{T}}=$__________.

7. 若 $\boldsymbol{A}$ 为 n 阶可逆矩阵,则 $\{[(\boldsymbol{A}^{-1})^{\mathrm{T}}]^{-1}\}^{\mathrm{T}}=$__________.

8. 若 $\begin{pmatrix} \lambda & 1 & \lambda \\ 3 & 0 & 1 \\ 0 & 2 & -1 \end{pmatrix}\begin{pmatrix} 3 \\ \lambda \\ -3 \end{pmatrix}=\begin{pmatrix} \lambda \\ 6 \\ 5 \end{pmatrix}$,则 $\lambda=$__________.

9. $\begin{pmatrix} 0 & 0 & 1 \\ 0 & 2 & 0 \\ -1 & 0 & 0 \end{pmatrix}^{-1}=$__________.

10. 若 $\boldsymbol{A}$ 为已知的 n 阶可逆矩阵,$\boldsymbol{B}$ 为已知的 $m\times n$ 矩阵,$\boldsymbol{X}$ 为未知的 $m\times n$ 矩阵,则矩阵方程 $\boldsymbol{XA}=\boldsymbol{B}$ 的解矩阵 $\boldsymbol{X}=$__________.

三、解答题

1. 设矩阵 $\boldsymbol{X}$ 满足等式 $\boldsymbol{X}-2\boldsymbol{A}=\boldsymbol{B}-\boldsymbol{X}$,其中 $\boldsymbol{A}=\begin{pmatrix} 2 & -1 \\ -1 & 2 \end{pmatrix}$,$\boldsymbol{B}=\begin{pmatrix} 0 & -2 \\ -2 & 0 \end{pmatrix}$,求 $\boldsymbol{X}$.

2. 设矩阵 $\boldsymbol{A}=\begin{pmatrix} -1 & 2 & 5 \\ 0 & -3 & 4 \end{pmatrix}$,$\boldsymbol{B}=\begin{pmatrix} 2 & x \\ y & 6 \\ -10 & z \end{pmatrix}$ 满足等式 $2\boldsymbol{A}+\boldsymbol{B}^{\mathrm{T}}=\boldsymbol{O}$,求 x,y 和 z 的值.

3. 计算下列矩阵的乘积:

(1) $(1,0,2,3)\begin{pmatrix} 2 \\ -1 \\ 0 \\ 5 \end{pmatrix}$;　　(2) $\begin{pmatrix} 2 \\ -1 \\ 0 \\ 5 \end{pmatrix}(1,0,2,3)$;

(3) $\begin{pmatrix} \lambda_1 & 0 & 0 \\ 0 & \lambda_2 & 0 \\ 0 & 0 & \lambda_3 \end{pmatrix}\begin{pmatrix} a_{11} & a_{12} \\ a_{21} & a_{22} \\ a_{31} & a_{32} \end{pmatrix}$；　　(4) $(1,-1,2)\begin{pmatrix} a_{11} & a_{12} & a_{13} \\ a_{12} & a_{22} & a_{23} \\ a_{13} & a_{23} & a_{33} \end{pmatrix}\begin{pmatrix} 1 \\ -1 \\ 2 \end{pmatrix}$；

(5) $\begin{pmatrix} 3 & 1 & 2 & -1 \\ 0 & 3 & 1 & 0 \end{pmatrix}\begin{pmatrix} 1 & 0 & 5 \\ 0 & 2 & 0 \\ 1 & 0 & 1 \\ 0 & 3 & 0 \end{pmatrix}\begin{pmatrix} -1 & 0 \\ 1 & 5 \\ 0 & 2 \end{pmatrix}$.

4. 求所有与 $\boldsymbol{A}$ 可交换的矩阵：

(1) $\boldsymbol{A}=\begin{pmatrix} 1 & 1 \\ 0 & 1 \end{pmatrix}$；　　(2) $\boldsymbol{A}=\begin{pmatrix} 1 & 1 & 0 \\ 0 & 1 & 1 \\ 0 & 0 & 1 \end{pmatrix}$.

5. 求下列矩阵的幂：

(1) $\begin{pmatrix} 1 & 3 \\ 0 & 1 \end{pmatrix}^n$；　　(2) $\begin{pmatrix} a & 0 & 0 \\ 0 & b & 0 \\ 0 & 0 & -c \end{pmatrix}^n$.

6. 设 $f(x)=x^2-x+1$，且 $\boldsymbol{A}=\begin{pmatrix} 2 & 1 & 1 \\ 3 & 1 & 2 \\ 1 & -1 & 0 \end{pmatrix}$，计算 $f(\boldsymbol{A})$.

7. 求下列矩阵的秩：

(1) $\boldsymbol{A}=\begin{pmatrix} 1 & 2 & 3 & 3 & 7 \\ 3 & 2 & 1 & 1 & -3 \\ 0 & 1 & 2 & 2 & 6 \\ 5 & 4 & 3 & 3 & -1 \end{pmatrix}$；　　(2) $\boldsymbol{A}=\begin{pmatrix} 1 & 1 & 1 & 1 & 1 & 1 \\ 3 & 2 & 1 & 0 & -3 & 6 \\ 0 & 1 & 2 & 3 & 6 & -3 \\ 5 & 4 & 3 & 2 & 6 & 1 \end{pmatrix}$；

(3) $\boldsymbol{A}=\begin{pmatrix} 1 & 1 & 1 & 0 & 1 \\ 2 & 1 & -1 & 1 & 1 \\ 1 & 2 & -1 & 1 & 2 \\ 0 & 1 & 2 & 3 & 3 \end{pmatrix}$；　　(4) $\boldsymbol{A}=\begin{pmatrix} 1 & 1 & -1 & -1 \\ 2 & -1 & 4 & -5 \\ 1 & 2 & -3 & 0 \\ -1 & 1 & -3 & 3 \end{pmatrix}$.

8. 证明：若 $\boldsymbol{B},\boldsymbol{C}$ 都与 $\boldsymbol{A}$ 可交换，则 $\boldsymbol{B}+\boldsymbol{C},\boldsymbol{BC}$ 也都与 $\boldsymbol{A}$ 可交换.

9. 证明：若 n 阶方阵 $\boldsymbol{A}$ 满足等式 $\boldsymbol{A}^2+\boldsymbol{A}-3\boldsymbol{I}_n=\boldsymbol{O}$，则 $\boldsymbol{A}-\boldsymbol{I}_n$ 可逆，且 $(\boldsymbol{A}-\boldsymbol{I}_n)^{-1}=\boldsymbol{A}+2\boldsymbol{I}_n$.

10. 用初等行变换法求下列方阵的逆矩阵：

(1) $\boldsymbol{A}=\begin{pmatrix}2&2&3\\1&-1&0\\-1&2&1\end{pmatrix}$；　　(2) $\boldsymbol{A}=\begin{pmatrix}1&0&0\\1&2&0\\1&2&3\end{pmatrix}$；

(3) $\boldsymbol{A}=\begin{pmatrix}1&0&0&0\\2&1&0&0\\3&2&1&0\\4&3&2&1\end{pmatrix}$；　　(4) $\boldsymbol{A}=\begin{pmatrix}1&1&1\\1&1&0\\1&0&0\end{pmatrix}$；

(5) $\boldsymbol{A}=\begin{pmatrix}3&-3&4\\2&-3&4\\0&-1&1\end{pmatrix}$；　　(6) $\boldsymbol{A}=\begin{pmatrix}1&-1&0\\-1&2&1\\2&2&3\end{pmatrix}$；

(7) $\boldsymbol{A}=\begin{pmatrix}1&2&1\\3&2&4\\2&1&2\end{pmatrix}$；　　(8) $\boldsymbol{A}=\begin{pmatrix}1&-1&-2\\0&1&2\\2&0&-1\end{pmatrix}$；

(9) $\boldsymbol{A}=\begin{pmatrix}2&2&3\\1&-1&0\\-1&2&1\end{pmatrix}$；　　(10) $\boldsymbol{A}=\begin{pmatrix}1&1&1&1\\1&1&-1&-1\\1&-1&1&-1\\1&-1&-1&1\end{pmatrix}$；

(11) $\boldsymbol{A}=\begin{pmatrix}0&1&0&0\\0&0&1&0\\0&0&0&1\\1&0&0&0\end{pmatrix}$.

11. 用逆矩阵法或初等行变换法解下列矩阵方程：

(1) $\begin{pmatrix}1&3&1\\2&2&1\\3&4&2\end{pmatrix}\boldsymbol{X}=\begin{pmatrix}1\\-2\\0\end{pmatrix}$；　　(2) $\begin{pmatrix}2&3&-1\\1&2&0\\-1&2&-2\end{pmatrix}\boldsymbol{X}=\begin{pmatrix}2&1\\-1&0\\3&1\end{pmatrix}$；

(3) $\begin{pmatrix}3&-1&4\\1&0&0\\2&1&-5\end{pmatrix}\boldsymbol{X}=\begin{pmatrix}1&0&3\\2&1&0\\3&4&-1\end{pmatrix}$；

(4) $\boldsymbol{X}\begin{pmatrix}1&2&-3\\3&2&-4\\2&-1&0\end{pmatrix}=\begin{pmatrix}1&-3&0\\10&2&7\end{pmatrix}$；

(5) $\boldsymbol{X}\begin{pmatrix}1&-1&1\\1&1&0\\2&1&1\end{pmatrix}=\begin{pmatrix}1&2&-3\\2&0&4\\0&-1&5\end{pmatrix}$；

(6) $\boldsymbol{AX}=\boldsymbol{A}+2\boldsymbol{X}$,其中 $\boldsymbol{A}=\begin{pmatrix}0 & 3 & 3\\ 1 & 1 & 0\\ -1 & 2 & 3\end{pmatrix}$;

(7) $\boldsymbol{AX}+\boldsymbol{B}=\boldsymbol{X}$,其中 $\boldsymbol{A}=\begin{pmatrix}0 & 1 & 0\\ -1 & 1 & 1\\ -1 & 0 & -1\end{pmatrix}$,$\boldsymbol{B}=\begin{pmatrix}1 & -1\\ 2 & 0\\ 5 & -3\end{pmatrix}$.

12. 用逆矩阵法解下列线性方程组:

(1) $\begin{cases}x_1+x_2+x_3=1,\\ 2x_2+2x_3=1,\\ x_1-x_2=2;\end{cases}$

(2) $\begin{cases}x_1+x_2+2x_3=2,\\ 2x_1-x_2+3x_3=1,\\ x_1+2x_2+x_3=3;\end{cases}$

(3) $\begin{cases}x_1+2x_2+4x_3=31,\\ 5x_1+x_2+2x_3=29,\\ 3x_1-x_2+x_3=10.\end{cases}$

第 3 章　线性方程组

在处理许多实际问题和数学问题时，往往归结为解线性方程组的问题．反过来，线性方程组又广泛应用于数学的各个分支、自然科学、工程技术及经济方面等众多领域中．本章主要介绍线性方程组的基本概念、线性方程组的消元法、线性方程组解的判定及线性方程组的求解方法．最后，简单介绍一般矩阵方程的解法．其他方面，由于受到篇幅的限制不再介绍．

在第 1 章中，已经介绍解线性方程组的克拉默法则，然而应用该法则时受到了苛刻的限制条件（$m=n$ 和系数行列式 $|\boldsymbol{A}|\neq 0$），因而需要进一步讨论一般 n 元线性方程组

$$\begin{cases} a_{11}x_1+a_{12}x_2+\cdots+a_{1n}x_n=b_1, \\ a_{21}x_1+a_{22}x_2+\cdots+a_{2n}x_n=b_2, \\ \qquad\cdots\cdots \\ a_{m1}x_1+a_{m2}x_2+\cdots+a_{mn}x_n=b_m \end{cases} \tag{3.1}$$

的求解问题（m 不一定等于 n）．

对于一般线性方程组(3.1)，我们需要解决以下三个问题：

(1) 方程组(3.1)有解的充要条件是什么？

(2) 若方程组(3.1)有解，则共有多少解？如何求方程组的解？

(3) 若方程组(3.1)的解不唯一，则这些解之间有何关系？

为了探讨以上问题，从解线性方程组的消元法入手，并借助矩阵这个数学工具，给出齐次线性方程组有非零解及非齐次线性方程组有解的条件，然后进一步给出一般线性方程组解的判定定理，并据此给出解一般线性方程组和一般矩阵方程的方法．

3.1　线性方程组的基本概念及其矩阵表示

3.1.1　线性方程组的基本概念

定义 3.1　称形如式(3.1)的方程组为 n **元线性方程组**，其中 $x_1,x_2,\cdots,x_n$ 称为该方程组的**未知量**，a_{ij} 称为第 i 个方程中第 j 个未知量 x_j 的**系数**，b_i 称为第 i 个方程的**常数项**（$i=1,2,\cdots,m;j=1,2,\cdots,n$）．当常数项 $b_1,b_2,\cdots,b_m$ 不全为零时，还称方程组(3.1)为 n **元非齐次线性方程组**，而当 $b_1=b_2=\cdots=b_m=0$ 时得到的方

程组

$$\begin{cases} a_{11}x_1+a_{12}x_2+\cdots+a_{1n}x_n=0, \\ a_{21}x_1+a_{22}x_2+\cdots+a_{2n}x_n=0, \\ \cdots\cdots \\ a_{m1}x_1+a_{m2}x_2+\cdots+a_{mn}x_n=0 \end{cases} \tag{3.2}$$

称为对应于方程组(3.1)的**n 元齐次线性方程组**.

另外,若存在 n 元有序数组$(c_1,c_2,\cdots,c_n)$满足方程组(3.1),即分别取 $x_1=c_1$,$x_2=c_2$,$\cdots$,$x_n=c_n$ 时有

$$\begin{cases} a_{11}c_1+a_{12}c_2+\cdots+a_{1n}c_n=b_1, \\ a_{21}c_1+a_{22}c_2+\cdots+a_{2n}c_n=b_2, \\ \cdots\cdots \\ a_{m1}c_1+a_{m2}c_2+\cdots+a_{mn}c_n=b_m, \end{cases}$$

则称数组$(c_1,c_2,\cdots,c_n)$为方程组(3.1)的**一个解**,否则称该方程组**无解**. 显然,n 元齐次线性方程组(3.2)至少有一个特殊解:

$$(c_1,c_2,\cdots,c_n)=(0,0,\cdots,0),$$

并称该特殊解为 n 元齐次线性方程组(3.2)的**零解**,而把满足方程组(3.2)且不全为零的数组$(c_1,c_2,\cdots,c_n)$称为该方程组的**非零解**.

例 3.1　方程组

$$\begin{cases} x_1-2x_2+x_3-x_4=1, \\ x_2-2x_3-3x_4=2, \\ 2x_1-5x_2+4x_3+x_4=0 \end{cases} \tag{3.3}$$

是以 x_1,x_2,x_3,x_4 为未知量的四元非齐次线性方程组,且该方程组对应的四元齐次线性方程组为

$$\begin{cases} x_1-2x_2+x_3-x_4=0, \\ x_2-2x_3-3x_4=0, \\ 2x_1-5x_2+4x_3+x_4=0. \end{cases} \tag{3.4}$$

显然,四元有序数组(5,2,0,0)是非齐次线性方程组(3.3)的一个解,而四元有序数组(3,2,1,0)则是方程组(3.3)对应的齐次线性方程组(3.4)的一个非零解.

定义 3.2　一个线性方程组的解的全体称为该线性方程组的**解集合**. 如果两个线性方程组有相同的解集合,就称这两个线性方程组是**同解方程组**,或称它们**同解**.

显然,**解线性方程组**就是求方程组的解集合或全部解.

例 3.2　不难验证,方程组$\begin{cases} x_1-x_2+2x_3=1, \\ 2x_1+3x_2-x_3=2, \\ 2x_1-2x_2+4x_3=2 \end{cases}$与方程组$\begin{cases} x_1-x_2+2x_3=1, \\ 2x_1+3x_2-x_3=2 \end{cases}$为

同解方程组.

3.1.2 线性方程组的矩阵表示

由矩阵的乘法易知,方程组(3.1)和方程组(3.2)还可以分别表为如下**矩阵形式**:

$$\boldsymbol{AX}=\boldsymbol{B} \tag{3.5}$$

和

$$\boldsymbol{AX}=\boldsymbol{O}, \tag{3.6}$$

其中

$$\boldsymbol{A}=\begin{pmatrix} a_{11} & a_{12} & \cdots & a_{1n} \\ a_{21} & a_{22} & \cdots & a_{2n} \\ \vdots & \vdots & & \vdots \\ a_{m1} & a_{m2} & \cdots & a_{mn} \end{pmatrix}, \quad \boldsymbol{X}=\begin{pmatrix} x_1 \\ x_2 \\ \vdots \\ x_n \end{pmatrix}, \quad \boldsymbol{B}=\begin{pmatrix} b_1 \\ b_2 \\ \vdots \\ b_m \end{pmatrix}, \quad \boldsymbol{O}=\begin{pmatrix} 0 \\ 0 \\ \vdots \\ 0 \end{pmatrix}_{m\times 1},$$

并分别称 $\boldsymbol{A}$ 和 $\boldsymbol{X}$ 为方程组(3.1)和(3.2)的**系数矩阵**和**未知量矩阵**,而称 $\boldsymbol{B}$ 为方程组(3.1)的**常数项矩阵**. 显然,$\boldsymbol{O}$ 是方程组的(3.2)的常数项矩阵.

由于方程组(3.5)是非齐次方程组(3.1)的矩阵形式(即最简形式),方程组(3.6)是齐次方程组(3.2)的矩阵形式(即最简形式),故**矩阵方程 $\boldsymbol{AX}=\boldsymbol{B}$ 与非齐次线性方程组**

$$\begin{cases} a_{11}x_1+a_{12}x_2+\cdots+a_{1n}x_n=b_1, \\ a_{21}x_1+a_{22}x_2+\cdots+a_{2n}x_n=b_2, \\ \quad\cdots\cdots \\ a_{m1}x_1+a_{m2}x_2+\cdots+a_{mn}x_n=b_m \end{cases}$$

具有相同的解集合(即同解);矩阵方程 $\boldsymbol{AX}=\boldsymbol{O}$ 与齐次线性方程组

$$\begin{cases} a_{11}x_1+a_{12}x_2+\cdots+a_{1n}x_n=0, \\ a_{21}x_1+a_{22}x_2+\cdots+a_{2n}x_n=0, \\ \quad\cdots\cdots \\ a_{m1}x_1+a_{m2}x_2+\cdots+a_{mn}x_n=0 \end{cases}$$

具有相同的解集合(即同解). 所以,只要通过解矩阵方程(3.5)和矩阵方程(3.6)便可得到原非齐次线性方程组(3.1)和原齐次线性方程组(3.2)的解.

由第 2 章的讨论知,由系数矩阵 $\boldsymbol{A}$ 和常数项矩阵 $\boldsymbol{B}$ 组成的矩阵

$$\begin{pmatrix} a_{11} & a_{12} & \cdots & a_{1n} & b_1 \\ a_{21} & a_{22} & \cdots & a_{2n} & b_2 \\ \vdots & \vdots & & \vdots & \vdots \\ a_{m1} & a_{m2} & \cdots & a_{mn} & b_m \end{pmatrix}_{m\times(n+1)} \xlongequal{\text{记为}} (\boldsymbol{A} \mid \boldsymbol{B})_{m\times(n+1)} \xlongequal{\text{简记为}} (\boldsymbol{A} \mid \boldsymbol{B})$$

完全确定了非齐次线性方程组(3.1),并称矩阵$(\boldsymbol{A} \mid \boldsymbol{B})$为方程组(3.1)的**增广矩阵**.

例 3.3　写出三元非齐次线性方程组$\begin{cases} 4x_1-5x_2-x_3=1, \\ -x_1+5x_2+x_3=2, \\ -x_1+5x_2+x_3=2, \\ 5x_1-x_2+3x_3=4 \end{cases}$的增广矩阵与矩阵形式.

解　所给方程组的增广矩阵与矩阵形式分别为

$$(\boldsymbol{A} \mid \boldsymbol{B})=\left(\begin{array}{ccc:c} 4 & -5 & -1 & 1 \\ -1 & 5 & 1 & 2 \\ -1 & 5 & 1 & 2 \\ 5 & -1 & 3 & 4 \end{array}\right) \quad 和 \quad \begin{pmatrix} 4 & -5 & -1 \\ -1 & 5 & 1 \\ -1 & 5 & 1 \\ 5 & -1 & 3 \end{pmatrix}\begin{pmatrix} x_1 \\ x_2 \\ x_3 \end{pmatrix}=\begin{pmatrix} 1 \\ 2 \\ 2 \\ 4 \end{pmatrix}.$$ **解毕**

3.1.3　特殊线性方程组的解

根据第 1 章介绍的克拉默法则,不难得到在方程组(3.1)中当 $m=n$ 时的特殊方程组的有解判定定理如下.

定理 3.1　若 n 元非齐次线性方程组

$$\begin{cases} a_{11}x_1+a_{12}x_2+\cdots+a_{1n}x_n=b_1, \\ a_{21}x_1+a_{22}x_2+\cdots+a_{2n}x_n=b_2, \\ \cdots\cdots \\ a_{n1}x_1+a_{n2}x_2+\cdots+a_{nn}x_n=b_n \end{cases} \tag{3.7}$$

的系数矩阵 $\boldsymbol{A}=(a_{ij})_n$ 可逆,则方程组(3.7)即 $\boldsymbol{AX}=\boldsymbol{B}$ 有唯一矩阵形式解 $\boldsymbol{X}=\boldsymbol{A}^{-1}\boldsymbol{B}$,其中 $\boldsymbol{B}=(b_1,b_2,\cdots,b_n)^{\mathrm{T}}$.

证明　因 $\boldsymbol{A}$ 可逆,即$|\boldsymbol{A}|\neq 0$,故由克拉默法则知方程组(3.7)存在唯一解.事实上,用 $\boldsymbol{A}$ 的逆矩阵 $\boldsymbol{A}^{-1}$ 同时左乘矩阵方程 $\boldsymbol{AX}=\boldsymbol{B}$ 的两端得

$$\boldsymbol{A}^{-1}(\boldsymbol{AX})=\boldsymbol{A}^{-1}\boldsymbol{B}, \quad 即 \quad (\boldsymbol{A}^{-1}\boldsymbol{A})\boldsymbol{X}=\boldsymbol{A}^{-1}\boldsymbol{B},$$

亦即 $\boldsymbol{X}=\boldsymbol{A}^{-1}\boldsymbol{B}$ 是方程组(3.7)的唯一矩阵形式解.　**证毕**

推论 3.1　若 n 元齐次线性方程组

$$\begin{cases} a_{11}x_1+a_{12}x_2+\cdots+a_{1n}x_n=0, \\ a_{21}x_1+a_{22}x_2+\cdots+a_{2n}x_n=0, \\ \cdots\cdots \\ a_{n1}x_1+a_{n2}x_2+\cdots+a_{nn}x_n=0 \end{cases} \tag{3.8}$$

的系数矩阵 $\boldsymbol{A}=(a_{ij})_n$ 可逆,则该方程组即 $\boldsymbol{AX}=\boldsymbol{O}$ 只有唯一零解 $\boldsymbol{X}=\boldsymbol{O}$.

推论 3.2 若方程组(3.8)的系数矩阵 $\boldsymbol{A}$ 不可逆,则该方程组即 $\boldsymbol{AX}=\boldsymbol{O}$ 有非零解.

习 题 3.1

1. 判断下列方程组后面所给的有序数组是否为方程组的解(其中 c 为任意常数):

(1) $\begin{cases} x_1-x_2+5x_3-x_4=0, \\ x_1+x_2-2x_3+3x_4=0, \\ 3x_1-x_2+8x_3+x_4=0, \\ x_1+3x_2-9x_3+7x_4=0, \end{cases}$ $(1,1,1,1),(13,0,-4,-7),\left(-\frac{13}{7}c,0,\frac{4}{7}c,c\right)$;

(2) $\begin{cases} x_1+3x_2-x_3+2x_4+x_5=-4, \\ -3x_1+x_2+2x_3-5x_4-4x_5=-1, \\ 2x_1-3x_2-x_3-x_4+x_5=4, \\ -4x_1+16x_2+x_3+3x_4-9x_5=-21 \end{cases}$ $(1,0,0,0,0),(2,-1,3,0,0),(27c+2,4c-1,41c+3,c,0)$.

2. 写出方程组 $\begin{cases} 5x_1+6x_2=1, \\ x_1+5x_2+6x_3=-2, \\ x_2+5x_3+6x_4=2, \\ x_3+5x_4+6x_5=-2, \\ 5x_4+6x_5=-4 \end{cases}$ 的矩阵形式和增广矩阵.

3. 先写出下列方程组的矩阵形式和增广矩阵,然后求其解:

(1) $\begin{cases} 2x_1+x_2=5, \\ -2x_1+x_2+2x_3=3, \\ 3x_1-2x_2-4x_3=2; \end{cases}$ (2) $\begin{cases} 2x_1+2x_2-x_3=6, \\ x_1-2x_2+4x_3=3, \\ 5x_1+7x_2+x_3=28. \end{cases}$

4. 判断下列方程组是否有唯一解或非零解:

(1) $\begin{cases} x_1+x_2+x_3=1, \\ x_1+x_2-x_3=3, \\ 2x_1-x_2+x_3=2; \end{cases}$ (2) $\begin{cases} 2x_1+x_2-x_3=0, \\ x_1-2x_2-x_3=0, \\ 2x_1-x_2+x_3=0; \end{cases}$

(3) $\begin{cases} 2x_1+x_2-x_3+x_4=0, \\ 3x_1-2x_2+x_3-3x_4=0, \\ x_1+4x_2-3x_3+5x_4=0, \\ 5x_1-x_2-2x_4=0. \end{cases}$

3.2　线性方程组的消元法

在中学代数中,已经学过用代入消元法和加减消元法解二元、三元一次方程组. 现在,我们要把此方法推广到一般 n 元线性方程组(3.1)中去,并在此基础上推出用矩阵的初等行变换解一般 n 元线性方程组的理论及方法.

3.2.1　消元法的基本思想及引例

消元法的基本思想是通过消元变形把方程组化成容易求解的同解方程组,且在解未知量较多的方程组时,需要使消元步骤规范而又简便. 下面通过引例来说明消元法的具体做法.

引例 3.1　解四元非齐次线性方程组

$$\begin{cases}2x_1+5x_2+3x_3-2x_4=3,\\ -3x_1-x_2+2x_3+x_4=-4,\\ -2x_1+3x_2-4x_3-7x_4=-13,\\ x_1+2x_2+4x_3+x_4=4.\end{cases} \tag{3.9}$$

解　将方程组(3.9)中的第 1,4 两个方程互换位置得

$$\begin{cases}x_1+2x_2+4x_3+x_4=4,\\ -3x_1-x_2+2x_3+x_4=-4,\\ -2x_1+3x_2-4x_3-7x_4=-13,\\ 2x_1+5x_2+3x_3-2x_4=3.\end{cases} \tag{3.10}$$

易验证,方程组(3.10)与原方程组(3.9)同解(以下同,不再重复). 现再将方程组(3.10)中的第 1 个方程分别乘以非零数 3,2 和 −2,然后分别加到第 2~4 这三个方程上,使得在第 2~4 这三个方程中消去未知量 x_1,得

$$\begin{cases}x_1+2x_2+4x_3+x_4=4,\\ 5x_2+14x_3+4x_4=8,\\ 7x_2+4x_3-5x_4=-5,\\ x_2-5x_3-4x_4=-5,\end{cases} \tag{3.11}$$

又将方程组(3.11)中第 2,4 两个方程互换位置得

$$\begin{cases}x_1+2x_2+4x_3+x_4=4,\\ x_2-5x_3-4x_4=-5,\\ 7x_2+4x_3-5x_4=-5,\\ 5x_2+14x_3+4x_4=8,\end{cases} \tag{3.12}$$

接着将方程组(3.12)中第 2 个方程分别乘以非零数 −7 和 −5,然后分别加到第 3,4 这两个方程上,使得在第 3,4 这两个方程中消去未知量 x_2,得

$$\begin{cases} x_1+2x_2+4x_3+x_4=4, \\ x_2-5x_3-4x_4=-5, \\ 39x_3+23x_4=30, \\ 39x_3+24x_4=33, \end{cases} \tag{3.13}$$

再将方程组(3.13)中第 3 个方程乘以非零数 -1 后加到第 4 个方程上,使得在第 4 个方程中消去未知量 x_3,同时将第 3 个方程乘以非零数 $\frac{1}{39}$,便得

$$\begin{cases} x_1+2x_2+4x_3+x_4=4, \\ \qquad x_2-5x_3-4x_4=-5, \\ \qquad\qquad x_3+\frac{23}{39}x_4=\frac{10}{13}, \\ \qquad\qquad\qquad x_4=3 \end{cases} \quad \text{——阶梯形方程组} \tag{3.14}$$

且第 4 个方程中已解出 x_4 的值为 3. 于是,将方程组(3.14)中第 4 个方程分别乘以非零数 -1,4 和 $-\frac{23}{39}$,然后分别加到第 1,2,3 这三个方程上,使得在第 1,2,3 这三个方程中消去未知量 x_4,得

$$\begin{cases} x_1+2x_2+4x_3=1, \\ x_2-5x_3=7, \\ x_3=-1, \\ x_4=3, \end{cases} \tag{3.15}$$

再将方程组(3.15)中第 3 个方程分别乘以非零数 -4 和 5,然后分别加到第 1,2 这两个方程上,使得在第 1,2 这两个方程中消去未知量 x_3,得

$$\begin{cases} x_1+2x_2=5, \\ x_2=2, \\ x_3=-1, \\ x_4=3. \end{cases} \tag{3.16}$$

最后,将方程组(3.16)中第 2 个方程乘以非零数 -2 后加到第 1 个方程中消去未知量 x_2 便可得到如下特殊方程组

$$\begin{cases} x_1 \qquad\qquad =1, \\ \quad x_2 \qquad\quad =2, \\ \qquad x_3 \qquad =-1, \\ \qquad\quad x_4 \quad =3 \end{cases} \quad \text{——最简阶梯形方程组.} \tag{3.17}$$

由此便得到原方程组(3.9)的唯一解为 $\begin{cases} x_1=1, \\ x_2=2, \\ x_3=-1, \\ x_4=3 \end{cases}$　　**解毕**

引例 3.1 中解线性方程组的方法称为**解线性方程组的消元法**，简称为**消元法**，而方程组(3.9)到(3.14)的过程称为**消元过程**，方程组(3.14)到方程组(3.17)的过程称为**回代过程**.

3.2.2　方程组的初等变换

从解引例 3.1 的过程中可以看出，消元法的实质就是对方程组反复施行下列三种**同解变换**：

(1) 互换两个方程的位置，称为方程组的**对换初等变换**；

(2) 用一个非零常数同乘某一个方程的两端，称为方程组的**倍乘初等变换**；

(3) 把一个方程的倍数加到另一个方程上，称为方程组的**倍加初等变换**.

以上解方程组的三种变换称为**方程组的初等变换**. 易验证，**方程组的初等变换均为同解变换**(即初等变换前后的两个方程组具有相同的解集合)，且任何一个方程组经过方程组的初等变换均可化为与之同解的**阶梯形方程组**(阶梯形方程组的具体定义见 3.3 节).

综述解引例 3.1 的过程知，解方程组(3.9)的问题可转化为解阶梯形方程组的问题，且从解方程组(3.14)的过程看，阶梯形方程组用逐次回代的方法是很容易求解的. 因此，在解一般线性方程组(3.1)时，只要先将其转化成与之同解的阶梯形方程组，那么，求原方程组(3.1)解的问题也就迎刃而解了.

3.2.3　方程组的矩阵消元法

由前面的讨论知，方程组(3.1)，即 $\boldsymbol{AX}=\boldsymbol{B}$ 由其增广矩阵完全确定，即

$$\begin{cases} a_{11}x_1+a_{12}x_2+\cdots+a_{1n}x_n=b_1, \\ a_{21}x_1+a_{22}x_2+\cdots+a_{2n}x_n=b_2, \\ \cdots\cdots \\ a_{m1}x_1+a_{m2}x_2+\cdots+a_{mn}x_n=b_m \end{cases} \xleftrightarrow{1-1} (\boldsymbol{A}\,\vdots\,\boldsymbol{B})=\begin{pmatrix} a_{11} & a_{12} & \cdots & a_{1n} & b_1 \\ a_{21} & a_{22} & \cdots & a_{2n} & b_2 \\ \vdots & \vdots & & \vdots & \vdots \\ a_{m1} & a_{m2} & \cdots & a_{mn} & b_m \end{pmatrix},$$

且解方程组(3.1)等价于解矩阵方程 $\boldsymbol{AX}=\boldsymbol{B}$.

仔细观察引例 3.1 的求解过程并加以推广，由此易知，对方程组(3.1)施行的三种方程组的初等变换，实质上相当于对其增广矩阵$(\boldsymbol{A}\,\vdots\,\boldsymbol{B})$施行矩阵的相应初等行变换，故对方程组(3.1)即对矩阵方程 $\boldsymbol{AX}=\boldsymbol{B}$ 的求解过程便完全可用矩阵的初等行变换表示出来，其**具体步骤**是：

(1) 用矩阵的初等行变换把方程组(3.1)的增广矩阵$(\boldsymbol{A}\,\vdots\,\boldsymbol{B})$化为阶梯形矩阵；

(2) 进一步把阶梯形矩阵化为**行最简阶梯形矩阵**$(\boldsymbol{D}\,\vdots\,\boldsymbol{d})$；

(3) 写出行最简阶梯形矩阵$(\boldsymbol{D}\,\vdots\,\boldsymbol{d})$对应的**最简阶梯形方程组** $\boldsymbol{DX}=\boldsymbol{d}$，然后用逐次回代的方法解该方程组，由此得到的解为原方程组(3.1)即矩阵方程 $\boldsymbol{AX}=\boldsymbol{B}$ 的解.

以上解线性方程组的方法称为解线性方程组的**矩阵消元法**,仍简称为**消元法**.

用矩阵消元法解方程组(3.1),不仅简便,而且清晰明了,特别是当未知量个数或方程数目较大时,优势更为明显. 如对引例3.1,若用增广矩阵$(\boldsymbol{A}\mid\boldsymbol{B})$来表示方程组(3.9),则解题过程可简捷地表示为

$$(\boldsymbol{A}\mid\boldsymbol{B})=\left(\begin{array}{cccc|c}2&5&3&-2&3\\-3&-1&2&1&-4\\-2&3&-4&-7&-13\\1&2&4&1&4\end{array}\right)\xrightarrow{(1)\leftrightarrow(4)}\left(\begin{array}{cccc|c}1&2&4&1&4\\-3&-1&2&1&-4\\-2&3&-4&-7&-13\\2&5&3&-2&3\end{array}\right)$$

$$\xrightarrow[(1)\times(-2)+(4)]{\substack{(1)\times3+(2)\\(1)\times2+(3)}}\left(\begin{array}{cccc|c}1&2&4&1&4\\0&5&14&4&8\\0&7&4&-5&-5\\0&1&-5&-4&-5\end{array}\right)\xrightarrow{(2)\leftrightarrow(4)}\left(\begin{array}{cccc|c}1&2&4&1&4\\0&1&-5&-4&-5\\0&7&4&-5&-5\\0&5&14&4&8\end{array}\right)$$

$$\xrightarrow{\substack{(2)\times(-7)+(3)\\(2)\times(-5)+(4)}}\left(\begin{array}{cccc|c}1&2&4&1&4\\0&1&-5&-4&-5\\0&0&39&23&30\\0&0&39&24&33\end{array}\right)$$

$$\xrightarrow{\substack{(3)\times(-1)+(4)\\(3)\times\frac{1}{39}}}\left(\begin{array}{cccc|c}1&2&4&1&4\\0&1&-5&-4&-5\\0&0&1&\dfrac{23}{39}&\dfrac{10}{13}\\0&0&0&1&3\end{array}\right)=(\boldsymbol{A}_1\mid\boldsymbol{B}_1)\text{——行阶梯形矩阵}$$

$$\xrightarrow{\substack{(4)\times(-1)+(1)\\(4)\times4+(2)\\(4)\times\left(-\frac{23}{39}\right)+(3)}}\left(\begin{array}{cccc|c}1&2&4&0&1\\0&1&-5&0&7\\0&0&1&0&-1\\0&0&0&1&3\end{array}\right)\xrightarrow{\substack{(3)\times(-4)+(1)\\(3)\times5+(2)}}\left(\begin{array}{cccc|c}1&2&0&0&5\\0&1&0&0&2\\0&0&1&0&-1\\0&0&0&1&3\end{array}\right)$$

$$\xrightarrow{(2)\times(-2)+(1)}\left(\begin{array}{cccc|c}1&0&0&0&1\\0&1&0&0&2\\0&0&1&0&-1\\0&0&0&1&3\end{array}\right)=(\boldsymbol{D}\mid\boldsymbol{d})\text{——行最简阶梯形矩阵},$$

且由矩阵$(\boldsymbol{D}\mid\boldsymbol{d})$知,原方程组(3.9)同解于最简阶梯形方程组$\boldsymbol{DX}=\boldsymbol{d}$,即

$$\begin{cases}x_1\quad\quad\quad\quad=1,\\\quad x_2\quad\quad\quad=2,\\\quad\quad x_3\quad\quad=-1,\\\quad\quad\quad x_4=3,\end{cases}\text{亦即}\begin{cases}x_1=1,\\x_2=2,\\x_3=-1,\\x_4=3\end{cases}\text{为原方程组(3.9)的解.}$$

例 3.4　用矩阵消元法解线性方程组 $\begin{cases} x_1-2x_2+3x_3-x_4=1, \\ 3x_1-x_2+5x_3-3x_4=2, \\ 2x_1+x_2+2x_3-2x_4=3. \end{cases}$

解　因由

$$(\boldsymbol{A} \vdots \boldsymbol{B})=\left(\begin{array}{cccc:c} 1 & -2 & 3 & -1 & 1 \\ 3 & -1 & 5 & -3 & 2 \\ 2 & 1 & 2 & -2 & 3 \end{array}\right) \xrightarrow[(1)\times(-2)+(3)]{(1)\times(-3)+(2)} \left(\begin{array}{cccc:c} 1 & -2 & 3 & -1 & 1 \\ 0 & 5 & -4 & 0 & -1 \\ 0 & 5 & -4 & 0 & 1 \end{array}\right)$$

$$\xrightarrow{(2)\times(-1)+(3)} \left(\begin{array}{cccc:c} 1 & -2 & 3 & -1 & 1 \\ 0 & 5 & -4 & 0 & -1 \\ 0 & 0 & 0 & 0 & 2 \end{array}\right) \text{——行阶梯形矩阵,}$$

而最后所得行阶梯形矩阵对应的阶梯形方程组

$$\begin{cases} x_1-2x_2+3x_3-x_4=1, \\ 5x_2-4x_3=-1, \\ 0=2 \end{cases}$$

是一个矛盾方程组,无解,从而原方程组也无解.　　**解毕**

例 3.5　用矩阵消元法解线性方程组 $\begin{cases} x_1+3x_2-13x_3=-6, \\ 3x_1+x_2-5x_3=0, \\ 4x_1-x_2+x_3=3, \\ 2x_1-x_2+3x_3=3. \end{cases}$

解　因由

$$(\boldsymbol{A} \vdots \boldsymbol{B})=\left(\begin{array}{ccc:c} 1 & 3 & -13 & -6 \\ 3 & 1 & -5 & 0 \\ 4 & -1 & 1 & 3 \\ 2 & -1 & 3 & 3 \end{array}\right) \xrightarrow[\substack{(1)\times(-4)+(3) \\ (1)\times(-2)+(4)}]{(1)\times(-3)+(2)} \left(\begin{array}{ccc:c} 1 & 3 & -13 & -6 \\ 0 & -8 & 34 & 18 \\ 0 & -13 & 53 & 27 \\ 0 & -7 & 29 & 15 \end{array}\right)$$

$$\xrightarrow{(4)\times(-1)+(2)} \left(\begin{array}{ccc:c} 1 & 3 & -13 & -6 \\ 0 & -1 & 5 & 3 \\ 0 & -13 & 53 & 27 \\ 0 & -7 & 29 & 15 \end{array}\right) \xrightarrow[\substack{2\times(-13)+(3) \\ (2)\times(-7)+(4)}]{(2)\times(-1)} \left(\begin{array}{ccc:c} 1 & 3 & -13 & -6 \\ 0 & 1 & -5 & -3 \\ 0 & 0 & -12 & -12 \\ 0 & 0 & -6 & -6 \end{array}\right)$$

$$\xrightarrow[\substack{(3)\times\left(-\frac{1}{12}\right) \\ (3)\times\left(-\frac{1}{2}\right)+(4)}]{(2)\times(-3)+(1)} \left(\begin{array}{ccc:c} 1 & 0 & 2 & 3 \\ 0 & 1 & -5 & -3 \\ 0 & 0 & 1 & 1 \\ 0 & 0 & 0 & 0 \end{array}\right) \text{——行阶梯形矩阵}$$

$$\xrightarrow[(3)\times 5+(2)]{(3)\times(-2)+(1)}\begin{pmatrix}1&0&0&\vdots&1\\0&1&0&\vdots&2\\0&0&1&\vdots&1\\0&0&0&\vdots&0\end{pmatrix}=(\boldsymbol{D}\,\vdots\,\boldsymbol{d})\text{——行最简阶梯形矩阵，}$$

故由矩阵$(\boldsymbol{D}\,\vdots\,\boldsymbol{d})$知，原方程组的解为$\begin{cases}x_1=1,\\x_2=2,\\x_3=1.\end{cases}$ **解毕**

习 题 3.2

1. 判断下列矩阵是否为行最简阶梯形矩阵，若不是，将其化为行最简阶梯形矩阵：

(1) $\begin{pmatrix}5&4&0&0&1\\0&2&7&0&5\\0&0&0&1&3\end{pmatrix}$； (2) $\begin{pmatrix}1&0&-2&5\\0&1&4&-1\\0&1&2&3\end{pmatrix}$； (3) $\begin{pmatrix}1&0&0&3&0\\0&0&1&2&0\\0&0&0&0&1\end{pmatrix}$；

(4) $\begin{pmatrix}1&5&0&7&6\\0&0&1&2&5\\0&0&0&1&3\end{pmatrix}$； (5) $\begin{pmatrix}1&2&-1&6&3&35\\0&2&1&-3&8&1\\0&0&1&-5&2&-1\\0&0&0&0&0&0\end{pmatrix}$.

2. 用矩阵消元法解下列线性方程组：

(1) $\begin{cases}5x_1+x_2+2x_3=2,\\2x_1+x_2+x_3=4,\\9x_1+2x_2+5x_3=3;\end{cases}$ (2) $\begin{cases}4x_1+2x_2-x_3=2,\\3x_1-x_2+2x_3=10,\\11x_1+3x_2=8;\end{cases}$ (3) $\begin{cases}2x_1-x_2+3x_3=1,\\4x_1+2x_2+5x_3=4,\\x_1+x_3=3;\end{cases}$

(4) $\begin{pmatrix}1&3&-7\\2&5&4\\-3&-7&-2\\1&4&-12\end{pmatrix}\begin{pmatrix}x_1\\x_2\\x_3\end{pmatrix}=\begin{pmatrix}-8\\4\\-3\\-15\end{pmatrix}$；

(5) $\begin{pmatrix}1&1&1&1\\1&0&-3&-1\\1&2&-1&1\\3&3&3&2\\2&2&2&1\end{pmatrix}\begin{pmatrix}x_1\\x_2\\x_3\\x_4\end{pmatrix}=\begin{pmatrix}-7\\8\\-2\\-11\\-4\end{pmatrix}$； (6) $\begin{cases}x_1+2x_2+2x_3+x_4=1,\\2x_1+x_2-2x_3-2x_4=3,\\x_1-x_2-4x_3-3x_4=-1;\end{cases}$

(7) $\begin{cases}3x_1-5x_2+x_3-2x_4=0,\\2x_1+3x_2-5x_3+x_4=0,\\-x_1+7x_2-4x_3+3x_4=0,\\4x_1+15x_2-7x_3+10x_4=0.\end{cases}$

3. 当参数 λ 取何值时，三元非齐次线性方程组 $\begin{cases} x_1+x_2+\lambda x_3=1, \\ x_1+\lambda x_2+x_3=1, \\ \lambda x_1+x_2+x_3=1 \end{cases}$ 有唯一解？

4. 当参数 a,b,c 满足何条件时，三元齐次线性方程组 $\begin{cases} x_1+x_2+x_3=0, \\ ax_1+bx_2+cx_3=0, \\ a^2x_1+b^2x_2+c^2x_3=0 \end{cases}$ 只有零解？

3.3　线性方程组解的判定

3.3.1　线性方程组有解、无解的充要条件

由 3.2 节中的引例 3.1 知，对线性方程组施行一次初等变换，相当于对它的增广矩阵施行一次相应的初等行变换．换言之，用线性方程组的初等变换化简线性方程组，相当于对它的增广矩阵施行相应的初等行变换．**现在的问题是**：对线性方程组的增广矩阵施行初等行变换后所对应的线性方程组是否与原方程组同解？我们的结论是肯定的，即有下面的定理.

定理 3.2　若线性方程组 $\boldsymbol{A}_1\boldsymbol{X}=\boldsymbol{B}_1$ 的增广矩阵 $(\boldsymbol{A}_1 \mid \boldsymbol{B}_1)$ 是由线性方程组 $\boldsymbol{AX}=\boldsymbol{B}$ 的增广矩阵 $(\boldsymbol{A} \mid \boldsymbol{B})$ 施行有限次初等行变换后得到的，即

$$(\boldsymbol{A} \mid \boldsymbol{B}) \xrightarrow{\text{有限次初等行变换}} (\boldsymbol{A}_1 \mid \boldsymbol{B}_1),$$

则方程组 $\boldsymbol{AX}=\boldsymbol{B}$ 与方程组 $\boldsymbol{A}_1\boldsymbol{X}=\boldsymbol{B}_1$ 同解，即 $\boldsymbol{AX}=\boldsymbol{B}$ 与 $\boldsymbol{A}_1\boldsymbol{X}=\boldsymbol{B}_1$ 是同解方程组．

根据定理 3.2，对给定的线性方程组反复施行初等变换（相当于对方程组的增广矩阵反复施行矩阵的相应初等行变换），由此可得到一串与原方程组同解的方程组，使得它们中的某些未知量在方程组中出现的次数逐渐减少，最后得到阶梯形方程组或最简阶梯形方程组（相当于行阶梯形矩阵或行最简阶梯形矩阵），这种解题的方法就是前面所说的**消元法**，而且已看到，**矩阵消元法的实质**就是对增广矩阵施行一系列初等行变换将其化为**行阶梯形矩阵**或**行最简阶梯形矩阵**，利用这一特点便可简洁地求出方程组或矩阵方程的解.

下面以定理 3.2 为依据，采用矩阵消元法来探讨 n 元线性方程组有解和无解的充要条件．

对 $\boldsymbol{A}\neq\boldsymbol{O}$ 的 n 元线性方程组 $\boldsymbol{AX}=\boldsymbol{B}$（含齐次和非齐次）的增广矩阵 $(\boldsymbol{A} \mid \boldsymbol{B})$，总可经过**有限次矩阵的初等行变换**将其化为行最简阶梯形矩阵 $(\boldsymbol{D} \mid \boldsymbol{d})$. 为便于讨论，不妨假设 $(\boldsymbol{D} \mid \boldsymbol{d})$ 为如下形式的行最简阶梯形矩阵（只要适当调整列即未知量的位置即可）：

$$
(\boldsymbol{A} \vdots \boldsymbol{B}) \xrightarrow{\text{初等行变换}} \begin{pmatrix} 1 & 0 & \cdots & 0 & b_{11} & b_{12} & \cdots & b_{1,n-r} & d_1 \\ 0 & 1 & \cdots & 0 & b_{21} & b_{22} & \cdots & b_{2,n-r} & d_2 \\ \vdots & \vdots & & \vdots & \vdots & \vdots & & \vdots & \vdots \\ 0 & 0 & \cdots & 1 & b_{r1} & b_{r2} & \cdots & b_{r,n-r} & d_r \\ 0 & 0 & \cdots & 0 & 0 & 0 & \cdots & 0 & d_{r+1} \\ 0 & 0 & \cdots & 0 & 0 & 0 & \cdots & 0 & 0 \\ \vdots & \vdots & & \vdots & \vdots & \vdots & & \vdots & \vdots \\ 0 & 0 & \cdots & 0 & 0 & 0 & \cdots & 0 & 0 \end{pmatrix}_{m\times(n+1)} = (\boldsymbol{D} \vdots \boldsymbol{d}), \tag{3.18}
$$

其中一共有 r 个 1,且 $1\leqslant r\leqslant \min(m,n)$,以及矩阵$(\boldsymbol{D} \vdots \boldsymbol{d})$对应的**最简阶梯形 n 元线性方程组 $\boldsymbol{DX}=\boldsymbol{d}$** 的表达式为

$$
\begin{cases} x_1+0x_2+\cdots+0x_r+b_{11}x_{r+1}+b_{12}x_{r+2}+\cdots+b_{1,n-r}x_n=d_1, \\ \qquad x_2+\cdots+0x_r+b_{21}x_{r+1}+b_{22}x_{r+2}+\cdots+b_{2,n-r}x_n=d_2, \\ \qquad\qquad \cdots\cdots \\ \qquad\qquad x_r+b_{r1}x_{r+1}+b_{r2}x_{r+2}+\cdots+b_{r,n-r}x_n=d_r, \\ \qquad\qquad\qquad 0=d_{r+1}, \\ \qquad\qquad\qquad 0=0, \\ \qquad\qquad\qquad \cdots\cdots \\ \qquad\qquad\qquad 0=0, \end{cases} \tag{3.19}
$$

同时由定理 3.2 知,方程组(3.19)与原方程组 $\boldsymbol{AX}=\boldsymbol{B}$ 同解.

显然,当 $d_{r+1}\neq 0$ 时方程组(3.19)是一个矛盾方程组,无解,从而原方程组 $\boldsymbol{AX}=\boldsymbol{B}$ 也无解,且此时由 $r(\boldsymbol{A} \vdots \boldsymbol{B})=r+1$ 与 $r(\boldsymbol{A})=r$ 有 $r(\boldsymbol{A} \vdots \boldsymbol{B})\neq r(\boldsymbol{A})$;反之,当原方程组 $\boldsymbol{AX}=\boldsymbol{B}$ 无解时立知方程组(3.19)也无解,从而必有 $d_{r+1}\neq 0$,进而有 $r(\boldsymbol{A} \vdots \boldsymbol{B})\neq r(\boldsymbol{A})$.

综述以上讨论便可得出如下判断线性方程组有解和无解的判定定理(即充要条件)如下.

定理 3.3(线性方程组有解的判定定理)　若 $\boldsymbol{AX}=\boldsymbol{B}$ 为 n 元线性方程组,则

$$\text{方程组 } \boldsymbol{AX}=\boldsymbol{B} \text{ 有解} \Leftrightarrow r(\boldsymbol{A} \vdots \boldsymbol{B})=r(\boldsymbol{A}).$$

推论 3.3(线性方程组无解的判定定理)　若 $\boldsymbol{AX}=\boldsymbol{B}$ 为 n 元线性方程组,则

$$\text{方程组 } \boldsymbol{AX}=\boldsymbol{B} \text{ 无解} \Leftrightarrow r(\boldsymbol{A} \vdots \boldsymbol{B})\neq r(\boldsymbol{A}).$$

例 3.6　判断下列线性方程组是否有解:

(1) $\begin{cases} 2x_1+x_2-x_3+x_4=1, \\ 4x_1+2x_2-2x_3+x_4=2, \\ 2x_1+x_2-x_3+x_4=1; \end{cases}$　　(2) $\begin{cases} x_1+3x_2-3x_3=-1, \\ 3x_1-x_2+2x_3=10, \\ 11x_1+3x_2=8. \end{cases}$

解　(1) 因由

$$(\boldsymbol{A}\mid\boldsymbol{B})=\left(\begin{array}{cccc|c}2&1&-1&1&1\\4&2&-2&1&2\\2&1&-1&1&1\end{array}\right)\xrightarrow[(1)\times(-1)+(3)]{(1)\times(-2)+(2)}\left(\begin{array}{cccc|c}2&1&-1&1&1\\0&0&0&-1&0\\0&0&0&0&0\end{array}\right)\text{——行阶梯形矩阵},$$

故 $r(\boldsymbol{A}\mid\boldsymbol{B})=2=r(\boldsymbol{A})$，从而由定理 3.3 知所给方程组有解.

(2) 因由

$$(\boldsymbol{A}\mid\boldsymbol{B})=\left(\begin{array}{ccc|c}1&3&-3&-1\\3&-1&2&10\\11&3&0&8\end{array}\right)\xrightarrow[(1)\times(-11)+(3)]{(1)\times(-3)+(2)}\left(\begin{array}{ccc|c}1&3&-3&-1\\0&-10&11&13\\0&-30&33&19\end{array}\right)$$

$$\xrightarrow{(2)\times(-3)+(3)}\left(\begin{array}{ccc|c}1&3&-3&-1\\0&-10&11&13\\0&0&0&-20\end{array}\right)\text{——行阶梯形矩阵},$$

故 $r(\boldsymbol{A}\mid\boldsymbol{B})=3\neq2=r(\boldsymbol{A})$，从而由推论 3.3 知所给方程组无解.　　解毕

3.3.2　线性方程组解的判定定理

由前面的讨论知，方程组 $\boldsymbol{AX}=\boldsymbol{B}$ 与方程组(3.19)同解，而方程组(3.19)的解具有以下三种情形.

(1) 当 $d_{r+1}\neq0$ 时，由上面的讨论已知方程组(3.19)无解，且此时 $r(\boldsymbol{A}\mid\boldsymbol{B})\neq r(\boldsymbol{A})$.

(2) 当 $d_{r+1}=0$ 且 $r=n$ 时，矩阵$(\boldsymbol{D}\mid\boldsymbol{d})$对应的最简阶梯形 n 元线性方程组 $\boldsymbol{DX}=\boldsymbol{d}$ 的表达式为

$$\begin{cases}x_1+0\cdot x_2+\cdots+0\cdot x_n=d_1,\\ \qquad x_2+\cdots+0\cdot x_n=d_2,\\ \qquad\cdots\cdots\\ \qquad\qquad x_n=d_n,\\ \qquad\qquad 0=0,\\ \qquad\qquad 0=0,\\ \qquad\qquad\cdots\cdots\\ \qquad\qquad 0=0,\end{cases}\quad\text{即}\begin{cases}x_1=d_1,\\x_2=d_2,\\\cdots\cdots\\x_n=d_n,\end{cases}\tag{3.20}$$

亦即当 $d_{r+1}=0$ 且 $r=n$ 时，方程组(3.19)有唯一解，且 $r(\boldsymbol{A}\mid\boldsymbol{B})=r(\boldsymbol{A})=r=n$.

(3) 当 $d_{r+1}=0$ 且 $r<n$ 时，矩阵$(\boldsymbol{D}\mid\boldsymbol{d})$对应的最简阶梯形 n 元线性方程组 $\boldsymbol{DX}=\boldsymbol{d}$ 的表达式为

$$\begin{cases} x_1+0x_2+\cdots+0x_r+b_{11}x_{r+1}+b_{12}x_{r+2}+\cdots+b_{1,n-r}x_n=d_1, \\ \qquad x_2+\cdots+0x_r+b_{21}x_{r+1}+b_{22}x_{r+2}+\cdots+b_{2,n-r}x_n=d_2, \\ \qquad\qquad \cdots\cdots \\ \qquad\qquad x_r+b_{r1}x_{r+1}+b_{r2}x_{r+2}+\cdots+b_{r,n-r}x_n=d_r, \\ \qquad\qquad\qquad 0=0, \\ \qquad\qquad\qquad 0=0, \\ \qquad\qquad\qquad \cdots\cdots \\ \qquad\qquad\qquad 0=0, \end{cases} \tag{3.21}$$

即

$$\begin{cases} x_1=d_1-b_{11}x_{r+1}-b_{12}x_{r+2}-\cdots-b_{1,n-r}x_n, \\ x_2=d_2-b_{21}x_{r+1}-b_{22}x_{r+2}-\cdots-b_{2,n-r}x_n, \\ \qquad\cdots\cdots \\ x_r=d_r-b_{r1}x_{r+1}-b_{r2}x_{r+2}-\cdots-b_{r,n-r}x_n. \end{cases} \tag{3.22}$$

由方程组(3.22)看出:任取定变量 $x_{r+1},x_{r+2},\cdots,x_n$ 的一组值代入方程组(3.22)后可得到另一组值 $x_1,x_2,\cdots,x_r$,将这两组值合并起来得到的 n 元有序数组$(x_1,x_2,\cdots,x_r,x_{r+1},x_{r+2},\cdots,x_n)$便是方程组(3.21)进而是方程组(3.19)的一个解.于是,结合变量 $x_{r+1},x_{r+2},\cdots,x_n$ 的取法有无穷多种的结果知:当 $d_{r+1}=0$ 且 $r<n$时,方程组(3.19)有无穷多解,且 $r(\boldsymbol{A}\mid\boldsymbol{B})=r(\boldsymbol{A})=r<n$.

综合以上讨论便可得到**线性方程组解的判定定理**如下.

定理 3.4(线性方程组解的判定定理) 若 $\boldsymbol{AX}=\boldsymbol{B}$ 为 n 元线性方程组,则

(1) 当 $r(\boldsymbol{A}\mid\boldsymbol{B})\neq r(\boldsymbol{A})$时,方程组 $\boldsymbol{AX}=\boldsymbol{B}$ 无解;

(2) 当 $r(\boldsymbol{A}\mid\boldsymbol{B})=r(\boldsymbol{A})=r=n$ 时,方程组 $\boldsymbol{AX}=\boldsymbol{B}$ 有唯一解;

(3) 当 $r(\boldsymbol{A}\mid\boldsymbol{B})=r(\boldsymbol{A})=r<n$ 时,方程组 $\boldsymbol{AX}=\boldsymbol{B}$ 有无穷多解.

由线性方程组解的判定定理易知:n 元线性方程组 $\boldsymbol{AX}=\boldsymbol{B}$ 的解只可能出现"无解、有唯一解和有无穷多解"这三种情形.

例 3.7 判断下列线性方程组是否有解?若有解,是有唯一解还是有无穷多解?

(1) $\begin{cases} x_1-2x_2+x_3=0, \\ 2x_1-3x_2+x_3=-4, \\ 4x_1-3x_2-2x_3=-2, \\ 3x_1-2x_3=5; \end{cases}$ (2) $\begin{cases} x_1-2x_2+x_3=0, \\ 2x_1-3x_2+x_3=-4, \\ 4x_1-3x_2-2x_3=-2, \\ 3x_1-2x_3=-42; \end{cases}$

(3) $\begin{cases} x_1-2x_2+x_3=0, \\ 2x_1-3x_2+x_3=-4, \\ 4x_1-3x_2-2x_3=-20, \\ 3x_1-2x_3=-24. \end{cases}$

解　(1)因由

$$(\boldsymbol{A} \vdots \boldsymbol{B})=\left(\begin{array}{ccc:c} 1 & -2 & 1 & 0 \\ 2 & -3 & 1 & -4 \\ 4 & -3 & -2 & -2 \\ 3 & 0 & -2 & 5 \end{array}\right) \xrightarrow[(1)\times(-3)+(4)]{\substack{(1)\times(-2)+(2)\\(1)\times(-4)+(3)}} \left(\begin{array}{ccc:c} 1 & -2 & 1 & 0 \\ 0 & 1 & -1 & -4 \\ 0 & 5 & -6 & -2 \\ 0 & 6 & -5 & 5 \end{array}\right)$$

$$\xrightarrow{\substack{(2)\times(-5)+(3)\\(2)\times(-6)+(4)}} \left(\begin{array}{ccc:c} 1 & -2 & 1 & 0 \\ 0 & 1 & -1 & -4 \\ 0 & 0 & -1 & 18 \\ 0 & 0 & 1 & 29 \end{array}\right)$$

$$\xrightarrow{(3)+(4)} \left(\begin{array}{ccc:c} 1 & -2 & 1 & 0 \\ 0 & 1 & -1 & -4 \\ 0 & 0 & -1 & 18 \\ 0 & 0 & 0 & 47 \end{array}\right) \text{——行阶梯形矩阵，}$$

故 $r(\boldsymbol{A} \vdots \boldsymbol{B})=4\neq 3=r(\boldsymbol{A})$，从而由定理 3.4 知所给方程组**无解**.

(2) 因由

$$(\boldsymbol{A} \vdots \boldsymbol{B})=\left(\begin{array}{ccc:c} 1 & -2 & 1 & 0 \\ 2 & -3 & 1 & -4 \\ 4 & -3 & -2 & -2 \\ 3 & 0 & -2 & -42 \end{array}\right) \xrightarrow[(1)\times(-3)+(4)]{\substack{(1)\times(-2)+(2)\\(1)\times(-4)+(3)}} \left(\begin{array}{ccc:c} 1 & -2 & 1 & 0 \\ 0 & 1 & -1 & -4 \\ 0 & 5 & -6 & -2 \\ 0 & 6 & -5 & -42 \end{array}\right)$$

$$\xrightarrow{\substack{(2)\times(-5)+(3)\\(2)\times(-6)+(4)}} \left(\begin{array}{ccc:c} 1 & -2 & 1 & 0 \\ 0 & 1 & -1 & -4 \\ 0 & 0 & -1 & 18 \\ 0 & 0 & 1 & -18 \end{array}\right)$$

$$\xrightarrow{(3)+(4)} \left(\begin{array}{ccc:c} 1 & -2 & 1 & 0 \\ 0 & 1 & -1 & -4 \\ 0 & 0 & -1 & 18 \\ 0 & 0 & 0 & 0 \end{array}\right) \text{——行阶梯形矩阵，}$$

故 $r(\boldsymbol{A} \vdots \boldsymbol{B})=r(\boldsymbol{A})=r=3=n$，从而由定理 3.4 知所给方程组**有唯一解**.

(3) 因由

$$(\boldsymbol{A} \mid \boldsymbol{B})=\left(\begin{array}{ccc:c}1 & -2 & 1 & 0 \\ 2 & -3 & 1 & -4 \\ 4 & -3 & -1 & -20 \\ 3 & 0 & -3 & -24\end{array}\right) \xrightarrow[\substack{(1)\times(-3)+(4)}]{\substack{(1)\times(-2)+(2)\\(1)\times(-4)+(3)}} \left(\begin{array}{ccc:c}1 & -2 & 1 & 0 \\ 0 & 1 & -1 & -4 \\ 0 & 5 & -5 & -20 \\ 0 & 6 & -6 & -24\end{array}\right)$$

$$\xrightarrow{\substack{(2)\times(-5)+(3)\\(2)\times(-6)+(4)}} \left(\begin{array}{ccc:c}1 & -2 & 1 & 0 \\ 0 & 1 & -1 & -4 \\ 0 & 0 & 0 & 0 \\ 0 & 0 & 0 & 0\end{array}\right) \text{——行阶梯形矩阵,}$$

故 $r(\boldsymbol{A} \mid \boldsymbol{B})=r(\boldsymbol{A})=r=2<3=n$,从而由定理 3.4 知所给方程组**有无穷多解**. **解毕**

例 3.8 当参数 a,b 为何值时,三元非齐次线性方程组

$$\begin{cases}x_1+3x_2+x_3=0, \\ 3x_1+2x_2+3x_3=-1, \\ -x_1+4x_2+ax_3=b\end{cases} \tag{3.23}$$

无解、有无穷多解或有唯一解?

解 因由

$$(\boldsymbol{A} \mid \boldsymbol{B})=\left(\begin{array}{ccc:c}1 & 3 & 1 & 0 \\ 3 & 2 & 3 & -1 \\ -1 & 4 & a & b\end{array}\right) \xrightarrow{\substack{(1)\times(-3)+(2)\\(1)+(3)}} \left(\begin{array}{ccc:c}1 & 3 & 1 & 0 \\ 0 & -7 & 0 & -1 \\ 0 & 7 & a+1 & b\end{array}\right)$$

$$\xrightarrow{(2)+(3)} \left(\begin{array}{ccc:c}1 & 3 & 1 & 0 \\ 0 & -7 & 0 & -1 \\ 0 & 0 & a+1 & b-1\end{array}\right)=(\boldsymbol{A}_1 \mid \boldsymbol{B}_1)\text{——行阶梯形矩阵,}$$

故由线性方程组解的判定定理(即定理 3.4)知:

(1) 当 $a=-1$ 且 $b\neq 1$ 时,$r(\boldsymbol{A} \mid \boldsymbol{B})=3\neq 2=r(\boldsymbol{A})$,此时方程组(3.23)无解;

(2) 当 $a=-1$ 且 $b=1$ 时,$r(\boldsymbol{A} \mid \boldsymbol{B})=r(\boldsymbol{A})=2<3=n$,此时方程组(3.23)有无穷多解;

(3) 当 $a\neq -1$ 时,$r(\boldsymbol{A} \mid \boldsymbol{B})=r(\boldsymbol{A})=3=n$,此时方程组(3.23)有唯一解. **解毕**

3.3.3 齐次线性方程组有非零解的充要条件

对 n 元齐次线性方程组 $\boldsymbol{AX}=\boldsymbol{O}$,易见 $r(\boldsymbol{A} \mid \boldsymbol{O})=r(\boldsymbol{A})$,故由线性方程组有解的判定定理(即定理 3.3)知,方程组 $\boldsymbol{AX}=\boldsymbol{O}$ 总有解(至少有一个零解). 因此,对齐次线性方程组 $\boldsymbol{AX}=\boldsymbol{O}$ 而言,我们关心的是该方程组是否有非零解. 于是,结合前面的讨论及线性方程组解的判定定理(即定理 3.4)便可得到齐次线性方程组解的判

定定理如下.

定理 3.5(齐次线性方程组解的判定定理)　若 $AX=O$ 为 n 元齐次线性方程组,则

(1) 方程组 $AX=O$ 有非零解 $\Leftrightarrow r(A)=r<n$(此时必有无穷多解);

(2) 方程组 $AX=O$ 只有唯一零解 $x_1=x_2=\cdots=x_n=0 \Leftrightarrow r(A)=r=n$.

推论 3.4　若 $m<n$,则 n 元齐次线性方程组 $AX=O$ 必有非零解.

推论 3.5　在 n 元齐次线性方程组 $AX=O$ 中,若方程的个数 m 与未知量的个数 n 相等,即 $m=n$,则

(1) 方程组 $AX=O$ 有非零解 $\Leftrightarrow |A|=0$(此时必有无穷多解);

(2) 方程组 $AX=O$ 只有唯一零解 $x_1=x_2=\cdots=x_n=0 \Leftrightarrow |A|\neq 0$.

例 3.9　判断下列齐次线性方程组是否有非零解或只有唯一零解?

(1) $\begin{cases} x_1+3x_2+2x_3=0, \\ -x_1+x_2=0, \\ 2x_1+4x_2+3x_3=0, \\ -x_1+3x_2+x_3=0; \end{cases}$　(2) $\begin{cases} x_1-x_2+x_3=0, \\ 3x_1-2x_2-x_3=0, \\ 3x_1-x_2+5x_3=0, \\ -2x_1+2x_2+3x_3=0; \end{cases}$

(3) $\begin{cases} x_1+x_2-3x_4=0, \\ 4x_1-2x_2+6x_3+3x_4=0, \\ 2x_1+4x_2-2x_3+4x_4=0; \end{cases}$　(4) $\begin{cases} x_1+x_3=0, \\ x_1+x_2+2x_3=0, \\ x_1+2x_2+3x_3=0; \end{cases}$

(5) $\begin{cases} x_1+x_2+x_3=0, \\ x_1+2x_2+3x_3=0, \\ x_1+x_2-x_3=0. \end{cases}$

解　(1) 因由

$$A=\begin{pmatrix} 1 & 3 & 2 \\ -1 & 1 & 0 \\ 2 & 4 & 3 \\ -1 & 3 & 1 \end{pmatrix} \xrightarrow[\substack{(1)+(4)}]{\substack{(1)+(2) \\ (1)\times(-2)+(3)}} \begin{pmatrix} 1 & 3 & 2 \\ 0 & 4 & 2 \\ 0 & -2 & -1 \\ 0 & 6 & 3 \end{pmatrix}$$

$$\xrightarrow{\substack{(2)\times\frac{1}{2}+(3) \\ (2)\times\left(-\frac{3}{2}\right)+(4)}} \begin{pmatrix} 1 & 3 & 2 \\ 0 & 4 & 2 \\ 0 & 0 & 0 \\ 0 & 0 & 0 \end{pmatrix} \text{——行阶梯形矩阵},$$

故 $r(A)=2<3=n$,从而由定理 3.5 知所给方程组**有非零解**.

(2) 因由

$$\boldsymbol{A}=\begin{pmatrix}1&-1&1\\3&-2&-1\\3&-1&5\\-2&2&3\end{pmatrix}\xrightarrow[\substack{(1)\times(-3)+(3)\\(1)\times2+(4)}]{(1)\times(-3)+(2)}\begin{pmatrix}1&-1&1\\0&1&-4\\0&2&2\\0&0&5\end{pmatrix}\xrightarrow[(4)\times2]{(2)\times(-2)+(3)}\begin{pmatrix}1&-1&1\\0&1&-4\\0&0&10\\0&0&10\end{pmatrix}$$

$$\xrightarrow{(3)\times(-1)+(4)}\begin{pmatrix}1&-1&1\\0&1&-4\\0&0&10\\0&0&0\end{pmatrix}\text{——行阶梯形矩阵},$$

故 $r(\boldsymbol{A})=3=n$,从而由定理 3.5 知所给方程组**只有唯一零解** $x_1=x_2=x_3=0$.

(3) 因所给方程组中方程的个数 $m=3$,未知量的个数 $n=4$,且 $m<n$,故由推论 3.4 知所给方程组**有非零解**.

(4) 因 $|\boldsymbol{A}|=\begin{vmatrix}1&0&1\\1&1&2\\1&2&3\end{vmatrix}=0$,故由推论 3.5 知所给方程组**有非零解**.

(5) 因 $|\boldsymbol{A}|=\begin{vmatrix}1&1&1\\1&2&3\\1&1&-1\end{vmatrix}=-2\neq0$,故由推论 3.5 知所给方程组**只有唯一零解**.

解毕

例 3.10　当参数 a 为何值时,三元齐次线性方程组

$$\begin{cases}x_1+x_2+ax_3=0,\\x_1-x_2+2x_3=0,\\-x_1+ax_2+x_3=0\end{cases}\tag{3.24}$$

有非零解或只有唯一零解?

解法一

$$\text{因 }\boldsymbol{A}=\begin{pmatrix}1&1&a\\1&-1&2\\-1&a&1\end{pmatrix}\xrightarrow[(1)+(3)]{(1)\times(-1)+(2)}\begin{pmatrix}1&1&a\\0&-2&2-a\\0&a+1&a+1\end{pmatrix}$$

$$\xrightarrow{(2)\times\frac{a+1}{2}+(3)}\begin{pmatrix}1&1&a\\0&-2&2-a\\0&0&\dfrac{(a+1)(4-a)}{2}\end{pmatrix}\text{——行阶梯形矩阵},$$

故由齐次线性方程组解的判定定理(即定理 3.5)知:

(1) 当 $a=-1$ 或 $a=4$ 时,$r(\boldsymbol{A})=2<3=n$,此时方程组(3.24)有非零解;

(2) 当 $a\neq-1$ 且 $a\neq4$ 时,$r(\boldsymbol{A})=3=n$,此时方程组(3.24)只有唯一零解.

解法二　因 $|\boldsymbol{A}|=\begin{vmatrix}1 & 1 & a\\ 1 & -1 & 2\\ -1 & a & 1\end{vmatrix}=(a+1)(a-4)$，故由推论 3.5 知：

(1) 当 $a=-1$ 或 $a=4$ 时，$|\boldsymbol{A}|=0$，此时方程组(3.24)有非零解；

(2) 当 $a\neq-1$ 且 $a\neq4$ 时，$|\boldsymbol{A}|\neq0$，此时方程组(3.24)只有唯一零解.　**解毕**

习　题　3.3

1. 判断下列非齐次线性方程组是否有解？有解时，是有唯一解还是有无穷多解？

(1) $\begin{cases}2x_1+x_2-x_3+x_4=1,\\ 3x_1-2x_2+2x_3-3x_4=2,\\ 5x_1+x_2-x_3+2x_4=-1,\\ 2x_1-x_2+x_3-3x_4=4;\end{cases}$　(2) $\begin{cases}2x_1-x_2+3x_3=3,\\ 3x_1+x_2-5x_3=0,\\ 4x_1-x_2+x_3=3,\\ x_1+3x_2-13x_3=-6;\end{cases}$

(3) $\begin{pmatrix}2 & 1 & 1\\ 1 & 3 & 1\\ 1 & 1 & 5\\ 2 & 3 & -3\end{pmatrix}\begin{pmatrix}x_1\\ x_2\\ x_3\end{pmatrix}=\begin{pmatrix}2\\ 5\\ -7\\ 14\end{pmatrix}$；　(4) $\begin{pmatrix}1 & -3 & -2 & -1\\ 3 & -8 & 1 & 5\\ -2 & 1 & -4 & 2\\ -1 & -2 & -6 & 1\end{pmatrix}\begin{pmatrix}x_1\\ x_2\\ x_3\\ x_4\end{pmatrix}=\begin{pmatrix}6\\ 0\\ -4\\ 2\end{pmatrix}$；

(5) $\begin{cases}x_1-5x_2+2x_3-3x_4=-9,\\ -3x_1+x_2-4x_3+2x_4=-1,\\ -x_1-9x_2-4x_4=-19,\\ 5x_1+3x_2+6x_3-x_4=11;\end{cases}$　(6) $\begin{pmatrix}2 & 1 & -5\\ 1 & 3 & 0\\ -1 & 1 & 4\\ 4 & 5 & -7\end{pmatrix}\begin{pmatrix}x_1\\ x_2\\ x_3\end{pmatrix}=\begin{pmatrix}0\\ -5\\ -3\\ -6\end{pmatrix}$.

2. 判断下列齐次线性方程组是否有非零解或只有唯一零解？

(1) $\begin{cases}x_1+4x_2+2x_3=0,\\ 3x_1-2x_2=0,\\ 2x_1+x_2+x_3=0,\\ x_1-3x_2-x_3=0;\end{cases}$　(2) $\begin{cases}x_1+x_2-3x_3=0,\\ x_1-x_2-x_3=0,\\ 4x_1-2x_2+3x_3=0,\\ x_1+2x_2+2x_3=0;\end{cases}$

(3) $\begin{cases}x_1-x_2+2x_3=0,\\ 2x_1-x_2+3x_3=0,\\ x_1+2x_2-x_3=0;\end{cases}$　(4) $\begin{cases}5x_1-2x_2+4x_3-3x_4=0,\\ -3x_1+5x_2-x_3+2x_4=0,\\ x_1-3x_2+2x_3+x_4=0;\end{cases}$

(5) $\begin{cases}x_1+3x_2-2x_3=0,\\ x_1+7x_2+2x_3=0,\\ 2x_1+14x_2+5x_3=0;\end{cases}$　(6) $\begin{cases}x_1+x_2-x_3=0,\\ x_1-3x_2+x_3=0,\\ x_1+3x_2+2x_3=0.\end{cases}$

3. 参数 λ 取何值时是四元非齐次线性方程组 $\begin{cases} x_1-x_2=\lambda, \\ x_2-x_3=2\lambda, \\ x_3-x_4=3\lambda, \\ -x_1+x_4=1 \end{cases}$ 有解的充要条件?

4. 参数 λ 取何值时下列三元非齐次线性方程组无解、有无穷多解或有唯一解?

(1) $\begin{pmatrix} \lambda & 1 & 1 \\ 1 & \lambda & 1 \\ 1 & 1 & \lambda \end{pmatrix}\begin{pmatrix} x_1 \\ x_2 \\ x_3 \end{pmatrix}=\begin{pmatrix} 1 \\ \lambda \\ \lambda^2 \end{pmatrix}$;　　(2) $\begin{cases} x_1-2x_2+3x_3=-1, \\ 2x_2-x_3=0, \\ \lambda(\lambda-1)x_3=(\lambda-1)(\lambda-2). \end{cases}$

5. 参数 λ 取何值时下列非齐次线性方程组无解或有无穷多解?

(1) $\begin{cases} x_1-x_2-x_3=1, \\ x_1+x_2-2x_3=2, \\ x_1+3x_2-3x_3=\lambda; \end{cases}$　　(2) $\begin{cases} x_1-2x_2+3x_3-4x_4=4, \\ x_2-x_3+x_4=-3, \\ x_1+3x_2-3x_4=1, \\ -7x_2+3x_3+x_4=\lambda. \end{cases}$

6. 参数 λ 取何值时下列四元齐次线性方程组有非零解或只有唯一零解?

(1) $\begin{cases} x_1-x_2+x_4=0, \\ x_2-\lambda x_3-x_4=0, \\ x_1+x_3=0, \\ \lambda x_2-x_3+x_4=0; \end{cases}$　　(2) $\begin{cases} x_1-2x_2+x_3-x_4=0, \\ 2x_1+x_2-x_3+x_4=0, \\ x_1+7x_2-5x_3+5x_4=0, \\ 3x_1-x_2-2x_3-\lambda x_4=0. \end{cases}$

3.4　线性方程组的求解方法

对含有 m 个方程和 n 个未知量的一般线性方程组 $\boldsymbol{AX}=\boldsymbol{B}(\boldsymbol{A}\neq\boldsymbol{O})$ 的求解问题,通过总结 3.3 节的讨论,可采用“对方程组 $\boldsymbol{AX}=\boldsymbol{B}$ 的增广矩阵 $(\boldsymbol{A}\mid\boldsymbol{B})$ 施行矩阵的初等行变换,同时结合线性方程组解的判定定理”的方法得到圆满解决,并称这种方法为**矩阵消元法**.

用矩阵消元法解方程组 $\boldsymbol{AX}=\boldsymbol{B}$ 的具体方法和步骤如下:

(1) **用矩阵的初等行变换**将方程组 $\boldsymbol{AX}=\boldsymbol{B}$ 的增广矩阵 $(\boldsymbol{A}\mid\boldsymbol{B})$ 化为行阶梯形矩阵 $(\boldsymbol{A}_1\mid\boldsymbol{B}_1)$,然后根据 $(\boldsymbol{A}_1\mid\boldsymbol{B}_1)$ 求出 $r(\boldsymbol{A}\mid\boldsymbol{B})$ 和 $r(\boldsymbol{A})$.

(2) **根据线性方程组解的判定定理作决策**:若 $r(\boldsymbol{A}\mid\boldsymbol{B})\neq r(\boldsymbol{A})$,则方程组 $\boldsymbol{AX}=\boldsymbol{B}$ 无解,由此结束解方程组;若 $r(\boldsymbol{A}\mid\boldsymbol{B})=r(\boldsymbol{A})$,则方程组 $\boldsymbol{AX}=\boldsymbol{B}$ 有解,进而可继续用矩阵的初等行变换将行阶梯形矩阵 $(\boldsymbol{A}_1\mid\boldsymbol{B}_1)$ 化为行最简阶梯形矩阵 $(\boldsymbol{D}\mid\boldsymbol{d})$.

(3) 写出与原方程组 $\boldsymbol{AX}=\boldsymbol{B}$ 同解的最简阶梯形方程组 $\boldsymbol{DX}=\boldsymbol{d}$,此时:

1° 若 $r(\boldsymbol{A}\,\vdots\,\boldsymbol{B})=r(\boldsymbol{A})=r=n$，则最简阶梯形方程组 $\boldsymbol{DX}=\boldsymbol{d}$ 的表达式为

$$\begin{cases} x_1=d_1, \\ x_2=d_2, \\ \quad\cdots\cdots \\ x_n=d_n, \end{cases}$$

此即原方程组 $\boldsymbol{AX}=\boldsymbol{B}$ 的唯一解.

2° 若 $r(\boldsymbol{A}\,\vdots\,\boldsymbol{B})=r(\boldsymbol{A})=r<n$，则最简阶梯形方程组 $\boldsymbol{DX}=\boldsymbol{d}$ 的表达式为

$$\begin{cases} x_1+0\cdot x_2+\cdots+0\cdot x_r+b_{11}x_{r+1}+b_{12}x_{r+2}+\cdots+b_{1,n-r}x_n=d_1, \\ \qquad x_2+\cdots+0\cdot x_r+b_{21}x_{r+1}+b_{22}x_{r+2}+\cdots+b_{2,n-r}x_n=d_2, \\ \qquad\qquad\cdots\cdots \\ \qquad\qquad x_r+b_{r1}x_{r+1}+b_{r2}x_{r+2}+\cdots+b_{r,n-r}x_n=d_r, \end{cases}$$

即

$$\begin{cases} x_1=d_1-b_{11}x_{r+1}-b_{12}x_{r+2}-\cdots-b_{1,n-r}x_n, \\ x_2=d_2-b_{21}x_{r+1}-b_{22}x_{r+2}-\cdots-b_{2,n-r}x_n, \\ \qquad\cdots\cdots \\ x_r=d_r-b_{r1}x_{r+1}-b_{r2}x_{r+2}-\cdots-b_{r,n-r}x_n, \end{cases} \tag{3.25}$$

其中方程组(3.25)的右边含有可取任意值的 $n-r$ 个变量 $x_{r+1},x_{r+2},\cdots,x_n$，并称这 $n-r$ 个变量为**自由未知量**(**注意**：自由未知量的选取不唯一，即 $x_1,x_2,\cdots,x_n$ 中的任意 $n-r$ 个变量都可选作自由未知量，而每个自由未知量又可取无穷多值). 于是，若让自由未知量 $x_{r+1},x_{r+2},\cdots,x_n$ 依次任意取定一组值 $x_{r+1}=c_1,x_{r+2}=c_2,\cdots,x_n=c_{n-r}$ 代入方程组(3.25)后可得到另一组值 $x_1,x_2,\cdots,x_r$，将这两组值合并起来得到的 n 元有序数组 $(x_1,x_2,\cdots,x_r,x_{r+1},x_{r+2},\cdots,x_n)$，即

$$\begin{cases} x_1=d_1-b_{11}\cdot c_1-b_{12}\cdot c_2-\cdots-b_{1,n-r}\cdot c_{n-r}, \\ x_2=d_2-b_{21}\cdot c_1-b_{22}\cdot c_2-\cdots-b_{2,n-r}\cdot c_{n-r}, \\ \qquad\cdots\cdots \\ x_r=d_1-b_{21}\cdot c_1-b_{22}\cdot c_2-\cdots-b_{2,n-r}\cdot c_{n-r}, \\ \qquad x_{r+1}=c_1, \\ \qquad x_{r+2}=c_2, \\ \qquad\cdots\cdots \\ \qquad x_n=c_{n-r} \end{cases} \quad (c_1,c_2,\cdots,c_{n-r}\text{为任意常数}) \tag{3.26}$$

便是原方程组 $\boldsymbol{AX}=\boldsymbol{B}$ 的**全部解**(称为**通解**或**一般解**).

至此，本章开头针对一般线性方程组 $\boldsymbol{AX}=\boldsymbol{B}$ 所提出的三个问题，即

(1) 方程组 $\boldsymbol{AX}=\boldsymbol{B}$ 有解的充要条件是什么?

(2) 若方程组 $\boldsymbol{AX}=\boldsymbol{B}$ 有解，则共有多少解? 如何求方程组 $\boldsymbol{AX}=\boldsymbol{B}$ 的解?

(3) 若方程组 $\boldsymbol{AX}=\boldsymbol{B}$ 的解不唯一，则这些解之间有何关系？
这三个问题都得到了圆满解决，下面通过具体实例来说明如何解决一般 n 元线性方程组 $\boldsymbol{AX}=\boldsymbol{B}$ 是否有解、有解时有多少解，以及如何求解等问题．

例 3.11 用矩阵消元法解下列非齐次线性方程组：

(1) $\begin{cases} x_1+x_2+x_3+x_4=4, \\ 2x_1+3x_2+x_3+x_4=9, \\ -3x_1+2x_2-8x_3-8x_4=-4; \end{cases}$ (2) $\begin{cases} x_1-x_2+x_3=6, \\ 2x_1-3x_2-x_3=1, \\ -2x_1-3x_2+x_3=5; \end{cases}$

(3) $\begin{cases} x_1+x_2+x_3+2x_4=3, \\ 2x_1-x_2+3x_3+8x_4=8, \\ -3x_1+2x_2-x_3-9x_4=-5, \\ x_2-2x_3-3x_4=-4; \end{cases}$ (4) $\begin{cases} x_1+2x_2-2x_3+2x_4=2, \\ x_2-x_3-x_4=1, \\ x_1+x_2-x_3+3x_4=1, \\ x_1-x_2+x_3+5x_4=-1. \end{cases}$

解 (1) 因由

$$(\boldsymbol{A}\mid\boldsymbol{B})=\left(\begin{array}{cccc:c} 1 & 1 & 1 & 1 & 4 \\ 2 & 3 & 1 & 1 & 9 \\ -3 & 2 & -8 & -8 & -4 \end{array}\right) \xrightarrow[(1)\times 3+(3)]{(1)\times(-2)+(2)} \left(\begin{array}{cccc:c} 1 & 1 & 1 & 1 & 4 \\ 0 & 1 & -1 & -1 & 1 \\ 0 & 5 & -5 & -5 & 8 \end{array}\right)$$

$$\xrightarrow{(2)\times(-5)+(3)} \left(\begin{array}{cccc:c} 1 & 1 & 1 & 1 & 4 \\ 0 & 1 & -1 & -1 & 1 \\ 0 & 0 & 0 & 0 & 3 \end{array}\right)=(\boldsymbol{A}_1\mid\boldsymbol{B}_1)\text{——行阶梯形矩阵},$$

故由 $(\boldsymbol{A}_1\mid\boldsymbol{B}_1)$ 有 $r(\boldsymbol{A}\mid\boldsymbol{B})=3\neq 2=r(\boldsymbol{A})$，从而由定理 3.4 知所给方程组**无解**．

(2) 因由

$$(\boldsymbol{A}\mid\boldsymbol{B})=\left(\begin{array}{ccc:c} 1 & -1 & 1 & 6 \\ 2 & -3 & -1 & 1 \\ -2 & -3 & 1 & 5 \end{array}\right) \xrightarrow[(1)\times 2+(3)]{(1)\times(-2)+(2)} \left(\begin{array}{ccc:c} 1 & -1 & 1 & 6 \\ 0 & -1 & -3 & -11 \\ 0 & -5 & 3 & 17 \end{array}\right)$$

$$\xrightarrow[\substack{(1)\times(-1)\\(1)\times(-5)+(3)}]{(1)\times(-1)+(1)} \left(\begin{array}{ccc:c} 1 & 0 & 4 & 17 \\ 0 & 1 & 3 & 11 \\ 0 & 0 & 18 & 72 \end{array}\right)=(\boldsymbol{A}_1\mid\boldsymbol{B}_1)\text{——行阶梯形矩阵},$$

故由 $(\boldsymbol{A}_1\mid\boldsymbol{B}_1)$，有 $r(\boldsymbol{A}\mid\boldsymbol{B})=r(\boldsymbol{A})=r=3=n$，从而结合定理 3.4 知所给方程组有唯一解. 继续对 $(\boldsymbol{A}_1\mid\boldsymbol{B}_1)$ 施行矩阵的初等行变换，有

$$(\boldsymbol{A}_1\mid\boldsymbol{B}_1)=\left(\begin{array}{ccc:c} 1 & 0 & 4 & 17 \\ 0 & 1 & 3 & 11 \\ 0 & 0 & 18 & 72 \end{array}\right) \xrightarrow{(3)\times\frac{1}{18}} \left(\begin{array}{ccc:c} 1 & 0 & 4 & 17 \\ 0 & 1 & 3 & 11 \\ 0 & 0 & 1 & 4 \end{array}\right),$$

$$\xrightarrow[(3)\times(-3)+(2)]{(3)\times(-4)+(1)} \left(\begin{array}{ccc:c} 1 & 0 & 0 & 1 \\ 0 & 1 & 0 & -1 \\ 0 & 0 & 1 & 4 \end{array}\right)=(\boldsymbol{D}\mid\boldsymbol{d})\text{——行最简阶梯形矩阵},$$

进而由$(\boldsymbol{D} \mid \boldsymbol{d})$知，所求唯一解为$\begin{cases} x_1=1, \\ x_2=-1, \\ x_3=4. \end{cases}$

(3) 因由

$$(\boldsymbol{A} \mid \boldsymbol{B})=\left(\begin{array}{cccc|c} 1 & 1 & 1 & 2 & 3 \\ 2 & -1 & 3 & 8 & 8 \\ -3 & 2 & -1 & -9 & -5 \\ 0 & 1 & -2 & -3 & -4 \end{array}\right) \xrightarrow[(1)\times 3+(3)]{(1)\times(-2)+(2)} \left(\begin{array}{cccc|c} 1 & 1 & 1 & 2 & 3 \\ 0 & -3 & 1 & 4 & 2 \\ 0 & 5 & 2 & -3 & 4 \\ 0 & 1 & -2 & -3 & -4 \end{array}\right)$$

$$\xrightarrow{(2)\leftrightarrow(4)} \left(\begin{array}{cccc|c} 1 & 1 & 1 & 2 & 3 \\ 0 & 1 & -2 & -3 & -4 \\ 0 & 5 & 2 & -3 & 4 \\ 0 & -3 & 1 & 4 & 2 \end{array}\right)$$

$$\xrightarrow[\substack{(2)\times(-5)+(3) \\ (2)\times 3+(4)}]{(2)\times(-1)+(1)} \left(\begin{array}{cccc|c} 1 & 0 & 3 & 5 & 7 \\ 0 & 1 & -2 & -3 & -4 \\ 0 & 0 & 12 & 12 & 24 \\ 0 & 0 & -5 & -5 & -10 \end{array}\right)$$

$$\xrightarrow[(3)\times\frac{5}{12}+(4)]{(3)\times\frac{1}{12}} \left(\begin{array}{cccc|c} 1 & 0 & 3 & 5 & 7 \\ 0 & 1 & -2 & -3 & -4 \\ 0 & 0 & 1 & 1 & 2 \\ 0 & 0 & 0 & 0 & 0 \end{array}\right)=(\boldsymbol{A}_1 \mid \boldsymbol{B}_1)\text{——行阶梯形矩阵},$$

故由$(\boldsymbol{A}_1 \mid \boldsymbol{B}_1)$，有 $r(\boldsymbol{A} \mid \boldsymbol{B})=r(\boldsymbol{A})=r=3<4=n$，从而结合定理 3.4 知所给方程组有无穷多解，且通解中含有 $n-r=4-3=1$ 个自由未知量．继续对$(\boldsymbol{A}_1 \mid \boldsymbol{B}_1)$施行矩阵的初等行变换，有

$$(\boldsymbol{A}_1 \mid \boldsymbol{B}_1) \xrightarrow[(3)\times 2+(2)]{(3)\times(-3)+(1)} \left(\begin{array}{cccc|c} 1 & 0 & 0 & 2 & 1 \\ 0 & 1 & 0 & -1 & 0 \\ 0 & 0 & 1 & 1 & 2 \\ 0 & 0 & 0 & 0 & 0 \end{array}\right)=(\boldsymbol{D} \mid \boldsymbol{d})\text{——行最简阶梯形矩阵},$$

进而由$(\boldsymbol{D} \mid \boldsymbol{d})$知，所给方程组同解于最简阶梯形方程组 $\boldsymbol{DX}=\boldsymbol{d}$，即

$$\begin{cases} x_1 \qquad +2x_4=1, \\ \quad x_2 \qquad -x_4=0, \\ \qquad x_3 \ +x_4=2, \end{cases} \text{亦即} \begin{cases} x_1=1-2x_4, \\ x_2=x_4, \\ x_3=2-x_4 \end{cases} \quad (x_4\text{ 为自由未知量}). \tag{3.27}$$

在方程组(3.27)中令自由未知量 $x_4=c$ 便得原方程组的**通解**(即全部解)如下：

$$\begin{cases} x_1=1-c, \\ x_2=c, \\ x_3=2-c, \\ x_4=c \end{cases} \text{(其中 } c \text{ 为任意常数)}. \tag{3.28}$$

(4) 因由

$$(\boldsymbol{A} \vdots \boldsymbol{B})=\left(\begin{array}{cccc:c} 1 & 2 & -2 & 2 & 2 \\ 0 & 1 & -1 & -1 & 1 \\ 1 & 1 & -1 & 3 & 1 \\ 1 & -1 & 1 & 5 & -1 \end{array}\right) \xrightarrow[(1)\times(-1)+(4)]{(1)\times(-1)+(3)} \left(\begin{array}{cccc:c} 1 & 2 & -2 & 2 & 2 \\ 0 & 1 & -1 & -1 & 1 \\ 0 & -1 & 1 & 1 & -1 \\ 0 & -3 & 3 & 3 & -3 \end{array}\right)$$

$$\xrightarrow[(2)\times 3+(4)]{(2)+(3)} \left(\begin{array}{cccc:c} 1 & 2 & -2 & 2 & 2 \\ 0 & 1 & -1 & -1 & 1 \\ 0 & 0 & 0 & 0 & 0 \\ 0 & 0 & 0 & 0 & 0 \end{array}\right)=(\boldsymbol{A}_1 \vdots \boldsymbol{B}_1)\text{——}\textbf{行阶梯形矩阵},$$

故由$(\boldsymbol{A}_1 \vdots \boldsymbol{B}_1)$,有 $r(\boldsymbol{A} \vdots \boldsymbol{B})=r(\boldsymbol{A})=r=2<4=n$,从而结合定理 3.4 知所给方程组有无穷多解,且通解中含有 $n-r=4-2=2$ 个自由未知量. 继续对$(\boldsymbol{A}_1 \vdots \boldsymbol{B}_1)$施行矩阵的初等行变换,有

$$(\boldsymbol{A}_1 \vdots \boldsymbol{B}_1)\xrightarrow{(2)\times(-2)+(1)} \left(\begin{array}{cccc:c} 1 & 0 & 0 & 4 & 0 \\ 0 & 1 & -1 & -1 & 1 \\ 0 & 0 & 0 & 0 & 0 \\ 0 & 0 & 0 & 0 & 0 \end{array}\right)=(\boldsymbol{D} \vdots \boldsymbol{d})\text{——}\textbf{行最简阶梯形矩阵},$$

进而由$(\boldsymbol{D} \vdots \boldsymbol{d})$知,所给方程组同解于最简阶梯形方程组 $\boldsymbol{DX}=\boldsymbol{d}$,即

$$\begin{cases} x_1 \qquad\quad +4x_4=0, \\ \quad x_2-x_3-x_4=1, \end{cases} \text{亦即} \begin{cases} x_1=-4x_4, \\ x_2=1+x_3+x_4 \end{cases} (x_3,x_4 \text{ 为}\textbf{自由未知量}). \tag{3.29}$$

在方程组(3.29)中令自由未知量 $x_3=c_1$ 和 $x_4=c_2$ 便得原方程组的**通解**如下:

$$\begin{cases} x_1=-4c_2, \\ x_2=1+c_1+c_2, \\ x_3=c_1, \\ x_4=c_2 \end{cases} \text{(其中 } c_1,c_2 \text{ 为任意常数)}. \tag{3.30}$$

解毕

注　若在式(3.28)中取 $c=0$ 便得到例 3.10(3)中所给方程组的一个特殊解 $\begin{cases} x_1=1, \\ x_2=0, \\ x_3=2, \\ x_4=0, \end{cases}$ 并称此特殊解为所给方程组的**特解**. 同理,若在式(3.28)中取 $c=1$,则可

得到例 3.10(3)中所给方程组的另一个特解$\begin{cases}x_1=0,\\x_2=1,\\x_3=1,\\x_4=1.\end{cases}$由此可见，例 3.10(3)中所给方程组的解的确有无穷多个．

例 3.12　用矩阵消元法解下列齐次线性方程组：

(1) $\begin{cases}x_1-x_2+4x_3-2x_4=0,\\x_1-3x_2-12x_3+6x_4=0,\\x_1-x_2+2x_3-x_4=0,\\3x_1+x_2-2x_3+7x_4=0;\end{cases}$　(2) $\begin{cases}x_1-x_2+x_3=0,\\3x_1-2x_2-x_3=0,\\3x_1-x_2+5x_3=0,\\2x_1-2x_2-3x_3=0;\end{cases}$

(3) $\begin{cases}x_1+2x_2+4x_3=0,\\4x_1+7x_2+21x_3-6x_4=0,\\2x_1+x_3+3x_4=0,\\3x_1-3x_2+x_3+2x_4=0;\end{cases}$　(4) $\begin{cases}x_1+3x_2-2x_3+2x_4-x_5=0,\\x_3+2x_4-x_5=0,\\2x_1+6x_2-4x_3+5x_4+7x_5=0,\\x_1+3x_2-4x_3+19x_5=0.\end{cases}$

解　(1) 因由

$$(\boldsymbol{A}\mid\boldsymbol{O})=\left(\begin{array}{cccc:c}1&-1&4&-2&0\\1&-3&-12&6&0\\1&-1&2&-1&0\\3&1&-2&7&0\end{array}\right)\xrightarrow[\substack{(1)\times(-1)+(3)\\(1)\times(-3)+(4)}]{(1)\times(-1)+(2)}\left(\begin{array}{cccc:c}1&-1&4&-2&0\\0&-2&-16&8&0\\0&0&-2&1&0\\0&4&-14&13&0\end{array}\right)$$

$$\xrightarrow{(2)\times2+(4)}\left(\begin{array}{cccc:c}1&-1&4&-2&0\\0&-2&-16&8&0\\0&0&-2&1&0\\0&0&-46&29&0\end{array}\right)$$

$$\xrightarrow{(3)\times(-23)+(4)}\left(\begin{array}{cccc:c}1&-1&4&-2&0\\0&-2&-16&8&0\\0&0&-2&1&0\\0&0&0&6&0\end{array}\right)=(\boldsymbol{A}_1\mid\boldsymbol{O})\text{——}\textbf{行阶梯形矩阵},$$

故由$(\boldsymbol{A}_1\mid\boldsymbol{O})$有$r(\boldsymbol{A}\mid\boldsymbol{O})=r(\boldsymbol{A})=r=4=n$，从而由定理 3.5 知所给方程组只有唯一零解 $x_1=x_2=x_3=x_4=0$.

注　因对齐次线性方程组 $\boldsymbol{AX}=\boldsymbol{O}$ 来说，等式 $r(\boldsymbol{A}\mid\boldsymbol{O})=r(\boldsymbol{A})$必成立，即齐次线性方程组 $\boldsymbol{AX}=\boldsymbol{O}$ 总有解(**至少有一个零解**)，故用矩阵消元法解齐次线性方程组 $\boldsymbol{AX}=\boldsymbol{O}$ 时，只需对其系数矩阵 $\boldsymbol{A}$ 作初等行变换，最后根据 $r(\boldsymbol{A})=n$ 或 $r(\boldsymbol{A})<n$ 的结果并结合定理 3.5 来判断齐次线性方程组 $\boldsymbol{AX}=\boldsymbol{O}$ 解的情况. 后面均采用此方法求解齐次线性方程组 $\boldsymbol{AX}=\boldsymbol{O}$，不再赘述．

(2) 因由

$$\boldsymbol{A}=\begin{pmatrix}1&-1&1\\3&-2&-1\\3&-1&5\\2&-2&-3\end{pmatrix}\xrightarrow[\substack{(1)\times(-3)+(3)\\(1)\times(-2)+(4)}]{(1)\times(-3)+(2)}\begin{pmatrix}1&-1&1\\0&1&-4\\0&2&2\\0&0&-5\end{pmatrix}$$

$$\xrightarrow[(4)\times 2]{(2)\times(-2)+(3)}\begin{pmatrix}1&-1&1\\0&1&-4\\0&0&10\\0&0&-10\end{pmatrix}$$

$$\xrightarrow{(3)+(4)}\begin{pmatrix}1&-1&1\\0&1&-4\\0&0&10\\0&0&0\end{pmatrix}=\boldsymbol{A}_1\text{——行阶梯形矩阵,}$$

故由 $\boldsymbol{A}_1$ 有 $r(\boldsymbol{A})=3=n$,从而由定理 3.5 知所给方程组只有唯一零解 $x_1=x_2=x_3=0$.

(3) 因由

$$\boldsymbol{A}=\begin{pmatrix}1&2&4&0\\4&7&21&-6\\2&0&1&3\\3&-3&1&2\end{pmatrix}\xrightarrow[\substack{(1)\times(-2)+(3)\\(1)\times(-3)+(4)}]{(1)\times(-4)+(2)}\begin{pmatrix}1&2&4&0\\0&-1&5&-6\\0&-4&-7&3\\0&-9&-11&2\end{pmatrix}$$

$$\xrightarrow[\substack{(2)\times(-1)\\(2)\times(-4)+(3)\\(2)\times(-9)+(4)}]{(2)\times 2+(1)}\begin{pmatrix}1&0&14&-12\\0&1&-5&6\\0&0&-27&27\\0&0&-56&56\end{pmatrix}$$

$$\xrightarrow[(3)\times\left(-\frac{56}{27}\right)+(4)]{(3)\times\left(-\frac{1}{27}\right)}\begin{pmatrix}1&0&14&-12\\0&1&-5&6\\0&0&1&-1\\0&0&0&0\end{pmatrix}=\boldsymbol{A}_1\text{——行阶梯形矩阵,}$$

故由 $\boldsymbol{A}_1$ 有 $r(\boldsymbol{A})=r=3<4=n$,从而结合定理 3.5 知所给方程组有无穷多解,且通解中含有 $n-r=4-3=1$ 个自由未知量. 继续对 $\boldsymbol{A}_1$ 施行矩阵的初等行变换,有

$$\boldsymbol{A}_1\xrightarrow[(3)\times 5+(2)]{(3)\times(-14)+(1)}\begin{pmatrix}1&0&0&2\\0&1&0&1\\0&0&1&-1\\0&0&0&0\end{pmatrix}=\boldsymbol{D}\text{——行最简阶梯形矩阵,}$$

进而由 $\boldsymbol{D}$ 知，所给方程组同解于最简阶梯形齐次线性方程组 $\boldsymbol{DX}=\boldsymbol{O}$，即

$$\begin{cases} x_1 \quad\quad +2x_4=0, \\ \quad x_2 \quad +x_4=0, \\ \quad\quad x_3-x_4=0, \end{cases} \text{亦即} \begin{cases} x_1=-2x_4, \\ x_2=-x_4, \\ x_3=x_4 \end{cases} \quad (x_4 \text{ 为自由未知量}). \tag{3.31}$$

在方程组(3.31)中令自由未知量 $x_4=c$ 便得原方程组的**通解**(即**全部解**)如下：

$$\begin{cases} x_1=-2c, \\ x_2=-c, \\ x_3=c, \\ x_4=c \end{cases} \quad (\text{其中 } c \text{ 为任意常数}). \tag{3.32}$$

(4) 因由

$$\boldsymbol{A}=\begin{pmatrix} 1 & 3 & -2 & 2 & -1 \\ 0 & 0 & 1 & 2 & -1 \\ 2 & 6 & -4 & 5 & 7 \\ 1 & 3 & -4 & 0 & 19 \end{pmatrix} \xrightarrow[(1)\times(-1)+(4)]{(1)\times(-2)+(3)} \begin{pmatrix} 1 & 3 & -2 & 2 & -1 \\ 0 & 0 & 1 & 2 & -1 \\ 0 & 0 & 0 & 1 & 9 \\ 0 & 0 & -2 & -2 & 20 \end{pmatrix}$$

$$\xrightarrow[(2)\times 2+(4)]{(2)\times 2+(1)} \begin{pmatrix} 1 & 3 & 0 & 6 & -3 \\ 0 & 0 & 1 & 2 & -1 \\ 0 & 0 & 0 & 1 & 9 \\ 0 & 0 & 0 & 2 & 18 \end{pmatrix}$$

$$\xrightarrow[\substack{(3)\times(-2)+(2) \\ (3)\times(-2)+(4)}]{(3)\times(-6)+(1)} \begin{pmatrix} 1 & 3 & 0 & 0 & -57 \\ 0 & 0 & 1 & 0 & -19 \\ 0 & 0 & 0 & 1 & 9 \\ 0 & 0 & 0 & 0 & 0 \end{pmatrix} = \boldsymbol{D} \text{——}\textbf{行最简阶梯形矩阵},$$

故由 $\boldsymbol{D}$ 有 $r(\boldsymbol{A})=r=3<5=n$，从而结合定理 3.5 知所给方程组有无穷多解，且通解中含有 $n-r=5-3=2$ 个自由未知量，以及原方程组同解于最简阶梯形齐次方程组 $\boldsymbol{DX}=\boldsymbol{O}$，即

$$\begin{cases} x_1+3x_2-57x_5=0, \\ \quad\quad x_3-19x_5=0, \\ \quad\quad\quad x_4+9x_5=0, \end{cases} \text{亦即} \begin{cases} x_1=-3x_2+57x_5, \\ x_3=19x_5, \\ x_4=-9x_5 \end{cases} \quad (x_2, x_5 \text{ 为自由未知量}). \tag{3.33}$$

在方程组(3.33)中令自由未知量 $x_2=c_1, x_5=c_2$ 便得原方程组的**通解**如下：

$$\begin{cases} x_1=-3c_1+57c_2, \\ x_2=c_1, \\ x_3=19c_2, \\ x_4=-9c_2, \\ x_5=c_2 \end{cases} \quad (\text{其中 } c_1, c_2 \text{ 为任意常数}). \tag{3.34}$$

解毕

例 3.13 当参数 λ 为何值时,四元非齐次线性方程组

$$\begin{cases} x_1-7x_2+4x_3+2x_4=0, \\ 2x_1-5x_2+3x_3+2x_4=1, \\ 4x_1-x_2+x_3+2x_4=\lambda, \\ 5x_1-8x_2+5x_3+4x_4=3 \end{cases} \tag{3.35}$$

无解或有解?有解时,求出它的全部解.

解 因由

$$(\boldsymbol{A}\,\vdots\,\boldsymbol{B})=\left(\begin{array}{cccc:c} 1 & -7 & 4 & 2 & 0 \\ 2 & -5 & 3 & 2 & 1 \\ 4 & -1 & 1 & 2 & \lambda \\ 5 & -8 & 5 & 4 & 3 \end{array}\right) \xrightarrow[\substack{(1)\times(-4)+(3)\\(1)\times(-5)+(4)}]{(1)\times(-2)+(2)} \left(\begin{array}{cccc:c} 1 & -7 & 4 & 2 & 0 \\ 0 & 9 & -5 & -2 & 1 \\ 0 & 27 & -15 & -6 & \lambda \\ 0 & 27 & -15 & -6 & 3 \end{array}\right)$$

$$\xrightarrow[(2)\times(-3)+(4)]{(2)\times(-3)+(3)} \left(\begin{array}{cccc:c} 1 & -7 & 4 & 2 & 0 \\ 0 & 9 & -5 & -2 & 1 \\ 0 & 0 & 0 & 0 & \lambda-3 \\ 0 & 0 & 0 & 0 & 0 \end{array}\right)=(\boldsymbol{A}_1\,\vdots\,\boldsymbol{B}_1)\text{——行阶梯形矩阵},$$

故由$(\boldsymbol{A}_1\,\vdots\,\boldsymbol{B}_1)$并结合线性方程组解的判定定理(即定理 3.4)知:

(1) 当 $\lambda\neq3$ 时 $r(\boldsymbol{A}\,\vdots\,\boldsymbol{B})=3\neq2=r(\boldsymbol{A})$,此时原方程组(3.35)无解;

(2) 当 $\lambda=3$ 时 $r(\boldsymbol{A}\,\vdots\,\boldsymbol{B})=r(\boldsymbol{A})=2<4=n$,此时原方程组(3.35)有无穷多解,且含有 $n-r=4-2=2$ 个自由未知量.

当 $\lambda=3$ 时,继续对$(\boldsymbol{A}_1\,\vdots\,\boldsymbol{B}_1)=\left(\begin{array}{cccc:c} 1 & -7 & 4 & 2 & 0 \\ 0 & 9 & -5 & -2 & 1 \\ 0 & 0 & 0 & 0 & 0 \\ 0 & 0 & 0 & 0 & 0 \end{array}\right)$施行矩阵的初等行变换,有

$$(\boldsymbol{A}_1\,\vdots\,\boldsymbol{B}_1)\xrightarrow[(2)\times\frac{1}{9}]{(2)\times\frac{7}{9}+(1)} \left(\begin{array}{cccc:c} 1 & 0 & \frac{1}{9} & \frac{4}{9} & \frac{7}{9} \\ 0 & 1 & -\frac{5}{9} & -\frac{2}{9} & \frac{1}{9} \\ 0 & 0 & 0 & 0 & 0 \\ 0 & 0 & 0 & 0 & 0 \end{array}\right)=(\boldsymbol{D}\,\vdots\,\boldsymbol{d})\text{——行最简阶梯形矩阵},$$

进而由$(\boldsymbol{D}\,\vdots\,\boldsymbol{d})$知,原方程组(3.35)同解于最简阶梯形方程组 $\boldsymbol{DX}=\boldsymbol{d}$,即

$$\begin{cases} x_1 \quad +\frac{1}{9}x_3+\frac{4}{9}x_4=\frac{7}{9}, \\ x_2-\frac{5}{9}x_3-\frac{2}{9}x_4=\frac{1}{9}, \end{cases} \text{亦即} \begin{cases} x_1=\frac{7}{9}-\frac{1}{9}x_3-\frac{4}{9}x_4, \\ x_2=\frac{1}{9}+\frac{5}{9}x_3+\frac{2}{9}x_4 \end{cases} \quad (x_3, x_4 \text{ 为自由未知量}). \tag{3.36}$$

在方程组(3.36)中令自由未知量 $x_3=c_1$, $x_4=c_2$ 便得原方程组(3.35)的**通解**如下：

$$\begin{cases} x_1=\frac{7}{9}-\frac{1}{9}c_1-\frac{4}{9}c_2, \\ x_2=\frac{1}{9}+\frac{5}{9}c_1+\frac{2}{9}c_2, \\ x_3=c_1, \\ x_4=c_2 \end{cases} \text{(其中 } c_1、c_2 \text{ 为任意常数)}. \tag{3.37}$$

解毕

习　题　3.4

1. 用矩阵消元法解下列非齐次线性方程组：

(1) $\begin{cases} x_1+x_2-x_3=1, \\ x_1+2x_2+x_3=1, \\ 3x_1+5x_2+x_3=0; \end{cases}$　　(2) $\begin{cases} 2x_1-3x_2+x_3-x_4=6, \\ -3x_1+x_2+2x_3+5x_4=5, \\ x_1+2x_2-3x_3-4x_4=-2; \end{cases}$

(3) $\begin{cases} 2x_1-3x_2-x_3=1, \\ x_1-x_2+x_3=6, \\ -2x_1-3x_2+x_3=5; \end{cases}$　　(4) $\begin{cases} x_1-2x_2+3x_3=4, \\ 2x_1+x_2-3x_3=5, \\ -x_1+2x_2+2x_3=6, \\ 3x_1-3x_2+2x_3=7; \end{cases}$

(5) $\begin{cases} x_1+x_2-3x_3=-3, \\ 2x_1+2x_2-2x_3=-2, \\ x_1+x_2+x_3=1, \\ 3x_1+3x_2-5x_3=-5; \end{cases}$　　(6) $\begin{cases} x_1-x_2+x_3-x_4=0, \\ 2x_1-x_2+3x_3-2x_4=-1, \\ 3x_1-2x_2-x_3+2x_4=4; \end{cases}$

(7) $\begin{cases} 2x_1-3x_2+x_3-5x_4=1, \\ -5x_1-10x_2-2x_3+x_4=-21, \\ x_1+4x_2+3x_3+2x_4=1, \\ 2x_1-4x_2+9x_3-3x_4=-16; \end{cases}$　　(8) $\begin{cases} 2x_1-3x_2+x_3+5x_4=6, \\ -3x_1+x_2+2x_3-4x_4=5, \\ -x_1-2x_2+3x_3+x_4=11. \end{cases}$

2. 用矩阵消元法解下列齐次线性方程组：

(1) $\begin{cases} x_1 - x_2 + x_3 = 0, \\ 3x_1 - 2x_2 - x_3 = 0, \\ 3x_1 - x_2 + 5x_3 = 0, \\ -2x_1 + 2x_2 + 3x_3 = 0; \end{cases}$ (2) $\begin{cases} x_1 - x_2 - x_3 = 0, \\ x_1 - x_2 + x_3 = 0, \\ x_1 - x_2 - 2x_3 = 0; \end{cases}$

(3) $\begin{cases} x_1 - 2x_2 + 4x_3 - 7x_4 = 0, \\ 2x_1 + x_2 - 2x_3 + x_4 = 0, \\ 3x_1 - x_2 + 2x_3 - 4x_4 = 0; \end{cases}$ (4) $\begin{cases} x_1 - x_2 + 5x_3 - x_4 = 0, \\ x_1 + 3x_2 + 9x_3 + 7x_4 = 0, \\ x_1 + x_2 - 2x_3 + 3x_4 = 0, \\ 3x_1 - x_2 + 8x_3 + x_4 = 0; \end{cases}$

(5) $\begin{cases} x_1 - x_2 - x_3 + x_4 = 0, \\ x_1 - x_2 + x_3 - 3x_4 = 0, \\ x_1 - x_2 - 2x_3 + 3x_4 = 0; \end{cases}$ (6) $\begin{cases} x_1 + 2x_2 - x_4 = 0, \\ x_1 + 2x_2 + x_3 - x_4 = 0, \\ 3x_1 + 6x_2 - x_3 - 3x_4 = 0, \\ 5x_1 + 10x_2 + x_3 - 5x_4 = 0. \end{cases}$

3. 当参数 λ 为何值时,三元非齐次线性方程组 $\begin{cases} x_1 + 2x_2 + 3x_3 = 1, \\ x_1 + \lambda x_2 + x_3 = \lambda, \\ x_1 + 2x_2 + x_3 = 2 \end{cases}$ 有唯一解?有无穷多解?并求出相应的唯一解和无穷多解(即通解).

4. 当参数 λ 为何值时,四元非齐次线性方程组 $\begin{cases} x_1 - 2x_2 + 3x_3 - 4x_4 = 4, \\ x_2 - x_3 + x_4 = -3, \\ x_1 + 3x_2 - 3x_4 = 1, \\ -7x_2 + 3x_3 + x_4 = \lambda \end{cases}$ 无解或有解?有解时,求出它的全部解.

5. 求参数 λ 的值,使得三元非齐次线性方程组 $\begin{cases} x_1 + x_2 + \lambda x_3 = 1, \\ x_1 + \lambda x_2 + x_3 = 1, \\ \lambda x_1 + x_2 + x_3 = 1 \end{cases}$ 无解.

3.5* 一般矩阵方程的解法

在 2.5 节中,介绍了如何用逆矩阵法和矩阵的初等行变换法求解形如

$$\boldsymbol{A}_n\boldsymbol{X}_{n\times m} = \boldsymbol{B}_{n\times m}\text{(简记为 } \boldsymbol{AX} = \boldsymbol{B}\text{)} \quad (3.38)$$

的特殊矩阵方程,其中 $\boldsymbol{A}$ 是已知的 n 阶可逆矩阵,$\boldsymbol{B}$ 是已知的 $n\times m$ 矩阵,$\boldsymbol{X}$ 是未知的 $n\times m$ 矩阵. 但是,**用上述两种方法求解矩阵方程时受到了两方面的限制**:一是系数矩阵 $\boldsymbol{A}$ 必须是方阵;二是方阵 $\boldsymbol{A}$ 还必须可逆,而在实际问题中所得到的矩阵方程不一定满足这两个条件. 所以,有必要将特殊矩阵方程推广到一般矩阵方程的形式,即推广到形如

$$A_{s\times n}X_{n\times m}=B_{s\times m}\text{（仍简记为 }AX=B\text{）}\tag{3.39}$$

的一般矩阵方程，其中 A 是已知的 $s\times n$ 矩阵，B 是已知的 $s\times m$ 矩阵，X 是未知的 $n\times m$ 矩阵，同时称矩阵 $(A\mid B)_{s\times(n+m)}$ 为矩阵方程 $A_{s\times n}X_{n\times m}=B_{s\times m}$ 的**广义增广矩阵**．为此，先给出如下定理.

定理 3.6（矩阵方程解的判定定理）　若 $A_{s\times n}X_{n\times m}=B_{s\times m}$（简记为 $AX=B$）为一般矩阵方程，则

(1) 当 $r(A\mid B)\neq r(A)$ 时，矩阵方程 $AX=B$ 无解；

(2) 当 $r(A\mid B)=r(A)=r=n$ 时，矩阵方程 $AX=B$ 有唯一解；

(3) 当 $r(A\mid B)=r(A)=r<n$ 时，矩阵方程 $AX=B$ 有无穷多解，且解矩阵中含有 $m(n-r)$ 个自由未知量，并称这样的解矩阵为矩阵方程 $AX=B$ 的**通解矩阵**．

由矩阵方程解的判定定理易知：矩阵方程组 $AX=B$ 的解仍然只可能出现"无解、有唯一解和有无穷多解"这三种情形．

根据矩阵方程解的判定定理，我们照样可以用矩阵的初等行变换方法（仍称**矩阵消元法**）来求解一般的矩阵方程 $A_{s\times n}X_{n\times m}=B_{s\times m}$，**其具体方法和步骤如下**.

(1) **用矩阵的初等行变换**将矩阵方程 $A_{s\times n}X_{n\times m}=B_{s\times m}$（简记为 $AX=B$）的广义增广矩阵 $(A\mid B)$ 化为行阶梯形矩阵 $(A_1\mid B_1)$，即

$$(A\mid B)\xrightarrow{\text{有限次初等行变换}}(A_1\mid B_1)\text{——\textbf{行阶梯形矩阵}},$$

然后根据 $(A_1\mid B_1)$ 求出 $r(A\mid B)$ 和 $r(A)$.

(2) **根据矩阵方程解的判定定理作决策**：若 $r(A\mid B)\neq r(A)$，则矩阵方程 $AX=B$ 无解，由此结束解矩阵方程；若 $r(A\mid B)=r(A)$，则矩阵方程 $AX=B$ 有解，进而可继续用矩阵的初等行变换将行阶梯形矩阵 $(A_1\mid B_1)$ 化为行最简阶梯形矩阵 $(D\mid \bar{B})$.

(3) 写出与原矩阵方程 $AX=B$ 同解的最简矩阵方程 $DX=\bar{B}$，此时：

1° 若 $r(A\mid B)=r(A)=r=n$，则由最简阶梯形矩阵 $(D\mid \bar{B})$ 易得到原矩阵方程 $AX=B$ 的唯一解矩阵由 $\bar{B}$ 的前 n 行构成.

2° 若 $r(A\mid B)=r(A)=r<n$，则比较最简矩阵方程 $DX=\bar{B}$ 两边对应位置处的元素易解得原矩阵方程 $AX=B$ 含有 $m(n-r)$ 个自由未知量的通解矩阵.

下面通过具体实例来说明如何解决一般矩阵方程 $AX=B$ 是否有解、有解时有多少解以及如何求解等问题.

例 3.14　用矩阵消元法判断矩阵方程 $AX=B$ 是否有解？若有解，求出其全部解. 其中：

(1) $A=\begin{pmatrix}1&1&-1\\1&-1&2\\2&0&1\\-1&-1&1\end{pmatrix}$，$B=\begin{pmatrix}4&0\\-3&2\\0&1\\-4&0\end{pmatrix}$；

(2) $\boldsymbol{A}=\begin{pmatrix}1&2&0\\2&3&-1\\-1&2&-2\end{pmatrix}$, $\boldsymbol{B}=\begin{pmatrix}-1&0\\2&1\\3&2\end{pmatrix}$;

(3) $\boldsymbol{A}=\begin{pmatrix}1&-2&1\\0&1&-2\\3&-3&1\\-2&1&0\end{pmatrix}$, $\boldsymbol{B}=\begin{pmatrix}-2&3\\-2&3\\-8&6\\6&-3\end{pmatrix}$;

(4) $\boldsymbol{A}=\begin{pmatrix}1&1&2\\2&3&6\\3&2&4\end{pmatrix}$, $\boldsymbol{B}=\begin{pmatrix}2&1\\5&-1\\5&6\end{pmatrix}$.

解 (1) 因由

$$(\boldsymbol{A}\,\vdots\,\boldsymbol{B})=\left(\begin{array}{ccc:cc}1&1&-1&4&0\\1&-1&2&-3&2\\2&0&1&0&1\\-1&-1&1&-4&0\end{array}\right)\xrightarrow[(1)+(3)]{\substack{(1)\times(-1)+(2)\\(1)\times(-2)+(3)}}\left(\begin{array}{ccc:cc}1&1&-1&4&0\\0&-2&3&-7&2\\0&-2&3&-8&1\\0&0&0&0&0\end{array}\right)$$

$$\xrightarrow{(2)\times(-1)+(3)}\left(\begin{array}{ccc:cc}1&1&-1&4&0\\0&-2&3&-7&2\\0&0&0&-1&-1\\0&0&0&0&0\end{array}\right)=(\boldsymbol{A}_1\,\vdots\,\boldsymbol{B}_1)\text{——行阶梯形矩阵},$$

故由$(\boldsymbol{A}_1\,\vdots\,\boldsymbol{B}_1)$有$r(\boldsymbol{A}\,\vdots\,\boldsymbol{B})=3\neq2=r(\boldsymbol{A})$,从而由定理 3.6 知所给矩阵方程$\boldsymbol{AX}=\boldsymbol{B}$无解.

(2) 因由

$$(\boldsymbol{A}\,\vdots\,\boldsymbol{B})=\left(\begin{array}{ccc:cc}1&2&0&-1&0\\2&3&-1&2&1\\-1&2&-2&3&2\end{array}\right)\xrightarrow[(1)+(3)]{(1)\times(-2)+(2)}\left(\begin{array}{ccc:cc}1&2&0&-1&0\\0&-1&-1&4&1\\0&4&-2&2&2\end{array}\right)$$

$$\xrightarrow[(2)\times4+(3)]{\substack{(2)\times2+(1)\\(2)\times(-1)}}\left(\begin{array}{ccc:cc}1&0&-2&7&2\\0&1&1&-4&-1\\0&0&-6&18&6\end{array}\right)=(\boldsymbol{A}_1\,\vdots\,\boldsymbol{B}_1)\text{——行阶梯形矩阵},$$

故由$(\boldsymbol{A}_1\,\vdots\,\boldsymbol{B}_1)$有$r(\boldsymbol{A}\,\vdots\,\boldsymbol{B})=r(\boldsymbol{A})=r=3=n$,从而结合定理 3.6 知所给矩阵方程$\boldsymbol{AX}=\boldsymbol{B}$有唯一解.继续对$(\boldsymbol{A}_1\,\vdots\,\boldsymbol{B}_1)$施行矩阵的初等行变换,有

$$(\boldsymbol{A}_1\,\vdots\,\boldsymbol{B}_1)\xrightarrow[(3)\times\left(-\frac{1}{6}\right)]{\substack{(3)\times\left(-\frac{1}{3}\right)+(1)\\(3)\times\frac{1}{6}+(2)}}\left(\begin{array}{ccc:cc}1&0&0&1&0\\0&1&0&-1&0\\0&0&1&-3&-1\end{array}\right)=(\boldsymbol{D}\,\vdots\,\bar{\boldsymbol{B}})\text{——行最简阶梯形矩阵},$$

进而由$(\boldsymbol{D}\vdots\bar{\boldsymbol{B}})$知，所求矩阵方程 $\boldsymbol{AX}=\boldsymbol{B}$ 的唯一解矩阵为 $\boldsymbol{X}=\bar{\boldsymbol{B}}=\begin{pmatrix}1&0\\-1&0\\-3&-1\end{pmatrix}$.

(3) 因由

$$(\boldsymbol{A}\vdots\boldsymbol{B})=\left(\begin{array}{ccc:cc}1&-2&1&-2&3\\0&1&-2&-2&3\\3&-3&1&-8&6\\-2&1&0&6&-3\end{array}\right)\xrightarrow[(1)\times2+(4)]{(1)\times(-3)+(3)}\left(\begin{array}{ccc:cc}1&-2&1&-2&3\\0&1&-2&-2&3\\0&3&-2&-2&-3\\0&-3&2&2&3\end{array}\right)$$

$$\xrightarrow[(2)\times3+(4)]{\substack{(2)\times2+(1)\\(2)\times(-3)+(3)}}\left(\begin{array}{ccc:cc}1&0&-3&-6&9\\0&1&-2&-2&3\\0&0&4&4&-12\\0&0&-4&-4&12\end{array}\right)$$

$$\xrightarrow[(3)\times\frac{1}{4}]{(3)+(4)}\left(\begin{array}{ccc:cc}1&0&-3&-6&9\\0&1&-2&-2&3\\0&0&1&1&-3\\0&0&0&0&0\end{array}\right)=(\boldsymbol{A}_1\vdots\boldsymbol{B}_1)\text{——行阶梯形矩阵},$$

故由$(\boldsymbol{A}_1\vdots\boldsymbol{B}_1)$有 $r(\boldsymbol{A}\vdots\boldsymbol{B})=r(\boldsymbol{A})=r=3=n$，从而结合定理 3.6 知所给矩阵方程 $\boldsymbol{AX}=\boldsymbol{B}$ 有唯一解. 继续对$(\boldsymbol{A}_1\vdots\boldsymbol{B}_1)$施行矩阵的初等行变换，有

$$(\boldsymbol{A}_1\vdots\boldsymbol{B}_1)\xrightarrow[(3)\times2+(2)]{(3)\times3+(1)}\left(\begin{array}{ccc:cc}1&0&0&-3&0\\0&1&0&0&-3\\0&0&1&1&-3\\0&0&0&0&0\end{array}\right)=(\boldsymbol{D}\vdots\bar{\boldsymbol{B}})\text{——行最简阶梯形矩阵},$$

进而由$(\boldsymbol{D}\vdots\bar{\boldsymbol{B}})$知，所求矩阵方程 $\boldsymbol{AX}=\boldsymbol{B}$ 的唯一解矩阵 $\boldsymbol{X}$ 由 $\bar{\boldsymbol{B}}$ 的前 3 行构成，即

$$\boldsymbol{X}=\begin{pmatrix}-3&0\\0&-3\\1&-3\end{pmatrix}.$$

(4) 因由

$$(\boldsymbol{A}\vdots\boldsymbol{B})=\left(\begin{array}{ccc:cc}1&1&2&2&1\\2&3&6&5&-1\\3&2&4&5&6\end{array}\right)\xrightarrow[(1)\times(-3)+(3)]{(1)\times(-2)+(2)}\left(\begin{array}{ccc:cc}1&1&2&2&1\\0&1&2&1&-3\\0&-1&-2&-1&3\end{array}\right)$$

$$\xrightarrow[(2)+(3)]{(2)\times(-1)+(1)}\left(\begin{array}{ccc:cc}1&0&0&1&4\\0&1&2&1&-3\\0&0&0&0&0\end{array}\right)=(\boldsymbol{D}\vdots\bar{\boldsymbol{B}})\text{——行最简阶梯形矩阵},$$

故由$(\boldsymbol{D}\vdots\bar{\boldsymbol{B}})$有 $r(\boldsymbol{A}\vdots\boldsymbol{B})=r(\boldsymbol{A})=r=2<3=n$，从而结合定理 3.6 知所给矩阵方程 $\boldsymbol{AX}=\boldsymbol{B}$ 有无穷多解，且解矩阵中含有 $m(n-r)=2(3-2)=2$ 个自由未知量．于

是，比较最简矩阵方程 $\boldsymbol{DX}=\bar{\boldsymbol{B}}$，即矩阵等式

$$\begin{pmatrix}1&0&0\\0&1&2\\0&0&0\end{pmatrix}\begin{pmatrix}x_{11}&x_{12}\\x_{21}&x_{22}\\x_{31}&x_{32}\end{pmatrix}=\begin{pmatrix}1&4\\1&-3\\0&0\end{pmatrix},\quad 亦即\quad \begin{pmatrix}x_{11}&x_{12}\\x_{21}+2x_{31}&x_{22}+2x_{32}\\0&0\end{pmatrix}=\begin{pmatrix}1&4\\1&-3\\0&0\end{pmatrix}$$

两边对应位置处的元素得方程组

$$x_{11}=1,\quad x_{12}=4,\quad x_{21}+2x_{31}=1,\quad x_{22}+2x_{32}=-3,$$

解此方程组，得

$$x_{11}=1,\quad x_{12}=4,\quad x_{21}=1-2x_{31},\quad x_{22}=-3-2x_{32}\,(x_{31},x_{32}\text{为自由未知量}).$$

在上式中令自由未知量 $x_{31}=c_1$ 和 $x_{32}=c_2$ 便可得到原矩阵方程的**通解矩阵**如下：

$$\boldsymbol{X}=\begin{pmatrix}x_{11}&x_{12}\\x_{21}&x_{22}\\x_{31}&x_{32}\end{pmatrix}=\begin{pmatrix}1&4\\1-2c_1&-3-2c_2\\c_1&c_2\end{pmatrix}\ (\text{其中 }c_1,c_2\text{ 为任意常数}).$$

解毕

对于形如 $\boldsymbol{X}_{s\times n}\boldsymbol{A}_{n\times m}=\boldsymbol{B}_{s\times m}$（简记为 $\boldsymbol{XA}=\boldsymbol{B}$）的一般矩阵方程，求解时两端先求转置得 $(\boldsymbol{XA})^{\mathrm{T}}=\boldsymbol{B}^{\mathrm{T}}$，即 $\boldsymbol{A}^{\mathrm{T}}\boldsymbol{X}^{\mathrm{T}}=\boldsymbol{B}^{\mathrm{T}}$，然后用上述方法求出矩阵方程 $\boldsymbol{A}^{\mathrm{T}}\boldsymbol{X}^{\mathrm{T}}=\boldsymbol{B}^{\mathrm{T}}$ 的解矩阵 $\boldsymbol{X}^{\mathrm{T}}$ 后，再将 $\boldsymbol{X}^{\mathrm{T}}$ 转置便可得到原矩阵方程 $\boldsymbol{XA}=\boldsymbol{B}$ 的解矩阵 $\boldsymbol{X}$.

例 3.15　用矩阵消元法解矩阵方程 $\boldsymbol{XA}=\boldsymbol{B}$，其中 $\boldsymbol{A}=\begin{pmatrix}1&-1&1\\-1&2&0\\2&1&4\end{pmatrix}$，$\boldsymbol{B}=\begin{pmatrix}1&2&-3\\2&0&4\end{pmatrix}$.

解　因将原矩阵方程 $\boldsymbol{XA}=\boldsymbol{B}$ 两端同时转置得新矩阵方程 $\boldsymbol{A}^{\mathrm{T}}\boldsymbol{X}^{\mathrm{T}}=\boldsymbol{B}^{\mathrm{T}}$，且由

$$(\boldsymbol{A}^{\mathrm{T}}\mid\boldsymbol{B}^{\mathrm{T}})=\left(\begin{array}{ccc:cc}1&-1&2&1&2\\-1&2&1&2&0\\1&0&4&-3&4\end{array}\right)\xrightarrow[(1)\times(-1)+(3)]{(1)+(2)}\left(\begin{array}{ccc:cc}1&-1&2&1&2\\0&1&3&3&2\\0&1&2&-4&2\end{array}\right)$$

$$\xrightarrow[(2)\times(-1)+(3)]{(2)+(1)}\left(\begin{array}{ccc:cc}1&0&5&4&4\\0&1&3&3&2\\0&0&-1&-7&0\end{array}\right)\xrightarrow[(3)\times(-1)]{\substack{(3)\times5+(1)\\(3)\times3+(2)}}\left(\begin{array}{ccc:cc}1&0&0&-31&4\\0&1&3&-18&2\\0&0&1&7&0\end{array}\right)$$

$=(\boldsymbol{D}\mid\bar{\boldsymbol{B}})$——**行最简阶梯形矩阵**，

故由 $(\boldsymbol{D}\mid\bar{\boldsymbol{B}})$ 有 $r(\boldsymbol{A}^{\mathrm{T}}\mid\boldsymbol{B}^{\mathrm{T}})=r(\boldsymbol{A}^{\mathrm{T}})=r=3=n$，从而结合定理 3.6 知新矩阵方程 $\boldsymbol{A}^{\mathrm{T}}\boldsymbol{X}^{\mathrm{T}}=\boldsymbol{B}^{\mathrm{T}}$ 有唯一解 $\boldsymbol{X}^{\mathrm{T}}=\begin{pmatrix}-31&4\\-18&2\\7&0\end{pmatrix}$，将 $\boldsymbol{X}^{\mathrm{T}}$ 转置便得到原矩阵方程 $\boldsymbol{XA}=\boldsymbol{B}$ 的解矩阵为

$$X=(X^{T})^{T}=\begin{pmatrix}-31&4\\-18&2\\7&0\end{pmatrix}^{T}=\begin{pmatrix}-31&-18&7\\4&2&0\end{pmatrix}.$$ **解毕**

习　题　3.5*

1. 判断下列矩阵方程 $AX=B$ 是否有解？有解时，是有唯一解还是有无穷多解？其中：

(1) $A=\begin{pmatrix}1&1&-1\\1&-1&2\\-1&-1&1\end{pmatrix}$，$B=\begin{pmatrix}4&0\\-4&1\\1&2\end{pmatrix}$；

(2) $A=\begin{pmatrix}1&0&3\\-2&4&1\\1&4&10\\-1&4&4\end{pmatrix}$，$B=\begin{pmatrix}1&0\\2&3\\4&7\\-1&1\end{pmatrix}$；

(3) $A=\begin{pmatrix}1&1&2\\3&1&2\\2&0&1\end{pmatrix}$，$B=\begin{pmatrix}0&0\\0&0\\0&0\end{pmatrix}$；

(4) $A=\begin{pmatrix}2&-1&3\\1&2&-1\\4&13&6\\3&1&2\end{pmatrix}$，$B=\begin{pmatrix}3&-1\\2&5\\4&3\\5&4\end{pmatrix}$；

(5) $A=\begin{pmatrix}1&1&2\\2&3&6\\3&2&4\end{pmatrix}$，$B=\begin{pmatrix}0&0&0\\0&0&0\\0&0&0\end{pmatrix}$；

(6) $A=\begin{pmatrix}1&0&2\\-3&1&-4\\4&-1&6\\-5&1&-8\end{pmatrix}$，$B=\begin{pmatrix}-1&2\\4&0\\-5&2\\6&-4\end{pmatrix}$.

2. 用矩阵消元法求下列矩阵方程 $AX=B$ 的解矩阵，其中：

(1) $A=\begin{pmatrix}1&-2&0\\4&-2&-1\\-3&1&2\end{pmatrix}$，$B=\begin{pmatrix}-1&4\\2&5\\1&-3\end{pmatrix}$；　(2) $A=\begin{pmatrix}1&2&0\\2&3&4\\0&2&-7\end{pmatrix}$，$B=\begin{pmatrix}1\\0\\1\end{pmatrix}$；

(3) $A=\begin{pmatrix}1&-2&2\\-1&3&-3\\3&-4&4\end{pmatrix}$，$B=\begin{pmatrix}-1&1\\2&1\\-1&7\end{pmatrix}$；

(4) $\boldsymbol{A}=\begin{pmatrix}1&0&3\\-2&4&-6\\1&1&3\\3&5&9\end{pmatrix}$, $\boldsymbol{B}=\begin{pmatrix}2&-1\\-8&6\\1&0\\1&2\end{pmatrix}$;

(5) $\boldsymbol{A}=\begin{pmatrix}1&1&2\\2&3&6\\3&1&4\end{pmatrix}$, $\boldsymbol{B}=\begin{pmatrix}0&0&0\\0&0&0\\0&0&0\end{pmatrix}$;

(6) $\boldsymbol{A}=\begin{pmatrix}1&0&2\\-3&1&-4\\4&-1&6\\-5&1&-8\end{pmatrix}$, $\boldsymbol{B}=\begin{pmatrix}0&0\\0&0\\0&0\\0&0\end{pmatrix}$.

3. 用矩阵消元法求下列矩阵方程 $\boldsymbol{XA}=\boldsymbol{B}$ 的解矩阵,其中:

(1) $\boldsymbol{A}=\begin{pmatrix}2&1&-1\\3&2&2\\-1&0&-2\end{pmatrix}$, $\boldsymbol{B}=\begin{pmatrix}2&-1&3\\1&0&1\end{pmatrix}$;

(2) $\boldsymbol{A}=\begin{pmatrix}1&2&3\\2&3&5\end{pmatrix}$, $\boldsymbol{B}=\begin{pmatrix}0&0&0\\0&0&0\\0&0&0\end{pmatrix}$;

(3) $\boldsymbol{A}=\begin{pmatrix}1&2&-3\\1&3&-6\\2&1&3\end{pmatrix}$, $\boldsymbol{B}=\begin{pmatrix}0&0&0\\0&0&0\end{pmatrix}$;

(4) $\boldsymbol{A}=\begin{pmatrix}1&-2&3\\0&1&-1\\2&3&-1\end{pmatrix}$, $\boldsymbol{B}=\begin{pmatrix}3&-4&7\\-1&5&-6\end{pmatrix}$.

习 题 三

一、单项选择题

1. n 元线性方程组 $\boldsymbol{AX}=\boldsymbol{B}$ 【 】

A. 必有解； B. 必有唯一解； C. 必有无穷多解； D. 不一定有解.

2. n 元齐次线性方程组 $\boldsymbol{AX}=\boldsymbol{O}$ 只有唯一零解的充分必要条件是 【 】

A. $r(\boldsymbol{A})<n$； B. $r(\boldsymbol{A})=n$； C. $r(\boldsymbol{A})>n$； D. $r(\boldsymbol{A})=r(\boldsymbol{X})$.

3. 若 n 元非齐次线性方程组 $\boldsymbol{AX}=\boldsymbol{B}$ 无解,则必有 【 】

A. $r(\boldsymbol{A})=n$； B. $r(\boldsymbol{A}\vdots\boldsymbol{B})<r(\boldsymbol{A})$；

C. $r(\boldsymbol{A}\vdots\boldsymbol{B})>r(\boldsymbol{A})$； D. $r(\boldsymbol{A}\vdots\boldsymbol{B})=r(\boldsymbol{A})$.

4. 若非齐次线性方程组$\begin{cases}x_1+x_2+x_3=\lambda-1,\\2x_2-x_3=\lambda-2,\\(\lambda-1)x_3=(\lambda-1)(\lambda-3)\end{cases}$有无穷多解，则参数$\lambda=$

【　】

A. 1；　B. 2；　C. 3；　D. 4.

5. 若非齐次线性方程组$\begin{cases}x_1+2x_2-x_3=\lambda-1,\\3x_2-x_3=\lambda-2,\\\lambda x_2-x_3=\lambda-3\end{cases}$无解，则参数$\lambda=$　【　】

A. 1；　B. 2；　C. 3；　D. 4.

6. 若非齐次线性方程组$\begin{cases}x_1+3x_2-x_3=-1,\\x_2+2x_3=2,\\\lambda(\lambda^2-1)x_3=1\end{cases}$有唯一解，则参数$\lambda=$　【　】

A. -1；　B. 0；　C. 1；　D. 2.

7. 若齐次线性方程组$\begin{cases}x_1+\lambda x_2+x_3=0,\\\lambda x_1+x_2+(\lambda+1)x_3=0,\\x_1+\lambda x_2=0\end{cases}$有非零解，则参数$\lambda$必满足

【　】

A. $\lambda=-1$或$\lambda=1$；　B. $\lambda=-1$且$\lambda=1$；　C. $\lambda=-1$；　D. $\lambda=1$.

8. 四元线性方程组$\begin{cases}x_1+3x_2-3x_3+x_4=b_1,\\x_1+x_2-x_3=b_2,\\x_1-x_2+x_3-x_4=b_3\end{cases}$有解的充分必要条件是【　】

A. $b_1-b_2+b_3=0$；　B. $b_1-2b_2+b_3=0$；

C. $b_1+b_2+b_3=0$；　D. $b_1+2b_2+b_3=0$.

9. 若非齐次线性方程组$\boldsymbol{AX}=\boldsymbol{B}$中方程的个数为$m$，未知量的个数为$n$，系数矩阵$\boldsymbol{A}$的秩为$r$，即$r(\boldsymbol{A})=r$，则当　【　】

A. $r=m$时方程组$\boldsymbol{AX}=\boldsymbol{B}$有解；　B. $r=n$时方程组$\boldsymbol{AX}=\boldsymbol{B}$有唯一解；

C. $m=n$时方程组$\boldsymbol{AX}=\boldsymbol{B}$有唯一解；　D. $r<n$时方程组$\boldsymbol{AX}=\boldsymbol{B}$有无穷多解.

10. 线性方程组$\begin{cases}x_1+x_2-x_3=2,\\x_1-x_2+x_3=3,\\-x_1+x_2-x_3=0\end{cases}$解的情况是　【　】

A. 有唯一解；　B. 有一个特解$\begin{cases}x_1=1,\\x_2=1,\\x_3=0;\end{cases}$　C. 有无穷多解；　D. 无解.

11*. 若矩阵方程$\boldsymbol{XA}=\boldsymbol{B}$的系数矩阵$\boldsymbol{A}$为$n$阶可逆矩阵，则其解矩阵$\boldsymbol{X}=$

【　】

A. $\boldsymbol{A}^{-1}\boldsymbol{B}$;　　B. $\boldsymbol{A}\boldsymbol{B}^{-1}$;　　C. $\boldsymbol{B}\boldsymbol{A}^{-1}$;　　D. $\boldsymbol{B}^{-1}\boldsymbol{A}$.

12*. 矩阵方程$\begin{pmatrix}1 & 2\\ 2 & 4\end{pmatrix}\boldsymbol{X}=\begin{pmatrix}0 & 0 & 0\\ 0 & 0 & 0\end{pmatrix}$解的情况是　　【　　】

A. 无解;　　B. 有无穷多解

C. 有唯一零解 $\boldsymbol{X}=\begin{pmatrix}0 & 0 & 0\\ 0 & 0 & 0\end{pmatrix}$;　　D. 有唯一零解 $\boldsymbol{X}=\begin{pmatrix}0 & 0\\ 0 & 0\\ 0 & 0\end{pmatrix}$.

二、填空题

1. 三元非齐次线性方程组$\begin{cases}2x_1-9x_2-x_3=2,\\ x_1+3x_2-5x_3=1,\\ 3x_1-x_2+4x_3=5\end{cases}$的矩阵形式为__________.

2. n 元线性方程组 $\boldsymbol{AX}=\boldsymbol{B}$ 有解的充分必要条件是__________.

3. n 元线性方程组 $\boldsymbol{AX}=\boldsymbol{B}$ 有唯一解的充分必要条件是__________.

4. n 元齐次线性方程组 $\boldsymbol{AX}=\boldsymbol{O}$ 有非零解的充分必要条件是__________.

5. 若 $\boldsymbol{A}$ 为 n 阶方阵,则 $|\boldsymbol{A}|\neq 0$ 是 n 元齐次线性方程组 $\boldsymbol{AX}=\boldsymbol{O}$ 只有零解的__________条件.

6. 若线性方程组 $\boldsymbol{AX}=\boldsymbol{B}$ 的增广矩阵为$\begin{pmatrix}1 & a & 2\\ 2 & 1 & 4\end{pmatrix}$,则当 $a=$__________时,方程组 $\boldsymbol{AX}=\boldsymbol{B}$ 有无穷多解.

7. n 元非齐次线性方程组$\begin{cases}2x_1+2x_2+\cdots+2x_n=m,\\ 3x_1+3x_2+\cdots+3x_n=n\end{cases}$有解的充分必要条件是__________.

8. 若三元非齐次线性方程组$\begin{cases}x_1+x_2-x_3=1,\\ 2x_1+3x_2+\lambda x_3=3,\\ x_1+\lambda x_2+3x_3=2\end{cases}$无解,则参数$\lambda=$__________.

9. 若三元齐次线性方程组$\begin{cases}\lambda x_1-x_2-x_3=0,\\ x_1+\lambda x_2+x_3=0,\\ -x_1+x_2+\lambda x_3=0\end{cases}$有非零解,则参数$\lambda=$__________.

10*. 若 $\boldsymbol{A}$ 是已知的 $s\times n$ 矩阵,$\boldsymbol{B}$ 是已知的 $s\times m$ 矩阵,$\boldsymbol{X}$ 是未知的 $n\times m$ 矩阵,则当__________时矩阵方程 $\boldsymbol{AX}=\boldsymbol{B}$ 有无穷多解.

三、解答题

1. 用矩阵消元法解下列非齐次线性方程组:

(1) $\begin{cases}3x_1+2x_2+x_3=1,\\ 5x_1+3x_2+4x_3=27,\\ 2x_1+x_2+3x_3=6;\end{cases}$　　(2) $\begin{cases}x_1+x_2-x_3=3,\\ 2x_1+x_2+3x_3=-2,\\ 3x_1+x_2-5x_3=-1;\end{cases}$

(3) $\begin{cases} 2x_1+2x_2+3x_3=2, \\ x_1-x_2=2, \\ -x_1+2x_2+x_3=4; \end{cases}$　(4) $\begin{cases} x_1-2x_2+3x_3+x_4=6, \\ 2x_1+5x_2+2x_3+2x_4=4, \\ x_1+4x_2+x_3+x_4=0; \end{cases}$

(5) $\begin{cases} x_1+2x_2+3x_3-x_4=1, \\ 3x_1+2x_2+x_3-x_4=1, \\ 2x_1+3x_2+x_3+x_4=1, \\ 5x_1+5x_2+2x_3=2; \end{cases}$　(6) $\begin{cases} 2x_1-4x_2+5x_3+3x_4=7, \\ 3x_1-6x_2+4x_3+2x_4=7, \\ 4x_1-8x_2+17x_3+11x_4=21; \end{cases}$

(7) $\begin{cases} x_1+5x_2-x_3-x_4=-1, \\ x_1+4x_2+x_3+3x_4=3, \\ 3x_1+14x_2-x_3+x_4=1, \\ 2x_1+11x_2-4x_3-6x_4=-6, \\ x_1+3x_2+3x_3+7x_4=7. \end{cases}$

2. 用矩阵消元法解下列齐次线性方程组：

(1) $\begin{cases} x_1+3x_2-2x_3+2x_4-x_5=0, \\ x_3+2x_4-x_5=0, \\ 2x_1+6x_2-4x_3+x_4+7x_5=0, \\ x_1+3x_2-4x_3+19x_5=0; \end{cases}$　(2) $\begin{cases} x_1-2x_2+x_3-x_4+x_5=0, \\ 2x_1+x_2+3x_3+2x_4-2x_5=0, \\ 3x_1-2x_2+3x_3+x_4-x_5=0, \\ 2x_1-5x_2+x_3-2x_4+2x_5=0. \end{cases}$

3*. 用矩阵消元法求下列矩阵方程 $\boldsymbol{AX}=\boldsymbol{B}$ 的解矩阵，其中：

(1) $\boldsymbol{A}=\begin{pmatrix} 4 & 1 & 2 \\ 3 & 2 & 1 \\ 5 & -3 & 2 \end{pmatrix}, \boldsymbol{B}=\begin{pmatrix} 2 & 2 \\ 1 & 2 \\ 2 & 3 \end{pmatrix}$;

(2) $\boldsymbol{A}=\begin{pmatrix} 2 & 2 & 3 \\ 1 & -1 & 0 \\ -1 & 2 & 1 \end{pmatrix}, \boldsymbol{B}=\begin{pmatrix} 4 & 2 & 3 & 2 \\ 1 & 1 & 0 & 1 \\ -1 & 2 & 3 & 5 \end{pmatrix}$;

(3) $\boldsymbol{A}=\begin{pmatrix} -1 & 3 & 1 & 0 \\ 2 & -5 & -1 & 2 \\ 3 & -7 & 0 & 6 \end{pmatrix}, \boldsymbol{B}=\begin{pmatrix} -2 & 1 & 3 \\ 2 & 1 & -4 \\ 1 & 2 & -8 \end{pmatrix}$;

(4) $\boldsymbol{A}=\begin{pmatrix} 2 & 0 & 2 \\ 1 & -1 & 0 \\ -1 & 2 & 1 \end{pmatrix}, \boldsymbol{B}=\begin{pmatrix} 2 & 8 & 6 & 14 \\ 1 & 1 & 0 & 1 \\ -1 & 2 & 3 & 5 \end{pmatrix}$.

4*. 用矩阵消元法求下列矩阵方程 $\boldsymbol{XA}=\boldsymbol{B}$ 的解矩阵，其中：

(1) $\boldsymbol{A}=\begin{pmatrix} 3 & -1 & 2 \\ 1 & 0 & -1 \\ -2 & 1 & 4 \end{pmatrix}, \boldsymbol{B}=\begin{pmatrix} 3 & 0 & -2 \\ -1 & 4 & 1 \end{pmatrix}$;

(2) $\boldsymbol{A}=\begin{pmatrix}-1 & 2 & 3\\ 3 & -5 & -7\\ 1 & -1 & 0\\ 0 & 2 & 6\end{pmatrix}$, $\boldsymbol{B}=\begin{pmatrix}-2 & 2 & 1\\ 1 & 1 & 2\\ 3 & -4 & -8\end{pmatrix}$.

5*. 设 $\boldsymbol{A}=\begin{pmatrix}3 & 0 & 0\\ 0 & 1 & -1\\ 0 & 1 & 4\end{pmatrix}$, $\boldsymbol{B}=\begin{pmatrix}3 & 6\\ 1 & 1\\ 2 & 3\end{pmatrix}$,而 $\boldsymbol{X}$ 满足矩阵方程 $\boldsymbol{AX}=2\boldsymbol{X}+\boldsymbol{B}$,求 $\boldsymbol{X}$.

6. 设二次多项式函数 $f(x)=ax^2+bx+c$ 满足条件 $f(1)=1, f(-1)=9$ 和 $f(2)=-3$,求:

(1) $f(x)$;　　(2) $f(3)-f(5)$.

7. 当参数 λ 为何值时,下列四元线性方程组无解或有解?有解时,求其解:

(1) $\begin{cases}x_1-2x_2+3x_3-4x_4=4,\\ x_2-x_3+x_4=-2,\\ x_1+3x_2-3x_4=1,\\ -7x_2+3x_3+x_4=\lambda;\end{cases}$　　(2) $\begin{cases}4x_1-x_2+x_3+2x_4=\lambda,\\ 2x_1-5x_2+3x_3+2x_4=1,\\ 5x_1-8x_2+5x_3+4x_4=3,\\ x_1-7x_2+4x_3+2x_4=0.\end{cases}$

8. 证明:线性方程组 $\begin{cases}x_1+x_2=-a_1,\\ x_2+x_3=a_2,\\ x_3+x_4=-a_3,\\ x_1+x_4=a_4\end{cases}$ 有解的充分必要条件是 $a_1+a_2+a_3+a_4=0$.

第 4 章 随机事件及其概率

概率论是一门从数量上研究随机现象规律性的数学学科，是近代数学的重要组成部分，也是近代经济理论的应用与研究的重要数学工具，其理论广泛应用于工程计算及金融管理决策等诸多领域．本章主要介绍随机事件与概率、概率与古典概型、条件概率及相关公式，以及事件的独立性等有关内容.

4.1 随机事件与概率

4.1.1 随机现象与随机试验

1. 随机现象

自然界和人类社会上普遍存在着两类现象：一类是在一定条件下必然发生的现象，称为**确定性现象**，如异种电荷相互吸引，抛掷一枚石子必然下落等；另一类是在相同的条件下可能发生也可能不发生的现象，称为**随机现象**，例如，抛掷一枚硬币时可能正面朝上也可能反面朝上，同一个人向同一目标射击时可能中靶也可能不中等．随机现象在一次实验中出现的结果是不可事先知道的，但是，人们在研究的过程中发现，在大量重复试验中其结果呈现出固有的规律性，我们称为随机现象的统计规律性．例如，在一次抛掷硬币的试验中，我们无法预知正面朝上还是反面朝上，但在多次重复抛掷的情况下，发现正面朝上和反面朝上的次数大致各占一半. 由此可见，**随机现象具有双重性**：在一次实验中结果的**不确定性**(即**随机性**)；在大量重复试验中表现出来的**统计规律性**. 概率论就是从数量化的角度来研究随机现象统计规律性的一门数学分支，它从表面上看起来是错综复杂的偶然现象中揭示出潜在的必然性．

2. 随机试验

人们把产生随机现象的过程称为**随机试验**，简称**试验**，一般用字母 E 来表示．

例 4.1 下面三种实验都是随机试验.

试验 E_1：抛一枚均匀硬币，观察它自由下落后正、反面出现的情况；

试验 E_2：在相同条件下连续向同一目标射击，直到击中目标为止，记录射击次数；

试验 E_3：在一批同型号的灯泡中，任意抽取一只，测试它的使用寿命．

从例 4.1 看出：

试验 E_1 只有两种可能的结果——出现正面或反面，但在抛之前不知具体结果；

试验 E_2 有无穷多种可能的结果——射击次数可以为 1，2，…，试验的所有可能结果是全体正整数，但在击中目标前究竟需要射击多少次并不能事先确定；

试验 E_3 有无穷多种可能的结果——灯泡的寿命（以小时计）从理论上讲可以是任何一个非负实数，但在测试结束前并不能确定它的寿命究竟有多长.

通过例 4.1 可以归纳出**随机实验的三个特性**如下.

（1）**重复性**：试验可以在相同条件下重复进行；

（2）**明确性**：每次试验的结果不止一个，但有哪些可能出现的基本结果在实验之前是明确的；

（3）**随机性**：每次试验的具体结果事先不能确定.

4.1.2 随机事件之间的关系与运算

1. 随机事件与样本空间

随机事件（**简称事件**）——在一定条件下，可能发生也可能不发生的事件，一般用字母 A,B,C,D 等来表示 .

基本事件——在一定研究范围内，不能再分解的最简单的随机事件，用字母 ω 来表示.

复合事件——由两个或两个以上基本事件组成的事件.

必然事件——在一定条件下必然会发生的事件，用符号 U 表示 .

不可能事件——在一定条件下必然不发生的事件，用符号$\varnothing$表示 .

样本空间（**基本事件空间**）——随机试验 E 的全部基本事件构成的集合，用符号 U 表示，即 U 中的元素就是 E 的基本事件 .

样本点——样本空间 U 中的每一个元素（即基本事件）.

我们也可将样本空间 U 中的任一个子集 A 称为随机事件，即

事件 A 发生 $\Leftrightarrow A\subset U \Leftrightarrow$ 子集 A 中的某一个样本点 ω 发生，即$\exists$某个 $\omega\in A$.

例 4.2 掷一颗均匀骰子，出现 i 点的事件记作 $A_i=\{$出现 i 点$\}(i=1,2,3,4,5,6)$，则样本空间 U 可表为$\{1,2,3,4,5,6\}$，即 $U=\{1,2,3,4,5,6\}$.

2. 随机事件之间的关系与运算

一般由一个随机试验中可引出许多随机事件，其中有些比较简单，有些则相当复杂. 为从较简单事件发生的规律寻求较复杂事件发生的规律，我们先来研究同一试验的各种事件之间的关系和运算.

因事件可视为一个集合，故事件间的关系与事件间的运算自然就可以按照集合论中有关集合间的关系和集合间的运算来处理. 为直观起见，可用平面上某一个

矩形(或正方形)区域表示必然事件,该区域的一个子区域表示事件,并称这样的图形为韦恩图.

下面所讨论的问题都假定在同一样本空间 U 中进行,即所给事件涉及的集合均是样本空间 U 中的子集(不再重复).

1) 事件的包含关系与相等(即等价)关系

符号 $A\subset B$ 表示事件 A 包含于事件 B 或事件 B 包含事件 A,即指事件 A 的发生必然导致事件 B 的发生(图 4-1).

符号 $A=B$ 表示事件 A 与事件 B 相等或等价,即指事件 A 与事件 B 同时发生或同时不发生.

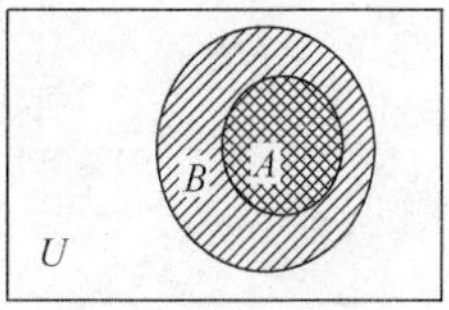

$A\subset B$

图 4-1

2) 事件的和(或并)运算

符号 $A+B=\{|x|x\in A$ 或 $x\in B\}$ 表示事件 A 与事件 B 的和(或并)事件,即指事件 $\boldsymbol{A+B}$ 的发生等价于事件 A 与事件 B 中至少有一个事件发生(图 4-2(a)),也可用符号 $A\cup B$ 表示和事件 $A+B$.

类似地,称符号 $\sum\limits_{k=1}^{n}A_k$ 或 $\bigcup\limits_{k=1}^{n}A_k$ 为 n 个事件 $A_1,A_2,\cdots,A_n$ 的和事件,即和事件 $\sum\limits_{k=1}^{n}A_k$ 的发生等价于事件组 $A_1,A_2,\cdots,A_n$ 中至少有一个事件发生.

3) 事件的积(或交) 运算

符号 $AB=\{x\mid x\in A$ 且 $x\in B\}$ 表示事件 A 与事件 B 的积(或交) 事件,即指事件 AB 的发生等价于事件 A 与事件 B 同时发生(图 4-2(b)),也可用符号 $A\cap B$ 表示积事件 AB.

类似地,称符号 $\bigcap\limits_{k=1}^{n}A_k$ 为 n 个事件 $A_1,A_2,\cdots,A_n$ 的积事件,即积事件 $\bigcap\limits_{k=1}^{n}A_k$ 的发生等价于事件组 $A_1,A_2,\cdots,A_n$ 中所有事件同时发生.

4) 事件的差运算

符号 $A-B=\{x|x\in A$ 且 $x\notin B\}$ 表示事件 A 与事件 B 的差事件,即指事件 $A-B$ 的发生等价于事件 A 发生而事件不发生(图 4-2(c)).

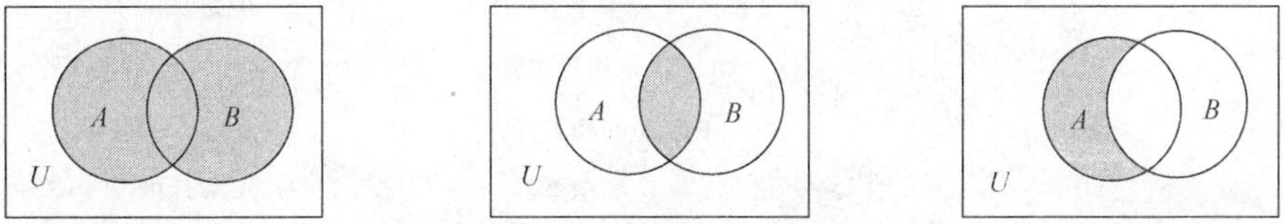

(a) $A+B$(和事件)　　(b) AB(积事件)　　(c) $A-B$(差事件)

图 4-2

显然,从图 4-2 中可看出,等式 $A-B=A-AB$ 对任意事件 A 和事件 B 都成立.

5) **互不相容(即互斥)关系**

符号 $AB=\varnothing$ 表示事件 A 与事件 B **互不相容**(即互斥),即指**事件 A 与事件 B 不能同时发生,亦即事件 A 发生时事件 B 必然不会发生,反之亦然**(图 4-3(a)).

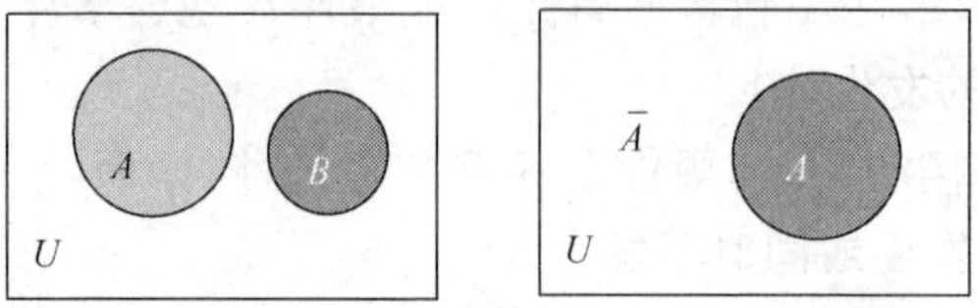

(a) $AB=\varnothing$(互斥事件)　　(b) $\bar{A}$(对立事件)

图 4-3

6) **对立关系**

若 $A+B=U$ 且 $AB=\varnothing$,则称事件 A 与事件 B **互为对立(或逆)事件**,即指对于每次事件而言,**事件 A 与事件 B 中有且只有一个事件发生**,并记 A 的对立事件为 $\bar{A}$(图 4-3(b)),即 $\bar{A}=U-A=B$.

显然,$\overline{(\bar{A})}=A$,即事件 A 与事件 $\bar{A}$ **互为对立事件**或**互为逆事件**,亦即

$$A+\bar{A}=U,\quad A\bar{A}=\varnothing \text{ (图 4-3(b))},$$

也就是**事件 A 与事件 $\bar{A}$ 中必有一个发生,且仅有一个发生**(不会同时发生).

为便于记忆,下面将事件与集合的有关概念加以比较和对照(表 4-1),以方便学习.

表 4-1　事件与集合对照表

符号	事件	集合
U	必然事件	全集
$\varnothing$	不可能事件	空集
A	事件	子集
A	A 的对立事件	A 的补集
$A\subset B$	事件 A 包含于事件 B	A 为 B 的子集
$A=B$	A 与 B 是相等事件	集合 A 与 B 相等
$A+B$	A 与 B 的和事件	A 与 B 的并集
AB	A 与 B 的积事件	A 与 B 的交集
$A-B$	A 与 B 的差事件	A 与 B 的差集
$AB=\varnothing$	事件 A 与事件 B 互不相容	A 与 B 不相交

3. 随机事件的运算律

在后面计算事件的概率时，常要用到事件间的关系和运算律来简化计算，它们有类似于集合的运算规律，现将有关运算律列表于表 4-2.

表 4-2　随机事件的运算律

运算律＼运算	求和运算	求积运算
交换律	$A+B=B+A$	$AB=BA$
结合律	$A+(B+C)=(A+B)+C$	$(AB)C=A(BC)$
分配律	$A(B+C)=AB+AC$	$A+(BC)=(A+B)(A+C)$
包含律	$A\subset A+B,\ B\subset A+B$	$AB\subset A,\ AB\subset B$
重叠律	$A+A=A$	$AA=A$
吸收律	$A+U=U,\ A+\varnothing=A$	$AU=A,\ A\varnothing=\varnothing$
对立律	$A+\bar{A}=U$	$A\bar{A}=\varnothing$
德摩根律	$\overline{A+B}=\bar{A}\bar{B}$	$\overline{AB}=\bar{A}+\bar{B}$

例 4.3　考查某一位同学在一次数学考试中的成绩 x，并分别用 A,B,C,D,P,F 表示下列各事件：

$$A=\{x\mid 90\leqslant x\leqslant 100\}(\textbf{优秀}),\quad B=\{x\mid 80\leqslant x<90\}(\textbf{良好}),$$
$$C=\{x\mid 70\leqslant x<80\}(\textbf{中等}),\quad D=\{x\mid 60\leqslant x<70\}(\textbf{及格}),$$
$$P=\{x\mid 60\leqslant x\leqslant 100\}(\textbf{通过}),\quad F=\{x\mid 0\leqslant x<60\}(\textbf{未通过}),$$

则 A,B,C,D,F 是两两不相容的事件，P 与 F 是互为对立的事件(即有 $\bar{P}=F$)，A,B,C,D 均为 P 的子事件，且有 $P=A+B+C+D$.

例 4.4　在相同条件下，甲、乙、丙三人各向同一靶射击一次，并将三人击中靶的事件分别记为 A,B,C，即记 $A=\{$甲击中$\}$，$B=\{$乙击中$\}$，$C=\{$丙击中$\}$，则可用事件 A,B,C 的运算来分别表示下列各事件：

(1) $\bar{A}=\{$甲未击中$\}$；

(2) $A\bar{B}=\{$甲击中而乙未击中$\}$；

(3) $AB\bar{C}=\{$甲、乙击中而丙未击中$\}$；

(4) $A\bar{B}\bar{C}+\bar{A}B\bar{C}+\bar{A}\bar{B}C=\{$甲、乙、丙中恰好有一人击中$\}$；

(5) $A+B+C=\{$甲、乙、丙中至少有一人击中$\}$；

(6) $\bar{A}+\bar{B}+\bar{C}=\overline{ABC}=\{$甲、乙、丙中至少有一人未击中$\}$；

(7) $AB\bar{C}+A\bar{B}C+\bar{A}BC=\{$甲、乙、丙中恰好有两人击中$\}$；

(8) $AB+AC+BC=\{$甲、乙、丙中至少有两人击中$\}$；

(9) $\bar{A}\bar{B}\bar{C}=\{$甲、乙、丙均未击中$\}$；

(10) $A\bar{B}\bar{C}+\bar{A}B\bar{C}+\bar{A}\bar{B}C+\bar{A}\bar{B}\bar{C}$={甲、乙、丙中至多有一人击中}；

(11) $\bar{A}+\bar{B}+\bar{C}=\overline{ABC}$={甲、乙、丙中至多有两人击中}.

注 用其他事件的运算来表示一个事件，其方法往往不唯一，如例 4.4 中的(6)和(11)实际上是同一事件，读者应学会用不同方法来表达同一事件，特别是在解决具体问题时，往往要根据需要选择一种恰当的表示方法.

习 题 4.1

1. 写出下列随机试验的样本空间 U：

(1) 同时抛两枚硬币，观察朝上正反面的情况；

(2) 同时掷两颗骰子，观察两颗骰子出现的点数之和；

(3) 生产产品直到得到 10 件正品为止，记录生产产品的总件数；

(4) 在某十字路口，1h 内通过的机动车数量；

(5) 某城市一天的用电量.

2. “事件 A,B 中至少发生一个”与“事件 A,B 中至多发生一个”是否为对立事件?

3. 请用语言描述下列事件的对立事件：

(1) A 表示“抛两枚硬币且两面都出现正面”的事件；

(2) A 表示“生产 4 个零件且至少有一个是合格品”的事件.

4. 若 A,B,C 是随机试验样本空间 U 中的随机事件，且 $U=\{1,2,3,\cdots,10\}$，$A=\{2,4,6,8,10\}$，$B=\{1,2,3,4,5\}$，$C=\{5,6,7,8,9,10\}$，试计算：

(1) $A+B$； (2) AB； (3) ABC； (4) $\bar{A}C$； (5) $A+\bar{A}$； (6) $A\bar{A}$.

5. 一工人生产了四件产品，以 A_i 表示他生产的第 i 件产品是正品($i=1,2,3,4$)，试用 $A_i(i=1,2,3,4)$表示下列事件：

(1) 没有一件产品是次品； (2) 至少有一件产品是次品；

(3) 恰有一件产品是次品； (4) 至少有两件产品不是次品.

6. 指出下列各等式命题是否成立，并说明理由：

(1) $A+B=(A\bar{B})+B$； (2) $\bar{A}B=A+B$；

(3) $(\overline{A+B})C=\bar{A}\bar{B}\bar{C}$； (4) $(AB)(A\bar{B})=\varnothing$.

7. 化简下列事件：

(1) $(\bar{A}+\bar{B})(\bar{A}+B)$； (2) $A\bar{B}+\bar{A}B+\bar{A}\bar{B}$； (3) $AB+A\bar{B}$；

(4) $(A+B)+(\bar{A}+\bar{B})$； (5) $(\overline{A+B})(A-\bar{B})$.

4.2 概率与古典概型

4.2.1 频率和概率

对一般的随机事件来说，虽然在一次试验中是否发生不能事先预知，但若独立地多次重复该试验就会发现其规律——**不同事件发生的可能性是有大小之分的**(这是事件本身固有的一种属性,是不以人的意志为转移的),概率就是度量随机事件发生可能性大小的一个数量指标——**事件 A 发生的可能性大小就是事件 A 的概率**. 为此,下面先介绍频率的概念.

定义 4.1　在相同条件(即同一试验)下,独立地重复 n 次试验,并记录到事件 A 在 n 次试验中发生了 n_A 次,则称 n_A 为在 n 次试验中事件 A 发生的**频数**,而称比值 $\frac{n_A}{n}$ 为在 n 次试验中事件 A 发生的**频率**,记为 $f_n(A)$,即 $f_n(A)=\frac{n_A}{n}$.

例 4.5　统计学家皮尔逊(Pearson)等作过成千上万次抛掷硬币的试验,其试验记录见表 4-3.

表 4-3

试验者	抛掷次数 n	A 出现的次(频)数 μ	$f_n(A)$	$f_n(A)-0.5$
德摩根(De Morgan)	2048	1061	0.5181	0.0181
蒲丰(Buffon)	4040	2048	0.5069	0.0069
费勒	10000	4979	0.4979	−0.0021
皮尔逊(Pearson)	24000	12012	0.5005	0.0005
维尼	30000	14994	0.4998	−0.0002

由例 4.5 看出:频率 $f_n(A)$ 在定值 0.5 附近摆动,且波动性随着试验次数 n 的增加而越来越小,并呈现出一种稳定性——**频率的稳定性**,它是随机现象的一个客观规律,且可证明,当试验次数 n 固定时,**事件 A 的频率 $f_n(A)$ 具有下面几个性质**:

(1) $0\leqslant f_n(A)\leqslant 1$;

(2) $f_n(U)=1, f_n(\varnothing)=0$;

(3) 若 $AB=\varnothing$,则 $f_n(A+B)=f_n(A)+f_n(B)$.

对任一随机事件 A 来说,它发生的频率 $f_n(A)$ 总是随着试验次数 n 的增加而稳定在某一确定的常数 p 附近,且**定值 p 越大(小)表明事件 A 发生的可能性就越大(小)**. 因此,**定值 p 是刻画事件 A 发生可能性大小的一个数值,即事件 A 发生的概率**.

定义 4.2　若在相同的条件下独立地重复 n 次试验,且随着试验次数 n 的增加,事件 A 的频率 $f_n(A)$ 始终在某一定值 p 的附近摆动,同时摆动的幅度随着 n 的增大而减小,则称定值 p 为随机事件 A 在给定条件下发生的**概率**,记为 $P(A)$,即 $P(A)=p$.

可以证明,对所涉及的事件,概率 $P(\cdot)$ 满足以下重要性质.

性质 4.1(非负有界性)　$0\leqslant P(A)\leqslant 1$.

性质 4.2(规范性)　$P(U)=1, P(\varnothing)=0$.

性质 4.3(可列可加性)　若 $A_1, A_2, \cdots, A_n, \cdots$ 为两两互斥(即两两互不相容)的事件组,则

$$P(A_1+A_2+\cdots+A_n+\cdots)=P(A_1)+P(A_2)+\cdots+P(A_n)+\cdots.$$

推论 4.1(有限可加性)　若 $A_1, A_2, \cdots, A_n$ 为两两互斥的事件组,则

$$P(A_1+A_2+\cdots+A_n)=P(A_1)+P(A_2)+\cdots+P(A_n).$$

性质 4.4(可减性)　若 $A\subset B$,则 $P(B-A)=P(B)-P(A)$.

推论 4.2(单调性)　若 $A\subset B$,则 $P(A)\leqslant P(B)$,且 $P(AB)=P(A)$.

例 4.6　证明:若 A,B 为两个任意随机事件,则等式

$$P(B-A)=P(B)-P(AB)$$

成立,且当 $AB=\varnothing$ 时,等式 $P(B-A)=P(B)$ 也成立.

证明　因 $B-A=B-AB$,故由性质 4.4 有

$$P(B-A)=P(B-AB)=P(B)-P(AB),$$

且当 $AB=\varnothing$ 时,有 $P(AB)=0$,从而结合上式便有 $P(B-A)=P(B)$.　**证毕**

例 4.7　设事件 A,B 的概率分别为 $\frac{1}{3}$ 和 $\frac{1}{2}$,试求下列情况下 $P(B-A)$ 的值.

(1) A 与 B 互斥;　(2) $A\subset B$;　(3) $P(AB)=\frac{1}{8}$.

解　(1) 因 A 与 B 互斥(即 $AB=\varnothing$),故由假设条件并结合例 4.6 有

$$P(B-A)=P(B)-P(AB)=\frac{1}{2}-0=\frac{1}{2}.$$

(2) 因 $A\subset B$,故由假设条件并结合性质 4.4 有

$$P(B-A)=P(B)-P(A)=\frac{1}{2}-\frac{1}{3}=\frac{1}{6}.$$

(3) 因 $P(AB)=\frac{1}{8}$,故由假设条件并结合例 4.6 有

$$P(B-A)=P(B)-P(AB)=\frac{1}{2}-\frac{1}{8}=\frac{3}{8}.$$　**解毕**

性质 4.5(对立事件的概率即逆事件的概率)　对任意随机事件 A,等式

$$P(A)+P(\bar{A})=1$$

均成立,进而有下列等式

$$P(\bar{A})=1-P(A) \quad 和 \quad P(A)=1-P(\bar{A}).$$

性质 4.6(加法定理即加法公式)　对任意随机事件 A 和 B,等式

$$P(A+B)=P(A)+P(B)-P(AB)$$

均成立.

推论 4.3(加法公式)　若 A 与 B 互不相容(即 $AB=\varnothing$),则

$$P(A+B)=P(A)+P(B).$$

推论 4.4（加法公式）　对任意随机事件 A,B 和 C，等式

$$P(A+B+C)=P(A)+P(B)+P(C)-P(AB)-P(AC)-P(BC)+P(ABC)$$

均成立.

例 4.8　设 A 与 B 为给定的两个事件，且 $P(\bar{A})=0.5, P(\bar{A}B)=0.2, P(B)=0.4$，求：

(1) $P(AB)$；　(2) $P(A+B)$；　(3) $P(\bar{A}\bar{B})$.

解　(1) 因 $AB+\bar{A}B=B$ 且 AB 与 $\bar{A}B$ 互斥，故有 $P(AB)+P(\bar{A}B)=P(B)$，从而结合所给条件有

$$P(AB)=P(B)-P(\bar{A}B)=0.4-0.2=0.2.$$

(2) 因 $P(\bar{A})=0.5$，故 $P(A)=1-P(\bar{A})=1-0.5=0.5$，从而由加法公式并结合(1)和条件 $P(B)=0.4$，有

$$P(A+B)=P(A)+P(B)-P(AB)=0.5+0.4-0.2=0.7.$$

(3) 因 $P(A+B)=0.7$，故由性质 4.5 有

$$P(\bar{A}\bar{B})=P(\overline{A+B})=1-P(A+B)=1-0.7=0.3.$$　**解毕**

例 4.9　观察某地区未来 5 天的天气情况，并记事件 $A_i=\{$有 i 天不下雨$\}$，且 $P(A_i)=iP(A_0)(i=1,2,3,4,5)$，求下列各事件的概率：

(1) 每天都下雨；　(2) 至少有一天不下雨.

解　显然，A_0,A_1,A_2,A_3,A_4,A_5 是两两互斥的事件组，且 $\sum_{i=0}^{5}A_i=U$，故有

$$1=P(U)=P\left(\sum_{i=0}^{5}A_i\right)=P(P_0)+\sum_{i=1}^{5}P(A_i)=P(P_0)+\sum_{i=1}^{5}iP(A_0)=16P(P_0),$$

由此有 $P(A_0)=\frac{1}{16}, P(A_i)=\frac{i}{16}(i=1,2,3,4,5)$.

显然，(1) 和(2) 中的事件可分别表示为 $A_0=\{$每天都下雨$\}$，$\sum_{i=1}^{5}A_i=\{$至少有一天不下雨$\}$，故有

(1) $P(A_0)=\frac{1}{16}$；　(2) $P\left(\sum_{i=1}^{5}A_i\right)=1-P(A_0)=1-\frac{1}{16}=\frac{15}{16}$.　**解毕**

例 4.10　某城市发行甲、乙两种报纸，经调查，在这两种报纸的订户中，订阅甲种报纸的有 45%，订阅乙种报纸的有 35%，同时订阅甲、乙两种报纸的有 10%，求只订阅一种报纸的概率.

解　记事件 $A=\{$订阅甲报$\}$，$B=\{$订阅乙报$\}$，则 $(A-B)+(B-A)=\{$只订阅一种报$\}$，且

$$P(A)=0.45,\quad P(B)=0.35,\quad P(AB)=0.1,$$

以及事件 $A-B$ 与事件 $B-A$ 互斥,故由加法公式并结合例 4.6 的结果有

$$P[(A-B)+(B-A)]=P(A-B)+P(B-A)=P(A)-P(AB)+P(B)-P(AB)=0.45-0.1+0.35-0.1=0.6.$$

解毕

例 4.11 若 A,B,C 是三个随机事件,且 $P(A)=P(B)=P(C)=\frac{1}{4}$,$P(AB)=0$,$P(BC)=0$,$P(AC)=\frac{1}{8}$,求事件 A,B,C 中至少有一个事件发生的概率.

解 因 A,B,C 中至少有一个事件发生的事件可表为 $A+B+C$,且由 $ABC\subset AB$,$P(AB)=0$ 有 $0\leqslant P(ABC)\leqslant P(AB)=0$,由此有 $P(ABC)=0$,从而由推论 4.4 并结合所给条件有

$$P(A+B+C)=P(A)+P(B)+P(C)-P(AB)-P(AC)-P(BC)+P(ABC)$$
$$=\frac{1}{4}+\frac{1}{4}+\frac{1}{4}-0-\frac{1}{8}-0+0=\frac{5}{8}.$$

解毕

4.2.2 古典概型(等可能概型)

1. 基本概念

从抛硬币和掷骰子这两种随机试验中可以看出,它们都具有"试验的结果是有限个,每个试验结果出现的可能性相同,以及在任一次试验中有且只有一个结果出现"这三个共同特点.因此,我们有必要探讨如何计算这类事件概率的方法.

定义 4.3 若随机试验 E 满足下列条件:

(1) 试验的结果是有限个,即 $U=\{\omega_1,\omega_2,\cdots,\omega_n\}$;

(2) 每个试验结果出现的可能性相同,即 $P(\omega_1)=P(\omega_2)=\cdots=P(\omega_n)$;

(3) 在任一次试验中有且只有一个结果出现,即基本事件 $\omega_1,\omega_2,\cdots,\omega_n$ 是两两互斥的,则称随机试验 E 为**古典型随机试验**,或称满足上述条件的试验模型为**古典概型**.

定义 4.4 若古典概型的样本空间 U 中的基本事件总数为 n,事件 A 由上述 n 个事件中的 m 个事件组成(即事件 A 包含的基本事件数为 m),则**规定事件 A 发生的概率为**

$$P(A)=\frac{\text{事件 }A\text{ 包含的基本事件数}}{\text{样本空间 }U\text{ 中的基本事件总数}}=\frac{m}{n}, \tag{4.1}$$

并称该定义是**概率的古典定义**.

注 (1) 概率的古典定义与概率的统计定义是一致的;

(2) 概率的古典定义**只适用于试验结果为等可能且为有限个的情形**,其优点是便于计算,缺点是不具有普遍性;

(3) 概率的统计定义适用于一般情形，其优点是具有普遍性，缺点是不便于进行计算.

2. 计算方法及例题

由概率的古典定义 4.4 知：在计算古典型随机试验中事件 A 的概率时，只要求出**样本空间中基本事件的总数** n **和事件** A **所包含的基本事件数** m，便可根据公式(4.1)求得事件 A 的概率，即**将计算概率的问题转化为计数的问题**. 为此，需弄清下面两个问题：

(1) 样本空间 U 中包含了多少个基本事件数？

(2) 所讨论的事件 A 中包含了多少个基本事件？

例 4.12　抛掷一枚均匀骰子的试验中，求出现偶数点的概率.

解　设 $A=\{$出现偶数点$\}$，则 $A=\{2,4,6\}$，且样本空间 $U=\{1,2,3,4,5,6\}$，故 $n=6, m=3$，从而由定义 4.4 有

$$P(A)=\frac{m}{n}=\frac{3}{6}=\frac{1}{2}=0.5.$$

解毕

例 4.13　设袋中有大小相同的 7 个白球，3 个黑球，从中任取 2 个球，计算：

(1) 两个球都是白球的概率；　(2) 两个球都是黑球的概率；

(3) 两个球为一黑一白的概率.

解　设事件 $A=\{$两个球都是白球$\}$，$B=\{$两个球都是黑球$\}$，$C=\{$两个球一黑一白$\}$，且由题意知基本事件的总数 $n=C_{10}^2=\frac{10\times 9}{2\times 1}=45$，故

(1) 因事件 A 所含基本事件数相当于"从 7 个白球中取 2 个白球，从 3 个黑球中取 0 个黑球"的总数，即 $m_A=C_7^2C_3^0=\frac{7\times 6}{2\times 1}\times 1=21$，从而由定义 4.4 有

$$P(A)=\frac{m_A}{n}=\frac{21}{45}=\frac{7}{15}.$$

(2) 因事件 B 所含基本事件数相当于"从 7 个白球中取 0 个白球，从 3 个黑球中取 2 个黑球"的总数，即 $m_B=C_7^0C_3^2=1\times 3=3$，从而由定义 4.4 有

$$P(B)=\frac{m_B}{n}=\frac{3}{45}=\frac{1}{15}.$$

(3) 因事件 C 所含基本事件数相当于"从 7 个白球中取 1 个白球，从 3 个黑球中取 1 个黑球"的总数，即 $m_C=C_7^1C_3^1=7\times 3=21$，从而由定义 4.4 有

$$P(C)=\frac{m_C}{n}=\frac{21}{45}=\frac{7}{15}.$$

解毕

例 4.14　将标号为 1,2,3,4 的四个球随意地排成一行，求下列各事件的

概率：

(1) 各球自左至右或自右至左恰好排成 1,2,3,4 的顺序；

(2) 第 1 号球排在最右边或最左边；

(3) 第 1 号球与第 2 号球相邻；

解 因将 4 个球随意地排成一行共有 $4!=24$ 种排法，即基本事件总数$n=24$. 另外，记(1)，(2)，(3)中的事件分别为 A,B,C，则

(1) 因事件 A 中只有两种排法，即 $m_A=2$，故由定义 4.4 有

$$P(A)=\frac{m_A}{n}=\frac{2}{24}=\frac{1}{12}.$$

(2) 因事件 B 中有 $2\times3!=12$ 种排法，即 $m_B=12$，故由定义 4.4 有

$$P(B)=\frac{m_B}{n}=\frac{12}{24}=\frac{1}{2}.$$

(3) 因将 1,2 号球排在任意相邻两个位置的排法共有$(2!)\times C_3^1=2\times3=6$ 种，而其余两个球在剩余两个位置相排时又有 $2!=2$ 种排法，从而结合乘法原理可得到 $m_C=2\times6=12$，故由定义 4.4 有

$$P(C)=\frac{m_C}{n}=\frac{12}{24}=\frac{1}{2}.$$

解毕

例 4.15 将 15 名新生(其中有 3 名优秀生)随机地分配到甲、乙、丙三个班级中，其中甲班 4 名，乙班 5 名，丙班 6 名，求下列各事件的概率：

(1) 每个班各分配到一名优秀生； (2) 3 名优秀生分配到乙班 .

解 设事件 $A=\{$每个班各分配到一名优秀生$\}$，$B=\{$3 名优秀生分配到乙班$\}$，且由题意知基本事件的总数为 $n=C_{15}^4C_{11}^5C_6^6=\frac{15!}{4!\cdot11!}\cdot\frac{11!}{5!\cdot6!}\cdot1=\frac{15!}{4!\cdot5!\cdot6!}$，故

(1) 因将 3 名优秀生分配给三个班级各一名的分法共有 3! 种，再将剩余的 12 名新生分配给甲班 3 名、乙班 4 名、丙班 5 名的分法共有 $C_{12}^3C_9^4C_5^5=\frac{12!}{3!\cdot9!}\cdot\frac{9!}{4!\cdot5!}\cdot1=\frac{12!}{3!\cdot4!\cdot5!}$种，从而结合乘法原理可得到 $m_A=3!\cdot\frac{12!}{3!\cdot4!\cdot5!}=\frac{12!}{4!\cdot5!}$，故由定义 4.4 有

$$P(A)=\frac{m_A}{n}=\frac{12!}{4!\cdot5!}\cdot\frac{4!\cdot5!\cdot6!}{15!}=\frac{6!}{15\times14\times13\times12}=\frac{24}{91}.$$

(2) 因事件 B 所含基本事件数相当于“从 3 名优秀生中取 3 名优秀生，再将剩余的 12 名新生分配给甲班 4 名、乙班 2 名、丙班 6 名”的总数，即 $m_B=C_3^3C_{12}^4C_8^2\cdot$

$C_6^6=1\cdot\frac{12!}{4!\cdot8!}\cdot\frac{8!}{2!\cdot6!}\cdot1=\frac{12\cdot11!}{2\cdot4!\cdot6\cdot5!}=\frac{11!}{4!\cdot5!}$，从而由定义 4.4 有

$$P(B)=\frac{m_B}{n}=\frac{11!}{4!\cdot5!}\cdot\frac{4!\cdot5!\cdot6!}{15!}=\frac{6!}{15\times14\times13\times12}=\frac{2}{91}.$$ **解毕**

注　在用排列组合公式计算古典概率时，必须注意在计算样本空间 U 和事件 A 所包含的基本事件数时，基本事件数的多少与问题是排列还是组合有关，不要重复计数，也不要遗漏.

例 4.16　在 1～2000 的整数中随机抽取一个整数，问取到的整数既不能被 6 整除，又不能被 8 整除的概率是多少？

解　设事件 A=｛取到的整数能被 6 整除｝，B=｛取到的整数能被 8 整除｝，则

AB=｛取到的整数既能被 6 整除，又能被 8 整除｝，

$\bar{A}\bar{B}$=｛取到的整数既不能被 6 整除，又不能被 8 整除｝，

且由 $333<\frac{2000}{6}<334$，$\frac{2000}{8}=250$ 易知 $P(A)=\frac{333}{2000}$，$P(B)=\frac{250}{2000}$.

另外，由于一个数同时能被 6 和 8 整除相当于能被 24 整除，而 $83<\frac{2000}{24}<84$，故又有 $P(AB)=\frac{83}{2000}$，从而结合概率的性质便可得到所求概率如下

$$P(\bar{A}\bar{B})=P(\overline{A+B})=1-P(A+B)=1-[P(A)+P(B)-P(AB)]$$

$$=1-\left(\frac{333}{2000}+\frac{250}{2000}-\frac{83}{2000}\right)=1-\frac{500}{2000}=\frac{3}{4}.$$ **解毕**

例 4.17　货架上有外观相同的商品 15 件，其中 12 件来自甲产地，3 件来自乙产地. 现从 15 件商品中随机地抽取两件，求这两件商品来自同一产地的概率.

解　设事件 A=｛两件商品都来自甲产地｝，B=｛两件商品都来自乙产地｝，则

$A+B$=｛两件商品来自同一产地｝，

且事件 A 与 B 互斥 . 另外，由题意知基本事件的总数 $n=C_{15}^2=\frac{15\times14}{2\times1}=105$，且事件 A 所含基本事件数相当于“从甲产地的 12 件商品中取 2 件，从乙产地的 3 件商品中取 0 件”的总数，即 $m_A=C_{12}^2C_3^0=\frac{12\times11}{2\times1}\times1=66$；事件 B 所含基本事件数相当于“从甲产地的 12 件商品中取 0 件，从乙产地的 3 件商品中取 2 件”的总数，即 $m_B=C_{12}^0C_3^2=1\times3=3$，从而结合概率的性质便可得到所求概率如下

$$P(A+B)=P(A)+P(B)=\frac{m_A}{n}+\frac{m_B}{n}=\frac{66}{105}+\frac{3}{105}=\frac{23}{35}.$$ **解毕**

例 4.18　有一批产品共 100 件，其中 60 件一等品，30 件二等品，10 件三等品，按下面两种取法，求事件 A=｛任取 2 件都是同一等级产品｝的概率：

(1) 每次抽取 1 件,测试后放回,然后再抽取 1 件;

(2) 每次抽取 1 件,测试后不再放回,然后再抽取 1 件.

解　设事件 $A_i=\{$任取 2 件都是 i 等级产品$\}(i=1,2,3)$,则事件组 A_1,A_2,A_3 显然两两互斥,且 $A=A_1+A_2+A_3$. 于是

(1) 因是有放回抽取,故基本事件的总数 $n=100^2$,事件 A_1,A_2,A_3 包含的基本事件数分别为 $m_{A_1}=60^2,m_{A_2}=30^2,m_{A_3}=10^2$,故由概率的性质并结合定义 4.4 便可得到所求概率如下:

$$P(A)=P(A_1)+P(A_2)+P(A_3)=\frac{m_{A_1}}{n}+\frac{m_{A_2}}{n}+\frac{m_{A_3}}{n}$$

$$=\frac{60^2}{100^2}+\frac{30^2}{100^2}+\frac{10^2}{100^2}=0.36+0.09+0.01=0.46.$$

(2) 因是无放回抽取,故基本事件的总数 $n=\mathrm{P}_{100}^2$,事件 A_1,A_2,A_3 包含的基本事件数分别为 $m_{A_1}=\mathrm{P}_{60}^2,m_{A_2}=\mathrm{P}_{30}^2,m_{A_3}=\mathrm{P}_{10}^2$,故由概率的性质并结合定义 4.4 便可得到所求概率如下:

$$P(A)=P(A_1)+P(A_2)+P(A_3)=\frac{m_{A_1}}{n}+\frac{m_{A_2}}{n}+\frac{m_{A_3}}{n}=\frac{\mathrm{P}_{60}^2}{\mathrm{P}_{100}^2}+\frac{\mathrm{P}_{30}^2}{\mathrm{P}_{100}^2}+\frac{\mathrm{P}_{10}^2}{\mathrm{P}_{100}^2}$$

$$=\frac{60\times59+30\times29+10\times9}{100\times99}=\frac{4500}{9900}=\frac{5}{11}.$$

解毕

习　题　4.2

1. 设 $P(A)=0.6,P(A+B)=0.8$,且 $AB=\varnothing$,求事件 B 的逆事件的概率.

2. 设 $P(A)=0.4,P(B)=0.3,P(A+B)=0.6$,求 $P(A-B)$.

3. 设 $P(A)=0.5,P(B)=0.7,P(A+B)=0.8$,求 $P(A-B)$ 与 $P(B-A)$.

4. 若 A,B,C 是三个随机事件,且已知 $P(A)=P(B)=P(C)=0.3,P(AB)=0.2,P(BC)=P(AC)=0$,试计算:

(1) A,B,C 中至少有一个发生的概率;　(2) A,B,C 全不发生的概率.

5. 设 A,B 都出现的概率与 A,B 都不出现的概率相等,且 $P(A)=p$,求 $P(B)$.

6. 掷两颗骰子,试求出现的点数之和大于 9 的概率.

7. 已知 N 件产品中有 M 件产品不合格,今从中随机抽取 n 件,试求:

(1) n 件中恰有 k 件不合格品的概率;　(2) n 件中至少有一件不合格品的概率.

8. 有一批产品共 100 件,其中 40 件一等品,60 件二等品,按下面两种取法,求事件 $A=\{$任取 3 件都是二等品$\}$和 $B=\{$任取 3 件,其中 2 件一等品,1 件二等品$\}$的概率:

(1) 每次抽取 1 件,测试后放回,然后再抽取 1 件;

(2) 每次抽取 1 件，测试后不再放回，然后再抽取 1 件 .

9. 设袋中有大小相同的 5 个白球，3 个黑球，从中任取 2 个球，计算：

(1) 两个球都是白球的概率；　(2) 两个球为一黑一白的概率.

10. 设袋中有 10 个球，分别标有号码 1 到 10，从中任选 3 个，记下取出球的号码，计算：

(1) 最小号码为 5 的概率；　(2) 最大号码为 5 的概率.

11. 若 A,B,C 是三个随机事件，且 $P(\overline{A})=P(\overline{B})=P(\overline{C})=\frac{3}{4}$，$P(AB)=\frac{1}{16}$，$P(BC)=\frac{1}{16}$，$P(AC)=0$，试计算：

(1) 事件 A,B,C 中至少有一个事件发生的概率；

(2) 事件 A,B,C 全不发生的概率.

4.3　条件概率及相关公式

4.3.1　概率的加法公式及应用

在概率论中，不仅要讨论某事件 A 发生的概率 $P(A)$，许多时候还需讨论在另一事件 B 已经发生的条件下事件 A 发生的概率，即条件概率. 为此，需涉及有关概率的一些基本公式(**主要是概率的加法公式**)，而这些公式在 4.2 节中已出现过，为方便后面的应用，现在以定理的形式重述于下.

定理 4.1(加法公式)　对任意随机事件 A 和 B，等式

$$P(A+B)=P(A)+P(B)-P(AB)$$

恒成立，特别地，当 $AB=\varnothing$(即 A 与 B 互斥)时有 $P(A+B)=P(A)+P(B)$.

推论 4.5(加法公式)　对任意随机事件 A,B 和 C，等式

$$P(A+B+C)=P(A)+P(B)+P(C)-P(AB)-P(AC)-P(BC)+P(ABC)$$

恒成立，特别地，当 A,B,C 两两互斥时，有 $P(A+B+C)=P(A)+P(B)+P(C)$.

推论 4.6(有限可加性)　若 $A_1,A_2,\cdots,A_n$ 为两两互斥的事件组，则

$$P(A_1+A_2+\cdots+A_n)=P(A_1)+P(A_2)+\cdots+P(A_n).$$

例 4.19　从装有 6 个白球、4 个红球的袋中任取 3 个球，求至少取出 2 个红球的概率.

解　设事件 $E=\{$任取 3 个球$\}$，$A=\{$任取出的 3 个球中恰有 2 个红球$\}$，$B=\{$任取出的 3 个球全是红球$\}$，则 $A+B=\{$任意取出的 3 个球中至少有 2 个红球$\}$，且 $AB=\varnothing$.

显然，事件 E 所含基本事件数(即样本空间中的基本事件数)相当于“从 10 个球中任取 3 个球的组合数”，即 $n=C_{10}^3$；事件 A 所含基本事件数相当于“从 6 个白

球中取 1 个白球,从 4 个红球中取 2 个红球的"的总数,即 $m_A=C_6^1C_4^2$;事件 B 所含基本事件数相当于"从 6 个白球中取 0 个白球,从 4 个红球中取 3 个红球的"的总数,即 $m_B=C_6^0C_4^3$,从而有

$$P(A+B)=P(A)+P(B)=\frac{m_A}{n}+\frac{m_B}{n}=\frac{C_6^1C_4^2}{C_{10}^3}+\frac{C_6^0C_4^3}{C_{10}^3}=\frac{36}{120}+\frac{4}{120}=\frac{1}{3}.$$ **解毕**

定理 4.2 若 $A\subset B$,则 $P(B-A)=P(B)-P(A)$,$P(AB)=P(A)$.

例 4.20 设 $P(A)=\frac{1}{3}$,$P(B)=\frac{1}{2}$,计算下列两种情况下 $P(B\bar{A})$的值:

(1) A 与 B 互斥; (2) $P(AB)=\frac{1}{8}$.

解 (1) 因 A 与 B 互斥,故 $B\subset\bar{A}$,从而由定理 4.2 并结合已知条件有

$$P(B\bar{A})=P(B)=\frac{1}{2}.$$

(2) 因 $B\bar{A}\subset B$,故 $A+B=A+B\bar{A}$ 且 $A\cap B\bar{A}=\varnothing$,从而结合加法公式有

$$P(A)+P(B\bar{A})=P(A+B\bar{A})=P(A+B)=P(A)+P(B)-P(AB),$$

再结合已知条件便有

$$P(B\bar{A})=P(B)-P(AB)=\frac{1}{2}-\frac{1}{8}=\frac{3}{8}.$$ **解毕**

定理 4.3(对立事件的概率) 对任意随机事件 A,等式 $P(A)+P(\bar{A})=1$ 均成立.

例 4.21 某射手连续射击两枪,已知至少有一枪中靶的概率是 0.8,第一枪不中靶的概率是 0.3,第二枪不中靶的概率是 0.4,计算:

(1) 两枪均不中靶的概率; (2) 第一枪中靶而第二枪不中靶的概率.

解 设事件 $A_1=\{$第一枪中靶$\}$,$A_2=\{$第二枪中靶$\}$,则

$$\bar{A}_1\bar{A}_2=\{\text{两枪均不中靶}\},\quad A_1\bar{A}_2=\{\text{第一枪中靶而第二枪不中靶}\},$$

且由假设有 $P(A_1+A_2)=0.8$,$P(\bar{A}_1)=0.3$,$P(\bar{A}_2)=0.4$,故有

(1) $P(\bar{A}_1\bar{A}_2)=P(\overline{A_1+A_2})=1-P(A_1+A_2)=1-0.8=0.2$.

(2) 因 $\bar{A}_2=(A_1+\bar{A}_1)\bar{A}_2=A_1\bar{A}_2+\bar{A}_1\bar{A}_2$ 且 $(A_1\bar{A}_2)(\bar{A}_1\bar{A}_2)=\varnothing$,故由加法公式有

$$P(\bar{A}_2)=P(A_1\bar{A}_2)+P(\bar{A}_1\bar{A}_2),$$

再结合已知条件和(1)的结论便得所求概率如下:

$$P(A_1\bar{A}_2)=P(\bar{A}_2)-P(\bar{A}_1\bar{A}_2)=0.4-0.2=0.2.$$ **解毕**

4.3.2 条件概率与乘法公式

1. 基本概念

前面所讨论的事件 A 的概率 $P(A)$指的是在某组确定不变条件组下事件 A

发生的概率,但在实际问题中除考虑概率 $P(A)$ 外,有时还需要考虑在另一事件 B 已发生的条件下事件 A 发生的"条件概率"问题,而"条件概率"是概率论中的一个重要而实用的概念．为此,下面**先给出条件概率的例子,进而给出条件概率的概念.**

例 4.22　抛掷一颗均匀骰子,观察其向上的面出现点数的情况,并设事件

$$A=\{出现的点是奇数点\},\quad B=\{出现1点\},$$

则由古典概型的概率计算公式易知 $P(A)=\frac{1}{2}$,$P(B)=\frac{1}{6}$,$P(AB)=\frac{1}{6}$. 但是,如果已知所出现的点是奇数点,则易知在此条件下出现 1 点的概率将变为$\frac{1}{3}$,即 $P(B\backslash A)=\frac{1}{3}$,其中"出现的点是奇数点"就是附加的限制条件,一般记为 A.

例 4.22 中求"**在出现的点是奇数点的条件下,出现 1 点**"的事件的概率可简述为:求"**在 A 发生的条件下 B 发生的概率**",并记此概率为 $P(B\backslash A)$,这就是条件概率的问题,且"**事件 A 的发生对事件 B 的发生是有影响的**".

例 4.23　计算例 4.22 中的条件概率 $P(B\backslash A)$.

解　因由假设条件知,样本空间 $U=\{1,2,3,4,5,6\}$,$A=\{1,3,5\}$,$B=\{1\}$,$AB=\{1\}$,且已知 $P(A)=\frac{1}{2}$,$P(B)=\frac{1}{6}$,$P(AB)=\frac{1}{6}$,$P(B\backslash A)=\frac{1}{3}$. 另外,因事件 A 已发生,故 A 中只有 $1\in B$,从而

$$P(B\backslash A)=\frac{1}{3}=\frac{\frac{1}{6}}{\frac{1}{2}}=\frac{P(AB)}{P(A)}.$$

解毕

在例 4.23 中,由于事件 A 已发生,即问题的条件发生了变化,故"抛出 1 点的情形"不再是在全部情形 U 中抛出 1 点,而是在 A 中抛出 1 点(此时 A 中只有 $1\in B$),从而所求概率为

$$P(B\backslash A)=\frac{1}{3}(A\text{ 发生的前提下 }\boldsymbol{B}\text{ 发生的概率}),$$

即要在 A 所包含的全体事件组成的集合 U_A(**条件样本空间**)上来考虑问题,且由抛出的点是奇数的情形一共有 3 种知,条件样本空间中的样本总数为 3. 事实上,求在 A 发生的条件下 B 发生的概率 $P(B\backslash A)$,其实就是**在缩小了的样本空间下求事件 B 发生的概率**.

推导上式条件概率结果的规律,有

$$P(B\backslash A)=P(\{出现1点\}\backslash\{出现的点是奇数点\})=\frac{1}{3}=\frac{\frac{1}{6}}{\frac{1}{2}}$$

$$=\frac{P(\{\text{出现的点是奇数点且该奇数点是 1 点}\})}{P(\{\text{出现的点是奇数点}\})}=\frac{P(AB)}{P(A)}.$$

一般地,我们有下面的结论.

定义 4.5　若 A,B 是两个随机事件且 $P(A)>0$,则称

$$\frac{P(AB)}{P(A)}\xlongequal{\text{记为}}P(B\backslash A)(P(A)>0) \tag{4.2}$$

为**在事件 A 已发生的条件下事件 B 发生的条件概率**,简称为 B **对** A **的条件概率**. 相应地,把 $P(B)$ 称为**无条件概率**,且可将 $P(B)$ 记为 $P_U(B)$.

显然,条件概率 $P(\cdot\backslash A)$ 满足以下重要性质.

性质 4.7(非负有界性)　对任意事件 B,都有 $0\leqslant P(B\backslash A)\leqslant 1$.

性质 4.8(规范性)　对必然事件 U 和不可能事件 $\varnothing$,有 $P(U\backslash A)=1$ 和 $P(\varnothing\backslash A)=0$.

性质 4.9(可列可加性)　若 $B_1,B_2,\cdots,B_n,\cdots$ 为两两互斥的事件组,则

$$P((B_1+B_2+\cdots+B_n+\cdots)\backslash A)=P(B_1\backslash A)+P(B_2\backslash A)+\cdots+P(B_n\backslash A)+\cdots.$$

同样地,概率的一些重要性质都适用于条件概率. 例如,对任意事件 B_1 和 B_2 都有

$$P((B_1+B_2)\backslash A)=P(B_1\backslash A)+P(B_2\backslash A)-P(B_1B_2\backslash A).$$

2. 概率的乘法公式

在条件概率的计算公式(4.2)两边同乘以 $P(A)$ 可得 $P(AB)=P(A)P(B\backslash A)$,由此有下面的定理.

定理 4.4　若 A,B 为两个随机事件且 $P(A)>0,P(B)>0$,则有

$$P(AB)=P(A)P(B\backslash A)(P(A)>0), \tag{4.3}$$

$$P(AB)=P(B)P(A\backslash B)(P(B)>0), \tag{4.4}$$

并称公式(4.3)、公式(4.4)为**乘法公式**.

在计算条件概率时,需根据实际情况选用式(4.3)或式(4.4)中的一个合适的公式进行计算.

推论 4.7　若 A_1,A_2,A_3 为三个随机事件且 $P(A_1)>0,P(A_1A_2)>0$,则有

$$P(A_1A_2A_3)=P(A_1)P(A_2\backslash A_1)P(A_3\backslash A_1A_2). \tag{4.5}$$

推论 4.8　若 $A_1,A_2,\cdots,A_n$ 为 n 个随机事件且 $P(A_1)>0,P(A_1A_2)>0,\cdots,P(A_1A_2\cdots A_{n-1})>0$,则有

$$P(A_1A_2\cdots A_n)=P(A_1)P(A_2\backslash A_1)\cdots P(A_n\backslash A_1A_2\cdots A_{n-1}). \tag{4.6}$$

3. 条件概率的计算方法及例题

方法一　改变样本空间后,在条件样本空间 U_A 中计算 B 发生的概率得

$$P(B\backslash A)=P_{U_A}(B);$$

方法二　在样本空间 U 中先计算 $P(AB)$ 和 $P(A)$，再由条件概率的定义便得

$$P(B\backslash A)=\frac{P(AB)}{P(A)}.$$

例 4.24　在装有 3 个黑球和 7 个白球的袋中，无放回地从袋中连取 2 个球，计算：

(1) 已知第一次取出的是黑球，求第二次取出的仍是黑球的概率；

(2) 已知第二次取出的是黑球，求第一次取出的也是黑球的概率.

解　记事件 $A_i=\{$第 i 次取到黑球$\}(i=1,2)$，则 $A_1A_2=\{$第一次和第二次都取到黑球$\}$，$A_1\backslash A_2=\{$第一次取到黑球\第二次取到黑球$\}$.

方法一　(1) 因事件 A_1 所含基本事件数相当于"从 3 个黑球中取 1 个黑球，再从剩下的 9 个球中取 1 个球的"的总数，即 $m_{A_1}=C_3^1C_9^1$（亦即条件样本空间中所含基本事件的总数）；条件事件 $A_2\backslash A_1$ 所含基本事件数相当于"从 3 个黑球中取 1 个黑球，再从剩下的 2 个黑球中取 1 个黑球"的总数，即 $m_{A_2\backslash A_1}=C_3^1C_2^1$，从而由古典概型的概率计算公式有

$$P(A_2\backslash A_1)=\frac{m_{A_2\backslash A_1}}{m_{A_1}}=\frac{C_3^1C_2^1}{C_3^1C_9^1}=\frac{3\times2}{3\times9}=\frac{2}{9}.$$

(2) 因事件 A_2 所含基本事件数相当于"从 7 个白球中取 1 个白球而从 3 个黑球中取 1 个黑球，或先从 3 个黑球中取 1 个黑球再从剩下的 2 个黑球中取 1 个黑球的"的总数，即 $m_{A_2}=C_7^1C_3^1+C_3^1C_2^1$（亦即条件样本空间中所含基本事件的总数）；另外，因条件事件 $A_1\backslash A_2$ 表示两次都取黑球且事件 A_2 先发生，故条件事件 $A_1\backslash A_2$ 所包含的基本事件数相当于"先从 3 个黑球中取 1 个黑球，再从剩下的 2 个黑球中取 1 个黑球"的总数，即 $m_{A_2\backslash A_1}=C_3^1C_2^1$，从而由古典概型的概率计算公式有

$$P(A_1\backslash A_2)=\frac{m_{A_1\backslash A_2}}{m_{A_2}}=\frac{C_3^1C_2^1}{C_7^1C_3^1+C_3^1C_2^1}=\frac{6}{27}=\frac{2}{9}.$$

方法二　因由题设知，样本空间中所包含的基本事件总数为 $n=P_{10}^2$，$m_{A_1}=C_3^1C_9^1$，$m_{A_2}=C_7^1C_3^1+C_3^1C_2^1$，$m_{A_1A_2}=C_3^1C_2^1$，故由古典概型的概率计算公式有

$$P(A_1A_2)=\frac{m_{A_1A_2}}{n}=\frac{C_3^1C_2^1}{P_{10}^2}=\frac{3\times2}{10\times9}=\frac{1}{15},\quad P(A_1)=\frac{m_{A_1}}{n}=\frac{C_3^1C_9^1}{P_{10}^2}=\frac{3\times9}{10\times9}=\frac{3}{10},$$

$$P(A_2)=\frac{m_{A_2}}{n}=\frac{C_7^1C_3^1+C_3^1C_2^1}{P_{10}^2}=\frac{7\times3+3\times2}{10\times9}=\frac{3}{10},$$

从而由条件概率的定义有

(1) $P(A_2\backslash A_1)=\dfrac{P(A_1A_2)}{P(A_1)}=\dfrac{\frac{1}{15}}{\frac{3}{10}}=\dfrac{2}{9}$；

$$(2)P(A_1\backslash A_2)=\frac{P(A_1A_2)}{P(A_2)}=\frac{\frac{1}{15}}{\frac{3}{10}}=\frac{2}{9}.$$ **解毕**

注　区别“条件概率”与“积事件概率”的关键是条件概率的“条件”是一个已经发生了的随机事件,如果没有这个信息,就必须作为积事件来处理.另外,在一般情况下,无条件概率 $P(A)$ 与条件概率 $P(A\backslash B)$ 是不同的,它们是两个不同的概念.例如,例 4.24 中的 $P(A_1)=\frac{3}{10}$ 与 $P(A_1\backslash A_2)=\frac{2}{9}$,二者显然不相等.

例 4.25　在装有 3 个红球和 2 个白球的袋中,无放回地从袋中连取 2 个球,求在第一次取得红球的前提下第二次取得白球的概率.

解　记 $A=\{$第一次取到红球$\}$,$B=\{$第二次取到白球$\}$,则 $AB=\{$第一次取到红球而第二次取到白球$\}$,$B\backslash A=\{$第二次取到白球\\第一次取到红球$\}$.

由题设知,样本空间中所包含的基本事件总数 $n=\mathrm{P}_5^2$(因在 5 个球中无放回连取两球的取法有 P_5^2 种);事件 A 所含基本事件数相当于“第一次从 3 个红球中取 1 个红球,第二次从剩下的 4 个球中取 1 个球的”的总数,即 $n_A=\mathrm{C}_3^1\mathrm{C}_4^1$;事件 AB 所含基本事件数相当于“第一次从 3 个红球中取 1 个红球,第二次从 2 个白球中取 1 个白球的”的总数,即 $n_{AB}=\mathrm{C}_3^1\mathrm{C}_2^1$,从而由古典概型的概率计算公式有

$$P(A)=\frac{n_A}{n}=\frac{\mathrm{C}_3^1\mathrm{C}_4^1}{\mathrm{P}_5^2}=\frac{3\times4}{5\times4}=\frac{3}{5},\quad P(AB)=\frac{n_{AB}}{n}=\frac{\mathrm{C}_3^1\mathrm{C}_2^1}{\mathrm{P}_5^2}=\frac{3\times2}{5\times4}=\frac{3}{10},$$

最后由条件概率的定义有

$$P(B\backslash A)=\frac{P(AB)}{P(A)}=\frac{\frac{3}{10}}{\frac{3}{5}}=\frac{1}{2}.$$ **解毕**

例 4.26　已知 100 件产品中有 4 件次品,无放回地从中抽取两次,每次抽取一件,求下列事件的概率:

(1) 第一次取到次品,第二次取到正品;　　(2) 两次都取到正品;

(3) 两次抽取中恰有一次取到正品.

解　记事件 $A=\{$第一次取到次品$\}$,$B=\{$第二次取到正品$\}$,则

$AB=\{$第一次取到次品,第二次取到正品$\}$,　$\bar{A}B=\{$两次都取到正品$\}$,

$\bar{A}\bar{B}=\{$第一次取到正品第二次取到次品$\}$,故

(1) 因是无放回抽取,故有 $P(A)=\frac{4}{100}$,$P(B\backslash A)=\frac{96}{99}$,从而由乘法公式有

$$P(AB)=P(A)P(B\backslash A)=\frac{4}{100}\times\frac{96}{99}=\frac{32}{825}.$$

(2) 因 $P(\bar{A})=1-P(A)=\frac{24}{25}$, $P(B\backslash\bar{A})=\frac{95}{99}$,故由乘法公式有

$$P(\bar{A}B)=P(\bar{A})P(B\backslash\bar{A})=\frac{24}{25}\cdot\frac{95}{99}=\frac{152}{165}.$$

(3) 因 $P(\bar{A})=\frac{24}{25}$, $P(\bar{B}\backslash\bar{A})=\frac{4}{99}$,故由乘法公式有

$$P(\bar{A}\bar{B})=P(\bar{A})P(\bar{B}\backslash\bar{A})=\frac{24}{25}\times\frac{4}{99}=\frac{32}{825},$$

又因事件 AB 与事件 $\bar{A}\bar{B}$ 互斥,故结合(1)及上式有

$$P(AB+\bar{A}\,\bar{B})=P(AB)+P(\bar{A}\bar{B})=\frac{32}{825}+\frac{32}{825}=\frac{64}{825}.$$ 解毕

例 4.27 已知 100 只灯泡中有 10 只次品,作无放回抽取,每次抽取 1 只,求第 3 次才取到正品的概率.

解 记事件 A_i={第 i 次取到正品}($i=1,2,3$),A={第 3 次才取到正品},则 $A=\bar{A}_1\bar{A}_2A_3$,且由假设条件有(注意是无放回抽取)

$$P(\bar{A}_1)=\frac{10}{100},\quad P(\bar{A}_2\backslash\bar{A}_1)=\frac{9}{99},\quad P(A_3\backslash\bar{A}_1\bar{A}_2)=\frac{90}{98},$$

故由乘法公式有

$$P(A)=P(\bar{A}_1\bar{A}_2A_3)=P(\bar{A}_1)\cdot P(\bar{A}_2\backslash\bar{A}_1)\cdot P(A_3\backslash\bar{A}_1\bar{A}_2)$$

$$=\frac{1}{10}\cdot\frac{1}{11}\cdot\frac{45}{49}=\frac{9}{1078}.$$ 解毕

例 4.28 设某光学仪器厂制造的透镜第一次落下时打破的概率为$\frac{1}{2}$,若第一次落下未打破,第二次落下打破的概率为$\frac{7}{10}$,若前两次落下均未打破,第三次落下打破的概率为$\frac{9}{10}$,试求透镜落下三次而未打破的概率.

解 记事件 A_i={透镜第 i 次落下打破}($i=1,2,3$),B={透镜落下三次而未被打破},则 $B=\bar{A}_1\bar{A}_2\bar{A}_3$,且由假设条件有(注意是无放回抽取)

$$P(A_1)=\frac{1}{2},\quad P(A_2\backslash\bar{A}_1)=\frac{7}{10},\quad P(A_3\backslash\bar{A}_1\bar{A}_2)=\frac{9}{10},$$

从而由乘法公式(3.8)得所求概率为

$$\begin{aligned}P(B)&=P(\bar{A}_1\bar{A}_2\bar{A}_3)=P(\bar{A}_1)\cdot P(\bar{A}_2\backslash\bar{A}_1)\cdot P(\bar{A}_3\backslash\bar{A}_1\bar{A}_2)\\&=[1-P(A_1)]\cdot[1-P(A_2\backslash\bar{A}_1)]\cdot[1-P(A_3\backslash\bar{A}_1\bar{A}_2)]\\&=\left(1-\frac{1}{2}\right)\left(1-\frac{7}{10}\right)\left(1-\frac{9}{10}\right)=\frac{3}{200}.\end{aligned}$$ 解毕

例 4.29 已知 $P(A)=0.3, P(B)=0.4, P(A\backslash B)=0.5$，计算：

(1) $P(B\backslash(A+B))$； (2) $P((\bar{A}+\bar{B})\backslash(A+B))$.

解 因 $P(B)=0.4, P(A\backslash B)=0.5$，故由乘法公式有

$$P(AB)=P(A|B)P(B)=0.5\times0.4=0.2,$$

进而结合条件概率的定义、条件 $P(A)=0.3, P(B)=0.4$ 及加法公式有

$$P(B\backslash A)=\frac{P(AB)}{P(A)}=\frac{0.2}{0.3}=\frac{2}{3},\quad P(A+B)=P(A)+P(B)-P(AB)=0.5,$$

再结合条件 $B\subset A+B$ 及 $AB\subset A+B$ 便有

(1) $P(B\backslash(A+B))=\dfrac{P(B(A+B))}{P(A+B)}=\dfrac{P(B)}{0.5}=\dfrac{0.4}{0.5}=\dfrac{4}{5}$.

(2) $P((\bar{A}+\bar{B})\backslash(A+B))=P(\overline{AB}\backslash(A+B))=1-P(AB\backslash A+B)$

$$=1-\frac{P(AB(A+B))}{P(A+B)}=1-\frac{P(AB)}{P(A+B)}=1-\frac{0.2}{0.5}=\frac{3}{5}$$

. **解毕**

4.3.3 全概公式和贝叶斯(逆概)公式

1. 全概公式

全概公式是概率论中的重要公式之一，也是概率加法公式和乘法公式的综合应用，它可使一个复杂事件的概率计算问题，化为在不同情况或不同原因或不同途径下发生的简单事件的概率的求和问题.

定理 4.5(全概公式) 若试验 E 的样本空间为 U，$B_1, B_2, \cdots, B_n$ 为 U 的一个分划，即 $B_1, B_2, \cdots, B_n$ 为一**完备事件组**，亦即事件组 $B_1, B_2, \cdots, B_n$ 满足条件：

(1) $B_1, B_2, \cdots, B_n$ **互不相容(两两互斥)**，即 $B_iB_j=\varnothing (i\neq j, i, j=1,2,\cdots,n)$；

(2) $B_1, B_2, \cdots, B_n$ **具有完全性**，即

$$B_1+B_2+\cdots+B_n=U \text{ 且 } P(B_i)>0\ (i=1,2,\cdots,n),$$

则对 U 中任一事件 A，都有

$$P(A)=P(B_1)P(A\backslash B_1)+P(B_2)P(A\backslash B_2)+\cdots+P(B_n)P(A\backslash B_n), \quad (4.7)$$

并称公式(4.7)为**全概公式**.

利用全概公式(4.7)可以**从较简单事件的概率推算出较复杂事件的概率，即把复杂事件分解成简单事件之和的形式后**，只要求出两两互斥事件组 $AB_1, AB_2, \cdots, AB_n$ 的概率，然后将这些概率相加便可得到事件 A 的概率，**关键是如何找出或构造出完备事件组** $B_1, B_2, \cdots, B_n$.

例 4.30 在装有 3 个黑球和 7 个白球的袋中，无放回从袋中连取 2 个球，求第二次取出的是黑球的概率.

解 记事件 A={第二次取出的是黑球}，B_1={第一次取出的是黑球}，B_2=

{第一次取出的是白球}，则 B_1, B_2 显然构成一完备事件组，且由假设有

$$P(B_1)=\frac{3}{10},\quad P(B_2)=1-P(B_1)=1-\frac{3}{10}=\frac{7}{10},\quad P(A\backslash B_1)=\frac{2}{9},\quad P(A\backslash B_2)=\frac{3}{9},$$

故由全概公式(4.6)有

$$P(A)=P(B_1)P(A\backslash B_1)+P(B_2)P(A\backslash B_2)=\frac{3}{10}\times\frac{2}{9}+\frac{7}{10}\times\frac{3}{9}=\frac{3}{10}.$$ **解毕**

例 4.31　三人同时向一架飞机射击，已知三人都不射中的概率为 0.09，三人中只有一人射中的概率为 0.36，三人中恰有两人射中的概率为 0.41，三人同时射中的概率为 0.14. 又设无人击中飞机不会坠毁，只有一人击中飞机坠毁的概率为 0.2，两人击中飞机坠毁的概率为 0.6，三人击中飞机一定坠毁，求三人同时向飞机射击一次飞机坠毁的概率.

解　记事件 A={飞机坠毁}，B_0={三人都射不中}，B_1={只有一人射中}，B_2={恰有二人射中}，B_3={三人同时射中}，则 B_0, B_1, B_2, B_3 显然构成一完备事件组，且由假设有

$$P(B_0)=0.09,\quad P(B_1)=0.36,\quad P(B_2)=0.41,\quad P(B_3)=0.14;$$

$$P(A\backslash B_0)=0,\quad P(A\backslash B_1)=0.2,\quad P(A\backslash B_2)=0.6,\quad P(A\backslash B_3)=1,$$

故由全概公式(4.7)有

$$\begin{aligned}P(A)&=P(B_0)P(A\backslash B_0)+P(B_1)P(A\backslash B_1)+P(B_2)P(A\backslash B_2)+P(B_3)P(A\backslash B_3)\\&=0.09\times0+0.36\times0.2+0.41\times0.6+0.14\times1=0.458.\end{aligned}$$ **解毕**

2. 逆概公式(或贝叶斯公式)

利用全概公式，可通过综合分析一事件发生的不同原因、情况或途径及其可能性来求得该事件发生的概率. 下面给出的贝叶斯公式则考虑与之完全相反的问题，即一事件已经发生，要考察该事件发生的各种原因、情况或途径的可能性. 例如，有三个放有不同数量和颜色的球的箱子，现从任一箱中任意摸出一个球，发现是红球，求该球是取自 1 号箱的概率，或问：该球取自哪号箱的可能性最大?

定理 4.6(逆概公式)　若试验 E 的样本空间为 U，$B_1, B_2, \cdots, B_n$ 为一**完备事件组**，且 $P(A)>0$ 和 $P(B_i)>0(i=1,2,\cdots,n)$，则对 U 中任一事件 A，都有

$$P(B_i\backslash A)=\frac{P(B_i)P(A\backslash B_i)}{P(B_1)P(A\backslash B_1)+P(B_2)P(A\backslash B_2)+\cdots+P(B_n)P(A\backslash B_n)}$$

$$(i=1,2,\cdots,n), \tag{4.8}$$

并称公式(4.8)为**逆概公式(或贝叶斯公式)**.

逆概公式主要用于：在已知事件 A 发生的条件下，来判断事件 A 是伴随着事件组 $B_1, B_2, \cdots, B_n$ 中的哪一个事件发生的情况下而发生的概率. 特别地，若在公式(4.7)和公式(4.8)中取 $n=2$，并记 B_1-B，则 $B_2=\bar{B}$，于是公式(4.7)和公式

(4.8)分别成为

$$P(A)=P(B)P(A\backslash B)+P(\bar{B})P(A\backslash\bar{B})$$

和

$$P(B\backslash A)=\frac{P(AB)}{P(A)}=\frac{P(B)P(A\backslash B)}{P(B)P(A\backslash B)+P(\bar{B})P(A\backslash\bar{B})}.$$

另外,公式(4.8)中的 $P(A_i)$ 和 $P(A_i\backslash B)$ 分别称为原因验前概率和验后概率,且 $P(A_i)(i=1,2,\cdots,n)$ 是在没有进一步信息(不知道事件 B 是否发生)的情况下诸事件发生的概率.当获得新的信息(即知道 B 发生)后,人们便对诸事件发生的概率 $P(A_i|B)$ 有了新的估计,贝叶斯公式正是从数量上刻画了这种变化.

例 4.32 箱中有一号袋 1 个,二号袋 2 个.一号袋中装 1 个红球、2 个黄球,每个二号袋中装 2 个红球、1 个黄球.现从箱中随机抽取一袋,再从袋中随机抽取 1 个球,结果是红球,求这个红球来自一号袋的概率.

解 记事件 $A=\{$取到红球$\}$,$B=\{$取到一号袋$\}$,则 $\bar{B}=\{$取到二号袋$\}$,则 B,$\bar{B}$ 显然构成一完备事件组及由假设有

$$P(B)=\frac{1}{3},\quad P(\bar{B})=\frac{2}{3},\quad P(A\backslash B)=\frac{1}{3},\quad P(A\backslash\bar{B})=\frac{2}{3},$$

故由逆概公式有

$$P(B\backslash A)=\frac{P(B)P(A\backslash B)}{P(B)P(A\backslash B)+P(\bar{B})P(A\backslash\bar{B})}=\frac{\frac{1}{3}\times\frac{1}{3}}{\frac{1}{3}\times\frac{1}{3}+\frac{2}{3}\times\frac{2}{3}}=\frac{1}{5}.$$ **解毕**

例 4.33 某人乘火车、轮船、汽车、飞机来的概率分别是 0.3,0.2,0.1 和 0.4.若他乘火车、轮船、汽车来,迟到的概率分别为 0.2,0.3 和 0.5,若乘飞机来则不会迟到.结果他迟到了,问他乘火车来的概率是多少?

解 记事件 $A=\{$迟到$\}$,$B_1=\{$乘火车$\}$,$B_2=\{$乘轮船$\}$,$B_3=\{$乘汽车$\}$,$B_4=\{$乘飞机$\}$,则 B_1,B_2,B_3,B_4 显然构成一完备事件组,且由假设有

$$P(B_1)=0.3,\quad P(B_2)=0.2,\quad P(B_3)=0.1,\quad P(B_4)=0.4,$$

$$P(A/B_1)=0.2,\quad P(A/B_2)=0.3,\quad P(A/B_3)=0.5,\quad P(A/B_4)=0,$$

故由逆概公式知,所求概率为

$$P(B_1\backslash A)=\frac{P(B_1)P(A/B_1)}{P(B_1)P(A/B_1)+P(B_2)P(A/B_2)+P(B_3)P(A/B_3)+P(B_4)P(A/B_4)}$$

$$=\frac{0.3\times0.2}{0.3\times0.2+0.2\times0.3+0.1\times0.5+0.4\times0}=\frac{0.06}{0.17}=\frac{6}{17}.$$ **解毕**

4.3.4 事件的独立性

由例 4.26 知,从有 4 件次品的 100 件产品中无放回从中抽取两次,每次抽取

1 件，并记事件 $A=\{$第一次取到次品$\}$，$B=\{$第二次取到正品$\}$，则已计算出 $P(A)=\frac{1}{25}$，$P(AB)=\frac{32}{825}$，且不难计算出 $P(B)=\frac{C_{96}^1C_{95}^1+C_4^1C_{96}^1}{P_{100}^2}=\frac{24}{25}$，由此可看出：

$$P(AB)=\frac{32}{825}\neq\frac{24}{625}=\frac{1}{25}\cdot\frac{24}{25}=P(A)\cdot P(B),$$

即 $P(AB)\neq P(A)\cdot P(B)$. 但是，若将"**无放回抽取**"的条件改为"**有放回抽取**（即第一次取到产品并确认它是正品还是次品，然后放回去再作第二次抽取）"，则有概率

$$P(A)=\frac{4}{100}=\frac{1}{25},\quad P(B)=\frac{96}{100}=\frac{24}{25},\quad P(B\backslash A)=\frac{96}{100}=\frac{24}{25},$$

由此有 $P(B\backslash A)=P(B)$（即事件 A 的发生与否并不影响事件 B 发生的概率），且由乘法公式还有

$$P(AB)=P(A)P(B\backslash A)=\frac{1}{25}\times\frac{24}{25}=P(A)P(B),$$

即**第一次取得正品还是次品，对第二次取得正品没有影响**，亦即两次取产品的做法是互不影响的，也就是**相互独立的**.

一般来说，事件 A 的发生对事件 B 发生的概率是有影响的，即 $P(B\backslash A)\neq P(B)$，只有这种影响消除之后才会有 $P(B\backslash A)=P(B)$，从而有

$$P(AB)=P(A)\cdot P(B\backslash A)=P(A)\cdot P(B).$$

另外，**由乘法公式易证**：对事件 A,B，当 $P(A)>0$ 时有

$$P(B\backslash A)=P(B)\Leftrightarrow P(AB)=P(A)\cdot P(B),$$

由此可给出事件相互独立的定义如下.

定义 4.6　若事件 A,B 满足条件：

$$P(AB)=P(A)\cdot P(B),\tag{4.9}$$

则称事件 A 与 B **相互独立**，简称 A 与 B **独立**，即

$$\text{事件 } A \text{ 与 } B \text{ 相互独立}\Leftrightarrow P(AB)=P(A)\cdot P(B).$$

事件 A 与 B 相互独立说明：一个事件的发生与否并不影响另一个事件的发生.

由乘法公式易知：当事件 A 与 B 相互独立时有

$$P(B\backslash A)=P(B),\quad P(A\backslash B)=P(A),$$

且不难验证：当 A 与 B 相互独立时，$\bar{A}$ 与 B，A 与 $\bar{B}$，$\bar{A}$ 与 $\bar{B}$ 均相互独立（见习题四）.

事件独立性的概念还可推广到任意有限个事件的情形，即有下面的定义.

定义 4.7　若 $A_1,A_2,\cdots,A_n$ 为 n 个事件，且 $\forall\, 2\leqslant k\leqslant n$ 及 $1\leqslant i_1<i_2<\cdots<i_k\leqslant n$，都有

$$P(A_{i_1}A_{i_2}\cdots A_{i_k})=P(A_{i_1})\cdot P(A_{i_2})\cdot\cdots\cdot P(A_{i_k}),\tag{4.10}$$

则称事件组 $A_1, A_2, \cdots, A_n$ **相互独立**，如

$$A,B,C \text{ 相互独立} \Leftrightarrow P(AB)=P(A)\cdot P(B),\quad P(AC)=P(A)\cdot P(C),$$
$$P(BC)=P(B)\cdot P(C),\quad P(ABC)=P(A)\cdot P(B)\cdot P(C).$$

定理 4.7 若 $A_1, A_2, \cdots, A_n$ 为相互独立事件组，则

(1) $P(A_1+A_2+\cdots+A_n)=1-P(\bar{A}_1)\cdot P(\bar{A}_2)\cdot\cdots\cdot P(\bar{A}_n)$；

(2) 事件组 $A_1, A_2, \cdots, A_n$ 中的任意 $k\,(2\leqslant k\leqslant n)$ 个事件也相互独立；

(3) 当 $n\geqslant 2$ 时，将事件组 $A_1, A_2, \cdots, A_n$ 中的任意 $k\,(1\leqslant k\leqslant n)$ 个事件换成它们的对立事件后所得到的 n 个事件仍相互独立.

在实际问题中，常常根据问题的具体情况，按照独立性的直观意义来判定事件的独立性，较少用定义的方法来判别，定义一般用于理论上的探讨(见下面例子).

例 4.34 设试验 E 为"抛甲、乙两枚均匀硬币，观察正反面出现的情况"，并设事件 $A=\{$甲币出现 H(即正面朝上)$\}$， 事件 $B=\{$乙币出现 T(即反面朝上)$\}$，判断事件 A 与 B 是否相互独立?

解 因 E 的样本空间 $U=\{HH,HT,TH,TT\}$，且

$$A=\{HH,HT\},\quad B=\{HT,TT\},\quad AB=\{HT\},\quad B\backslash A=\{HT\},$$

故由古典概型的概率计算公式有

$$P(A)=\frac{2}{4}=\frac{1}{2},\quad P(B)=\frac{2}{4}=\frac{1}{2},\quad P(AB)=\frac{1}{4},\quad P(B\backslash A)=\frac{1}{2},$$

由此有 $P(AB)=\frac{1}{4}=P(A)\cdot P(B)$，故事件 A 与 B 相互独立，即"甲币是否出现正面与乙币是否出现反面是互不影响的". **解毕**

例 4.35 甲、乙两人各投篮一次，设甲投中的概率为 0.7，乙投中的概率为 0.8，求：

(1) 两人都投中的概率；(2) 至少有一人投中的概率；(3) 恰有一人投中的概率.

解 记事件 $A=\{$甲投中$\}$，$B=\{$乙投中$\}$. 因易知事件 A 与 B 相互独立，且由假设有 $P(A)=0.7$，$P(B)=0.8$，故有 $P(\bar{A})=1-P(A)=0.3$，$P(\bar{B})=1-P(B)=0.2$，从而所求概率分别为

(1) $P(AB)=P(A)P(B)=0.7\times 0.8=0.56$；

(2) $P(A+B)=P(A)+P(B)-P(AB)=0.7+0.8-0.56=0.94$；

(3) $P(A\bar{B}+\bar{A}B)=P(A\bar{B})+P(\bar{A}B)=P(A)P(\bar{B})+P(\bar{A})P(B)$
$=0.7\times 0.2+0.3\times 0.8=0.38.$ **解毕**

例 4.36 加工某一零件共需经过四道工序，且已知第一、二、三、四道工序的次品率分别为 2%，3%，5%和 3%. 假定各道工序是互不影响的，求加工出来的零件的次品率.

解 记事件 $A_i=\{$第 i 道工序发生次品$\}$ $(i=1,2,3,4)$，$A=\{$加工出来的零件

为次品}，则 $\bar{A}=\overline{A_1}\,\overline{A_2}\,\overline{A_3}\,\overline{A_4}=\{$加工出来的零件为正品$\}$，且 $P(A_1)=0.02$，$P(A_2)=0.03$，$P(A_3)=0.05$，$P(A_4)=0.03$，以及由题设知事件组 A_1,A_2,A_3,A_4 相互独立，故有

$$\begin{aligned}P(\bar{A})&=P(\overline{A_1})P(\overline{A_2})P(\overline{A_3})P(\overline{A_4})\\&=[1-P(A_1)][1-P(A_2)][1-P(A_3)][1-P(A_4)]\\&=(1-0.02)(1-0.03)(1-0.05)(1-0.03)=0.8759779\approx0.876,\end{aligned}$$

进而有

$$P(A)=1-P(\bar{A})\approx1-0.876=0.124.$$

解毕

习　题　4.3

1. 已知 $P(A)=\dfrac{1}{3}$，$P(B\backslash A)=\dfrac{1}{4}$ 和 $P(A\backslash B)=\dfrac{1}{6}$，求 $P(A+B)$.

2. 设某种动物由出生算起活到 20 年以上的概率为 0.8，活到 25 年以上的概率为 0.4. 问现年 20 岁的这种动物，它能活到 25 岁以上的概率是多少？

3. 人们为了解一支股票未来一定时期内价格的变化，往往会去分析影响股票价格的基本因素，如利率的变化. 现假设人们经分析估计利率下调的概率为 60%，利率不变的概率为 40%. 根据经验，人们估计在利率下调的情况下该支股票价格上涨的概率为 80%，而在利率不变的情况下其价格上涨的概率为 40%，求该支股票将上涨的概率.

4. 某商店收进甲厂生产的产品 30 箱，乙厂生产的同种产品 20 箱，甲厂每箱装 100 个，废品率为 0.06，乙厂每箱装 120 个，废品率为 0.05，求：

(1) 任取一箱，从中任取一个为废品的概率；

(2) 若将所有产品开箱混放，求任取一个为废品的概率.

5. 有三个罐子，1 号装有 2 红 1 黑共 3 个球，2 号装有 3 红 1 黑共 4 个球，3 号装有 2 红 2 黑共 4 个球. 某人从中随机取一罐，再从中任意取出一球，求取得红球的概率.

6. 对以往数据分析结果表明，当机器调整得良好时，产品的合格率为 98%，而当机器发生某种故障时，其合格率为 55%. 每天早上机器开动时，机器调整良好的概率为 95%，试求某日早上第一件产品为合格品时机器调整良好的概率.

7. 某工人每天出废品的概率都为 0.2，求在 4 天中：

(1) 都不出废品的概率；　　(2) 至少有一天出废品的概率；

(3) 仅有一天出废品的概率；　　(4) 最多有一天出废品的概率；

(5) 第一天出废品，其余各天都不出废品的概率.

8. 设 A,B 是两个事件，且已知 $P(A)=0.3$，$P(B)=0.6$，试在下列两种情况中分别求出条件概率 $P(A\backslash B)$ 和条件概率 $P(\bar{A}\backslash\bar{B})$.

(1) 事件 A,B 互不相容； (2) 事件 A 包含于事件 B，即 $A\subset B$.

习 题 四

一、单项选择题

1. 以下命题不正确的是 【 】

A. $AB+A\bar{B}=A$； B. 若 $A\subset B$，则 $AB=B$；

C. 若 $A\subset B$，则 $\bar{B}\subset\bar{A}$； D. 若 $A\subset B$，则 $A+B=B$.

2. 某学生做了三道题，并记事件 $A_i=\{$做对第 i 题$\}(i=1,2,3)$，则该生至少做对两道题的事件可表示为 【 】

A. $\bar{A}_1A_2A_3+A_1\bar{A}_2A_3+A_1A_2\bar{A}_3$； B. $\bar{A}_1\bar{A}_2A_3+\bar{A}_1A_2\bar{A}_3+A_1\bar{A}_2\bar{A}_3$；

C. $\overline{A_1A_2A_3}$； D. $A_1A_2+A_2A_3+A_1A_3$.

3. 若事件 A 与 B 相容，则 【 】

A. $P(A+B)=P(A)+P(B)$；

B. $P(A+B)=P(A)+P(B)-P(AB)$；

C. $P(A+B)=1-P(\bar{A})-P(\bar{B})$；

D. $P(A+B)=1-P(\bar{A})P(\bar{B})$.

4. 事件 A 与 B 互相对立的充要条件是 【 】

A. $P(AB)=P(A)P(B)$； B. $P(AB)=0$ 且 $P(A+B)=1$；

C. $AB=\varnothing$ 且 $A+B=U$； D. $AB=\varnothing$.

5. 若 $P(B)>0$ 且 $A_1A_2=\varnothing$，则下列结论中错误的是 【 】

A. $P(A_1\backslash B)\geqslant 0$； B. $P((A_1+A_2)\backslash B)=P(A_1\backslash B)+P(A_2\backslash B)$；

C. $P(A_1A_2\backslash B)=0$； D. $P(\bar{A}_1\bar{A}_2\backslash B)=1$.

6. 若 $P(A)>0,P(B)>0$ 且 $P(A\backslash B)=P(A)$，则下列结论中正确的是 【 】

A. $P(B\backslash A)=P(B)$； B. $P(A\backslash B)=P(\bar{B})$；

C. 事件 A 与 B 相容； D. 事件 A 与 B 不相容.

7. 若事件 A 与 B 相互独立，且 $P(B)>0$，则下列结论中正确的是 【 】

A. $P(B\backslash A)=P(AB)$； B. $P(A\backslash B)=P(A)$；

C. 事件 A 与 B 相容； D. 事件 A 与 B 不相容.

8. 若事件 A,B 满足条件 $P(AB)=0$，则 【 】

A. 事件 A 与 B 互斥； B. AB 是不可能事件；

C. AB 未必是不可能事件； D. $P(A)=0$ 或 $P(B)=0$.

9. 若 A,B 为两个事件，则 $P(A-B)=$ 【 】

A. $P(A)-P(B)$； B. $P(A)-P(B)+P(AB)$；

C. $P(A)-P(AB)$；　　D. $P(A)+P(B)-P(AB)$.

10. 若事件 A={甲种产品畅销,乙种产品滞销},则 $\bar{A}$=　【　】

A. {甲种产品滞销,乙种产品畅销}；　B. {甲、乙两种产品均畅销}；

C. {甲种产品滞销}；　　D. {甲种产品滞销或乙种产品畅销}.

11. 若 A,B 为两个随机事件,且 $B\subset A$,则下列结论中正确的是　【　】

A. $P(A+B)=P(A)$；　　B. $P(AB)=P(A)$；

C. $P(B\backslash A)=P(B)$；　　D. $P(B-A)=P(B)-P(A)$.

12. 若随机事件 A 与 B 满足等式 $P(B\backslash A)=1$,则　【　】

A. A 是必然事件；　B. $P(B\backslash\bar{A})=0$；　C. $A\supset B$；　D. $A\subset B$.

二、填空题

1. 设随机试验 E 对应的样本空间为 U,则与 U 中任何事件都不相容的事件为__________,与 U 中任何事件都相互独立的事件为__________；另外,若 E 还是等可能型随机试验且 U 包含 10 个样本点,则按古典概率的定义其任一基本事件发生的概率为__________.

2. 若 A 表示某甲得 100 分的事件,B 表示某乙得 100 分的事件,则

(1) $\bar{A}$ 表示__________分的事件；　(2) $A+B$ 表示__________分的事件；

(3) AB 表示__________分的事件；　(4) $A\bar{B}$表示__________分的事件；

(5) $\bar{A}\bar{B}$ 表示__________分的事件；　(6) $\overline{AB}$表示__________分的事件.

3. 若事件 A,B,C 相互独立,则 $P(A+B+C)=$__________.

4. 若事件 A,B 相互独立,且 $P(A)=0.5$,$P(B)=0.25$,则 $P(A+B)=$__________.

5. 设 $P(A)=P(B)=P(C)=\dfrac{1}{4}$,$P(AB)=P(AC)=P(BC)=\dfrac{1}{8}$,$P(ABC)=\dfrac{1}{16}$,则 $P(A+B+C)=$__________；$P(\bar{A}\bar{B}\bar{C})=$__________.

6. 将 C,C,E,E,I,N,S 七个字母随机地排成一行,则恰好排成英文单词 SCIENCE 的概率为__________.

7. 在$[-1,1]$上任取一点,则该点到原点距离不超过$\dfrac{1}{3}$的概率是__________.

8. 若有 n 个人随机地站成一列,其中有甲、乙两个,则夹在甲和乙之间恰有 r 个人的概率为__________.

9. 对事件 A,B,若 $P(A)=0.6$,$P(B)=0.7$,则 $P(AB)$可能取到的最大值是__________,$P(AB)$可能取到的最小值是__________；$P(A+B)$可能取到的最大值是__________,$P(A+B)$可能取到的最小值是__________.

10. 由装有 3 个白球 2 个黑球的甲箱中,随机地取出 2 个球,然后放到装有 4

个白球和 4 个黑球的乙箱中,则最后从乙箱中取出 1 个球,此球为白球的概率为__________.

三、解答题

1. 用集合的形式写出下列随机试验的样本空间 U 与随机事件 A:

(1) 掷一颗骰子,观察向上一面的点数;事件 A 表示"出现奇数点";

(2) 某射手向同一目标连续进行射击,一旦击中目标便停止射击,观察射击的次数;事件 A 表示"射击不超过 3 次";

(3) 把单位长度的一根细棒折成三段,观察各段的长度;事件 A 表示"三段细棒能构成一个三角形".

2. 若 A,B 是随机试验样本空间 U 中的随机事件,且 $U=\{x|0\leqslant x\leqslant 5\}$,$A=\{x|1\leqslant x\leqslant 2\}$,$B=\{x|0\leqslant x\leqslant 2\}$. 试求:

(1) $A+B$; (2) AB; (3) $A-B$; (4) $B-A$; (5) $\bar{A}$.

3. 一个口袋里装有 10 只球,这些球上分别编有号码 1,2,…,10,现随机从口袋里取出 3 只球. 试求:(1) 最小号码是 5 的概率;(2) 最大号码是 5 的概率.

4. 一份试卷上有 6 道题,某学生在解答时由于粗心随机地犯了 4 处不同的错误. 试求:

(1) 这 4 处错误发生在最后一道题上的概率;

(2) 这 4 处错误发生在不同题上的概率;

(3) 至少有 3 道题全对的概率.

5. 在单位圆内随机地取一点 Q,试求以 Q 为中点的弦长超过 1 的概率.

6. 从 5 双不同的鞋中任取 4 只,求这 4 只鞋子中至少有 2 只能配成一双的概率.

7. 一个盒子中装有 10 只晶体管,其中有 3 只是不合格品,现无放回从盒中连取 2 只,试求下列事件的概率:

(1) 2 只都是合格品; (2) 1 只合格、1 只不合格; (3) 至少有 1 只合格.

8. 某商店出售晶体管,每盒装 100 只,且已知每盒混有 4 只不合格品. 商店采用"缺一赔十"的销售方式,即顾客买一盒晶体管,如果随机抽取 1 只发现是不合格品,商店要立刻把 10 只合格品的晶体管放在盒中,不合格的那只不再放回. 某顾客在一个盒中随机先后抽取 3 只进行测试,试求他发现全是不合格品的概率.

9. 一射手向同一目标进行四次独立的射击,且至少射中一次的概率为 $\frac{80}{81}$,求此射手每次射击的命中率.

10. 5 名篮球运动员独立进行投篮,每个运动员投篮的命中率都是 80%. 他们各投一次篮,试求:(1)恰有 4 次命中的概率;(2)至少有 4 次命中的概率;(3)至多有 4 次命中的概率.

11. 盒中装有 6 只乒乓球,其中 4 只是新球. 第一次比赛时随机从盒中取出 2 只球,使用后放回盒中,第二次比赛时又随机从盒中取出 2 只球. 试求:

(1) 第二次取出的球全是新球的概率;

(2) 已知第二次取出的球全是新球,求第一次比赛时取的球恰含一个新球的概率.

12. 甲、乙、丙三人抢答一道智力竞赛题,他们抢到答题权的概率分别为 0.2, 0.3 和 0.5,而他们能将题答对的概率则分别为 0.9,0.4 和 0.4. 现在这道题已经答对,问甲、乙、丙三人谁答对的可能性最大.

13. 甲、乙、丙三个炮兵阵地向同一目标发射的炮弹数之比为 1∶7∶2,而各阵地每发炮弹命目标的概率分别为 0.05,0.1 和 0.2. 现在目标已被击毁,试求目标被甲阵地发射的炮弹击毁的概率.

14. 证明:若随机事件 A 与 B 相互独立,则 $\bar{A}$ 与 B,A 与 $\bar{B}$,$\bar{A}$ 与 $\bar{B}$ 均相互独立.

第5章 随机变量及其数字特征

对于一个随机试验,我们所关心的是与所研究的特定问题有关的某个或某些量,而这些量就是**随机变量**. 可以说,随机事件是从静态的观点来研究随机现象,而随机变量则是从动态的观点来进行研究. 由此可见,概率论能从计算一些孤立事件的概念发展为一个更高的理论体系,其基础概念就是随机变量. 所以,为进一步从数量上研究随机现象的统计规律性,有必要把随机试验的结果或事件数量化,即把样本空间中的样本点 ω 与数联系起来,建立起某种对应关系. 本章主要介绍随机变量的概念,并在此基础上研究有关随机变量的分布问题和介绍一些常见的分布,最后讨论如何用确定的数值来刻画随机变量的统计特征(称为**数字特征**)及其性质.

5.1 随机变量及其分布

5.1.1 随机变量及随机变量的分布函数

1. 随机变量

概率论与数理统计都是从数量上来研究随机现象的统计规律性,即需将随机事件数量化. 随机事件数量化就是把随机试验中出现的结果(一般不止一个)用实数 X(即变量)来表示,由此便可引出随机变量的概念.

定义 5.1 在随机试验中,称随着试验结果变化而变化的变量为**随机变量**.

显然,随机变量是随机现象的数量化,即随机变量是用来表示每个随机试验结果的变量,一般用英文大写字母 $X,Y,Z,\cdots$ 来表示随机变量,而表示随机变量的取值时,常采用小写字母 $x,y,z,\cdots$ 来表示.

例 5.1 考察"抛掷一枚均匀硬币"的试验,它有两种可能的结果:

$$\omega_1=\{出现正面\},\quad \omega_2=\{出现反面\}.$$

将试验的每一个结果用一个实数 X 来表示:**出现正面用数字 1,即用数字 1 代表 ω_1 表示的结果(向上的面出现正面);出现反面用数字 0,即用数字 0 代表 ω_2 表示的结果(向上的面出现反面)**. 于是,试验结果可简单说成是数字 1 或数字 0,即有对应关系:

$$X=\begin{cases}1, & 当出现正面时,\\ 0, & 当出现反面时,\end{cases}$$

且已知 $P(X=1)=\frac{1}{2}$, $P(X=0)=\frac{1}{2}$. 由此可见, X 确实是一个随机变量,因而可把对随机事件的研究转化为对随机变量的研究.

例 5.2 在含有 10 件次品的 100 件产品中任意抽取 4 件,求可能含有次品件数的结果.

解 若用 X 表示取到的次品件数,则 X 将随着抽取结果的变化而变化,因而 X 是一个随机变量,且 X 可能的取值分别是 0,1,2,3,4. **解毕**

2. 随机变量的分布函数

研究随机变量,要把握两个方面:一是随机变量可能要取哪些值;二是随机变量以多大的概率取这些值. 为了更清楚地研究随机变量和随机变量与概率的关系,我们引入下面分布函数的概念.

定义 5.2 若 X 为随机变量,则称随机事件 $\{X\leqslant x\}$ 的概率构成的实值函数

$$F(x)=P(X\leqslant x)=P(-\infty<X\leqslant x)\ (-\infty<x<+\infty)$$

为随机变量 X 的**分布函数**(简称**分布**),它表示随机变量 X 在区间 $(-\infty,x]$ 上取值的概率.

分布函数 $F(x)$ 具有以下性质.

性质 5.1(非负有界性) $0\leqslant F(x)\leqslant 1, x\in \mathbf{R}$.

性质 5.2(单调递增性) $F(x)$ 在 $\mathbf{R}$ 内递增,即当 $x_1<x_2$ 时,有 $F(x_1)\leqslant F(x_2)$.

性质 5.3 当 $x_1<x_2$ 时,有 $P(x_1<X\leqslant x_2)=F(x_2)-F(x_1)$.

性质 5.4 $F(-\infty)=\lim\limits_{x\to-\infty}F(x)=0, F(+\infty)=\lim\limits_{x\to+\infty}F(x)=1$.

从随机试验的结果来看,随机变量主要有两种不同的类型:一种称为**离散型随机变量**,即试验的结果可以一一列举出来;另一种称为**连续型随机变量**,即试验结果不可以一一列举出来,而是可以取到某个区间上的所有值.

5.1.2 离散型随机变量及其分布

1. 离散型随机变量及其分布列

定义 5.3 若随机变量 X 可能取的值为有限个或可数无限个(称为至多可数个),则称 X 为**离散型随机变量**.

定义 5.4 若离散型随机变量 X 的一切可能的取值(即**正概率点**)为 $x_1, x_2,\cdots,x_M$ (M 为正整数或 $M=+\infty$),则称概率

$$P(X=x_k)=p_k\ (k=1,2,\cdots,M)$$

为离散型随机变量 X 的**分布列**或**分布律**. 显然,可将上述分布列表为如下表格的形式

X	x_1	x_2	$\cdots$	x_k	$\cdots$	x_M
$P(X=x_k)=p_k$	p_1	p_2	$\cdots$	p_k	$\cdots$	p_M

且概率值 $p_k(k=1,2,\cdots,M)$满足下列两个条件(其中 M 为正整数或$M=+\infty$):

(1) $0<p_k\leqslant 1(k=1,2,\cdots,M)$; (2) $\sum\limits_{k=1}^{M}p_k=1$,

以及$\{X=x_1\},\{X=x_2\},\cdots,\{X=x_M\}$为**一完备事件组**.

例 5.3 抛掷一颗均匀的骰子,求向上的面出现的点数的分布列.

解 用 X 表示向上的面出现的点数,则 X 可能的取值分别是 1,2,3,4,5,6,且出现各点的概率均为$\frac{1}{6}$,故 X 的分布列为

X	1	2	3	4	5	6
$p_k=P(X=k)$	$\frac{1}{6}$	$\frac{1}{6}$	$\frac{1}{6}$	$\frac{1}{6}$	$\frac{1}{6}$	$\frac{1}{6}$

解毕

例 5.4 从有 2 个一级品,3 个二级品的产品中随机取出 3 个产品,求取出的产品中一级品的个数的分布列.

解 用 X 表示取出的产品中一级品的个数,则 X 可能的取值分别是 0,1,2,且可由古典概率的计算方法计算出 X 的分布列如下表.

X	0	1	2
$p_k=P(X=k)$	$\frac{1}{10}$	$\frac{6}{10}$	$\frac{3}{10}$

解毕

2. 离散型随机变量的分布函数

若 X 为离散型随机变量,且 X 的分布列为(其中 M 为正整数或$M=+\infty$)

X	x_1	x_2	$\cdots$	x_k	$\cdots$	x_M
$P(X=x_k)=p_k$	p_1	p_2	$\cdots$	p_k	$\cdots$	p_M

则随机变量 X 的**分布函数**为

$$F(x)=P(X\leqslant x)=\sum_{x_k\leqslant x}P(X=x_k)=\sum_{x_k\leqslant x}p_k=\begin{cases}0, & x<x_1,\\ p_1, & x_1\leqslant x<x_2,\\ p_1+p_2, & x_2\leqslant x<x_3,\\ \cdots\cdots \end{cases}(x\in\mathbf{R}).$$

3. 几个常见的离散型随机变量的分布

1）**两点分布**

定义 5.5　若离散型随机变量 X 的分布列为$(0<p<1)$：

X	0	1
$p_k=P(X=k)$	p	$1-p$

则称 X 为服从以 p 为参数的**两点分布**，记为 $X\sim B(1,p)$，且其**分布函数**为

$$F(x)=P(X\leqslant x)=\begin{cases}0, & x<0,\\ p, & 0\leqslant x<1,\\ 1, & 1\leqslant x.\end{cases}$$

例 5.5　从次品率为 3%的一批产品中，随机抽取 1 件产品进行检验，求次品件数的分布列和分布函数.

解　若用 X 表示所取出的正品件数，并记事件$\{X=0\}=\{$抽取的产品为次品$\}$，$\{X=1\}=\{$抽取的产品为正品$\}$，则由假设有 $P(X=0)=0.03$，$P(X=1)=0.97$，即 $X\sim B(1,0.03)$，由此知 X 的分布列为

X	0	1
$p_k=P(X=k)$	0.03	0.97

从而随机变量 X 的分布函数 $F(x)=P(\{X\leqslant x\})=\begin{cases}0, & x<0,\\ 0.03, & 0\leqslant x<1,\\ 1, & x\geqslant 1.\end{cases}$　　**解毕**

在现实生活和社会中，还有很多现象可以归结为二点分布. 例如，抛一次硬币出现"正面"与"反面"；一次射击打靶的"中"与"不中"；进行一次试验的"成功"与"失败"等.

2）**二项分布**

定义 5.6　若离散型随机变量 X 的分布列为

$$P(X=k)=C_n^k p^k q^{n-k}\,(k=0,1,2,\cdots,n;0<p<1,q=1-p),$$

其表格形式为

X	0	1	2	$\cdots$	n
$p_k=P(X=k)$	$C_n^0p^0q^{n-0}$	$C_n^1p^1q^{n-1}$	$C_n^2p^2q^{n-2}$	$\cdots$	$C_n^np^nq^{n-n}$

则称 X 为服从以 n,p 为参数的**二项分布**,记为 $X \sim B(n,\ p)$.

二项分布的特点:①每次试验只有两个结果;②相同的试验独立重复 n 次.因此,若某事件在 n 次相同的独立试验中发生 k 次,则用二项分布来计算该事件发生 k 次的概率.

例 5.6 据调查,市场上假冒的某名牌香烟有 15%,某人每年买 20 条这个品牌的香烟,求他至少买到 1 条假香烟的概率.

解 假设他买到 X 条假烟.因对一条香烟来说,真假必居其一且只居其一,且为假的概率是 15%,为真的概率是 85%.显然,X 的可能取值为 $0,1,2,\cdots,20$,故 X 为服从二项分布的随机变量,且由假设知 $X \sim B(20,\ 0.15)$.

若 20 条香烟全真,则取 $X=0$,此时有

$$P(X=0)=C_{20}^{0}\times 0.15^{0}\times(1-0.15)^{20-0}=1\times 1\times 0.85^{20}\approx 0.039,$$

从而所求概率为 $p=1-P(X=0)\approx 1-0.039=0.961$.

由此可见,该人每年至少买到 1 条假香烟的概率是非常大的. **解毕**

3) **泊松(Poisson)分布**

定义 5.7 若离散型随机变量 X 的分布列为

$$P(X=k)=\frac{\lambda^{k}}{k!}e^{-\lambda}\ (k=0,1,2,\cdots;\lambda>0),$$

其表格形式为

X	0	1	2	…
$p_k=P(X=k)$	$\frac{\lambda^0}{0!}e^{-\lambda}$	$\frac{\lambda^1}{1!}e^{-\lambda}$	$\frac{\lambda^2}{2!}e^{-\lambda}$	…

则称 X 为服从以 λ 为参数的**泊松分布**,记为 $X \sim \pi(\lambda)$.

泊松分布通常运用在确定的时间内通过某交通路口的小轿车的辆数;容器内的细菌数;铸件的疵点数;交换台电话被呼叫的次数,等等.

例 5.7 电话交换台每分钟接到的呼叫次数 X 为随机变量,设 $X \sim \pi(3)$,求一分钟内呼叫次数不超过 1 次的概率(**注**:参数 $\lambda=3$ 表示该电话交换台平均每分钟接到 3 次呼叫).

解 因 $X \sim \pi(3)$,即 $\lambda=3$,故 $P(X=k)=\frac{3^{k}}{k!}e^{-3}\ (k=0,1,2,\cdots)$,从而所求事件 $A=\{$一分钟内呼叫次数不超过 1 次$\}=\{X\leqslant 1\}=\{X=0\}+\{X=1\}$的概率为

$$P(A)=P(X\leqslant 1)=P(X=0)+P(X=1)=\frac{3^{0}}{0!}e^{-3}+\frac{3^{1}}{1!}e^{-3}=4e^{-3}\approx 0.199.$$

解毕

在实际计算中,当 n 较大且 p 较小(如 $np<5$)时,通常可把泊松分布作为二项

分布的近似分布来应用，其中取 $\lambda=np$，从而通过查泊松分布表便可得到所要求的结果.

例 5.8　在一批次品率为 0.015 的产品中，求抽取 100 件这样的产品恰有 1 件是次品的概率.

解法 1　若用 X 表示抽取的 100 件产品中次品的件数，则易知 $X\sim B(100, 0.015)$，故

$$P(X=1)=C_{100}^{1}\times 0.015^{1}\times(1-0.015)^{100-1}=100\times 0.015\times 0.985^{99}\approx 0.33595.$$

解法 2　因 $n=100, p=0.015$ 且 $np=100\times 0.015=1.5<5$，故可取 $\lambda=1.5$，从而由泊松分布的概率计算公式可得所求概率为

$$P(X=1)=\frac{1.5^{1}}{1!}e^{-1.5}=\frac{1.5}{e^{1.5}}=\frac{1.5}{\sqrt{e^{3}}}\approx 0.334695.$$

由此可见，两种解法的结果相差很小.　**解毕**

4) **离散型均匀分布**

定义 5.8　若离散型随机变量 X 取有限个互不相同的值 $x_1, x_2, \cdots, x_n$（不妨设 $x_1<x_2<\cdots<x_n$），且其分布列为 $P(X=x_1)=P(X=x_2)=\cdots=P(X=x_n)=\frac{1}{n}$，表格形式为

X	x_1	x_2	$\cdots$	x_n
$p_k=P(X=x_k)$	$\frac{1}{n}$	$\frac{1}{n}$	$\cdots$	$\frac{1}{n}$

则称随机变量 X 为服从以 n 为参数的**离散型均匀分布**，记为 $X\sim J(n)$.

例 5.9　在"抛掷一枚均匀骰子"的试验中，若用 X 表示出现正面向上的点数，写出随机变量 X 的分布列及其分布函数.

解　显然，X 的所有可能的取值是 1,2,3,4,5,6 这六个数，且由骰子的均匀性知，每个点数出现的机会都相同，即有 $P(X=k)=\frac{1}{6}(k=1,2,3,4,5,6)$，从而所求 X 的分布列为

X	1	2	3	4	5	6
$p_k=P(X=k)$	$\frac{1}{6}$	$\frac{1}{6}$	$\frac{1}{6}$	$\frac{1}{6}$	$\frac{1}{6}$	$\frac{1}{6}$

且其分布函数为

$$F(x)=P(X\leqslant x)=\begin{cases}0, & x<1,\\ \frac{1}{6}, & 1\leqslant x<2,\\ \frac{2}{6}, & 2\leqslant x<3,\\ \frac{3}{6}, & 3\leqslant x<4,\\ \frac{4}{6}, & 4\leqslant x<5,\\ \frac{5}{6}, & 5\leqslant x<6,\\ 1, & x\geqslant 6.\end{cases}$$ 解毕

5.1.3 连续型随机变量及其分布

连续型随机变量是非离散型随机变量中最重要的一种随机变量,但对连续型随机变量来说,由于它的取值不是集中在有限个或可数个点上,而是集中在某个区间上.因此,考察 X 的取值于一点的概率意义不大.所以,只有确知 X 取值于任一区间上的概率(即 $P(a\leqslant X\leqslant b)$,其中 $a<b$ 且 a,b 为任意实数),才能掌握它取值的概率分布.

1. 连续型随机变量及其密度函数

定义 5.9 对随机变量 X,若存在非负可积函数 $p(x)(-\infty<x<+\infty)$,使得对 X 取值的任一区间 $[a,b]$ 都有

$$P(a\leqslant X\leqslant b)=\int_a^b p(x)\mathrm{d}x,$$

则称 X 为**连续型随机变量**,并称 $p(x)$ 为 X 的**分布密度函数**,简称**密度函数**,也称 X **是服从密度函数为** $p(x)$ **的连续型随机变量**,记为 $X\sim p(x)$.

由定义 5.9 易知,X 的**密度函数** $p(x)$ **满足下列两条性质**:

(1) $p(x)\geqslant 0(-\infty<x<+\infty)$;

(2) $\int_{-\infty}^{+\infty}p(x)\mathrm{d}x=P(-\infty<X<+\infty)=P(U)=1$.

一般地,凡满足上面两条性质的函数 $p(x)$ 均可作为某随机变量的密度函数.另外,由连续型随机变量的定义和定积分的性质还可知:

$$P(X=x_0)=P(x_0\leqslant X\leqslant x_0)=\int_{x_0}^{x_0}p(x)\mathrm{d}x=0,$$

即连续型随机变量取任一定值的概率均为零.因此,对连续型随机变量 X 有

$$P(a<X<b)=P(a<X\leqslant b)=P(a\leqslant X<b)=P(a\leqslant X\leqslant b),$$

即随机事件$\{a<X\leqslant b\}$中的区间是否包含端点并不影响随机事件的概率.

2. 连续型随机变量的分布函数

若 X 为连续型随机变量，且 X 的密度函数为 $p(x)$，则 X 的**分布函数**为

$$F(x)=P(X\leqslant x)=P(-\infty<X\leqslant x)=\int_{-\infty}^{x}p(t)\mathrm{d}t(-\infty<x<+\infty).$$

定理 5.1　若 $X\sim p(x)$，$F(x)$为 X 的分布函数，则 $\forall a,b\in(-\infty,+\infty)$，当 $a<b$ 时有

$$P(a<X<b)=P(a<X\leqslant b)=P(a\leqslant X<b)=P(a\leqslant X\leqslant b)=F(b)-F(a).$$

定理 5.2　若 $X\sim p(x)$，且 $p(x)$在实数集 $\mathbf{R}$ 上连续，则 X 的分布函数 $F(x)$ 在 $\mathbf{R}$ 上可导，且 $\forall x\in\mathbf{R}$ 有 $F'(x)=p(x)$.

例 5.10　若连续型随机变量 X 的密度函数 $p(x)=\begin{cases}kx+1, & 0\leqslant x\leqslant 2,\\ 0, & x<0 \text{ 或 } x>2,\end{cases}$ 求：

(1) 系数 k；(2) 分布函数 $F(x)$；(3) $p(-4\leqslant X<1)$；(4) $p(1.5<X<2.5)$.

解　(1) 因 $1=\int_{-\infty}^{+\infty}p(x)\mathrm{d}x=\int_{-\infty}^{0}0\mathrm{d}x+\int_{0}^{2}(kx+1)\mathrm{d}x+\int_{2}^{+\infty}0\mathrm{d}x=2k+2$，

故 $k=-\dfrac{1}{2}$.

(2) 因 $k=1$，故 $p(x)=\begin{cases}1-\dfrac{1}{2}x, & 0\leqslant x\leqslant 2,\\ 0, & x<0 \text{ 或 } x>2,\end{cases}$ 由此知：

当 $x<0$ 时有：$F(x)=\int_{-\infty}^{x}p(t)\mathrm{d}t=\int_{-\infty}^{x}0\mathrm{d}t=0$；

当 $0\leqslant x\leqslant 2$ 时有：$F(x)=\int_{-\infty}^{x}p(t)\mathrm{d}t=\int_{-\infty}^{0}0\mathrm{d}t+\int_{0}^{x}\left(1-\dfrac{1}{2}t\right)\mathrm{d}t=x-\dfrac{1}{4}x^2$；

当 $x>2$ 时有：$F(x)=\int_{-\infty}^{x}p(t)\mathrm{d}t=\int_{-\infty}^{0}0\mathrm{d}t+\int_{0}^{2}\left(1-\dfrac{1}{2}t\right)\mathrm{d}t+\int_{2}^{x}0\mathrm{d}t=1$.

综上所述有 $F(x)=\begin{cases}0, & x<0,\\ x-\dfrac{1}{4}x^2, & 0\leqslant x\leqslant 2,\\ 1, & x>2.\end{cases}$

(3) $P(-4\leqslant X<1)=\int_{-4}^{1}p(x)\mathrm{d}x=\int_{-4}^{0}0\mathrm{d}x+\int_{0}^{1}\left(1-\dfrac{1}{2}x\right)=\dfrac{3}{4}=0.75$；

(4) $P(1.5<X<2.5)=\int_{1.5}^{2.5}p(x)\mathrm{d}x=\int_{1.5}^{2}\left(1-\frac{1}{2}x\right)\mathrm{d}x+\int_{2}^{2.5}0\mathrm{d}x=0.0625.$

解毕

3. 几个常见的连续型随机变量的分布

1) **均匀分布**

定义 5.10 若 $X\sim p(x)=\begin{cases}\frac{1}{b-a}, & a\leqslant x\leqslant b,\\ 0, & \text{其他}\end{cases}$ ($p(x)$的图形见图 5-1),则称随机变量 X 为服从以 a,b 为参数的**均匀分布**,记为 $X\sim U(a,\ b)$,且易求得

$$F(x)=P(X\leqslant x)=\begin{cases}0, & x<a\ ,\\ \frac{x-a}{b-a}, & a\leqslant x\leqslant b,\\ 1, & x>b\end{cases}(F(x)\text{的图形见图 5-2}).$$

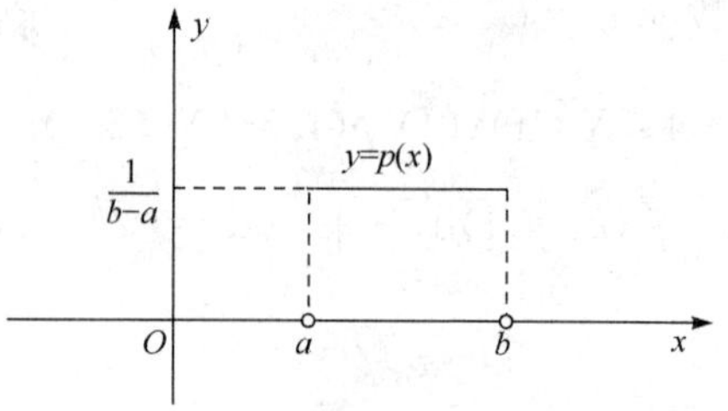

图 5-1 均匀分布的密度函数曲线图

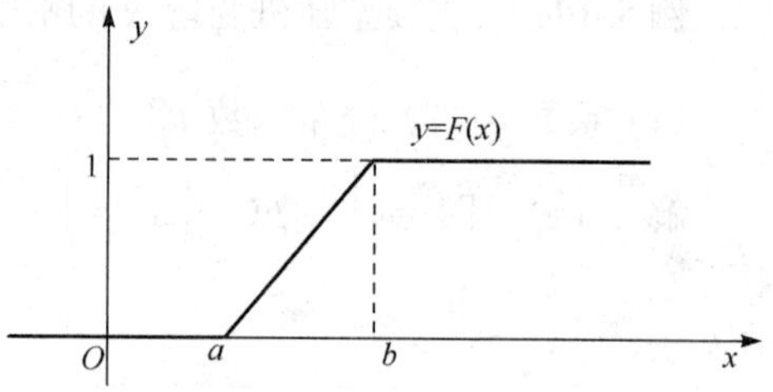

图 5-2 均匀分布的分布函数曲线图

例 5.11 已知乘客到车站候车的时间 X(单位:分钟)服从(0,5)内的均匀分布,即 $X\sim U(0,5)$,求某人等车时间为:(1) 2~3 分钟的概率;(2) 3 分钟以上的概率.

解 因由题意易得 X 的密度函数 $p(x)=\begin{cases}\frac{1}{5-0}, & 0\leqslant x\leqslant 5,\\ 0, & \text{其他}\end{cases}=\begin{cases}\frac{1}{5}, & 0\leqslant x\leqslant 5,\\ 0, & \text{其他},\end{cases}$ 故

(1) $P(2\leqslant X\leqslant 3)=\int_{2}^{3}p(x)\mathrm{d}x=\int_{2}^{3}\frac{1}{5}\mathrm{d}x=\frac{1}{5}=0.2;$

(2) $P(X\geqslant 3)=\int_{3}^{+\infty}p(x)\mathrm{d}x=\int_{3}^{5}\frac{1}{5}\mathrm{d}x+\int_{5}^{+\infty}0\mathrm{d}x=\frac{2}{5}=0.4.$ **解毕**

2) **指数分布**

定义 5.11 若 $X\sim p(x)=\begin{cases}\frac{1}{\lambda}\mathrm{e}^{-\frac{x}{\lambda}}, & x\geqslant 0,\\ 0, & x<0\end{cases}$ ($p(x)$的图形见图 5-3),则称随

机变量 X 为服从以 $\lambda(\lambda>0)$ 为参数的**指数分布**，记为 $X\sim E(\lambda)$，且易求得

$$F(x)=P(X\leqslant x)=\begin{cases}0, & x<0,\\ 1-\mathrm{e}^{-\frac{x}{\lambda}}, & x\geqslant 0.\end{cases}$$

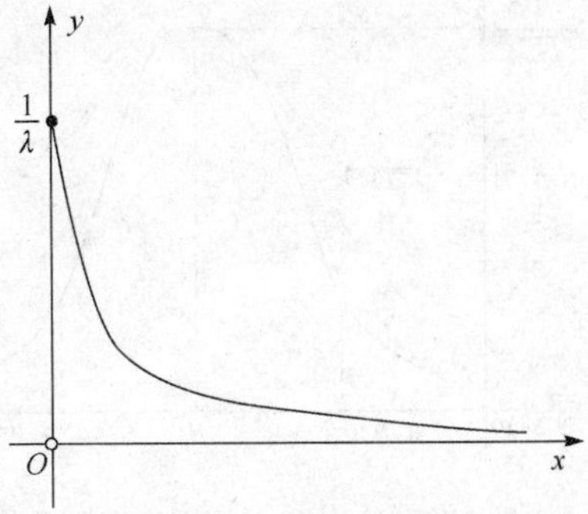

图 5-3　指数分布的密度函数曲线图

指数分布在可靠性理论与排队论中有着广泛的应用，在实践中也有很多应用. 有许多种“寿命”的分布，如电子元件的寿命、动物的寿命、电话的通话时间、随机服务系统的服务时间等，都近似地服从指数分布.

例 5.12　设某型号的日光灯管的使用寿命 X（单位：h）服从参数 $\lambda=2000$ 的指数分布，求：

(1) 任取该型号的灯管一只，能正常使用 1000h 以上的概率；

(2) 任取该型号的灯管一只，能正常使用 1000h 到 2000h 的概率.

解　由题意知，X 为连续型随机变量且 $X\sim E(2000)$，故 X 的分布函数为

$$F(x)=P(X\leqslant x)=\begin{cases}0, & x<0,\\ 1-\mathrm{e}^{-\frac{x}{2000}}, & x\geqslant 0,\end{cases}$$

于是

(1) 能正常使用 1000h 以上的概率为

$$P(X>1000)=1-P(X\leqslant 1000)=1-F(1000)=1-(1-\mathrm{e}^{-\frac{1000}{2000}})=\mathrm{e}^{-\frac{1}{2}}\approx 0.607.$$

(2) 能正常使用 1000h 到 2000h 的概率为

$$P(1000\leqslant X\leqslant 2000)=F(2000)-F(1000)=\mathrm{e}^{-\frac{1}{2}}-\mathrm{e}^{-1}\approx 0.239.$$　**解毕**

3) **正态分布**

因正态分布（其图形具有“**两头小，中间大**”的特点）常用来描述测量误差等实际问题中的偏差现象，因此，**在现实世界中，大量的随机变量都服从或近似服从正态分布**.

定义 5.12　若 $X\sim p(x)=\dfrac{1}{\sqrt{2\pi}\sigma}\mathrm{e}^{-\frac{(x-\mu)^2}{2\sigma^2}}(-\infty<x<+\infty)$（其中 μ,σ 为常数且 $\sigma>0$，$p(x)$ 的图形见图 5-4），则称随机变量 X 为服从以 μ,σ 为参数的**正态分布**，记为 $X\sim N(\mu,\sigma^2)$，且（$F(x)$ 的图形见图 5-5）

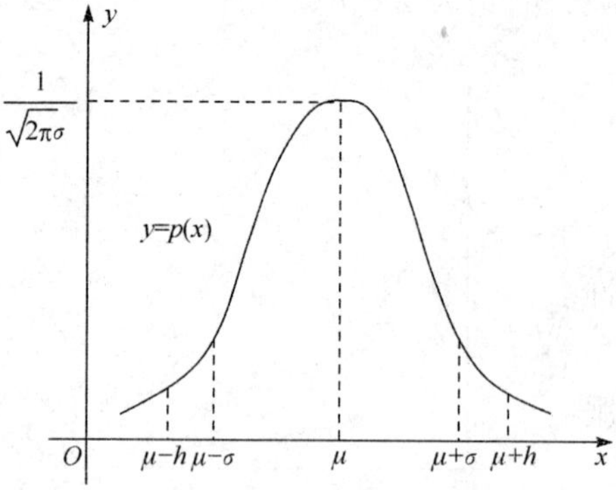

图 5-4　正态分布的密度函数曲线图

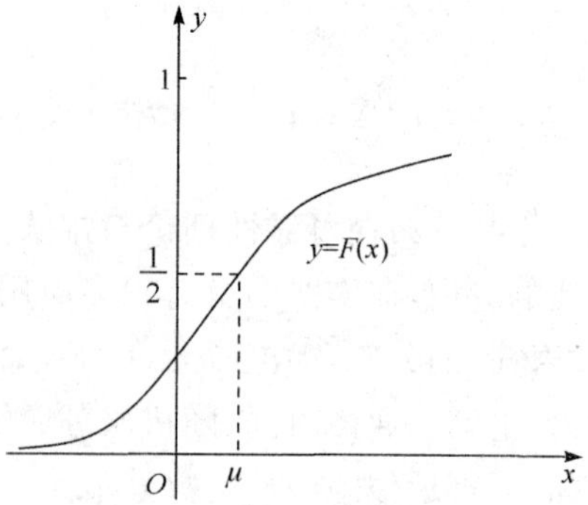

图 5-5　正态分布的分布函数曲线图

$$F(x)=P(X\leqslant x)=\int_{-\infty}^{x}p(t)\mathrm{d}t=\frac{1}{\sqrt{2\pi}\sigma}\int_{-\infty}^{x}\mathrm{e}^{-\frac{(t-\mu)^2}{2\sigma^2}}\mathrm{d}t(-\infty<x<+\infty).$$

正态分布的密度函数 $p(x)$ 具有如下性质.

性质 5.5　曲线 $y=p(x)$ 关于直线 $x=\mu$ 对称(图 5-4),即对任意 $h>0$ 有

$$P(\mu-h<X<\mu)=P(\mu<X<\mu+h).$$

性质 5.6　当 $x=\mu$ 时,$p(x)$ 取得最大值 $p(\mu)=\dfrac{1}{\sqrt{2\pi}\sigma}$(图 5-4),且当 x 离 μ 越远 $p(x)$ 的值越小,这表明对于同样长度的区间,离 μ 越远,则 X 落在该区间上的概率越小.

性质 5.7　在 $x=\mu\pm\sigma$ 处曲线 $y=p(x)$ 有拐点,且 $y=p(x)$ 以 x 轴为渐近线(图 5-4).

性质 5.8　若固定参数 μ 而改变参数 σ 的值,则由最大值 $p(\mu)=\dfrac{1}{\sqrt{2\pi}\sigma}$ 可知,参数 σ 越小曲线 $y=p(x)$ 的图形就越尖(即越陡峭),因而 X 的取值密集于 μ 附近的概率就越大;参数 σ 越大曲线 $y=p(x)$ 的图形就越扁平,因而 X 落在 μ 附近的概率就越小(图 5-6).

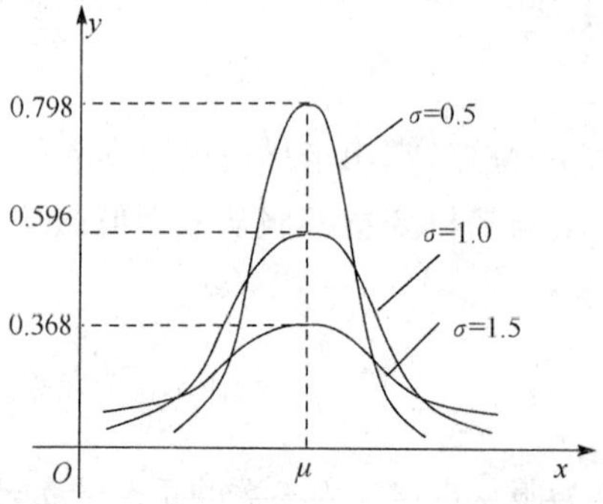

图 5-6　μ 不变时的密度函数曲线图

性质 5.9　若固定参数 σ 而改变参数 μ 的值,则曲线 $y=p(x)$ 的形状不会发生变化,但整个图形会沿着 x 轴平移(μ 增大时右移,μ 减小时左移)(图 5-7).

由性质 5.9 可见：正态分布的密度曲线 $y=p(x)$的位置完全由参数 μ 所确定，故称参数 μ 为**位置参数**，它体现了随机变量 X 取值在概率意义下的平均值.

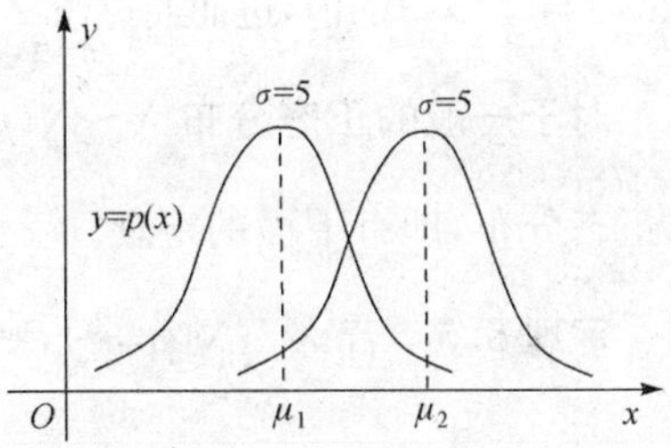

图 5-7　σ 不变时的密度函数曲线图

4）**标准正态分布**

定义 5.13　若 $X\sim N(0,1)$(即 $\mu=0,\sigma=1$)，则称连续型随机变量 X 服从**标准正态分布**，此时 X 的密度函数(图 5-8)和分布函数分别记为

$$\varphi(x)=\frac{1}{\sqrt{2\pi}}\mathrm{e}^{-\frac{x^2}{2}}\quad(-\infty<x<+\infty),$$

$$\Phi(x)=P(-\infty<X\leqslant x)=\int_{-\infty}^{x}p(t)\,\mathrm{d}t=\frac{1}{\sqrt{2\pi}}\int_{-\infty}^{x}\mathrm{e}^{-\frac{t^2}{2}}\,\mathrm{d}t\,(-\infty<x<+\infty).$$

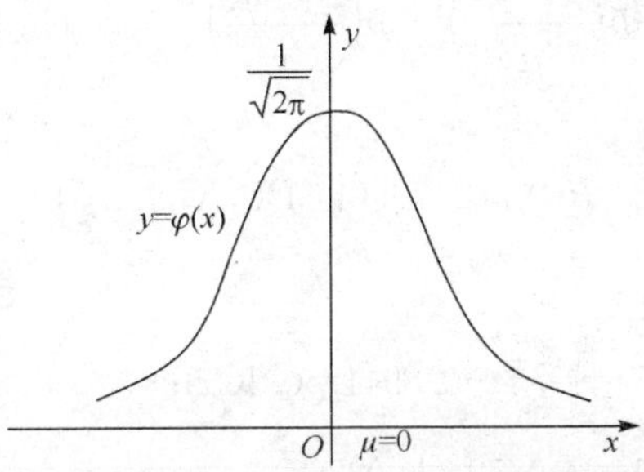

图 5-8　标准正态分布的密度函数曲线图

5）**正态随机变量概率值的计算**

下面讨论如何计算服从正态分布的随机变量 X 在任一区间上取值的概率.

由于正态分布是最常见的分布，人们为了方便进行计算，专门编制了**标准正态分布数值表**(附表 2)，以供使用者查用.

例 5.13　若 $X\sim N(0,1)$，则对任意 $x\in(0,+\infty)$，可直接通过查标准正态分布表查出相应的概率值 $P(X\leqslant x)=\Phi(x)$. 如查表可得：$P(X\leqslant 1.96)=\Phi(1.96)=0.9750$.

定理 5.3　若 $X\sim N(0,1)$，则 $\forall x>0$ 有

$$\Phi(-x)=1-\Phi(x).\tag{5.1}$$

由式(5.1)知：$\forall x>0$，可通过查标准正态分布表查出 $\Phi(x)$的值，进而通过(5.1)式可得到相应值 $\Phi(-x)$(图 5-9).

定理 5.4　若 $X\sim N(0,1)$，则 $\forall x_1,x_2\in(-\infty,+\infty)$有

$$P(x_1<X\leqslant x_2)=\Phi(x_2)-\Phi(x_1).\tag{5.2}$$

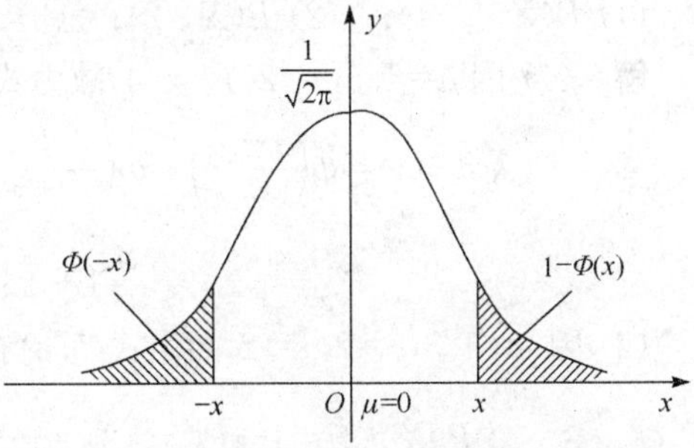

图 5-9　$\Phi(-x)$与 $1-\Phi(x)$的示意图

由式(5.2)知：$\forall x_1,x_2\in(-\infty,+\infty)$，可通过查标准正态分布表查出

$\Phi(x_1)$与$\Phi(x_2)$的值,进而通过(5.2)式可得到相应值$P(x_1<X\leqslant x_2)=\Phi(x_2)-\Phi(x_1)$.

对于一般的正态分布$X\sim N(\mu,\sigma^2)$,可以通过线性变换$Y=\dfrac{X-\mu}{\sigma}$将其化为标准正态分布,即有下面的定理.

定理 5.5 若$X\sim N(\mu,\sigma^2)$,则$Y=\dfrac{X-\mu}{\sigma}\sim N(0,1)$(此时$X=\mu+\sigma Y$),并称线性变换$Y=\dfrac{X-\mu}{\sigma}$为**标准正态化**.

推论 5.1 若$X\sim N(\mu,\sigma^2)$,则$\forall x\in(-\infty,+\infty)$有

$$P(X<x)=P(X\leqslant x)=F(x)=\Phi\left(\frac{x-\mu}{\sigma}\right). \tag{5.3}$$

推论 5.2 若$X\sim N(\mu,\sigma^2)$,则$\forall x_1, x_2\in(-\infty,+\infty)$有

$$P(x_1<X\leqslant x_2)=F(x_2)-F(x_1)=\Phi\left(\frac{x_2-\mu}{\sigma}\right)-\Phi\left(\frac{x_1-\mu}{\sigma}\right). \tag{5.4}$$

例 5.14 若$X\sim N(0,1)$,求:

(1) $P(X<2.35)$; (2) $P(X<-1.25)$; (3) $P(X>2)$; (4) $P(|X|<1.54)$.

解 (1) $P(X<2.35)=\Phi(2.35)\xlongequal{\text{查表}}0.9906$;

(2) $P(X<-1.25)=\Phi(-1.25)=1-\Phi(1.25)\xlongequal{\text{查表}}1-0.8944=0.1056$;

(3) $P(X>2)=1-P(X\leqslant 2)=1-\Phi(2)\xlongequal{\text{查表}}1-0.9772=0.0228$;

(4)
$$\begin{aligned}P(|X|<1.54)&=P(-1.54<X<1.54)=\Phi(1.54)-\Phi(-1.54)\\&=\Phi(1.54)-[1-\Phi(1.54)]=2\Phi(1.54)-1\\&\xlongequal{\text{查表}}2\times 0.9382-1=0.8764.\end{aligned}$$

解毕

例 5.15 若$X\sim N(1.5,4)=N(1.5,2^2)$,求:

(1) $P(X\leqslant -4)$; (2) $P(X>2)$; (3) $P(|X|\leqslant 3)$.

解 (1) 因$\mu=1.5,\sigma=2,x=-4$,故由式(5.3)有

$$\begin{aligned}P(X\leqslant -4)&=\Phi\left(\frac{x-\mu}{\sigma}\right)=\Phi\left(\frac{-4-1.5}{2}\right)=\Phi(-2.75)=1-\Phi(2.75)\\&\xlongequal{\text{查表}}1-0.9970=0.0030;\end{aligned}$$

(2) 因$\mu=1.5,\sigma=2,x=2$,故由式(5.3)有

$$\begin{aligned}P(X>2)&=1-P(X\leqslant 2)=1-\Phi\left(\frac{2-1.5}{2}\right)=1-\Phi(0.25)\\&\xlongequal{\text{查表}}1-0.5987=0.4013;\end{aligned}$$

(3) 因$\mu=1.5,\sigma=2,x_1=-3,x_2=3$,故由式(5.4)有

$$P(|X|\leqslant 3)=P(-3\leqslant X\leqslant 3)=\Phi\left(\frac{3-1.5}{2}\right)-\Phi\left(\frac{-3-1.5}{2}\right)=\Phi(0.75)-\Phi(-2.25)$$

$$=\Phi(0.75)-[1-\Phi(2.25)]\xlongequal{\text{查表}}0.7734-1+0.9878=0.7612.$$

解毕

例 5.16　已知一批零件的尺寸与标准尺寸的误差 X(单位：mm)服从正态分布 $N(0,\ 2^2)$. 如果误差不超过 2.5mm 定为合格品，求：

(1) 这批零件的合格品率；

(2) 若要求零件的合格品率为 95%，应规定误差不超过多少？

解　(1) 因 $X\sim N(0,\ 2^2)$，即 $\mu=0,\sigma=2$，故所求合格品率(即概率)为

$$P(|X|\leqslant 2.5)=P(-2.5\leqslant X\leqslant 2.5)=\Phi\left(\frac{2.5-0}{2}\right)-\Phi\left(\frac{-2.5-0}{2}\right)$$

$$=\Phi(1.25)-\Phi(-1.25)=\Phi(1.25)-[1-\Phi(1.25)]$$

$$=2\Phi(1.25)-1=2\times 0.8944-1=0.7888,$$

即这批零件的合格品率为 78.88%.

(2) 若规定误差为 $\delta>0$，则因要求零件的合格品率为 95%=0.95，故 δ 应满足等式 $P(|X|\leqslant\delta)=0.95$，而结合条件 $\mu=0,\sigma=2$ 有

$$P(|X|\leqslant\delta)=P(-\delta\leqslant X\leqslant\delta)=\Phi\left(\frac{\delta-0}{2}\right)-\Phi\left(\frac{-\delta-0}{2}\right)=\Phi\left(\frac{\delta}{2}\right)-\Phi\left(\frac{-\delta}{2}\right)$$

$$=\Phi\left(\frac{\delta}{2}\right)-\left[1-\Phi\left(\frac{\delta}{2}\right)\right]=2\Phi\left(\frac{\delta}{2}\right)-1,$$

从而有 $2\Phi\left(\frac{\delta}{2}\right)-1=0.95$，进而有 $\Phi\left(\frac{\delta}{2}\right)=0.975$.

另外，通过查“标准正态分布数值表”有 $\Phi(1.96)=0.9750$，故必有 $\frac{\delta}{2}=1.96$，即有 $\delta=2\times 1.96=3.92\approx 4(\text{mm})$.

综上述知：若规定误差不超过 4mm 的零件为合格品，则这批零件的合格品率便可达到 95%以上(**但需注意**：这是以牺牲质量为代价的).　**解毕**

习　题　5.1

1. 某电视机厂生产了一批产品，检测发现这批产品的质量有三个等级，其中一级品占了全部产品的一半，三级品是二级品的一半. 现从这批产品中随机抽取一个检验产品质量，用随机变量描述检测的可能结果，并求出它的分布列.

2. 设一批产品共有 10 件，其中有 3 件次品，从中取 4 件产品，求这 4 件产品中次品的分布列.

3. 判断下列函数 $f(x)$ 在各自指定的区间上是否为某个随机变量的密度

函数.

(1) $f(x)=\begin{cases}\dfrac{8}{9(x+1)^2}, & 0\leqslant x\leqslant 3,\\ 0, & x<0 \text{ 或 } x>3;\end{cases}$　(2) $f(x)=\begin{cases}\dfrac{3}{250}(10x-x^2), & 0\leqslant x\leqslant 5,\\ 0, & x<0 \text{ 或 } x>5;\end{cases}$

(3) $f(x)=\begin{cases}\dfrac{2}{9}(3x-x^2), & 0\leqslant x\leqslant 3,\\ 0, & x<0 \text{ 或 } x>3.\end{cases}$

4. 某人投篮的命中率为 0.8,现在让他投 10 次,分别求命中 3 次的概率与至少命中 3 次的概率.

5. 据信有 20%的美国人没有任何健康保险,现任意抽查 15 个美国人,以 X 表示 15 个人中无任何健康保险的人数(设各人是否有健康保险相互独立). 问 X 服从什么分布? 写出 X 的分布列,并求下列情况下无任何健康保险的概率.

(1) 恰有 3 人; (2) 至少有 2 人; (3) 不少于 1 人且不多于 3 人; (4) 多于 5 人.

6. (1) 设一天内到达某港口城市游船的只数 $X\sim\pi(10)$,求 $P(X=3)$;

(2) 已知随机变量 $X\sim\pi(\lambda)$,且有 $P(X>0)=0.5$,求 $P(X\geqslant 2)$.

7. 若随机变量 X 的密度函数为 $p(x)=\begin{cases}kx^2, & 0\leqslant x\leqslant 1,\\ 0, & x<0 \text{ 或 } x>1,\end{cases}$ 试求:

(1) 常数 k; (2) $P\left(X\leqslant\dfrac{1}{3}\right)$; (3) $P\left(\dfrac{1}{4}\leqslant X\leqslant\dfrac{1}{2}\right)$; (4) $P\left(X>\dfrac{2}{3}\right)$.

8. 若随机变量 X 的密度函数为 $p(x)=\begin{cases}0.2, & -1<x\leqslant 0,\\ 0.2+kx, & 0<x\leqslant 1,\\ 0, & x\leqslant -1 \text{ 或 } x>1,\end{cases}$ 试求:

(1) 常数 k; (2) $P(0\leqslant X\leqslant 0.5)$; (3) $P(X<0.5)$.

9. 若 $X\sim N(0,1)$,求:

(1) $P(X<1.85)$;　(2) $P(X<-2.25)$;　(3) $P(X>2.25)$;

(4) $P(X>-2)$;　(5) $P(|X|<2.54)$;　(6) $P(|X|>1.55)$.

10. 若 $X\sim N(-2,4)$,求:

(1) $P(X<1.8)$;　(2) $P(1<X<3)$;　(3) $P(X>2.2)$;

(4) $P(X>-2)$;　(5) $P(|X|<2.5)$;　(6) $P(|X+1|>2)$.

5.2　随机变量函数的分布

在实际问题中,常会遇到一些随机变量,它们的分布往往难于直接得到(如滚珠体积的测量值等),但与它们有关系的另一些随机变量,其分布却是容易知道的(如滚珠直径的测量值). 因此,我们不仅要研究随机变量的分布,还要研究随机变量之间存在的函数关系和这些函数的分布，即通过它们之间的关系，由已知随机变量的分布求出与之相关的另一个未知随机变量的分布.

5.2.1　随机变量的函数

定义 5.14　若 $f(x)$是定义在随机变量 X 的一切可能取值 x 构成的集合上的函数，且对 X 的每一可能取值 x，有另一个随机变量 Y 的相应取值 $y=f(x)$，则称**随机变量 Y 为随机变量 X 的函数**，并记为 $Y=f(X)$.

我们的任务是：如何根据 X 的分布求出 $Y=f(X)$的分布.

例 5.17　若球体直径的测量值为随机变量 X，则相应的体积 Y 也为随机变量，且随机变量 Y 与随机变量 X 之间有如下函数关系：

$$Y=f(X)=\frac{\pi}{6}X^3.$$

下面分离散型和连续型两种情形进行讨论.

5.2.2　离散型随机变量函数的分布

若 X 为离散型随机变量，其分布列为(其中 M 为正整数或 $M=+\infty$)：

X	x_1	x_2	…	x_k	…	x_M
$p_k=P(X=x_k)$	p_1	p_2	…	p_k	…	p_M

则随机变量 $Y=f(X)$的全部可能取值如下

$$\{y_k \mid y_k=f(x_k), k=1,2,\cdots,M;\ M\text{为正整数或}M=+\infty\},$$

其中可能有重复的 y_k，因而在求 $Y=f(X)$的分布列，即计算概率值 $P(Y=y_i)\overset{\text{记为}}{=\!=}P_i$ 时，应将使得 $f(x_k)=y_i$ 所对应的概率值 $P(X=x_k)=p_k$ 累加起来，即有($i=1,2,\cdots,N;M,N$ 为正整数或$+\infty$，且 $N\leqslant M$)：

$$P_i=P(Y=y_i)=\sum_{f(x_k)=y_i}P(X=x_k)=\sum_{f(x_k)=y_i}p_k,$$

此即随机变量 $Y=f(X)$的**分布列**，其**表格的形式**如下($N\leqslant M$)

Y	y_1	y_2	…	y_i	…	y_N
$P_i=P(Y=y_i)$	P_1	P_2	…	P_i	…	P_N

例 5.18　若离散型随机变量 X 的分布列为

X	-1	0	1	2
$p_k=P(X=x_k)$	0.1	0.2	0.3	0.4

求随机变量 $Y=X^2$ 的分布列.

解　因 $Y=X^2$ 对应的函数为 $y=x^2$,故对随机变量 X 的一切取值 $x=-1,0,1,2$,随机变量 Y 对应的全部取值为 $y=0,1,4$,故结合 X 的分布列有

$$\begin{aligned}P_1&=P(Y=0)=P(X^2=0)=P(X=0)=0.2,\\P_2&=P(Y=1)=P(X^2=1)=P(X=-1\text{ 或 }X=1)\\&=P(X=-1)+P(X=1)=0.1+0.3=0.4;\\P_3&=P(Y=4)=P(X^2=4)=P(X=2)=0.4,\end{aligned}$$

即随机变量 $Y=X^2$ 的分布列为

Y	0	1	4
$P_i=P(Y=y_i)$	0.2	0.4	0.4

解毕

5.2.3　连续型随机变量函数的分布

若 X 是在区间 I 上取值的连续型随机变量,其密度函数为 $p_X(x)$,且 $y=f(x)$是在区间 I 上具有连续导函数的严格单调函数,因而 $y=f(x)$的反函数 $x=f^{-1}(y)$必存在,且 $f^{-1}(y)$是在区间 $f(I)$上具有连续导函数的严格单调函数,并记

$$\alpha=\min_{x\in I}\{f(x)\},\quad \beta=\max_{x\in I}\{f(x)\}\ (\alpha\text{ 可为}-\infty,\beta\text{ 可为}+\infty),$$

则由分布函数的定义及关系式 $p_Y(y)=F'_Y(y)$可推出随机变量 $Y=f(X)$的密度函数 $p_Y(y)$的表达式如下:

$$p_Y(y)=F'_Y(y)=\begin{cases}p_X[f^{-1}(y)]|[f^{-1}(y)]'|, & \alpha<y<\beta\\0, & y\leqslant\alpha\text{ 或 }y\geqslant\beta.\end{cases}$$

注:(1) 若 $\alpha=\min\limits_{x\in I}\{f(x)\},\beta=\max\limits_{x\in I}\{f(x)\}$,则将上式改为

$$p_Y(y)=F'_Y(y)=\begin{cases}p_X[f^{-1}(y)]|[f^{-1}(y)]'|, & \alpha\leqslant y\leqslant\beta,\\0, & y<\alpha\text{ 或 }y>\beta.\end{cases}$$

(2) 若 $\alpha=-\infty,\beta$ 有限,则将上式改为

$$p_Y(y)=F'_Y(y)=\begin{cases}p_X[f^{-1}(y)]|[f^{-1}(y)]'|, & -\infty<y<\beta,\\0, & y\geqslant\beta;\end{cases}$$

或

$$p_Y(y)=F'_Y(y)=\begin{cases}p_X[f^{-1}(y)]|[f^{-1}(y)]'|, & -\infty<y\leqslant\beta,\\0, & y>\beta.\end{cases}$$

(3) 若 $\beta=+\infty$，α 有限，则将上式改为

$$p_Y(y)=F_Y'(y)=\begin{cases} p_X[f^{-1}(y)]\,|[f^{-1}(y)]'|, & \alpha<y<+\infty, \\ 0, & y\leqslant\alpha; \end{cases}$$

或

$$p_Y(y)=F_Y'(y)=\begin{cases} p_X[f^{-1}(y)]\,|[f^{-1}(y)]'|, & \alpha\leqslant y<+\infty, \\ 0, & y<\alpha. \end{cases}$$

(4) 若 $\alpha=-\infty$ 且 $\beta=+\infty$，则将上式改为

$$p_Y(y)=F_Y'(y)=p_X[f^{-1}(y)]\,|[f^{-1}(y)]'|\,(-\infty<y<+\infty).$$

例 5.19　对一圆片的直径进行测量，其值在[5,6]上均匀分布，求圆片面积的密度函数.

解　设圆片直径的测量值为 X，面积为 Y，则 X,Y 均为随机变量，且有关系式：

$$Y=f(X)=\frac{\pi}{4}X^2.$$

因由假设有 $p_X(x)=\begin{cases} \dfrac{1}{6-5}, & 5\leqslant x\leqslant 6, \\ 0, & x<5 \text{ 或 } x>6 \end{cases}=\begin{cases} 1, & 5\leqslant x\leqslant 6, \\ 0, & x<5 \text{ 或 } x>6, \end{cases}$ 且函数 $y=f(x)=\dfrac{\pi}{4}x^2$ 在区间 $I=[5,6]$ 上严格增加，故有

$$\alpha=\min_{x\in I}\{f(x)\}=\min_{x\in[5,6]}\left\{\frac{\pi}{4}x^2\right\}=\frac{25}{4}\pi,\quad \beta=\max_{x\in I}\{f(x)\}=\max_{x\in[5,6]}\left\{\frac{\pi}{4}x^2\right\}=9\pi,$$

所以，当 $\dfrac{25}{4}\pi=\alpha\leqslant y\leqslant\beta=9\pi$ 时有

$$F_Y(y)=P(Y\leqslant y)=P\left(\frac{\pi}{4}X^2\leqslant y\right)=P\left[-\sqrt{\frac{4}{\pi}y}\leqslant X\leqslant\sqrt{\frac{4}{\pi}y}\right]=\int_{-\sqrt{\frac{4}{\pi}y}}^{\sqrt{\frac{4}{\pi}y}}p_X(x)\mathrm{d}x$$
$$=\int_{-\sqrt{\frac{4}{\pi}y}}^{5}0\mathrm{d}x+\int_{5}^{\sqrt{\frac{4}{\pi}y}}1\cdot\mathrm{d}x=\sqrt{\frac{4}{\pi}y}-5,$$

进而结合关系式 $p_Y(y)=F_Y'(y)$ 便可得到 $Y=\dfrac{\pi}{4}X^2$ 的密度函数 $p_Y(y)$ 如下

$$p_Y(y)=\begin{cases} \left(\sqrt{\dfrac{4}{\pi}y}-5\right)', & \dfrac{25}{4}\pi\leqslant y\leqslant 9\pi, \\ 0, & y<\dfrac{25}{4}\pi \text{ 或 } y>9\pi \end{cases}=\begin{cases} \dfrac{1}{\sqrt{\pi y}}, & \dfrac{25}{4}\pi\leqslant y\leqslant 9\pi, \\ 0, & y<\dfrac{25}{4}\pi \text{ 或 } y>9\pi. \end{cases}$$

解毕

例 5.20　证明：若 $X\sim N(\mu,\sigma^2)$，则随机变量 X 的线性函数 $Y-aX+b(a\neq0)$

服从正态分布.

证明　因 $X\sim N(\mu,\sigma^2)$，故 $p_X(x)=\dfrac{1}{\sqrt{2\pi}\sigma}e^{-\frac{(x-\mu)^2}{2\sigma^2}}(-\infty<x<+\infty)$.

设 $y=f(x)=ax+b$，则由 $a\neq 0$ 知 $y=f(x)$ 在 $I=(-\infty,+\infty)$ 内严格单调，且

$$x=f^{-1}(y)=\frac{y-b}{a},\quad [f^{-1}(y)]'=\left(\frac{y-b}{a}\right)'=\frac{1}{a}\ (-\infty<x<+\infty),$$

故得随机变量 $Y=aX+b$ 的密度函数如下：

$$\begin{aligned}p_Y(y)&=p_X[f^{-1}(y)]\left|[f^{-1}(y)]'\right|=p_X\left(\frac{y-b}{a}\right)\cdot\left|\frac{1}{a}\right|\\&=\frac{1}{|a|}\cdot\frac{1}{\sqrt{2\pi}\sigma}e^{-\frac{\left(\frac{y-b}{a}-\mu\right)^2}{2\sigma^2}}=\frac{1}{|a|\sigma\sqrt{2\pi}}e^{-\frac{[y-(a\mu+b)]^2}{2(a\sigma)^2}}\ (-\infty<x<+\infty),\end{aligned}$$

即 $Y=aX+b\sim N(a\mu+b,(a\sigma)^2)$.　　**证毕**

特别地，若在例 5.20 中取 $a=\dfrac{1}{\sigma}$，$b=-\dfrac{\mu}{\sigma}$，则得 $Y=\dfrac{X-\mu}{\sigma}\sim N(0,1)$.

习　题　5.2

1. 若离散型随机变量 X 的分布列为

X	-2	-1	1	2
p	0.1	0.2	0.3	0.4

求随机变量：

(1) $Y_1=2-5X$ 的分布列；　　(2) $Y_2=X^2-1$ 的分布列；

(3) $Y_3=|X|$ 的分布列；　　(4) $Y_4=(X-1)^2$ 的分布列.

2. 设随机变量 X 的密度函数为 $P_x(x)=\begin{cases}3x^2, & 0<x<1,\\ 0, & x\leqslant 0 \text{ 或 } x\geqslant 1,\end{cases}$ 求下列随机变量 Y 的密度函数：

(1) $Y=2X$；　　(2) $Y=2-2X$；　　(3) $Y=X^2$.

3. 若 $X\sim U(0,1)$，求下列随机变量的密度函数：

(1) $Y=-2X+1$；　　(2) $Y=e^X$.

4. 若 $X\sim E(1)$，求下列随机变量的密度函数：

(1) $Y=2X+1$；　　(2) $Y=X^2$.

5. 若 $X\sim N(0,1)$，求下列随机变量的密度函数：

(1) $Y=|X|$；　　(2) $Y=2X^2+1$.

5.3　随机变量的数字特征

如果知道了随机变量 X 的分布列或密度函数(以下**统称为概率分布**),那么 X 的概率特性就一目了然.但是,在实际问题中概率分布是比较难确定的,而它的某些数字特征却比较容易估算出来,还有不少问题只要知道它的某些数字特征就够了,不必详细地了解其概率特性.因此,在研究随机变量时,确定它的某些数字特征是重要的,而在这些数字特征中最常用的是数学期望和方差,通常把随机变量的数学期望和方差统称为**数字特征**.

5.3.1　数学期望

对随机变量 X 来说,要取得一个常数作为 X 取值的平均水平,不能只看它的取值,还应考虑到它取各种不同值的概率大小.

例 5.21　从一批棉花中抽取 $N=100$ 根纤维,测量它们的长度,其结果如表 5-1 所示,求所抽取 100 根纤维的平均长度.

表 5-1　一批棉花抽样测量结果

长度 X/cm	3.5	4	4.5	5	5.5
频数 N_k/根	13	20	32	23	12

解　(1) 100 根纤维的总长度:

$$\sum_{k=1}^{5} x_k \cdot N_k = 3.5\times 13+4\times 20+4.5\times 32+5\times 23+5.5\times 12 = 450.5.$$

(2) 100 根纤维的**平均长度** $=\dfrac{\sum\limits_{k=1}^{5} x_k \cdot N_k}{N}=\dfrac{450.5}{100}=4.505(\mathrm{cm})$.

(3) 100 根纤维平均长度的式子可改写为

$$\begin{aligned}\text{平均长度} &= \frac{\sum\limits_{k=1}^{5} x_k \cdot N_k}{N} = \frac{1}{N}\cdot\sum_{k=1}^{5} x_k \cdot N_k = \sum_{k=1}^{5} x_k \cdot \frac{N_k}{N} \\ &= 3.5\times\frac{13}{100}+4\times\frac{20}{100}+4.5\times\frac{32}{100}+5\times\frac{23}{100}+5.5\times\frac{12}{100} \\ &= \frac{450.5}{100} = 4.505(\mathrm{cm}),\end{aligned}$$

其中$\dfrac{N_k}{N}$是“纤维长度为 x_k(cm)”这一事件的频率,可记作 f_k,即 $f_k=\dfrac{N_k}{N}$.

由上述讨论知,还可将 100 根纤维平均长度的式子再次改写为

$$\text{平均长度} = \sum_{k=1}^{5} x_k \cdot f_k.$$

解毕

由例 5.21 看出:平均长度这个指标并不是这 100 根纤维所给出的 5 个长度值的简单平均值,而是以取这些长度值的纤维根数与试验总次数(测量 1 根纤维的长度算做一次试验)的比值(频率)为权重的**加权平均**.但是,由概率与频率的内在联系知,在求平均值时,理论上应该用概率 p_k 去代替上述和式中的频率 $f_k=\dfrac{N_k}{N}$,这时得到的平均值才是理论上的(也是真实)平均值,并把这个平均值称为随机变量的数学期望.所以,**考虑到概率与频率概念的内在联系,下面给出随机变量数学期望的定义**.

1. 离散型随机变量的数学期望

定义 5.15 若 X 是离散型随机变量,其分布列为($M\in\mathbf{N}^+$ 或 $M=+\infty$):

X	x_1	x_2	…	x_k	…	x_M
$p_k=P(X=x_k)$	p_1	p_2	…	p_k	…	p_M

则称和数

$$x_1p_1+x_2p_2+\cdots+x_Mp_M \xlongequal{\text{记为}} \sum_{k=1}^{M} x_kp_k$$

为离散型随机变量 X 的**数学期望**,简称**期望**或**均值**,记为 $E(X)$,即

$$E(X)=\sum_{k=1}^{M} x_kp_k. \tag{5.5}$$

2. 连续型随机变量的数学期望

定义 5.16 若 X 是连续型随机变量,其密度函数为 $p(x)$,且无穷积分 $\int_{-\infty}^{+\infty} x\cdot p(x)\mathrm{d}x$ 收敛 $\left(\text{即积分}\int_{-\infty}^{+\infty} x\cdot p(x)\mathrm{d}x\text{ 以有限值的形式存在}\right)$,则称积分值

$$\int_{-\infty}^{+\infty} x\cdot p(x)\mathrm{d}x$$

为连续型随机变量 X 的**数学期望**,简称**期望**或**均值**,记为 $E(X)$,即

$$E(X)=\int_{-\infty}^{+\infty} x\cdot p(x)\mathrm{d}x. \tag{5.6}$$

显然,$E(X)$是一个实数,且当 X(离散或连续)的概率分布已知时,$E(X)$可用公

式(5.5)或公式(5.6)进行计算. 虽然 $E(X)$ 在形式上是 X 的可能取值的加权平均值，实质上它体现了随机变量 X 取值的平均，因而才将 $E(X)$ 称为**均值**(或**分布的均值**).

3. 几种常见分布的数学期望

1) **两点分布的数学期望**

若 $X \sim B(1,p)$，则 X 的分布列为(其中 $0<p<1, q=1-p$)：

X	0	1
$p_k=P(X=k)$	q	p

故由公式(5.5)知，**两点分布 X 的数学期望为**

$$E(X)=0\times q+1\times p=p.$$

2) **二项分布的数学期望**

若 $X \sim B(n,p)$，则 X 的分布列为(其中 $0<p<1, q=1-p$)：

X	0	1	…	k	…	n
$p_k=P(X=k)$	$C_n^0 p^0 q^{n-0}$	$C_n^1 p^1 q^{n-1}$	…	$C_n^k p^k q^{n-k}$	…	$C_n^n p^n q^{n-n}$

故由公式(5.5)并结合等式 $kC_n^k=nC_{n-1}^{k-1}$ 知，**二项分布 X 的数学期望为**

$$\begin{aligned} E(X) &= \sum_{k=0}^{n} k\cdot p_k = \sum_{k=0}^{n} k\cdot C_n^k p^k(1-p)^{n-k} = \sum_{k=1}^{n}(kC_n^k)\cdot p^k\cdot(1-p)^{n-k} \\ &= \sum_{k=1}^{n} nC_{n-1}^{k-1}\cdot p^{k-1}\cdot p\cdot(1-p)^{n-k} = np\cdot\sum_{k=1}^{n} C_{n-1}^{k-1}p^{k-1}(1-p)^{(n-1)-(k-1)} \\ &= np\cdot\sum_{k=0}^{n-1} C_{n-1}^{k}p^{k}(1-p)^{(n-1)-k} = np\cdot[p+(1-p)]^{n-1} = np. \end{aligned}$$

3) **泊松分布的数学期望**

若 $X \sim \pi(\lambda)$，则 X 的分布列为($\lambda>0$)：

X	0	1	…	k	…
$p_k=P(X=k)$	$\frac{\lambda^0}{0!}e^{-\lambda}$	$\frac{\lambda^1}{1!}e^{-\lambda}$	…	$\frac{\lambda^k}{k!}e^{-\lambda}$	…

故由公式(5.5)知，**泊松分布 X 的数学期望为**

$$E(X)=\sum_{k=0}^{\infty}k\cdot p_k=\sum_{k=0}^{\infty}k\cdot\frac{\lambda^k}{k!}e^{-\lambda}=\lambda\cdot e^{-\lambda}\cdot\sum_{k=1}^{\infty}\frac{\lambda^{k-1}}{(k-1)!}=\lambda\cdot e^{-\lambda}\cdot\sum_{k=0}^{\infty}\frac{\lambda^k}{k!}=\lambda.$$

4) **离散型均匀分布的数学期望**

若 X 是服从以 n 为参数的离散型均匀分布，即 $X \sim J(n)$，则 X 的分布列为

X	x_1	x_2	…	x_n
$p_k=P(X=k)$	$\frac{1}{n}$	$\frac{1}{n}$	…	$\frac{1}{n}$

故由公式(5.5)知,**离散型均匀分布** X **的数学期望为**

$$E(X)=\sum_{k=1}^{n}x_k\cdot p_k=\sum_{k=1}^{n}x_k\cdot\frac{1}{n}=\frac{1}{n}\sum_{k=1}^{n}x_k.$$

5) **连续型均匀分布的数学期望**

若 $X\sim U(a,b)$,即 X 的密度函数 $p(x)=\begin{cases}0, & x<a \text{ 或 } x>b,\\ \frac{1}{b-a}, & a\leqslant x\leqslant b,\end{cases}$ 则由公式(5.6)知,**连续型均匀分布** X **的数学期望为**

$$E(X)=\int_{-\infty}^{+\infty}x\cdot p(x)\mathrm{d}x=\int_{-\infty}^{a}x\cdot 0\mathrm{d}x+\int_{a}^{b}x\cdot\frac{1}{b-a}\mathrm{d}x+\int_{b}^{+\infty}x\cdot 0\mathrm{d}x=\frac{a+b}{2}.$$

6) **指数分布的数学期望**

若 $X\sim E(\lambda)$,即 X 的密度函数 $p(x)=\begin{cases}\frac{1}{\lambda}\mathrm{e}^{-\frac{x}{\lambda}}, & x\geqslant 0,\\ 0, & x<0\end{cases}(\lambda>0)$,则由公式(5.6)知,**指数分布** $\boldsymbol{X}$ **的数学期望为**

$$E(X)=\int_{-\infty}^{+\infty}x\cdot p(x)\mathrm{d}x=\int_{-\infty}^{0}x\cdot 0\mathrm{d}x+\int_{0}^{+\infty}x\cdot\frac{1}{\lambda}\mathrm{e}^{-\frac{x}{\lambda}}\mathrm{d}x=\frac{1}{\lambda}\int_{0}^{+\infty}x\mathrm{e}^{-\frac{x}{\lambda}}\mathrm{d}x=\lambda.$$

7) **正态分布的数学期望**

若 $X\sim N(\mu,\sigma^2)(\sigma>0)$,即 X 的密度函数 $p(x)=\frac{1}{\sqrt{2\pi}\sigma}\mathrm{e}^{-\frac{(x-\mu)^2}{2\sigma^2}}(x\in\mathbf{R})$,则由公式(5.6)知,**正态分布的数学期望为**

$$E(X)=\int_{-\infty}^{+\infty}x\cdot p(x)\mathrm{d}x=\int_{-\infty}^{+\infty}x\cdot\frac{1}{\sqrt{2\pi}\sigma}\mathrm{e}^{-\frac{(x-\mu)^2}{2\sigma^2}}\mathrm{d}x=\frac{1}{\sqrt{2\pi}\sigma}\int_{-\infty}^{+\infty}x\cdot\mathrm{e}^{-\frac{(x-\mu)^2}{2\sigma^2}}\mathrm{d}x=\mu.$$

特别地,若 $X\sim N(0,1)$,则 $E(X)=\mu=0$.

例 5.22 若 A,B 两个工人生产同一种产品,日产量相同,在一天中出现的不合格品件数分别为 X 和 Y,其分布列分别为

X	0	1	2	3	4
$P(X=x_k)=p_k$	0.4	0.3	0.2	0.1	0
Y	0	1	2	3	4
$P(Y=y_k)=p_k$	0.5	0.1	0.2	0.1	0.1

试比较这两个工人的技术情况.

解　因 A,B 两人各自出现不合格品的**平均数**(即**数学期望**)分别为

$$E(X)=0\times0.4+1\times0.3+2\times0.2+3\times0.1+4\times0=1,$$
$$E(Y)=0\times0.5+1\times0.1+2\times0.2+3\times0.1+4\times0.1=1.2,$$

故**上述结果表明**:工人 B 每天出的平均废品数比工人 A 多,因而从这个意义上说,工人 A 的技术比工人 B 的好些. **解毕**

例 5.23　设 $X\sim p(x)=\begin{cases}\dfrac{3}{2}x^2, & -1\leqslant x\leqslant 1,\\ 0, & x<-1 \text{ 或 } x>1,\end{cases}$ 求 $E(X)$.

解　由公式(5.6)知,所求数学期望为

$$E(X)=\int_{-\infty}^{+\infty}x\cdot p(x)\mathrm{d}x=\int_{-\infty}^{-1}x\cdot 0\mathrm{d}x+\int_{-1}^{1}x\cdot\frac{3}{2}x^2\mathrm{d}x+\int_{1}^{+\infty}x\cdot 0\mathrm{d}x=0.$$

解毕

例 5.24　若某商场对某种家用电器的销售采用先使用后付款的方式,记使用寿命为 X(以年计),并规定 $\begin{cases}X\leqslant 1, & \text{每台付款 1500 元},\\ 1<X\leqslant 2, & \text{每台付款 2000 元},\\ 2<X\leqslant 3, & \text{每台付款 2500 元},\\ X>3, & \text{每台付款 3000 元},\end{cases}$ 且设使用寿命 X 服从指数分布,其密度函数 $p(x)=\begin{cases}\dfrac{1}{10}\mathrm{e}^{-\frac{x}{10}}, & x\geqslant 0,\\ 0, & x<0,\end{cases}$ 试求该商场每台收费 Y 元的数学期望.

解　因使用寿命 X 落在各个时间区间内的概率分别为

$$P(X\leqslant 1)=\int_{-\infty}^{1}p(x)\mathrm{d}x=\int_{-\infty}^{0}0\mathrm{d}x+\int_{0}^{1}\frac{1}{10}\mathrm{e}^{-\frac{x}{10}}\mathrm{d}x=1-\mathrm{e}^{-0.1}\approx 0.0952;$$

$$P(1<X\leqslant 2)=\int_{1}^{2}p(x)\mathrm{d}x=\int_{1}^{2}\frac{1}{10}\mathrm{e}^{-\frac{x}{10}}\mathrm{d}x=\mathrm{e}^{-0.1}-\mathrm{e}^{-0.2}\approx 0.0861;$$

$$P(2<X\leqslant 3)=\int_{2}^{3}p(x)\mathrm{d}x=\int_{2}^{3}\frac{1}{10}\mathrm{e}^{-\frac{x}{10}}\mathrm{d}x=\mathrm{e}^{-0.2}-\mathrm{e}^{-0.3}\approx 0.0779;$$

$$P(X>3)=1-P(X\leqslant 3)=1-\left(\int_{-\infty}^{0}0\mathrm{d}x+\int_{0}^{3}\frac{1}{10}\mathrm{e}^{-\frac{x}{10}}\mathrm{d}x\right)=\mathrm{e}^{-0.3}\approx 0.7408,$$

故得到每台收费 Y 元的分布列如下

Y	$y_1=1500$	$y_2=2000$	$y_3=2500$	$y_4=3000$
$p_k=P(Y=y_k)$	0.0952	0.0861	0.0779	0.7408

从而结合公式(5.5)便得到商场每台收费 Y 元的数学期望如下

$E(Y)=1500\times0.0952+2000\times0.0861+2500\times0.0779+3000\times0.7408=2732.15$，
即商场平均每台收费 2732.15 元. **解毕**

4. 随机变量函数的数学期望

我们已熟悉了随机变量 X 的数学期望 $E(X)$，且由定义求数学期望时，应该先求出随机变量 X 的分布列(或密度函数)，但在求随机变量函数 $Y=g(X)$ 的数学期望时，可不必先求出随机变量 $Y=g(X)$ 的分布列(或密度函数)，可以直接利用原随机变量 X 的概率分布即可求出 $E(Y)$，这将极大地简化计算 $E(Y)$ 的过程. 下面不加证明地介绍两个重要公式.

定理 5.6(表示性定理) 若 $Y=f(X)$ 是随机变量 X 的函数(f 是连续函数)，且 $E[f(X)]$ 存在，则有下面两个重要公式.

(1) 当 X 为离散型随机变量时，$Y=f(X)$ 也为离散型随机变量，且 X 的分布列和 $Y=f(X)$ 的相应取值可综合列表于下(M 为正整数或 $M=+\infty$)：

X	x_1	x_2	…	x_k	…	x_M
$Y=f(X)$	$f(x_1)$	$f(x_2)$	…	$f(x_k)$	…	$f(x_M)$
$p_k=P(X=x_k)$	p_1	p_2	…	p_k	…	p_M

于是结合公式(5.5)有

$$E(Y)=E[f(X)]=\sum_{k=1}^{M}f(x_k)\cdot p_k. \tag{5.7}$$

(2) 当 X 为连续型随机变量时，$Y=f(X)$ 也为连续型随机变量，且记 X 的密度函数为 $p(x)$，则结合公式(5.6)有

$$E(Y)=E[f(X)]=\int_{-\infty}^{+\infty}f(x)\cdot p(x)\mathrm{d}x. \tag{5.8}$$

例 5.25 若离散型随机变量 X 的分布列为

X	-1	0	2	3
$p_k=P(X=x_k)$	$\frac{1}{8}$	$\frac{1}{4}$	$\frac{3}{8}$	$\frac{1}{4}$

求：(1) $E(X^2)$；　　(2) $E(X+1)$；　　(3) $E(3X)$.

解 因 X 的分布列及 X^2，$X+1$ 和 $3X$ 的相应取值可综合列表如下：

X	-1	0	2	3
X^2	1	0	4	9
$X+1$	0	1	3	4
$3X$	-3	0	6	9
$p_k=P(X=x_k)$	$\frac{1}{8}$	$\frac{1}{4}$	$\frac{3}{8}$	$\frac{1}{4}$

故结合公式(5.7)分别有

(1) $E(X^2)=1\times\frac{1}{8}+0\times\frac{1}{4}+4\times\frac{3}{8}+9\times\frac{1}{4}=\frac{1}{8}+\frac{12}{8}+\frac{18}{8}=\frac{31}{8}$；

(2) $E(X+1)=0\times\frac{1}{8}+1\times\frac{1}{4}+3\times\frac{3}{8}+4\times\frac{1}{4}=\frac{2}{8}+\frac{9}{8}+\frac{8}{8}=\frac{19}{8}$；

(3) $E(3X)=(-3)\times\frac{1}{8}+0\times\frac{1}{4}+6\times\frac{3}{8}+9\times\frac{1}{4}=-\frac{3}{8}+\frac{18}{8}+\frac{18}{8}=\frac{33}{8}$. **解毕**

例 5.26　若 $X\sim\pi(\lambda)$，求 $E(X^2)$.

解　因 $X\sim\pi(\lambda)$，故 X 的分布列及 $Y=f(X)=X^2$ 的相应取值可综合列表如下：

X	0	1	2	$\cdots$	k	$\cdots$
$Y=f(X)=X^2$	0	1	4	$\cdots$	k^2	$\cdots$
$p_k=P(X=k)$	$\frac{\lambda^0}{0!}e^{-\lambda}$	$\frac{\lambda^1}{1!}e^{-\lambda}$	$\frac{\lambda^2}{2!}e^{-\lambda}$	$\cdots$	$\frac{\lambda^k}{k!}e^{-\lambda}$	$\cdots$

故结合公式(5.7)有

$$E(X^2)=E[f(X)]=\sum_{k=0}^{\infty}f(k)\cdot p_k=\sum_{k=0}^{\infty}k^2\cdot\frac{\lambda^k}{k!}\cdot e^{-\lambda}=e^{-\lambda}\cdot\sum_{k=1}^{\infty}[(k-1)+1]\cdot\frac{\lambda^k}{(k-1)!}$$

$$=e^{-\lambda}\cdot\sum_{k=1}^{\infty}(k-1)\cdot\frac{\lambda^k}{(k-1)!}+e^{-\lambda}\cdot\sum_{k=1}^{\infty}\frac{\lambda^k}{(k-1)!}$$

$$=e^{-\lambda}\cdot\sum_{k=2}^{\infty}\frac{\lambda^k}{(k-2)!}+e^{-\lambda}\cdot\sum_{k=0}^{\infty}\frac{\lambda\cdot\lambda^k}{k!}=e^{-\lambda}\cdot\sum_{k=0}^{\infty}\frac{\lambda^{k+2}}{k!}+\lambda e^{-\lambda}\cdot\sum_{k=0}^{\infty}\frac{\lambda^k}{k!}$$

$$=\lambda^2e^{-\lambda}\cdot\sum_{k=0}^{\infty}\frac{\lambda^k}{k!}+\lambda e^{-\lambda}\cdot e^{\lambda}=\lambda^2e^{-\lambda}\cdot e^{\lambda}+\lambda=\lambda^2+\lambda.$$

解毕

例 5.27　若 $X\sim U(a,b)$，求 $E(X^2)$.

解　因 $X\sim U(a,b)$，即 X 的密度函数 $p(x)=\begin{cases}0, & x<a\text{ 或 }x>b,\\ \frac{1}{b-a}, & a\leqslant x\leqslant b,\end{cases}$ 故结合公式(5.8)有

$$E(X^2)=\int_{-\infty}^{+\infty}x^2\cdot p(x)\mathrm{d}x=\int_{-\infty}^{a}x^2\cdot 0\mathrm{d}x+\int_{a}^{b}x^2\cdot\frac{1}{b-a}\mathrm{d}x+\int_{b}^{+\infty}x^2\cdot 0\,\mathrm{d}x=\frac{a^2+ab+b^2}{3}.$$

解毕

5. 数学期望的性质

性质 5.10(线性性质)　$E(C)=C$(C 为常数);

性质 5.11(线性性质)　$E(\alpha X+\beta Y)=\alpha E(X)+\beta E(Y)$($\alpha,\beta$ 为常数);

推论 5.3(线性性质)　$E(X\pm Y)=E(X)\pm E(Y)$,$E(kX)=kE(X)$ (k 为常数);

推论 5.4(线性性质)　$E(\alpha X+\beta)=\alpha E(X)+\beta$ (α,β 为常数);

性质 5.12(乘积性质)　若 X,Y 是相互独立的随机变量,则 $E(X\cdot Y)=E(X)\cdot E(Y)$.

注　性质 5.11、推论 5.3 和性质 5.12 均可推广到有限项的情形.

5.3.2　方差

1. 方差的基本概念

随机变量的数学期望反映的是随机变量取值的平均水平,它是随机变量重要的数字特征,在许多问题中只要知道这个数字特征就够了.但是,数学期望毕竟只能反映平均值这方面的问题,有很大的局限性,而在许多问题中仅仅知道平均值这个数字特征是不够的,还需要知道其他数字特征.例如,在分析一批统计数字时,既要知道平均数,又要知道它们相对平均数的分散程度,下面先举一个例子来说明问题.

例 5.28　甲、乙两种合成纤维,它们的纤维长度 X_1 和 X_2 的分布列如下表:

X_1	3	3.5	4	4.5	5
$p_k^{(1)}=P(X_1=x_k^{(1)})$	0.2	0.2	0.2	0.2	0.2
X_2	2	3	4	5	6
$p_k^{(2)}=P(X_2=x_k^{(2)})$	0.2	0.2	0.2	0.2	0.2

试比较两种纤维的优劣.

解　因

$$E(X_1)=3\times0.2+3.5\times0.2+4\times0.2+4.5\times0.2+5\times0.2=4,$$

$$E(X_2)=2\times0.2+3\times0.2+4\times0.2+5\times0.2+6\times0.2=4,$$

故 $E(X_1)=4=E(X_2)$,从而仅从 X_1 和 X_2 的数学期望(即**纤维长度的平均值**)这个数字特征来看,分不出这两种纤维的优劣.

下面所需讨论的问题——是否可用一个数学指标来度量一个随机变量对它的期望值的偏离程度?

若 X 是要讨论的随机变量，$E(X)$ 是它的数学期望，则可用 $X-E(X)$ 来度量随机变量 X 和它的期望值 $E(X)$ 之间偏差(称为**离差**)的大小. 由于离差 $X-E(X)$ 也是一个随机变量，且**其值可正、可负、也可为零**，因而会因**正、负相抵消而无法反映出离差 $X-E(X)$ 的平均大小**，故人们便用 $E[X-E(X)]^2$ 去刻画这个离差的平均大小，**即用数值 $E[X-E(X)]^2$ 来度量 X 对它的平均值 $E(X)$ 的偏离程度**：若 $E[X-E(X)]^2$ 小，则表示 X 取值集中在 $E(X)$ 周围，反之表示 X 在它的期望 $E(X)$ 周围取值分散. 例如，在例 5.28 中，$E(X_1)=E(X_2)=4$，故可将 X_1 和 X_2 的分布列及 $[X_1-E(X_1)]^2=(X_1-4)^2$ 和 $[X_2-E(X_2)]^2=(X_2-4)^2$ 的相应取值列表如下：

X_1	3	3.5	4	4.5	5
$(X_1-4)^2$	1	0.25	0	0.25	1
$p_k^{(1)}$	0.2	0.2	0.2	0.2	0.2
X_2	2	3	4	5	6
$(X_2-4)^2$	4	1	0	1	4
$p_k^{(2)}$	0.2	0.2	0.2	0.2	0.2

故结合公式(5.7)有

$$E[X_1-E(X_1)]^2=\sum_{k=1}^{5}[x_k^{(1)}-E(X_1)]^2\cdot p_k^{(1)}=\sum_{k=1}^{5}(x_k^{(1)}-4)^2\cdot p_k^{(1)}$$
$$=1\times 0.2+0.25\times 0.2+0\times 0.2+0.25\times 0.2+1\times 0.2=0.5,$$

$$E[X_2-E(X_2)]^2=\sum_{k=1}^{5}[x_k^{(2)}-E(X_2)]^2\cdot p_k^{(2)}=\sum_{k=1}^{5}(x_k^{(2)}-4)^2\cdot p_k^{(2)}$$
$$=4\times 0.2+1\times 0.2+0\times 0.2+1\times 0.2+4\times 0.2=2.$$

上面结果说明：甲种纤维优于乙种纤维. **解毕**

综上述并加以推广便可得到下面方差的概念.

定义 5.17 若 X 是一个随机变量，且 $E[X-E(X)]^2$ 存在，则称数学期望

$$E[X-E(X)]^2$$

为随机变量 X 的**方差**，记为 $D(X)$，即

$$D(X)=E[X-E(X)]^2, \tag{5.9}$$

并称 $\sqrt{D(X)}$ 为随机变量 X 的**标准差**，记为 $\sigma(X)$，即

$$\sigma(X)=\sqrt{D(X)}=\sqrt{E[X-E(X)]^2}. \tag{5.10}$$

2. 离散型随机变量的方差及标准差

若 X 是离散型随机变量，其分布列为(M 为正整数或 $M=+\infty$)：

X	x_1	x_2	…	x_k	…	x_M
$p_k=P(X=x_k)$	p_1	p_2	…	p_k	…	p_M

则根据表示性定理 5.6 便可分别得到随机变量 X 的方差和标准差分别如下

$$D(X) = \sum_{k=1}^{M}[x_k - E(X)]^2 \cdot p_k, \tag{5.11}$$

$$\sigma(X) = \sqrt{\sum_{k=1}^{M}[x_k - E(X)]^2 \cdot p_k}. \tag{5.12}$$

3. 连续型随机变量的方差及标准差

若 X 是连续型随机变量,其密度函数为 $p(x)(x\in\mathbf{R})$,则根据表示性定理 5.6 分别有

$$D(X) = \int_{-\infty}^{+\infty}[x - E(X)]^2 \cdot p(x)\mathrm{d}x, \tag{5.13}$$

$$\sigma(X) = \sqrt{\int_{-\infty}^{+\infty}[x - E(X)]^2 \cdot p(x)\mathrm{d}x}. \tag{5.14}$$

4. 方差的主要计算公式

显然,方差 $D(X)\geqslant 0$ 与标准差 $\sigma(X)\geqslant 0$ **均是非负实数**,且**方差 $D(X)$ 还恰好是随机变量 X 的函数 $Y=[X-E(X)]^2$ 的数学期望**. 因此,不论 X 是离散型还是连续型的随机变量,都可统一写为

$$D(X)=E[X-E(X)]^2 \tag{5.15}$$

的形式,且还可表为便于计算的**简便计算公式**:

$$D(X)=E(X^2)-[E(X)]^2. \tag{5.16}$$

事实上,由数学期望的性质有

$$\begin{aligned} D(X)&=E[X-E(X)]^2=E\{X^2-2E(X)\cdot X+[E(X)]^2\}\\ &=E(X^2)-2E(X)\cdot E(X)+E\{[E(X)]^2\}\\ &=E(X^2)-2[E(X)]^2+[E(X)]^2=E(X^2)-[E(X)]^2. \end{aligned}$$

例 5.29 计算例 5.28 中甲、乙两种合成纤维长度 X_1 和 X_2 的方差,并由此说明两种纤维的优劣.

解 因由例 5.28 已知 $E[X_1-E(X_1)]^2=0.5$,$E[X_2-E(X_2)]^2=2$,即

$$D(X_1)=E[X_1-E(X_1)]^2=0.5<2=E[X_2-E(X_2)]^2=D(X_2),$$

由此说明"**甲种纤维优于乙种纤维**",且此例的解法比例 5.28 中的解法简洁得多.

解毕

5. 几种常见分布的方差

1) 两点分布的方差

若 $X\sim B(1,p)$,则 X 的分布列为(其中 $0<p<1$,$q=1-p$):

X	0	1
$p_k=P(X=k)$	q	p

且已知 $E(X)=p$，故由公式(5.11)知，**两点分布 X 的方差为**

$$D(X)=E[X-E(X)]^2=\sum_{k=0}^{1}[x_k-E(X)]^2\cdot p_k=\sum_{k=0}^{1}(k-p)^2\cdot p_k$$
$$=(0-p)^2\times q+(1-p)^2\times p=p^2\times q+q^2\times p=pq(p+q)=pq.$$

2) **二项分布的方差**

若 $X\sim B(n,p)$，则 X 的分布列为(其中 $0<p<1,q=1-p$)：

X	0	1	…	k	…	n
$p_k=P(X=k)$	$C_n^0p^0q^{n-0}$	$C_n^1p^1q^{n-1}$	…	$C_n^kp^kq^{n-k}$	…	$C_n^np^nq^{n-n}$

且已知 $E(X)=np$，故由公式(5.11)并结合等式 $kC_n^k=nC_{n-1}^{k-1}$，有

$$E(X^2)=E[X(X-1)+X]=E[X(X-1)]+E(X)$$
$$=\sum_{k=0}^{n}k(k-1)\cdot p_k+np=\sum_{k=2}^{n}k(k-1)\cdot C_n^kp^kq^{n-k}+np$$
$$=\sum_{k=2}^{n}(k-1)(kC_n^k)\cdot p^k\cdot q^{n-k}+np=\sum_{k=2}^{n}(k-1)nC_{n-1}^{k-1}\cdot p^k\cdot q^{n-k}+np$$
$$=n\cdot\sum_{k=2}^{n}[(k-1)C_{n-1}^{k-1}]\cdot p^{(k-2)+2}\cdot q^{n-k}+np$$
$$=n\cdot\sum_{k=2}^{n}(n-1)C_{n-2}^{k-2}\cdot p^{k-2}\cdot p^2\cdot q^{n-k}+np$$
$$=n(n-1)p^2\cdot\sum_{k=0}^{n-2}C_{n-2}^{k}\cdot p^k\cdot q^{(n-2)-k}+np$$
$$=n(n-1)p^2\cdot(p+q)^{n-2}+np=n(n-1)p^2+np,$$

从而结合方差的简便计算公式(5.16)便可得到**二项分布 X 的方差**如下

$$D(X)=E(X^2)-[E(X)]^2=[n(n-1)p^2+np]-(np)^2=np-np^2=npq.$$

3) **泊松分布的方差**

若 $X\sim\pi(\lambda)$，则 X 的分布列为($\lambda>0$)：

X	0	1	…	k	…
$p_k=P(X=k)$	$\frac{\lambda^0}{0!}e^{-\lambda}$	$\frac{\lambda^1}{1!}e^{-\lambda}$	…	$\frac{\lambda^k}{k!}e^{-\lambda}$	…

且已知 $E(X)=\lambda$，以及由例 5.26 知 $E(X^2)=\lambda^2+\lambda$，故结合方差的简便计算公式

(5.16)便可得到**泊松分布 X 的方差**如下

$$D(X)=E(X^2)-[E(X)]^2=(\lambda^2+\lambda)-\lambda^2=\lambda.$$

4) **离散型均匀分布的方差**

若 X 是服从以 n 为参数的离散型均匀分布,即 $X\sim J(n)$,则 X 的分布列为

X	x_1	x_2	$\cdots$	x_n
$p_k=P(X=k)$	$\frac{1}{n}$	$\frac{1}{n}$	$\cdots$	$\frac{1}{n}$

且已知 $E(X)=\frac{1}{n}\cdot\sum\limits_{k=1}^{n}x_k$,故结合方差的简便计算公式(5.16)便可得到**离散型均匀分布 X 的方差**如下

$$\begin{aligned}D(X)&=E(X^2)-[E(X)]^2=\sum_{k=1}^{n}x_k^2\cdot p_k-\left(\frac{1}{n}\cdot\sum_{k=1}^{n}x_k\right)^2\\&=\frac{1}{n}\cdot\left[\sum_{k=1}^{n}x_k^2-\frac{1}{n}\cdot\left(\sum_{k=1}^{n}x_k\right)^2\right].\end{aligned}$$

5) **连续型均匀分布的方差**

若 $X\sim U(a,b)$,即 X 的密度函数 $p(x)=\begin{cases}0, & x<a \text{ 或 } x>b,\\ \frac{1}{b-a}, & a\leqslant x\leqslant b,\end{cases}$ 且已知 $E(X)=\frac{a+b}{2}$,以及由例 5.27 知 $E(X^2)=\frac{a^2+ab+b^2}{3}$,故结合方差的简便计算公式(5.16)便可得到**连续型均匀分布 X 的方差**如下

$$\begin{aligned}D(X)&=E(X^2)-[E(X)]^2=\frac{a^2+ab+b^2}{3}-\left(\frac{a+b}{2}\right)^2\\&=\frac{4(a^2+ab+b^2)-3(a^2+2ab+b^2)}{12}=\frac{(b-a)^2}{12}.\end{aligned}$$

6) **指数分布的方差**

若 $X\sim E(\lambda)$,即 X 的密度函数 $p(x)=\begin{cases}\frac{1}{\lambda}\mathrm{e}^{-\frac{x}{\lambda}}, & x\geqslant 0,\\ 0, & x<0\end{cases}(\lambda>0)$,且已知 $E(X)=\lambda$,故结合公式(5.8)有

$$E(X^2)=\int_{-\infty}^{+\infty}x^2\cdot p(x)\mathrm{d}x=\int_{-\infty}^{0}x^2\cdot 0\mathrm{d}x+\int_{0}^{+\infty}x^2\cdot\frac{1}{\lambda}\mathrm{e}^{-\frac{x}{\lambda}}\mathrm{d}x=\frac{1}{\lambda}\int_{0}^{+\infty}x^2\mathrm{e}^{-\frac{x}{\lambda}}\mathrm{d}x=2\lambda^2,$$

从而由方差的简便计算公式(5.16)便可得到**指数分布的方差**如下

$$D(X)=E(X^2)-[E(X)]^2=2\lambda^2-\lambda^2=\lambda^2.$$

7）**正态分布的方差**

若 $X \sim N(\mu,\sigma^2)(\sigma>0)$，即 X 的密度函数 $p(x)=\frac{1}{\sqrt{2\pi}\sigma}e^{-\frac{(x-\mu)^2}{2\sigma^2}}(x\in\mathbf{R})$，且已知 $E(X)=\mu$，故结合公式(5.13)便可得到**正态分布的方差**如下

$$D(X)=\int_{-\infty}^{+\infty}[x-E(X)]^2\cdot p(x)\mathrm{d}x=\int_{-\infty}^{+\infty}(x-\mu)^2\cdot\frac{1}{\sqrt{2\pi}\sigma}e^{-\frac{(x-\mu)^2}{2\sigma^2}}\mathrm{d}x=\sigma^2.$$

由以上讨论知：若 $X\sim N(\mu,\sigma^2)$，则 $E(X)=\mu$，$D(X)=\sigma^2$，这正是正态分布中两个参数的概率意义，且易看出：正态分布由它的数学期望和标准差唯一确定.

特别地，若 $X\sim N(0,1)$，则 $E(X)=\mu=0$，$D(X)=\sigma^2=1$.

6. 方差的性质

性质 5.13(线性性质)　$D(C)=0$ (C 为常数)；

性质 5.14　$D(X\pm C)=D(X)$ (C 为常数)；

性质 5.15　$D(C\cdot X)=C^2\cdot D(X)$ (C 为常数)；

性质 5.16　若 X,Y 是相互独立的随机变量，则 $D(X\pm Y)=D(X)+D(Y)$.

注　性质 5.16 可推广到有限项的情形.

7. 计算方差的例子

例 5.30　若 X 为离散型随机变量，且其分布列为

X	0	1	2	3	4
$p_k=P(X=x_k)$	$\frac{1}{10}$	$\frac{4}{10}$	$\frac{1}{10}$	$\frac{1}{10}$	$\frac{3}{10}$

求：$D(X)$，$D(-2X-5)$.

解　由 X 的分布列并结合公式(5.5)和公式(5.7)有

$$E(X)=0\times\frac{1}{10}+1\times\frac{4}{10}+2\times\frac{1}{10}+3\times\frac{1}{10}+4\times\frac{3}{10}=\frac{21}{10};$$

$$E(X^2)=0^2\times\frac{1}{10}+1^2\times\frac{4}{10}+2^2\times\frac{1}{10}+3^2\times\frac{1}{10}+4^2\times\frac{3}{10}=\frac{13}{2},$$

故结合方差的简便计算公式(5.16)和方差的性质便可得到所求方差如下

$$D(X)=E(X^2)-[E(X)]^2=\frac{13}{2}-\left(\frac{21}{10}\right)^2=\frac{209}{100}=2.09;$$

$$D(-2X-5)=(-2)^2\cdot D(X)=4\times\frac{209}{100}=\frac{209}{25}=8.36.$$　**解毕**

例 5.31 设 $X \sim p(x)=\begin{cases}\dfrac{1}{2\sqrt{x}}, & 0<x\leqslant 1,\\ 0, & x\leqslant 1 \text{ 或 } x>1,\end{cases}$ 求 $D(X)$ 和 $D(3X-5)$.

解 由已知条件、公式(5.6)和公式(5.8)有

$$E(X)=\int_{-\infty}^{+\infty} x\cdot p(x)\mathrm{d}x=\int_{-\infty}^{0} x\cdot 0\mathrm{d}x+\int_{0}^{1} x\cdot\frac{1}{2\sqrt{x}}\mathrm{d}x+\int_{1}^{+\infty} x\cdot 0\mathrm{d}x=\frac{1}{3};$$

$$E(X^2)=\int_{-\infty}^{+\infty} x^2\cdot p(x)\mathrm{d}x=\int_{-\infty}^{0} x^2\cdot 0\mathrm{d}x+\int_{0}^{1} x^2\cdot\frac{1}{2\sqrt{x}}\mathrm{d}x+\int_{1}^{+\infty} x^2\cdot 0\mathrm{d}x=\frac{1}{5},$$

故结合方差的简便计算公式(5.16)和方差的性质便可得到所求方差如下:

$$D(X)=E(X^2)-[E(X)]^2=\frac{1}{5}-\left(\frac{1}{3}\right)^2=\frac{4}{45};$$

$$D(3X-5)=3^2\cdot D(X)=9\times\frac{4}{45}=\frac{4}{5}.$$

解毕

例 5.32 设 $E(X)=-3$, $E(X^2)=12$,求:$E(3-2X)$, $D(-2X)$ 和 $D(3-2X)$.

解 因 $E(X)=-3$, $E(X^2)=6$,故有

$$E(3-2X)=E(3)-2E(X)=3-2\times(-3)=9;$$

$$D(X)=E(X^2)-[E(X)]^2=12-(-3)^2=3;$$

$$D(-2X)=(-2)^2\cdot D(X)=4\times 3=12;$$

$$D(3-2X)=D(-2X+3)=D(-2X)=12.$$

解毕

5.3.3 几种常见分布的数学期望和方差综合表

若 X 是给定的随机变量(离散型或连续型),则通过前面的讨论,可将 X 服从不同常见分布时的数学期望和方差列表于表 5-2,以方便应用.

表 5-2 几种常见分布的数学期望和方差综合表

分 布	参 数	分布列或密度函数	数学期望	方 差
两点分布	$0<P<1$	$p_k=P(X=k)=p^kq^{1-k}(k=0,1)$	p	$pq(q=1-P)$
二项分布	$n\geqslant 1$ $0<P<1$	$p_k=P(X=k)=\mathrm{C}_n^k p^k q^{n-k}(k=0,1,\cdots,n)$	np	$npq(q=1-P)$
泊松分布	$\lambda>0$	$p_k=P(X=k)=\dfrac{\lambda^k\mathrm{e}^{-\lambda}}{k!}\ (k=0,1,2,\cdots)$	λ	λ
离散型均匀分布	$n\geqslant 1$	$p_k=P(X=x_k)=\dfrac{1}{n}\ (k=1,2,\cdots,n)$	$\dfrac{1}{n}\sum\limits_{k=1}^{n}x_k$	$\dfrac{1}{n}\cdot\left[\sum\limits_{k=1}^{n}x_k^2-\dfrac{1}{n}\cdot\left(\sum\limits_{k=1}^{n}x_k\right)^2\right]$

续表

分布	参数	分布列或密度函数	数学期望	方差
连续型均匀分布	$a,b\in\mathbf{R}$ 且 $a<b$	$p(x)=\begin{cases}0, & x<a \text{ 或 } x>b,\\ \dfrac{1}{b-a}, & a\leqslant x\leqslant b\end{cases}$	$\dfrac{a+b}{2}$	$\dfrac{(b-a)^2}{12}$
指数分布	$\lambda>0$	$p(x)=\begin{cases}\dfrac{1}{\lambda}e^{-\frac{x}{\lambda}}, & x\geqslant 0,\\ 0, & x<0,\end{cases}$	λ	λ^2
正态分布	$\mu\in\mathbf{R}$ $\sigma>0$	$p(x)=\dfrac{1}{\sqrt{2\pi}\sigma}e^{-\frac{(x-\mu)^2}{2\sigma^2}}$	μ	σ^2
标准正态分布	0,1	$p(x)=\dfrac{1}{\sqrt{2\pi}}e^{-\frac{x^2}{2}}$	0	1

习　题　5.3

1. 已知随机变量 X 的分布列为

X	-2	0	1
$p_k=P(X=x_k)$	0.3	0.4	0.3

求 $E(X)$ 和 $D(X)$.

2. 已知随机变量 X 的分布列为

X	1	2	3	4
$p_k=P(X=x_k)$	$\dfrac{1}{8}$	$\dfrac{1}{4}$	$\dfrac{1}{2}$	$\dfrac{1}{8}$

计算:(1) $E(X)$,$E(X^2)$ 和 $E(2X+1)$;　(2) $D(X)$ 和 $D(2X-1)$.

3. 射击比赛,每人射四次(每次一发),约定全部不中得 0 分,只中一弹的得 20 分,中两弹得 40 分,中三弹得 70 分,中四弹得 100 分. 某人每次射击的命中率均为 $\dfrac{3}{5}$,求他得分的数学期望.

4. 某种产品共有 10 件,其中有次品 3 件. 现从中任取 3 件,求取出的 3 件产品中次品数 X 的数学期望和方差.

5. 一批零件中有 9 个合格品与 3 个废品,在安装机器时,从这批零件中任取 1 个,如果取出的是废品就不再放回. 求在取得合格品之前,已经取出的废品数的数学期望和方差.

6. 设实验室的温度 X(以℃计)为随机变量,其密度函数

$$p(x)=\begin{cases}\dfrac{1}{9}(4-x^2), & -1\leqslant x\leqslant 2,\\ 0, & x<-1 \text{ 或 } x>2,\end{cases}$$

求 $E(X)$ 和 $D(X)$.

7. 若连续型随机变量 X 的密度函数 $p(x)=\begin{cases}3x^2, & 0\leqslant x\leqslant 1,\\ 0, & x<0 \text{ 或 } x>1,\end{cases}$ 计算:

(1) $E(X)$,$E(X^2)$ 和 $E(2X+1)$;　　(2) $D(X)$ 和 $D(2X-1)$.

8. 设随机变量 $\xi_1,\xi_2,\cdots,\xi_n$ 相互独立,并且服从数学期望为 a、方差为 σ^2 的同一分布,且随机变量 $\xi=\dfrac{1}{n}\sum\limits_{k=1}^{n}\xi_k$,计算 $E(\xi)$ 和 $D(\xi)$.

9. 设随机变量 X 与 Y 相互独立,且 $E(X)=2$,$E(Y)=3$,$D(X)=1$ 和 $D(Y)=2$,计算 $E(X-Y)$ 和 $D(X-Y)$.

10. 若连续型随机变量 X 的密度函数 $p(x)=\begin{cases}ax^2+bx+c, & 0\leqslant x\leqslant 1,\\ 0, & x<0 \text{ 或 } x>1,\end{cases}$ 且 $E(X)=\dfrac{1}{2}$ 和 $D(X)=\dfrac{3}{20}$,求常数 a,b 和 c.

5.4　二维随机向量及其分布

在实际问题中,有些随机试验需要用两个或两个以上的随机变量来描述. 例如,炮弹落地点的位置,就需要用两个随机变量 X 和 Y 来描述. 要研究这些随机变量及其之间的关系,就必须同时考虑这些随机变量及其"联合"分布,下面进行讨论.

5.4.1　二维随机向量

1. 二维随机向量的概念

定义 5.18　若 X,Y 为两个随机变量,则将由它们构成的二元有序组 (X,Y) 称为**二维随机向量**,并称 X 为二维随机向量 (X,Y) 的**第一个分量**,称 Y 为 (X,Y) 的**第二个分量**.

与前面介绍的随机变量(即**一维随机向量**)的情况类似,也可将**二维随机向量分为离散型**和**连续型两种**,即

$$\textbf{二维随机向量}\begin{cases}\text{二维离散型随机向量},\\ \text{二维连续型随机向量}.\end{cases}$$

由于前面没有介绍过重积分的知识,所以下面**仅介绍二维离散型随机向量的有关内容**.

2. 二维随机向量的分布函数

定义 5.19　若 (X,Y) 为二维随机向量，则称由随机事件 $\{X\leqslant x\}\cap\{Y\leqslant y\}$ 的概率构成的二元实值函数

$$F(x,y)=P(\{X\leqslant x\}\cap\{Y\leqslant y\})\xlongequal{\text{记为}}P(X\leqslant x,Y\leqslant y)\ ((x,y)\in\mathbf{R}^2)$$

为二维随机向量 (X,Y) 的**分布函数**，或称为随机变量 X 与 Y 的**联合分布函数**，其几何意义表示随机点 (X,Y) 落在图 5-10 所示无穷矩形区域内的概率.

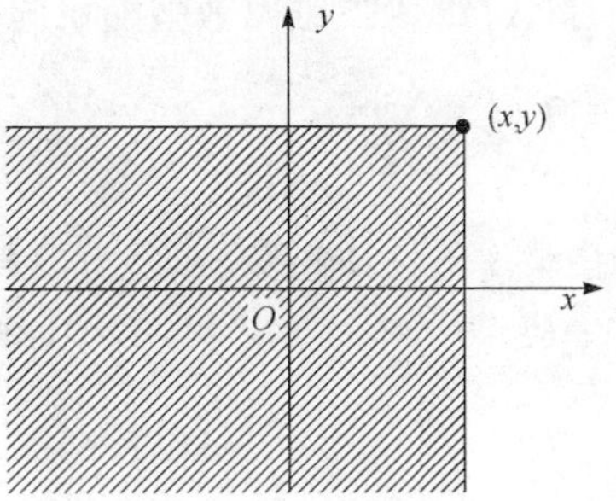

图 5-10

3. 二维随机向量分布函数的性质

性质 5.17　若 (X,Y) 为二维随机向量，$F(x,y)=P(X\leqslant x,\ Y\leqslant y)$，则

(1)（非负有界性）　$0\leqslant F(x,y)\leqslant 1$；

(2) $\forall$ 固定的 $x,y\in\mathbf{R}$，$F(x,-\infty)=0$ 和 $F(-\infty,y)=0$；

(3) $F(-\infty,-\infty)=0$，$F(+\infty,+\infty)=1$.

性质 5.18　若 (X,Y) 为二维随机向量，$F(x,y)=P(X\leqslant x,Y\leqslant y)$，则

(1) $F(x,y)$ 是 x 的递增函数，即 $\forall\, x_1<x_2$ 和 $\forall$ 固定的 $y\in\mathbf{R}$，都有 $F(x_1,y)\leqslant F(x_2,y)$；

(2) $F(x,y)$ 是 y 的递增函数，即 $\forall\, y_1<y_2$ 和 $\forall$ 固定的 $x\in\mathbf{R}$，都有 $F(x,y_1)\leqslant F(x,y_2)$.

性质 5.19　若 (X,Y) 为二维随机向量，$F(x,y)=P(X\leqslant x,Y\leqslant y)$，则 $F(x,y)$ 关于 x 右连续，关于 y 也右连续，即 $F(x^+,y)=F(x,y)$，$F(x,y^+)=F(x,y)$.

性质 5.20　若 (X,Y) 为二维随机向量，$F(x,y)=P(X\leqslant x,Y\leqslant y)$，则 $\forall\,(x_1,y_1),(x_2,y_2)\in\mathbf{R}^2$，当 $x_1<x_2$ 和 $y_1<y_2$（图 5-11）时，不等式

$$F(x_2,y_2)-F(x_2,y_1)+F(x_1,y_1)-F(x_1,y_2)=P(x_1\leqslant X\leqslant x_2,y_1\leqslant Y\leqslant y_2)\geqslant 0$$

恒成立.

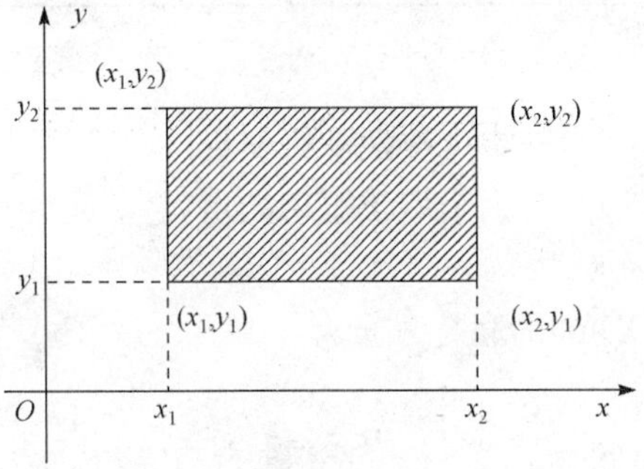

图 5-11

5.4.2　二维随机向量的分布

1. 二维离散型随机向量及其联合分布列

定义 5.20　若二维随机向量(X,Y)的所有可能取值为

$$(x_i,y_j)\ (i=1,2,\cdots,M;j=1,2,\cdots,N;M,N\text{ 为正整数或为}+\infty),$$

则称(X,Y)为**二维离散型随机向量**,并记

$$P((X,Y)=(x_i,y_j))=P(X=x_i,Y=y_j)=p_{ij}$$
$$(i=1,2,\cdots,M;j=1,2,\cdots,N;M,N\text{ 为正整数或为}+\infty),\tag{5.17}$$

则由概率的性质易知,式(5.17)**具有以下两条性质**:

(1) $0\leqslant p_{ij}\leqslant 1(i=1,2,\cdots,M;j=1,2,\cdots,N;M,N$ 为正整数或为$+\infty)$;

(2) $\sum\limits_{i=1}^{M}\sum\limits_{j=1}^{N}p_{ij}=1(M,N$ 为正整数或为$+\infty)$,

因而称式(5.17)为二维离散型随机向量(X,Y)的**联合分布列**,且可表为表 5-3 的形式.

表 5-3　二维离散型随机向量(X,Y)的联合分布列表

X \ Y	y_1	y_2	…	y_j	…	y_N
x_1	p_{11}	p_{12}	…	p_{1j}	…	p_{1N}
x_2	p_{21}	p_{22}	…	p_{2j}	…	p_{2N}
…	…	…	…	…	…	…
x_i	p_{i1}	p_{i2}	…	p_{ij}	…	p_{iN}
…	…	…	…	…	…	…
x_M	p_{M1}	p_{M2}	…	p_{Mj}	…	p_{MN}

其中M,N为正整数或为$+\infty$,且显然有

(X,Y)为**二维离散型随机向量**$\Leftrightarrow X,Y$ 均为**一维离散型随机变量**.

例 5.33　若二维离散型随机向量(X,Y)共有**六个取正概率的点**,它们是

$$(1,-1),\quad(2,-1),\quad(2,0),\quad(2,2),\quad(3,1),\quad(3,2),$$

并且(X,Y)取得它们的概率是相同的,则(X,Y)的联合分布为

$$P(X=1,Y=-1)=\frac{1}{6};\quad P(X=2,Y=-1)=\frac{1}{6};\quad P(X=2,Y=0)=\frac{1}{6};$$

$$P(X=2,Y=2)=\frac{1}{6};\quad P(X=3,Y=1)=\frac{1}{6};\quad P(X=3,Y=2)=\frac{1}{6}.$$

由此便可得到二维离散型随机向量(X,Y)的联合分布列如表 5-4 所示.

表 5-4　例 5.33 中二维离散型随机向量(X,Y)的联合分布列表

$X \backslash Y$	-1	0	1	2
1	$\frac{1}{6}$	0	0	0
2	$\frac{1}{6}$	$\frac{1}{6}$	0	$\frac{1}{6}$
3	0	0	$\frac{1}{6}$	$\frac{1}{6}$

例 5.34　袋中装有 4 个球,每个球上的编号分别是 1,2,2,3,今随机地从中一次取 1 球,无放回地取 2 次,以 X,Y 分别记第一次和第二次所取球的编号,求二维离散型随机向量(X,Y)的联合分布列.

解　由题意有

$$p_{11}=P(X=1,Y=1)=P(X=1)\cdot P(Y=1\backslash X=1)=\frac{1}{4}\times 0=0;$$

$$p_{12}=P(X=1,Y=2)=P(X=1)\cdot P(Y=2\backslash X=1)=\frac{1}{4}\times\frac{2}{3}=\frac{1}{6};$$

$$p_{13}=P(X=1,Y=3)=P(X=1)\cdot P(Y=3\backslash X=1)=\frac{1}{4}\times\frac{1}{3}=\frac{1}{12};$$

$$p_{21}=P(X=2,Y=1)=P(X=2)\cdot P(Y=1\backslash X=2)=\frac{2}{4}\times\frac{1}{3}=\frac{1}{6};$$

$$p_{22}=P(X=2,Y=2)=P(X=2)\cdot P(Y=2\backslash X=2)=\frac{2}{4}\times\frac{1}{3}=\frac{1}{6};$$

$$p_{23}=P(X=2,Y=3)=P(X=2)\cdot P(Y=3\backslash X=2)=\frac{2}{4}\times\frac{1}{3}=\frac{1}{6};$$

$$p_{31}=P(X=3,Y=1)=P(X=3)\cdot P(Y=1\backslash X=3)=\frac{1}{4}\times\frac{1}{3}=\frac{1}{12};$$

$$p_{32}=P(X=3,Y=2)=P(X=3)\cdot P(Y=2\backslash X=3)=\frac{1}{4}\times\frac{2}{3}=\frac{1}{6};$$

$$p_{33}=P(X=3,Y=3)=P(X=3)\cdot P(Y=3\backslash X=3)=\frac{1}{4}\times 0=0,$$

由此便可得二维离散型随机向量(X,Y)的联合分布列如表 5-5 所示.

表 5-5 例 5.34 中二维离散型随机向量(X,Y)的联合分布列表

X \ Y	1	2	3
1	0	$\frac{1}{6}$	$\frac{1}{12}$
2	$\frac{1}{6}$	$\frac{1}{6}$	$\frac{1}{6}$
3	$\frac{1}{12}$	$\frac{1}{6}$	0

解毕

2. 二维离散型随机向量的边缘分布

因当(X,Y)为二维离散型随机向量时,X,Y均为一维离散型随机变量,所以我们自然会想到:**二维离散型随机向量(X,Y)的联合分布列与一维离散型随机变量X,Y的分布列之间有何关系?**事实上,人们常常需要由已知的(X,Y)的联合分布列去了解X,Y的分布列,**这就产生了边缘分布**,即二维离散型随机向量(X,Y)的边缘分布.

定义 5.21 若二维离散型随机向量(X,Y)的联合分布列如表 5-3 所示,则每个随机事件$\{X=x_i\}(i=1,2,\cdots,M)$可表为互不相容的所有随机事件

$$\{(X,Y)=(x_i,y_j)\}\ (j=1,2,\cdots,N;N\text{ 为正整数或为 }+\infty)$$

之和,即

$$\begin{aligned}\{X=x_i\}&=\sum_{j=1}^{N}\{(X,Y)=(x_i,y_j)\}\\&=\{(X,Y)=(x_i,y_1)\}+\{(X,Y)=(x_i,y_2)\}+\cdots+\{(X,Y)=(x_i,y_N)\}\end{aligned}$$
$$(i=1,2,\cdots,M;M,N\text{ 为正整数或为 }+\infty),$$

于是由概率加法公式有

$$P(X=x_i)=\sum_{j=1}^{N}P((X,Y)=(x_i,y_j))=\sum_{j=1}^{N}P(X=x_i,Y=y_j)=\sum_{j=1}^{N}p_{ij}\xlongequal{\text{记为}}P_{i\cdot}$$
$$(i=1,2,\cdots,M;M,N\text{ 为正整数或为 }+\infty),$$

即有

$$P_{i\cdot}=P(X=x_i)=\sum_{j=1}^{N}p_{ij}\,(i=1,2,\cdots,M;M,N\text{ 为正整数或为 }+\infty),\tag{5.18}$$

并称式(5.18)为二维离散型随机向量(X,Y)**关于随机变量X的边缘分布列或边**

缘分布律,简称**随机变量 X 的边缘分布**.

式(5.18)还可写为如下表格的形式(M 为正整数或为$+\infty$)：

X	x_1	x_2	$\cdots$	x_i	$\cdots$	x_M
$P_{i\cdot}=P(X=x_i)$	$P_{1\cdot}$	$P_{2\cdot}$	$\cdots$	$P_{i\cdot}$	$\cdots$	$P_{M\cdot}$

同理,由

$$\{Y=y_j\}=\sum_{i=1}^{M}\{(X,Y)=(x_i,y_j)\}$$
$$=\{(X,Y)=(x_1,y_j)\}+\{(X,Y)=(x_2,y_j)\}+\cdots+\{(X,Y)=(x_M,y_j)\}$$
$$(j=1,2,\cdots,N;M,N\text{ 为正整数或为}+\infty),$$

有

$$P(Y=y_j)=\sum_{i=1}^{M}P(X=x_i,Y=y_j)=\sum_{i=1}^{M}p_{ij}\xlongequal{\text{记为}}P_{\cdot j}$$
$$(j=1,2,\cdots,N;M,N\text{ 为正整数或为}+\infty),$$

即有

$$P_{\cdot j}=P(Y=y_j)=\sum_{i=1}^{M}p_{ij}(j=1,2,\cdots,N;M,N\text{ 为正整数或为}+\infty),\tag{5.19}$$

并称式(5.19)为二维离散型随机向量(X,Y)**关于随机变量 Y 的边缘分布列或边缘分布律**,简称**随机变量 Y 的边缘分布**.

式(5.19)还可写为如下表格形式(N 为正整数或为$+\infty$)：

Y	y_1	y_2	$\cdots$	y_j	$\cdots$	y_N
$P_{\cdot j}=P(Y=y_j)$	$P_{\cdot 1}$	$P_{\cdot 2}$	$\cdots$	$P_{\cdot j}$	$\cdots$	$P_{\cdot N}$

事实上

(1) 随机变量X的边缘分布列$P_{i\cdot}=P\{X=x_i\}=\sum_{j=1}^{N}p_{ij}$($N$为正整数或为$+\infty$)正是二维离散型随机向量$(X,Y)$的联合分布列表5-3中第$i$行的概率值之和,即**第 i 行各数之和**;

(2) 随机变量Y的边缘分布列$P_{\cdot j}=P(Y=y_j)=\sum_{i=1}^{M}p_{ij}$($M$为正整数或为$+\infty$)正是二维离散型随机向量$(X,Y)$的联合分布列表5-3中第$j$列的概率值之和,即**第 j 列各数之和**.

将式(5.18)和式(5.19)与表5-3合并起来可得到如表5-6的形式(M,N 为正整数或为$+\infty$).

表 5-6 二维离散型随机向量(X,Y)的联合分布列与边缘分布综合表

$X \backslash Y$	y_1	y_2	…	y_j	…	y_N	$P_{i\cdot}=P(X=x_i)$
x_1	p_{11}	p_{12}	…	p_{1j}	…	p_{1N}	$P_{1\cdot}$
x_2	p_{21}	p_{22}	…	p_{2j}	…	p_{2N}	$P_{2\cdot}$
…	…	…	…	…	…	…	…
x_i	p_{i1}	p_{i2}	…	p_{ij}	…	p_{iN}	$P_{i\cdot}$
…	…	…	…	…	…	…	…
x_M	p_{M1}	p_{M2}	…	p_{Mj}	…	p_{MN}	$P_{M\cdot}$
$P_{\cdot j}=P(Y=y_j)$	$P_{\cdot 1}$	$P_{\cdot 2}$	…	$P_{\cdot j}$	…	$P_{\cdot N}$	1

例 5.35 求例 5.33 中随机向量(X,Y)关于随机变量 X 和 Y 的边缘分布列.

解 由例 5.33 知,二维离散型随机向量(X,Y)的联合分布列表为

$X \backslash Y$	-1	0	1	2
1	$\frac{1}{6}$	0	0	0
2	$\frac{1}{6}$	$\frac{1}{6}$	0	$\frac{1}{6}$
3	0	0	$\frac{1}{6}$	$\frac{1}{6}$

故结合边缘分布的定义知,所求边缘分布列为表 5-7.

表 5-7 例 5.35 中(X,Y)的联合分布列与边缘分布综合表

$X \backslash Y$	-1	0	1	2	$P_{i\cdot}=P(X=x_i)$
1	$\frac{1}{6}$	0	0	0	$\frac{1}{6}$
2	$\frac{1}{6}$	$\frac{1}{6}$	0	$\frac{1}{6}$	$\frac{1}{2}$
3	0	0	$\frac{1}{6}$	$\frac{1}{6}$	$\frac{1}{3}$
$P_{\cdot j}=P(Y=y_j)$	$\frac{1}{3}$	$\frac{1}{6}$	$\frac{1}{6}$	$\frac{1}{3}$	1

解毕

例 5.36 袋中有 3 个球,分别标有号码 1,2,3,从中随机取 1 球,不放回袋中,再随机取 1 球,用 X,Y 分别表示第一次和第二次取得的球上的号码,试求二维离散型随机向量(X,Y)的联合分布列及边缘分布.

解　因据题意有

$$p_{11}=P(X=1,Y=1)=P(X=1)\cdot P(Y=1\backslash X=1)=\frac{1}{3}\times 0=0;$$

$$p_{12}=P(X=1,Y=2)=P(X=1)\cdot P(Y=2\backslash X=1)=\frac{1}{3}\times\frac{1}{2}=\frac{1}{6};$$

$$p_{13}=P(X=1,Y=3)=P(X=1)\cdot P(Y=3\backslash X=1)=\frac{1}{3}\times\frac{1}{2}=\frac{1}{6};$$

$$p_{21}=P(X=2,Y=1)=P(X=2)\cdot P(Y=1\backslash X=2)=\frac{1}{3}\times\frac{1}{2}=\frac{1}{6};$$

$$p_{22}=P(X=2,Y=2)=P(X=2)\cdot P(Y=2\backslash X=2)=\frac{1}{3}\times 0=0;$$

$$p_{23}=P(X=2,Y=3)=P(X=2)\cdot P(Y=3\backslash X=2)=\frac{1}{3}\times\frac{1}{2}=\frac{1}{6};$$

$$p_{31}=P(X=3,Y=1)=P(X=3)\cdot P(Y=1\backslash X=3)=\frac{1}{3}\times\frac{1}{2}=\frac{1}{6};$$

$$p_{32}=P(X=3,Y=2)=P(X=3)\cdot P(Y=2\backslash X=3)=\frac{1}{3}\times\frac{1}{2}=\frac{1}{6};$$

$$p_{33}=P(X=3,Y=3)=P(X=3)\cdot P(Y=3\backslash X=3)=\frac{1}{3}\times 0=0,$$

故由此得到二维离散型随机向量(X,Y)的联合分布列与边缘分布综合表如下所述.

Y / X	1	2	3	$P_{i}.=P(X=i)$
1	0	$\frac{1}{6}$	$\frac{1}{6}$	$\frac{1}{3}$
2	$\frac{1}{6}$	0	$\frac{1}{6}$	$\frac{1}{3}$
3	$\frac{1}{6}$	$\frac{1}{6}$	0	$\frac{1}{3}$
$P._{j}=P(Y=j)$	$\frac{1}{3}$	$\frac{1}{3}$	$\frac{1}{3}$	1

解毕

5.4.3　随机变量的独立性

在讨论随机事件的关系时，我们需先讨论随机事件的相互独立性. 因此，很自然会联想到随机变量之间的相互独立性——**随机变量的独立性**. 其实，随机变量的独立性是概率统计中的一个重要概念，我们在研究随机现象时常遇到这样的随机变量——**其中一些随机变量的取值对其余随机变量的取值没有什么影响.**

1. 随机变量独立性的概念

定义 5.22 若 X,Y 是两个随机变量，且 $\forall x,y\in\mathbf{R}$，都有

$$P(X\leqslant x,Y\leqslant y)=P(X\leqslant x)\cdot P(Y\leqslant y),$$

则称随机变量 X 与 Y **是相互独立的**，即

$$X,Y\ \textbf{相互独立}\Leftrightarrow\forall x,y\in\mathbf{R},\quad P(X\leqslant x,Y\leqslant y)=P(X\leqslant x)\cdot P(Y\leqslant y).$$

若随机变量 X 与 Y 还服从相同的分布，则还称 X,Y **是独立同分布的随机变量**.

2. 离散型随机变量独立性的性质

性质 5.21 若(X,Y)为离散型随机向量，且 X,Y 的所有可能取值分别为

$$x_1,x_2,\cdots,x_M \quad 与 \quad y_1,y_2,\cdots,y_N,$$

则对一切 $i=1,2,\cdots,M$ 及 $j=1,2,\cdots,N$(M,N 为正整数或为$+\infty$)，有

$$X\ 与\ Y\ 相互独立\Leftrightarrow P(X=x_i,Y=y_j)=P(X=x_i)\cdot P(Y=y_j). \quad (5.20)$$

例 5.37 判断例 5.33 中的随机变量 X 与 Y 是否相互独立?

解 因由例 5.35 知，(X,Y)的联合分布列与边缘分布综合分布表为

X \ Y	-1	0	1	2	$P_{i\cdot}=P(X=x_i)$
1	$\frac{1}{6}$	0	0	0	$\frac{1}{6}$
2	$\frac{1}{6}$	$\frac{1}{6}$	0	$\frac{1}{6}$	$\frac{1}{2}$
3	0	0	$\frac{1}{6}$	$\frac{1}{6}$	$\frac{1}{3}$
$P_{\cdot j}=P(Y=y_j)$	$\frac{1}{3}$	$\frac{1}{6}$	$\frac{1}{6}$	$\frac{1}{3}$	1

且由上表易见：

$$P(X=1,Y=-1)=\frac{1}{6}\neq\frac{1}{18}=\frac{1}{6}\times\frac{1}{3}=P(X=1)\cdot P(Y=-1),$$

由此知随机变量 X 与 Y 不相互独立. **解毕**

例 5.38 若随机变量 X,Y 的取值均为 1,2,3,4，且随机事件$\{(X,Y)=(i,j)\}$的概率都相等，求二维离散型随机向量(X,Y)的联合分布列与边缘分布综合表，并讨论它们的独立性.

解 因由概率的性质及假设条件有

$$1=\sum_{i=1}^{4}\sum_{j=1}^{4}p_{ij}=16p_{ij},\quad 进而有\ p_{ij}=\frac{1}{16}(i,j=1,2,3,4),$$

由此便可得到二维离散型随机向量(X,Y)的联合分布列与边缘综合分布表如下.

X \ Y	1	2	3	4	$P_{i\cdot}=P(X=i)$
1	$\frac{1}{16}$	$\frac{1}{16}$	$\frac{1}{16}$	$\frac{1}{16}$	$\frac{1}{4}$
2	$\frac{1}{16}$	$\frac{1}{16}$	$\frac{1}{16}$	$\frac{1}{16}$	$\frac{1}{4}$
3	$\frac{1}{16}$	$\frac{1}{16}$	$\frac{1}{16}$	$\frac{1}{16}$	$\frac{1}{4}$
4	$\frac{1}{16}$	$\frac{1}{16}$	$\frac{1}{16}$	$\frac{1}{16}$	$\frac{1}{4}$
$P_{\cdot j}=P(Y=j)$	$\frac{1}{4}$	$\frac{1}{4}$	$\frac{1}{4}$	$\frac{1}{4}$	1

且由上表易见：

$$P(X=i,Y=j)=\frac{1}{16}=\frac{1}{4}\times\frac{1}{4}=P(X=i)\cdot P(Y=j)(i,j=1,2,3,4),$$

由此知随机变量 X 与 Y 是相互独立的.　**解毕**

5.4.4* 协方差和相关系数

1. 协方差及其性质

对于二维随机向量(X,Y)，数学期望 $E(X)$ 与 $E(Y)$ 只反映了 X 与 Y 各自的平均值，方差 $D(X)$ 与 $D(Y)$ 只反映了 X 与 Y 各自对均值的偏离程度，它们对 X 与 Y 之间的相互联系不提供任何信息. 同数学期望与方差一样，我们也希望有一个数字特征能够在一定程度上反映 X 与 Y 之间的这种关系.

由方差的性质知：当 X 与 Y 相互独立时必有

$$E\{[X-E(X)][Y-E(Y)]\}=0 \text{（反之不成立）},$$

即当 $E\{[X-E(X)][Y-E(Y)]\}\neq 0$ 时，X 与 Y 肯定不相互独立，**这说明**数值 $E\{[X-E(X)][Y-E(Y)]\}$ 在一定程度上反映了 X 与 Y 相互间的联系，因而可引入下面的定义 5.23.

定义 5.23　若 X 与 Y 是两个随机变量，则称数值（即数学期望）

$$E\{[X-E(X)]\cdot[Y-E(Y)]\}$$

为随机变量 X 与 Y 的**协方差**，并记为 $\operatorname{cov}(X,Y)$，即

$$\operatorname{cov}(X,Y)=E\{[X-E(X)]\cdot[Y-E(Y)]\}.$$

显然，对任意随机变量 X 与 Y 有下列等式：

$$\operatorname{cov}(X,Y)=E(XY)-E(X)E(Y);$$

$$D(X)=E[X-E(X)]^2=E\{[X-E(X)]\cdot[X-E(X)]\}=\operatorname{cov}(X,X);$$

$$D(Y)=E[Y-E(Y)]^2=E\{[Y-E(Y)]\cdot[Y-E(Y)]\}=\operatorname{cov}(Y,Y);$$

$$D(X \pm Y)=D(X)+D(Y) \pm 2\operatorname{cov}(X,Y).$$

由协方差定义可直接推出下列性质(证略).

性质 5.22(对称性)　$\operatorname{cov}(X,Y)=\operatorname{cov}(Y,X)$;

性质 5.23(半线性性)　$\operatorname{cov}(aX,bY)=ab\operatorname{cov}(X,Y)$($a,b$ 为任意常数);

性质 5.24(半线性性)　$\operatorname{cov}(X_1+X_2,Y)=\operatorname{cov}(X_1,Y)+\operatorname{cov}(X_2,Y)$.

2. 相关系数及其性质

定义 5.24　若 X 与 Y 是两个随机变量,且 $D(X)>0,D(Y)>0$,则称数值

$$\frac{\operatorname{cov}(X,Y)}{\sigma(X)\sigma(Y)}$$

为随机变量 X 与 Y 的**相关系数**,并记为 ρ_{XY},即 $\rho_{XY}=\dfrac{\operatorname{cov}(X,Y)}{\sigma(X)\sigma(Y)}$.

例 5.39　若 $(X,Y)\sim N(\mu_1,\mu_2,\sigma_1^2,\sigma_2^2,\rho)$,则 $\rho_{XY}=\rho$,即**二维正态分布的第五个参数 ρ 就是相关系数.**

性质 5.25　对任意随机变量 X 与 Y,下列条件相互等价:

(1) $\operatorname{cov}(X,Y)=0$;

(2) X 与 Y 不相关;

(3) $E(XY)=E(X)\cdot E(Y)$;

(4) $D(X+Y)=D(X)+D(Y)$.

习　题　5.4

1. 已知 10 件产品中有 3 件一等品,5 件二等品,2 件三等品,从这批产品中任取 4 件产品,求其中一等品的件数 X 和二等品的件数 Y 构成的二维向量 (X,Y) 的联合分布列.

2. 将一枚硬币抛掷 3 次,以 X 表示 3 次中出现正面次数与出现反面次数之差的绝对值,以 Y 表示 3 次中出现正面的次数,试写出 X 和 Y 的联合分布列以及 (X,Y) 的边缘分布列.

3. 若二维离散型随机向量 (X,Y) 的联合分布列如下

X \ Y	-1	1	2
-1	$\frac{1}{8}$	$\frac{1}{8}$	$\frac{1}{8}$
0	$\frac{1}{8}$	0	$\frac{1}{8}$
1	$\frac{1}{8}$	$\frac{1}{8}$	$\frac{1}{8}$

试判断 X 与 Y 是否相互独立?

4*. 设随机变量 X 和 Y 的方差分别为 25 和 36,相关系数为 0.4,求 $D(X+Y)$ 和 $D(X-Y)$.

习　题　五

一、单项选择题

1. 下列四个命题中正确命题的个数是　【　】

(1) 15s 内,通过某十字路口的汽车的数量是随机变量;

(2) 在一段时间内,某候车室内候车的旅客人数是随机变量;

(3) 一条河流每年的最大流量是随机变量;

(4) 一个剧场共有三个出口,散场后从某一出口退场人数是随机变量.

A. 1;　B. 2;　C. 3;　D. 4.

2. 若随机变量 X 的分布列为

X	1	2	3	4
p	0.2	0.3	0.4	c

,则常数 $c=$　【　】

A. 0.1;　B. 0.2;　C. 0.3;　D. 0.4.

3. 若将一颗均匀骰子连掷 5 次,则向上的面恰好 2 次出现 3 点的概率是　【　】

A. $C_5^3\left(\frac{5}{6}\right)^2\left(\frac{1}{6}\right)^3$;　B. $C_5^3\left(\frac{1}{6}\right)^3\left(\frac{5}{6}\right)^2$;

C. $C_5^2\left(\frac{1}{6}\right)^2\left(\frac{5}{6}\right)^3$;　D. $C_5^2\left(\frac{1}{6}\right)^3\left(\frac{5}{6}\right)^2$.

4. 已知随机变量 $X\sim B(6,0.5)$,则 $D(2X+4)=$　【　】

A. 4;　B. 6;　C. 3;　D. 9.

5. 某地区高二女生的体重 $\xi\sim N(50,25)$(单位:kg),且该地区共有高二女生 2000 人,则体重在 50～65kg 内的女生共有　【　】

A. 683 人;　B. 954 人;　C. 997 人;　D. 994 人.

6. 若随机变量 $X\sim B(n,p)$,且 $E(X)=4$ 和 $D(X)=2$,则　【　】

A. $n=10,p=0.4$;　B. $n=8,p=0.5$;

C. $n=20,p=0.2$;　D. $n=16,p=0.25$.

7. 若随机变量 $X\sim B(6,0.5)$,则 $P(X=2)=$　【　】

A. $\frac{15}{64}$;　B. $\frac{16}{64}$;　C. $\frac{15}{16}$;　D. $\frac{3}{5}$.

8. 若随机变量 $X\sim N(3,\sigma^2)$,则 $P(X<3)=$　【　】

A. $\frac{1}{5}$;　B. $\frac{1}{4}$;　C. $\frac{1}{3}$;　D. $\frac{1}{2}$.

9. 已知甲、乙两台车床生产同种标准的产品，且 X 表示甲机床生产 1000 件产品中的次品数，Y 表示乙机床生产 1000 件产品中的次品数，经过一段时间的考察，得出 X 和 Y 的分布列分别是

X	0	1	2	3
p	0.7	0.1	0.1	0.1

和

X	0	1	2	3
p	0.5	0.3	0.2	0

，据此判定　【　】

A. 甲比乙质量好；　B. 乙比甲质量好；

C. 甲与乙质量相同；　D. 无法判定.

10. 设随机变量 X 的函数为 $Y=aX+b$(a,b 为常数)，且 $E(X)$ 和 $D(X)$ 均存在，则必有　【　】

A. $E(Y)=aE(X)$；　B. $D(Y)=aD(X)$；

C. $E(Y)=aE(X)+b$；　D. $D(Y)=aD(X)+b$.

11. 若随机变量 X 的方差 $D(X)$ 存在，而 a,b 为常数，则 $D(aX+b)=$　【　】

A. $a^2D(X)$；　B. $a^2D(X)+b$；　C. $aD(X)$；　D. $aD(X)+b$.

12. 若 $X\sim N(\mu,\sigma^2)$，且 $E(X)=3$ 和 $D(X)=1$，则 $P(-1<X\leqslant 1)=$　【　】

A . $2\Phi(1)-1$；　B. $\Phi(2)-\Phi(4)$；

C. $\Phi(-4)-\Phi(-2)$；　D. $\Phi(4)-\Phi(2)$.

13. 若随机变量 X 服从指数分布，且 $D(X)=0.25$，则 $E(X)=$　【　】

A. $\frac{1}{2}$；　B. 2；　C. $\frac{1}{4}$；　D. 4.

14. 设随机变量 X 的分布函数为 $F(x)=\begin{cases}0, & x<0,\\ x^3, & 0\leqslant x\leqslant 1,\\ 1, & x>1,\end{cases}$ 则 $E(X)=$　【　】

A. $\int_0^{+\infty} x^4\,\mathrm{d}x$；　B. $\int_0^1 3x^3\,\mathrm{d}x$；　C. $\int_0^1 x^4\,\mathrm{d}x+\int_1^{+\infty} x\,\mathrm{d}x$；　D. $\int_0^{+\infty} 3x^2\,\mathrm{d}x$.

15. 若 $E(X)$ 为一非负值，且 $E\left(\frac{X^2}{2}-1\right)=2$ 和 $D\left(\frac{X}{2}-1\right)=\frac{1}{2}$，则 $E(X)=$　【　】

A. 0；　B. 1；　C. 2；　D. $\sqrt{8}$.

16. 若随机变量 X 与 Y 相互独立，且 $D(X)=4$，$D(Y)=2$，则 $D(3X-2Y+5)=$　【　】

A. 8；　B. 16；　C. 28；　D. 44.

二、填空题

1. 若随机变量 $X\sim B(8,0.5)$，则 $E(X)=$__________.

2. 若随机变量 X 的分布列为

X	0	1	2
p	0.25	0.5	0.25

，则 $E(2X+3)=$

__________,$D(2X-3)=$__________.

3. 连续向同一目标射击,直到击中为止.已知依次射击命中目标的概率为0.75,则射击次数为3的概率为__________.

4. 若随机变量 $X\sim N(2,0.5^2)$,则 X 落在区间$(3,+\infty)$内的概率是__________.

5. 若随机变量 $X\sim N(1.4,0.05^2)$,则 X 落在区间$(1.35,1.45)$内的概率是__________.

6. 若 $X\sim B(n,p)$,且其均值为200,标准差为10,则 $n=$__________,$p=$__________.

7. 若 $X\sim B(n,p)$,且 $E(X)=0.5$ 和 $D(X)=0.45$,则 $n=$__________,$p=$__________.

8. 若随机变量 X 表示10次独立重复射击命中目标的次数,且每次射击命中目标的概率为0.4,则 $E(X^2)=$__________.

9. 若 $X\sim U(a,b)$,且 $E(X)=2$ 和 $D(X)=\frac{1}{3}$,则 $a=$__________,$b=$__________.

10. 若对随机变量 X 有 $E(X)=10$,$D(X)=25$,$E(aX+b)=0$ 和 $D(aX+b)=1$,则 $a=$__________,$b=$__________或 $a=$__________,$b=$__________.

11. 若离散型随机变量 X 服从参数为2的泊松分布,则随机变量 $Y=3X-2$ 的数学期望 $E(Y)=$__________.

12. 若 $X_1\sim U(0,6)$,$X_2\sim N(0,2^2)$,且 X_1 与 X_2 相互独立,则 $D(X_1-2X_2)=$__________.

13*. 若随机变量 X 与 Y 的方差分别为 $D(X)=49$ 和 $D(Y)=64$,相关系数 $\rho_{XY}=0.8$,则 $D(X+Y)=$__________,$D(X-Y)=$__________.

三、解答题

1. 已知盒子中有4个白球和2个红球,现从中任意取出3个,并设 X 表示其中白球的个数,求 X 的分布列.

2. 某商场举行抽奖促销活动,抽奖规则是:从装有4个白球和2个红球的箱子中每次随机摸出一个球,记下颜色后放回,摸出1个白球可获得奖金10元;摸出1个红球可获得奖金20元.现有甲顾客摸了两次,并设 X 表示甲两次摸球后共获奖金的总额.试求:

(1) X 的分布列;　(2) X 的数学期望和方差.

3. 设随机变量 X 的分布列为

X	−2	0	2
p	0.4	0.3	0.3

,求 $E(X)$,$E(X^2)$,$E(3X^2+5)$和 $D(2X-1)$.

4. 抛三枚均匀硬币,并用 X 表示出现正面的个数,试求 $Y=X^3$ 的数学期望 $E(Y)$.

5. 某公共汽车站每隔 10 分钟有一辆车经过,某一乘客到达车站的时间是任意的,该乘客的候车时间(单位:min)是一个随机变量 X,求 X 的数学期望与方差.

6. 若随机变量 X 的密度函数为 $p(x)=\begin{cases}Ax^2, & -1\leqslant x\leqslant 1,\\ 0, & x<1 \text{ 或 } x>1,\end{cases}$ 计算:

(1) 常数 A;　(2) $P\left\{|X|\leqslant\frac{1}{2}\right\}$;　(3) $E(X)$;　(4) $D(X)$.

7. 设随机变量 $X\sim\pi(\lambda)$,且已知 $E[(X-1)(X-2)]=1$,求参数 λ.

8. 设 X 为一个随机变量,且已知 $E(X)=1$ 和 $D\left(\frac{X}{2}\right)=1$,求 $E(X-1)^2$.

9. 设随机变量 X 服从指数分布,且其方差 $D(X)=3$,写出 X 的密度函数,并计算 $P(1<X\leqslant 3)$.

10. 设圆的半径 X 服从$[0,1]$内的均匀分布,求其面积 Y 的数学期望.

11. 设随机变量 X 与 Y 具有相同的密度函数,且 $p(x)=\begin{cases}2x\theta^2, & 0<x<\frac{1}{\theta},\\ 0, & \theta x\leqslant 0 \text{ 或 } x\geqslant\frac{1}{\theta},\end{cases}$

和 $E(cX+2Y)=\frac{1}{\theta}$,求常数 c.

第6章　数理统计初步

数理统计是伴随着概率论的发展而发展起来的一个数学分支，研究如何有效的收集、整理和分析受随机因素影响的数据，并对所考虑的问题作出推断或预测．本章主要介绍数理统计的基本概念、抽样分布、参数估计及假设检验．

6.1　统计量及其分布

6.1.1　总体与样本

数理统计主要讨论的是如何根据样本探求总体的种种知识，以及利用样本的随机性检验有关总体的种种假设．为此，**必须使所抽取的样本具有代表性，同时又能反映总体的特性**．为解决以上所提出的问题，我们**先介绍一些基本概念**．

总体（母体）——研究对象的全体；

个体（样品）——总体中的每一个成员；

总体容量——总体中所包含的个体数量；

有限总体——容量有限的总体；

无限总体——容量无限的总体．

例如，一批产品的全体寿命是一个总体，而其中一个产品的寿命是一个个体．

由于总体中的每一个个体都是随机试验中的一个观察值，因此总体是某个随机变量 X 的所有可能的取值．例如，以 X 表示一批产品的寿命，则全部产品的寿命所构成的总体就是随机变量 X 的所有可能的取值．由此可见，**一个总体对应一个随机变量 X**，因此**对总体的研究就是对相应随机变量 X 的研究**，今后将不再区分总体与相应的随机变量，统称为总体 X，并且随机变量 X 的分布就成了总体的分布．

统计学的任务——从对个体（随机变量）的研究来推测对总体的分布规律．

显然，总体的分布一般是未知的，或者它的某些参数是未知的，为了判断总体服从何种分布或估计未知参数应取何值，我们可以从总体中抽取部分个体进行观察，从中获得研究总体的一些观察数据，然后通过这些数据进行合理的统计分析，从而对总体的分布作出推断或对未知参数作出估计．最常用的方法是从总体中随机抽取若干个体（即**样品**）来进行观察，这个过程称为**抽样**，而抽出的样品则称为**样本**，同时把样本中包含的个体数目称为**样本容量**．由于得到的每个样本观测值都是随机得到的，故可将其看成是一个随机变量 X 的取值，这样就把观测每个个体得到的结果和一个随机变量的取值对应起来了.

从总体中随机抽取一个个体相当于对表示总体的随机变量 X 进行一次试验或观察,得到的值称为 X 的一个**观察值**. 一般地,在相同的条件下对总体 X 随机进行 n 次重复的、独立的观察,并将 n 次观察结果按试验的次序记为 $X_1,X_2,\cdots,X_n$. 由于 $X_1,X_2,\cdots,X_n$ 是对随机变量 X 观察的结果,且各次观察是在相同条件下独立进行的,所以有理由认为 $X_1,X_2,\cdots,X_n$ 是相互独立的,且都是与 X 具有相同分布的随机变量.

由于 $X_1,X_2,\cdots,X_n$ 是从总体 X 中随机抽取出来的,通常其容量 n 相对于总体来说都较小,因而可认为抽取样本 $X_1,X_2,\cdots,X_n$ 后对总体的分布没有影响. 另外,在抽取样本进行分析时,为了更好地反映总体的特征,一般采用简单随机抽样的方法,这种方法下形成的**简单随机样本**(简称**简单样本**或**样本**)要求具有以下两个特征:

(1) **代表性**:每个个体 $X_i(i=1,2,\cdots,n)$ 与总体 X 具有相同的分布;

(2) **独立性**:个体 $X_i(i=1,2,\cdots,n)$ 之间是两两相互独立的.

以后所讨论的样本,都指具有以上特征的简单样本. 从总体中抽取容量为 n 的样本,一般记为 $(X_1,X_2,\cdots,X_n)$,而把一次具体测得的结果记为 $(x_1,x_2,\cdots,x_n)$,它是样本 $(X_1,X_2,\cdots,X_n)$ 的一组具体的观察值,称为**样本值**.

6.1.2 统计量

1. 样本函数与统计量

样本是进行统计推断的依据,但当获取样本后,往往不是直接利用样本进行推断,而是针对不同的问题,利用由样本计算出来的某些不含未知参数的量(即**样本函数**)来对总体的特征进行分析与推断,并由此得出所需要的结论,同时称这样的函数为**统计量**. 例如,

$$\overline{X}=\frac{1}{n}\cdot\sum_{i=1}^{n}X_i \quad 和 \quad S^2=\frac{1}{n-1}\cdot\sum_{i=1}^{n}(X_i-\overline{X})^2$$

都是不含未知参数的样本 $X_1,X_2,\cdots,X_n$ 的函数.

定义 6.1 若 $X_1,X_2,\cdots,X_n$ 是总体 X 的一个样本,$f(X_1,X_2,\cdots,X_n)$ 是随机变量 $X_1,X_2,\cdots,X_n$ 的函数(即**样本函数**),且 $f(X_1,X_2,\cdots,X_n)$ 中不包含总体 X 的任何未知参数,则称 $f(X_1,X_2,\cdots,X_n)$ 是样本 $X_1,X_2,\cdots,X_n$ 的一个**统计量**.

当样本 $X_1,X_2,\cdots,X_n$ 取定一组值 $x_1,x_2,\cdots,x_n$ 时,则称函数值 $f(x_1,x_2,\cdots,x_n)$ 为统计量 $f(X_1,X_2,\cdots,X_n)$ 的一个**观测值**.

因 $X_1,X_2,\cdots,X_n$ 都是随机变量,而统计量 $f(X_1,X_2,\cdots,X_n)$ 又是随机变量 $X_1,X_2,\cdots,X_n$ 的函数,因而统计量 $f(X_1,X_2,\cdots,X_n)$ 也是一个随机变量,且函数值 $f(x_1,x_2,\cdots,x_n)$ 显然为统计量 $f(X_1,X_2,\cdots,X_n)$ 的一个观测值.

例 6.1　在上面给出的随机变量 $\overline{X}$ 与 S^2 中，由于它们都不含总体 X 的任何未知参数，所以 $\overline{X}$ 与 S^2 都是统计量，并分别称为**样本均值**和**样本方差**.

例 6.2　若 $X_1,X_2,\cdots,X_n$ 是从正态总体 $N(\mu,\sigma^2)$（μ,σ 为未知参数）中抽取的一个样本，则 $\sum\limits_{i=1}^{n}\dfrac{X_i}{n}-\mu$ 与 $\sum\limits_{i=1}^{n}\dfrac{X_i}{\sigma}$ 都不是统计量（因它们中包含有总体的未知参数），而 $\sum\limits_{i=1}^{n}\dfrac{X_i^2}{n}$ 却是统计量（因不含总体的任何未知参数）.

2. 几个常用的统计量

当我们要了解一个总体的分布或总体中某个参数时，往往要构造一个统计量，然后依据样本所遵从的总体分布，找到统计量应遵从的分布，以此对总体的分布或总体中的某个参数作出合理的推断. 另外，由于构造统计量的目的是为了推断未知总体的分布，因此在构造统计量时就不应包含总体的未知参数.

若 $X_1,X_2,\cdots,X_n$ 是取自总体 X 的一个样本，$x_1,x_2,\cdots,x_n$ 是样本 $X_1,X_2,\cdots,X_n$ 的一组具体的观察值，则给出如下定义.

1）**样本均值（统计量）**

$\overline{X}=\dfrac{1}{n}\sum\limits_{i=1}^{n}X_i$—— **样本 $X_1,X_2,\cdots,X_n$ 的均值**，简称**样本均值**.

$\overline{x}=\dfrac{1}{n}\sum\limits_{i=1}^{n}x_i$—— **样本 $X_1,X_2,\cdots,X_n$ 均值的观测值**，简称**样本均值观测值**.

例 6.3　从某班经济数学考试试卷中随机抽出 8 份试卷，其成绩分别为：80，56，88，97，45，78，63，79，试求样本均值的观测值 $\overline{x}$.

解　$\overline{x}=\dfrac{80+56+88+97+45+78+63+79}{8}=73.25.$　**解毕**

2）**样本方差（统计量）**

$S^2=\dfrac{1}{n-1}\cdot\sum\limits_{i=1}^{n}(X_i-\overline{X})^2$—— **样本 $X_1,X_2,\cdots,X_n$ 的方差**，简称**样本方差**.

$s^2=\dfrac{1}{n-1}\cdot\sum\limits_{i=1}^{n}(x_i-\overline{x})^2$—— **样本 $X_1,X_2,\cdots,X_n$ 方差的观测值**，简称**样本方差观测值**.

样本方差 S^2 的表达式可简化为如下形式：

$$S^2=\frac{1}{n-1}\cdot\left(\sum_{i=1}^{n}X_i^2-n\cdot\overline{X}^2\right). \tag{6.1}$$

事实上，我们有

$$S^2=\frac{1}{n-1}\cdot\sum_{i=1}^{n}(X_i^2-2X_i\overline{X}+\overline{X}^2)=\frac{1}{n-1}\cdot\left(\sum_{i=1}^{n}X_i^2-2\overline{X}\cdot\sum_{i=1}^{n}X_i+\sum_{i=1}^{n}\overline{X}^2\right)$$

$$=\frac{1}{n-1}\cdot\left(\sum_{i=1}^{n}X_i^2-2\overline{X}\cdot n\overline{X}+n\overline{X}^2\right)=\frac{1}{n-1}\cdot\left(\sum_{i=1}^{n}X_i^2-n\overline{X}^2\right).$$

相应地,样本方差的观测值 s^2 的表达式也可简化为如下形式

$$s^2=\frac{1}{n-1}\cdot\left(\sum_{i=1}^{n}x_i^2-n\cdot\overline{x}^2\right).\tag{6.2}$$

由上面定义易见:对 $x_1,x_2,\cdots,x_n$

当 $x_1=x_2=\cdots=x_n$ 时,$s^2=\frac{1}{n-1}\cdot\sum_{i=1}^{n}(x_i-\overline{x})^2=\frac{1}{n-1}\cdot\sum_{i=1}^{n}0^2=0$;

当数据 $x_1,x_2,\cdots,x_n$ **互不相同的程度越大**(即**越分散**)时,**样本方差的观测值** s^2 **就越大**;

当数据 $x_1,x_2,\cdots,x_n$ **互不相同的程度越小**(即**越集中**)时,**样本方差的观测值** s^2 **就越小**.

例 6.4 从某班经济数学考试试卷中随机抽出 8 份试卷,其成绩分别为:80,56,88,97,45,78,63,79,试求样本方差的观测值 s^2.

解 因由例 6.3 有 $\overline{x}=73.25$,故结合已知条件及 s^2 的表达式有

$$\begin{aligned}s^2=&\frac{1}{8-1}[(80-73.25)^2+(56-73.25)^2+(88-73.25)^2\\&+(97-73.25)^2+(45-73.25)^2\\&+(78-73.25)^2+(63-73.25)^2+(79-73.25)^2]\approx 297.64.\end{aligned}$$

或利用简化公式(6.2)有

$$\begin{aligned}s^2=&\frac{1}{8-1}[(80^2+56^2+88^2+97^2+45^2+78^2+63^2+79^2)-8\times 73.25^2]\\\approx&297.64.\end{aligned}$$

解毕

3) **样本标准差(统计量)**

$S=\sqrt{S^2}=\sqrt{\frac{1}{n-1}\cdot\sum_{i=1}^{n}(X_i-\overline{X})^2}$——**样本** $X_1,X_2,\cdots,X_n$ **的标准差**,简称**样本标准差**.

$s=\sqrt{s^2}=\sqrt{\frac{1}{n-1}\cdot\sum_{i=1}^{n}(x_i-\overline{x})^2}$——**样本** $X_1,X_2,\cdots,X_n$ **标准差的观测值**,简称**样本标准差观测值**.

4) k **阶样本原点矩(统计量)**

$V_k=\frac{1}{n}\cdot\sum_{i=1}^{n}X_i^k(k=1,2,\cdots)$——$k$ **阶样本原点矩**,简称 k **阶原点矩**.

$v_k=\frac{1}{n}\cdot\sum_{i=1}^{n}x_i^k(k=1,2,\cdots)$——$k$ **阶样本原点矩的观测值**,简称 k **阶原点矩**

观测值.

$V_1=\frac{1}{n}\cdot\sum_{i=1}^{n}X_i=\overline{X}$—— **一阶样本原点矩(即样本均值).**

$v_1=\frac{1}{n}\cdot\sum_{i=1}^{n}x_i=\overline{x}$—— **一阶样本原点矩的观测值(即样本均值观测值).**

5) k **阶样本中心矩(统计量)**

$U_k=\frac{1}{n}\cdot\sum_{i=1}^{n}(X_i-\overline{X})^k(k=1,2,\cdots)$——$k$ **阶样本中心矩,简称** k **阶中心矩.**

$\boldsymbol{u_k}=\frac{1}{\boldsymbol{n}}\cdot\sum_{\boldsymbol{i=1}}^{\boldsymbol{n}}(\boldsymbol{x_i}-\bar{\boldsymbol{x}})^{\boldsymbol{k}}(\boldsymbol{k}=1,2,\cdots)$——$k$ **阶样本中心矩的观测值,简称** k **阶中心矩观测值.**

因 $U_2=\frac{1}{n}\cdot\sum_{i=1}^{n}(X_i-\overline{X})^2=\frac{n-1}{n}\cdot\frac{1}{n-1}\sum_{i=1}^{n}(X_i-\overline{X})^2=\frac{n-1}{n}\cdot S^2$,故二阶样本中心矩 U_2 和样本方差 S^2 之间具有如下关系：

$$U_2=\frac{n-1}{n}\cdot S^2\quad\text{或}\quad S^2=\frac{n}{n-1}U_2.\tag{6.3}$$

6) U,W **及** T **统计量**

若 $X_1,X_2,\cdots,X_n$ 是取自总体 $N(\mu,\sigma^2)$的一个样本,则可证样本函数

$$U=\frac{\overline{X}-\mu}{\frac{\sigma}{\sqrt{n}}},\quad W=\frac{(n-1)S^2}{\sigma^2}\quad\text{和}\quad T=\frac{\overline{X}-\mu}{\frac{S}{\sqrt{n}}}$$

分别服从标准正态分布、χ^2 分布 $\chi^2(n-1)$和 t 分布 $t(n-1)$,即

$$U\sim N(0,1),\quad W\sim\chi^2(n-1)\quad\text{和}\quad T\sim t(n-1),$$

其中 $\chi^2(n-1)$表示自由度为 $n-1$ 的 χ^2 分布,$t(n-1)$表示自由度为 $n-1$ 的 t 分布,它们的定义将在后面再给出.

显然,当 μ,σ 为未知参数时,样本函数 U,W 和 T 都不是统计量,只有当 μ,σ 为已知参数时,它们才是统计量,并分别称为 U **统计量**、χ^2 **统计量**和 T **统计量.**

6.1.3　几个常用统计量的分布

当取得总体的样本后,通常是借助样本的统计量对未知的总体分布进行推断.为了实现推断的目的,必须进一步确定相应的统计量所服从的分布,下面介绍几个常用统计量的分布.

1. χ^2 分布及其上 α 分位点

1) χ^2 **分布及其性质**

定义 6.2 若总体 $X \sim N(0,1)$, $X_1, X_2, \cdots, X_n$ 是取自总体 X 的一个容量为 n 的样本,且随机变量 $X_1, X_2, \cdots, X_n$ 之间相互独立,则称统计量(随机变量)

$$\chi^2 = X_1^2 + X_2^2 + \cdots + X_n^2$$

为服从**自由度**为 n 的 χ^2 **分布**,记为 $\chi^2 \sim \chi^2(n)$,其中 n 表示独立正态随机变量 X_1, $X_2, \cdots, X_n$ 的个数,且是随机变量分布中的一个重要参数.

可以证明: χ^2 分布的密度函数为(图 6-1)

$$p_n(x) = \begin{cases} 0, & x < 0, \\ \dfrac{1}{2^{\frac{n}{2}} \cdot \Gamma\left(\dfrac{n}{2}\right)} \cdot x^{\frac{n}{2}-1} \cdot \mathrm{e}^{-\frac{x}{2}}, & x \geqslant 0, \end{cases}$$

其中函数 $\Gamma(t)$(称为 Γ **函数**)定义为 $\Gamma(u) = \int_0^{+\infty} x^{u-1} \mathrm{e}^{-x} \mathrm{d}x \, (u > 0)$,且 χ^2 分布具有下面两条性质.

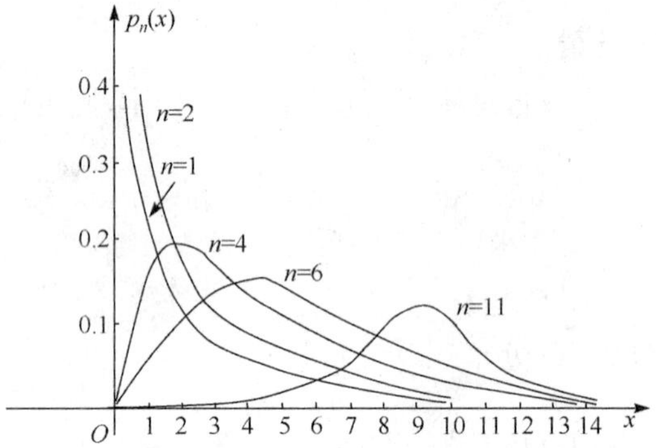

图 6-1 χ^2 分布的密度函数曲线图

性质 6.1 (可加性) 若 $\chi_1^2 \sim \chi^2(n_1)$, $\chi_2^2 \sim \chi^2(n_2)$,则 $\chi_1^2 + \chi_2^2 \sim \chi^2(n_1 + n_2)$.

性质 6.2 若 $\chi^2 \sim \chi^2(n)$,则 $E(\chi^2) = n$, $D(\chi^2) = 2n$.

2) χ^2 **分布的上** α **分位点**

定义 6.3 对给定的数 $0 < \alpha < 1$,称满足等式

$$P(X > \chi_\alpha^2(n)) = \int_{\chi_\alpha^2(n)}^{+\infty} p_n(x) \mathrm{d}x = \alpha$$

的点 $\chi_\alpha^2(n)$ 为 χ^2 **分布的上 α 分位点**(图 6-2).

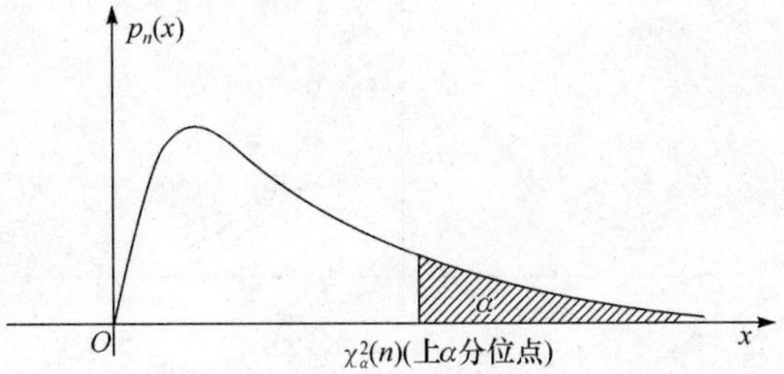

图 6-2　χ^2 分布的上 α 分位点图

针对不同的正小数 α 和正整数 n,可通过查附表 3 得到相应的上 α 分位点 $\chi_\alpha^2(n)$ 的值.例如,当 $\alpha=0.1$ 和 $n=25$ 时,通过查表可得到 $\chi_{0.1}^2(25)=34.382$,此即表明:若 $X\sim\chi^2(25)$,则 $P(X>34.382)=0.1$.

2. t 分布及其上 α 分位点

1) t **分布**

定义 6.4　若总体 $X\sim N(0,1)$,$Y\sim\chi^2(n)$,且 X 与 Y 相互独立,则称统计量(随机变量)$T=\dfrac{X}{\sqrt{\dfrac{Y}{n}}}$为服从**自由度为 n 的 t 分布**(也称为**学生分布**),记为 $T\sim t(n)$.

可以证明:t 分布的密度函数为(图 6-3)

$$h_n(t)=\frac{\Gamma\left(\frac{n+1}{2}\right)}{\sqrt{n\pi}\cdot\Gamma\left(\frac{n}{2}\right)}\cdot\left(1+\frac{t^2}{n}\right)^{-\frac{n+1}{2}}\quad(-\infty<t<+\infty),$$

其中函数 $\Gamma(u)=\int_0^{+\infty}x^{u-1}e^{-x}dx(u>0)$.

由图 6-3 易见,t 分布的密度函数 $h_n(t)$ 的图形关于直线 $t=0$ 对称,且形状类似于正态分布密度函数的图形,**并可证明**:当 $n\geqslant 50$ 时,t 分布近似于标准正态分布 $N(0,1)$,但对于较小的正整数 n,t 分布与标准正态分布 $N(0,1)$ 的差距还是较大的.

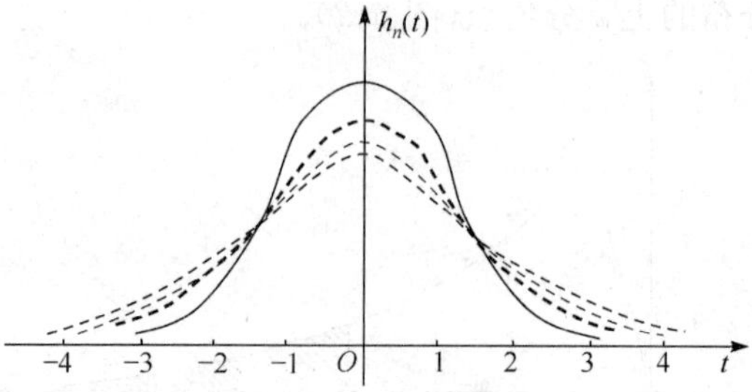

图 6-3　t 分布的密度函数曲线图

2) t **分布的上** α **分位点**

定义 6.5　对给定的数 $0<\alpha<1$,称满足等式

$$P(T>t_\alpha(n))=\int_{t_\alpha(n)}^{+\infty}p(t)\mathrm{d}t=\alpha$$

的点 $t_\alpha(n)$ 为 t **分布的上** α **分位点**(图 6-4).

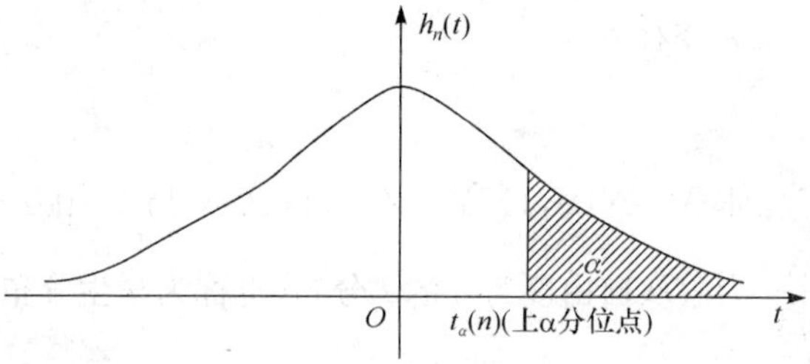

图 6-4　t 分布的上 α 分位点图

针对不同的正小数 α 和正整数 n,可通过查附表 4 得到相应的上 α 分位点 $t_\alpha(n)$ 的值. 例如,当 $\alpha=0.05$ 和 $n=25$ 时,通过查表可得到 $t_{0.05}(25)=1.7081$,**此即表明**:若 $T\sim t(25)$,则 $P(T>1.7081)=0.05$. 但是,附表 4 中只详细列到 $n=45$ 为止的相应的上 α 分位点 $t_\alpha(n)$ 的值,且当 $\alpha>0.5$ 时,可通过**转换公式** $t_\alpha(n)=-t_{1-\alpha}(n)$ 来进行转换. 例如,当 $\alpha=0.05$ 和 $n=25$ 时,通过转换公式 $t_\alpha(n)=-t_{1-\alpha}(n)$ 和 $t_{0.05}(25)=1.7081$ 可得到

$$t_{0.95}(25)=-t_{1-0.95}(25)=-t_{0.05}(25)=-1.7081.$$

3. F 分布及其上 α 分位点

1) F **分布及其性质**

定义 6.6　若 $X\sim\chi^2(n_1)$,$Y\sim\chi^2(n_2)$,且 X 与 Y 相互独立,则称统计量(随机变量)

$$F=\frac{\frac{X}{n_1}}{\frac{Y}{n_2}}$$

为服从**自由度为**(n_1,n_2)**的** F **分布**,记为 $F\sim F(n_1,n_2)$,其中 n_1,n_2 均为正整数,且称 n_1 为**第一自由度**,n_2 为**第二自由度**.

可以证明:F 分布的密度函数为(图 6-5)

$$p_{(n_1,n_2)}(x)=\begin{cases}0, & x<0,\\ \dfrac{\Gamma\left(\dfrac{n_1+n_2}{2}\right)}{\Gamma\left(\dfrac{n_1}{2}\right)\cdot\Gamma\left(\dfrac{n_2}{2}\right)}\cdot\left(\dfrac{n_1}{n_2}\right)^{\frac{n_1}{2}}\cdot x^{\frac{n_1}{2}-1}\cdot\left(1+\dfrac{n_1}{n_2}x\right)^{-\frac{n_1+n_2}{2}}, & x\geqslant 0,\end{cases}$$

其中函数 $\Gamma(u)=\int_0^{+\infty}x^{u-1}\mathrm{e}^{-x}\mathrm{d}x\,(u>0)$,且 F 分布具有性质:

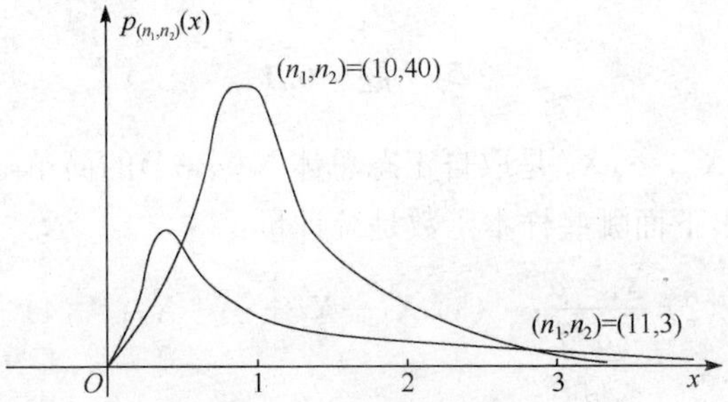

图 6-5　F 分布的密度函数曲线图

性质 6.3　若 $F\sim F(n_1,n_2)$,则$\dfrac{1}{F}\sim F(n_2,n_1)$.

2) F **分布的上** α **分位点及其性质**

定义 6.7　对给定的数 $0<\alpha<1$,称满足等式

$$P(F>F_\alpha(n_1,n_2))=\int_{F_\alpha(n_1,n_2)}^{+\infty}p(x)\mathrm{d}x=\alpha$$

的点 $F_\alpha(n_1,n_2)$为 F **分布的上** α **分位点**(图 6-6).

性质 6.4　若 $F\sim F(n_1,n_2)$且 $F_\alpha(n_1,n_2)$为 F 分布的上 α 分位点,则

$$F_{1-\alpha}(n_1,n_2)=\frac{1}{F_\alpha(n_2,n_1)}.$$

针对不同的正小数 α 和正整数 n_1 和 n_2,可通过查附表 5 得到相应的上 α 分位点 $F_\alpha(n_1,n_2)$的值. 例如,当 $\alpha=0.05$,$n_1=30$ 和 $n_2=25$ 时,通过查表可得到

$F_{0.05}(30,25)=1.92$,**此即表明**:若 $F\sim F(30,25)$,则 $P(F>1.92)=0.05$. 另外,当 $\alpha>0.5$ 时,可通过性质 6.4 中的转换公式来进行转换. 例如,当 $\alpha=0.95$,$n_1=25$ 和 $n_2=30$ 时,通过转换公式 $F_{1-\alpha}(n_1,n_2)=\dfrac{1}{F_\alpha(n_2,n_1)}$ 和 $F_{0.05}(30,25)=1.92$ 可得到

$$F_{0.95}(25,30)=F_{1-0.05}(25,30)=\frac{1}{F_{0.05}(30,25)}=\frac{1}{1.92}\approx 0.521.$$

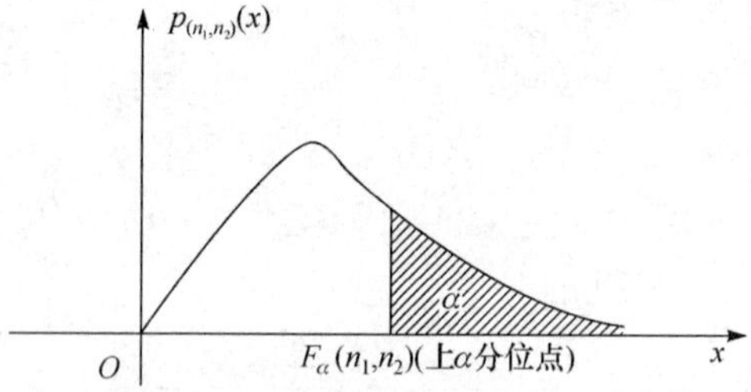

图 6-6　F 分布的上 α 分位点图

习　题　6.1

1. 若 $X_1,X_2,X_3,\cdots,X_n$ 是取自正态总体 $N(\mu,\sigma^2)$ 的简单随机样本,其中 μ 和 σ^2 为未知参数,指出下面哪些样本函数是统计量:

(1) $\dfrac{X_1-\mu}{\sigma}$;　(2) $\dfrac{X_1-\mu}{\frac{\sigma}{\sqrt{n}}}$;　(3) $X_1+X_2+\cdots+X_n$;　(4) $\dfrac{X_1+X_2+\cdots+X_n}{n}$.

2. 证明:若 $X\sim t(n)$,则 $X^2\sim F(1,n)$.

3. 设有十个样本观测值如下:

19.1,　20.0,　21.2,　18.8,　19.6,　20.5,　22.0,　21.6,　19.4,　20.3,

试求样本均值 $\overline{x}$ 及样本方差 s^2.

4. 若 X_1,X_2,X_3,X_4,X_5 是独立同分布的随机变量,且都服从标准正态 $N(0,1)$,求:

(1) 常数 c,使得 $c(X_1^2+X_2^2)$ 服从 χ^2 分布,并指出它的自由度;

(2) 常数 d,使得 $d\cdot\dfrac{X_1+X_2}{\sqrt{X_3^2+X_4^2+X_5^2}}$ 服从 t 分布,并指出它的自由度.

5. 查表求下列各值:

(1) $\chi^2_{0.95}(45)$,$\chi^2_{0.025}(24)$,$\chi^2_{0.95}(43)$,$\chi^2_{0.005}(32)$;

(2) $t_{0.10}(12)$,$t_{0.01}(25)$,$t_{0.005}(40)$,$t_{0.95}(9)$.

6.2　参数的点估计及其评价标准

参数估计是统计推断的基本问题之一.

总体分布及总体的各种特征数(如均值、方差、标准差等)一般都含有一个或多个未知参数,而要精确地确定参数的值是困难的,因而我们只能通过样本所提供的信息来对参数作出某种估计,这就是本节要介绍的**参数估计问题**. 例如,已知每加仑汽油行驶的里程数服从正态分布 $N(\mu,\sigma^2)$,但其均值 μ 和方差 σ^2 都未知,为此需从中抽取一个样本,然后利用样本对 μ 和 σ^2 作出估计.

参数估计的形式有两种:点估计法和区间估计法,其中点估计法最常用的方法是矩估计法和极大似然估计法,即

估计方法
- 点估计法
  - 矩估计法
  - 极大似然估计法
- 区间估计法

本节仅介绍点估计法,6.3 节再介绍区间估计法.

6.2.1　点估计

1. 点估计及估计量概念

设总体 X 的分布函数的形式为 $F(x;\theta)$,其中 θ 是未知参数(也可有多个参数),且 $X_1,X_2,\cdots,X_n$ 是取自总体 X 的一个样本. 于是,若可借助样本 $X_1,X_2,\cdots,X_n$ 构造一个统计量 $\hat{\theta}=\hat{\theta}(X_1,X_2,\cdots,X_n)$ 来对未知参数 θ 进行估计,即用 $\hat{\theta}$ 作为未知参数 θ 的近似值:

$$\theta\approx\hat{\theta}=\hat{\theta}(X_1,X_2,\cdots,X_n),$$

则称 $\hat{\theta}$ 为未知参数 θ 的**点估计**或**估计量**.

当样本 $X_1,X_2,\cdots,X_n$ 取得一组观察值 $x_1,x_2,\cdots,x_n$ 时,通过统计量 $\hat{\theta}(X_1,X_2,\cdots,X_n)$ 对应得到的值 $\hat{\theta}(x_1,x_2,\cdots,x_n)$ 仍记为 $\hat{\theta}$,即 $\hat{\theta}=\hat{\theta}(x_1,x_2,\cdots,x_n)$,它也是未知参数 θ 的近似值(即估计量),亦即

$$\theta\approx\hat{\theta}=\hat{\theta}(x_1,x_2,\cdots,x_n).$$

由以上分析知,点估计的问题可归结为:如何构造一个作为待估未知参数 θ 的估计量 $\hat{\theta}(X_1,X_2,\cdots,X_n)$ 的问题.

由于对同一个未知参数,用不同的方法可以得到不同的估计量,但那一个为好的估计量又需进行判断.

下面介绍构造估计量的两种常用方法:**矩估计法**和**极大似然估计法**.

2. 矩估计法

1) **总体矩**

定义 6.8　若 X 为一总体,则分别称 $E(X^k)$ 和 $E[X-E(X)]^k(k=1,2,\cdots)$ 为总体 X 的 k **阶原点矩**和 k **阶中心矩**,并分别记为 η_k 和 μ_k,即

$$\eta_k=E(X^k) \quad 和 \quad \mu_k=E[X-E(X)]^k(k=1,2,\cdots).$$

特别地,$\eta_1=E(X^1)$ 就是总体 X 的数学期望 $E(X)$,$\mu_2=E[X-E(X)]^2$ 就是总体 X 的方差 $D(X)$.

2) **矩估计法(简称矩法)**

矩估计法原理——用样本矩作为相应总体矩的估计量(即近似值),即用样本矩来估计总体矩.

设总体 X 的分布中含有未知参数 $\theta_1,\theta_2,\cdots,\theta_m$,则其分布函数可表示为 $F(x;\theta_1,\theta_2,\cdots,\theta_m)$ 的形式,从而总体 X 的 k 阶原点矩和中心矩中也含有未知参数 $\theta_1,\theta_2,\cdots,\theta_m$,即

$$\eta_k=E(X^k)=\eta_k(\theta_1,\theta_2,\cdots,\theta_m)\ (k=1,2,\cdots,m),$$
$$\mu_k=E[X-E(X)]^k=\mu_k(\theta_1,\theta_2,\cdots,\theta_m)\ (k=1,2,\cdots,m).$$

于是,若 $X_1,X_2,\cdots,X_n$ 是取自总体 X 的一个样本,则

(1) 可用 k 阶样本原点矩 $V_k=\frac{1}{n}\cdot\sum_{i=1}^{n}X_i^k(k=1,2,\cdots,m)$ 作为总体 X 的 k 阶原点矩 $\eta_k=E(X^k)$ 的估计量(即近似值),即

$$E(X^k)=\eta_k=\eta_k(\theta_1,\theta_2,\cdots,\theta_m)\approx V_k=\frac{1}{n}\cdot\sum_{i=1}^{n}X_i^k(k=1,2,\cdots,m),$$

进而将上式中的未知参数 $\theta_1,\theta_2,\cdots,\theta_m$ 换为它们的估计量 $\hat{\theta}_1,\hat{\theta}_2,\cdots,\hat{\theta}_m$,同时将近似等号"≈"换为等号"="后便得到方程组

$$\eta_k(\hat{\theta}_1,\hat{\theta}_2,\cdots,\hat{\theta}_m)=V_k(k=1,2,\cdots,m), \tag{6.4}$$

最后由方程组(6.4)解出的 m **个值** $\hat{\theta}_1,\hat{\theta}_2,\cdots,\hat{\theta}_m$ **便可分别作为未知参数** $\theta_1,\theta_2,\cdots,\theta_m$ **的近似值(即估计量)**,即

$$\theta_1\approx\hat{\theta}_1,\theta_2\approx\hat{\theta}_2,\cdots,\theta_m\approx\hat{\theta}_m.$$

(2) 可用 k 阶样本中心矩 $U_k=\frac{1}{n}\sum_{i=1}^{n}(X_i-\overline{X})^k(k=1,2,\cdots,m)$ 作为总体 X 的 k 阶中心矩 $\mu_k=E[X-E(X)]^k$ 的估计量(即近似值),即

$$E[X-E(X)]^k=\mu_k=\mu_k(\theta_1,\theta_2,\cdots,\theta_m)\approx U_k=\frac{1}{n}\cdot\sum_{i=1}^{n}(X_i-\overline{X})^k(k=1,2,\cdots,m),$$

进而将上式中的未知参数 $\theta_1,\theta_2,\cdots,\theta_m$ 换为它们的估计量 $\hat{\theta}_1,\hat{\theta}_2,\cdots,\hat{\theta}_m$,同时将近似等号"≈"换为等号"="后便得到方程组

$$\mu_k(\hat{\theta}_1,\hat{\theta}_2,\cdots,\hat{\theta}_m)\approx U_k(k=1,2,\cdots,m), \tag{6.5}$$

最后由方程组(6.5)解出的 m 个值$\hat{\theta}_1,\hat{\theta}_2,\cdots,\hat{\theta}_m$ 便可分别作为未知参数 $\theta_1,\theta_2,\cdots,\theta_m$ 的近似值(即估计量),即

$$\theta_1\approx\hat{\theta}_1,\theta_2\approx\hat{\theta}_2,\cdots,\theta_m\approx\hat{\theta}_m.$$

例 6.5　若 $X\sim U(0,\theta)$,求参数 θ 的矩估计量.

解　因 $X\sim U(0,\theta)$,且已知 $E(X)=\frac{0+\theta}{2}=\frac{\theta}{2}$,故结合 $E(X)=\mu_1\approx V_1=\overline{X}$ 有

$$\frac{\hat{\theta}}{2}=\overline{X},\quad 即有\ \theta\approx\hat{\theta}=2\overline{X}.$$ **解毕**

例 6.6　若总体 X 的密度函数 $p(x;a)=\begin{cases}\frac{2}{a}(a-x), & 0<x<a,\\ 0, & x\leqslant 0 或 x\geqslant a,\end{cases}$ 且 $X_1,X_2,\cdots,X_n$ 是取自总体 X 的一个样本,求参数 a 的矩估计量.

解　因 $X\sim p(x;a)$,故

$$E(X)=\int_{-\infty}^{+\infty}x\cdot p(x;a)\mathrm{d}x=\int_{-\infty}^{0}0\mathrm{d}x+\int_{0}^{a}x\cdot\frac{2}{a^2}(a-x)\mathrm{d}x+\int_{a}^{+\infty}0\mathrm{d}x=\frac{a}{3},$$

从而结合 $E(X)\approx V_1=\overline{X}$ 有

$$\frac{\hat{a}}{3}=\overline{X},\quad 即有\ a\approx\hat{a}=3\overline{X}.$$ **解毕**

例 6.7　若总体 $X\sim N(\mu,\sigma^2)$,其中 μ 和 σ^2 为未知参数,求 μ 和 σ^2 的估计量.

解　因 $X\sim N(\mu,\sigma^2)$,且已知 $E(X)=\mu$ 及 $D(X)=\sigma^2$,而由矩估计法有

$$E(X)\approx V_1=\overline{X}\quad 和\quad D(X)\approx U_2=\frac{1}{n}\cdot\sum_{i=1}^{n}(X_i-\overline{X})^2,$$

故有

$$\mu\approx\hat{\mu}=\overline{X}\quad 和\quad \sigma^2\approx\hat{\sigma}^2=\frac{1}{n}\cdot\sum_{i=1}^{n}(X_i-\overline{X})^2.$$ **解毕**

3. 极大似然估计法

极大似然估计法原理——在得到试验结果的情况下,把结果出现可能性最大的那个 $\hat{\theta}$ 作为未知参数 θ 的估计量(即近似值).

例如,某同学和一位猎人一起去打猎,一只野兔从前方窜过,只听一声枪响,野兔应声倒下,试猜测是谁打中的? 由于只发一枪便打中,而猎人打中的概率一般大于这位同学打中的概率,所以一般会猜测是这位猎人打中了野兔.

一般来说,当总体的分布类型已知时,极大似然估计法是一种常用的估计方法,因而我们有必要了解和掌握这种估计方法.

1) **样本似然函数和极大似然估计法**

定义 6.9　若 $X_1,X_2,\cdots,X_n$ 是取自总体 X 的一个样本,$x_1,x_2,\cdots,x_n$ 是样本

$X_1, X_2, \cdots, X_n$ 的一组观测值，$p(x;\theta_1,\theta_2,\cdots,\theta_m)$为总体 X 的密度函数，$\theta_1,\theta_2,\cdots,\theta_m$ 为未知参数，则称函数

$$p(x_1;\theta_1,\theta_2,\cdots,\theta_m)\cdot p(x_2;\theta_1,\theta_2,\cdots,\theta_m)\cdots p(x_n;\theta_1,\theta_2,\cdots,\theta_m)$$

为**样本似然函数**，记为 $L_n(\theta_1,\theta_2,\cdots,\theta_m)$，简记为 L_n，即

$$L_n = L_n(\theta_1,\theta_2,\cdots,\theta_m) = \prod_{i=1}^{n} p(x_i;\theta_1,\theta_2,\cdots,\theta_m),$$

同时把使得 L_n 达到最大的 $\hat{\theta}_1,\hat{\theta}_2,\cdots,\hat{\theta}_m$ 分别作为 $\theta_1,\theta_2,\cdots,\theta_m$ 的估计量(即近似值)的方法称为**极大似然估计法**.

2) **计算极大似然估计量的步骤**

(1) 构造样本似然函数：

$$L_n(\theta_1,\theta_2,\cdots,\theta_m) = \prod_{i=1}^{n} p(x_i;\theta_1,\theta_2,\cdots,\theta_m),$$

其中 $p(x;\theta_1,\theta_2,\cdots,\theta_m)$为总体 X 的密度函数，$\theta_1,\theta_2,\cdots,\theta_m$ 为未知参数；

(2) 由方程组$\dfrac{\partial L_n}{\partial \theta_i}=0(i=1,2,\cdots,m)$解出 $L_n(\theta_1,\theta_2,\cdots,\theta_m)$的极大值点$(\hat{\theta}_1,\hat{\theta}_2,\cdots,\hat{\theta}_m)$，此极大值点的各值便可分别作为未知参数 $\theta_1,\theta_2,\cdots,\theta_m$ 的估计量(即近似值)，即

$$\theta_1\approx\hat{\theta}_1,\theta_2\approx\hat{\theta}_2,\cdots,\theta_m\approx\hat{\theta}_m.$$

例 6.8 若 $X\sim N(\mu,\sigma^2)$，其中 μ 和 σ^2 为未知参数，求 μ 和 σ^2 的极大似然估计量.

解 (1) 构造样本似然函数

因总体 X 的密度函数 $p(x;\mu,\sigma^2)=\dfrac{1}{\sqrt{2\pi}\sigma}e^{-\frac{(x-\mu)^2}{2\sigma^2}}$，故样本似然函数为

$$L_n(\mu,\sigma^2) = \prod_{i=1}^{n} p(x_i;\mu,\sigma^2) = \prod_{i=1}^{n} \frac{1}{\sqrt{2\pi}\sigma}e^{-\frac{(x_i-\mu)^2}{2\sigma^2}} = (2\pi\sigma^2)^{-\frac{n}{2}}\cdot e^{-\frac{1}{2\sigma^2}\cdot\sum\limits_{i=1}^{n}(x_i-\mu)^2},$$

其中 $x_1,x_2,\cdots,x_n$ 是取自总体 X 的一个样本 $X_1,X_2,\cdots,X_n$ 的观测值；

(2) 对样本似然函数 $L_n(\mu,\sigma^2)$两边同时取自然对数得

$$\ln L_n(\mu,\sigma^2) = -\frac{n}{2}\ln(2\pi\sigma^2) - \frac{1}{2\sigma^2}\cdot\sum_{i=1}^{n}(x_i-\mu)^2,$$

将上式两边分别对 μ 和 σ^2 求偏导数并令它们等于零便得到似然方程组如下

$$\begin{cases} \dfrac{\partial \ln L_n}{\partial \mu} = \dfrac{1}{\sigma^2}\left(\sum\limits_{i=1}^{n} x_i - n\mu\right) = 0, \\ \dfrac{\partial \ln L_n}{\partial \sigma^2} = \dfrac{1}{2\sigma^2}\left[\dfrac{1}{\sigma^2}\cdot\sum\limits_{i=1}^{n}(x_i-\mu)^2 - n\right] = 0, \end{cases}$$

解此方程组便可得到所求极大似然估计量如下：

$$\begin{cases}\mu \approx \hat{\mu} = \dfrac{1}{n} \cdot \sum_{i=1}^{n} x_i = \bar{x}, \\ \sigma^2 \approx \hat{\sigma}^2 = \dfrac{1}{n} \cdot \sum_{i=1}^{n} (x_i - \bar{x})^2. \end{cases}$$

解毕

6.2.2　点估计的评价标准

参数的点估计实质上是构造一个统计量去估计未知参数，然而对同一个未知参数，可以构造多个统计量去估计它. 即使对同一个统计量，当取不同样本值时，所得到的估计量也不尽相同. 因此，要确定同一个总体的不同估计量的好坏，不能只根据某一个统计量或根据某一次试验得到的样本值来衡量，而要看它在某种意义下是否与被估计参数的真值最接近，这就涉及用什么样的标准来评价估计量好坏的问题. 下面介绍评价估计量优良性的两个基本标准——**估计量的无偏性和有效性.**

1. 估计量的无偏性

由于对不同的样本值会得到不同的估计量，所以估计量也是随机变量. 当我们得到一个估计量时，当然希望它能在未知参数的真值附近，如使它的数学期望等于未知参数的真值，这就是无偏性这个标准产生的思想来源.

定义 6.10　若 θ 是某一总体的未知参数，$\hat{\theta}=\hat{\theta}(X_1, X_2, \cdots, X_n)$ 是 θ 的一个估计量，且 $E(\hat{\theta})=\theta$，则称估计量 $\hat{\theta}$ 为未知参数 θ 的**无偏估计量**（否则称 $\hat{\theta}$ 为 θ 的**有偏估计量**），即

$$\hat{\theta} \text{ 为 } \theta \text{ 的无偏估计量} \quad \Leftrightarrow \quad E(\hat{\theta})=\theta.$$

例 6.9　证明：若总体 X 的均值 $E(X)$ 存在，则其样本均值 $\bar{X} = \dfrac{1}{n}\sum_{i=1}^{n} X_i$ 是 $E(X)$ 的一个无偏估计量，即有 $E(\bar{X}) = E(X)$.

证明　若 $X_1, X_2, \cdots, X_n$ 是来自总体 X 的一个样本，则样本中的每个随机变量 X_i 都与总体具有相同的分布，即有 $E(X_i) = E(X)(i = 1,2,\cdots,n)$，从而结合数学期望的性质有

$$E(\bar{X}) = \frac{1}{n} \cdot \sum_{i=1}^{n} E(X_i) = \frac{1}{n} \cdot \sum_{i=1}^{n} E(X) = E(X),$$

即 $\bar{X}$ 为 $E(X)$ 的无偏估计量.　**证毕**

例 6.10　证明：若 $X_1, X_2, \cdots, X_n$ 是来自总体 X 的一个样本，且均值 $E(X)$ 与方差 $D(X)$ 均存在，则总体 X 的二阶中心矩 $U_2 = \dfrac{1}{n} \cdot \sum_{i=1}^{n} (X_i - \bar{X})^2$ 不是 $D(X)$ 的无偏估计量，而样本方差 $S^2 = \dfrac{1}{n-1} \cdot \sum_{i=1}^{n} (X_i - \bar{X})^2$ 却是 $D(X)$ 的无偏估计量.

证明　因 $X_1, X_2, \cdots, X_n$ 是来自总体 X 的一个样本，故样本中的每个随机变量 X_i 都与总体具有相同的分布，即有

$$E(X_i)=E(X),\quad D(X_i)=D(X)\ (i=1,2,\cdots,n),$$

进而结合方差及数学期望的性质有

$$D(\overline{X})=D\left(\frac{1}{n}\cdot\sum_{i=1}^{n}X_i\right)=\frac{1}{n^2}\cdot\sum_{i=1}^{n}D(X_i)=\frac{1}{n^2}\cdot\sum_{i=1}^{n}D(X)=\frac{1}{n}\cdot D(X),$$

$$\sum_{i=1}^{n}(X_i-\overline{X})^2=\sum_{i=1}^{n}X_i^2-\sum_{i=1}^{n}2\overline{X}X_i+\sum_{i=1}^{n}\overline{X}^2=\sum_{i=1}^{n}X_i^2-2\overline{X}\cdot\sum_{i=1}^{n}X_i+n\overline{X}^2$$

$$=\sum_{i=1}^{n}X_i^2-2\overline{X}\cdot n\overline{X}+n\overline{X}^2=\sum_{i=1}^{n}X_i^2-n\overline{X}^2,$$

从而结合方差的简便计算公式 $D(X)=E(X^2)-[E(X)]^2$ 及 $E(\overline{X})=E(X)$(见例 6.9)有

$$E(U_2)=\frac{1}{n}\cdot E\left[\sum_{i=1}^{n}(X_i-\overline{X})^2\right]=\frac{1}{n}\cdot E\left(\sum_{i=1}^{n}X_i^2-n\overline{X}^2\right)=\frac{1}{n}\cdot\sum_{i=1}^{n}E(X_i^2)-E(\overline{X}^2)$$

$$=\frac{1}{n}\cdot\sum_{i=1}^{n}\{D(X_i)+[E(X_i)]^2\}-\{D(\overline{X})+[E(\overline{X})]^2\}$$

$$=\frac{1}{n}\cdot\sum_{i=1}^{n}\{D(X)+[E(X)]^2\}-D(\overline{X})-[E(X)]^2$$

$$=D(X)+[E(X)]^2-D(\overline{X})-[E(X)]^2=D(X)-D(\overline{X})$$

$$=D(X)-\frac{1}{n}\cdot D(X)=\frac{n-1}{n}\cdot D(X)\neq D(X),$$

最后结合关系式 $S^2=\dfrac{n}{n-1}\cdot U_2$ 有

$$E(S^2)=\frac{n}{n-1}\cdot E(U_2)=\frac{n}{n-1}\cdot\frac{n-1}{n}\cdot D(X)=D(X).$$

综上所述知结论成立. **证毕**

由例 6.10 有 $E(S^2)=D(X)$,**故可用 S^2 代替 U_2 作为方差 $D(X)$ 的估计量**,并称 S^2 为**修正样本方差**(简称**样本方差**),由此可见,无偏性的要求正是我们引进样本方差的原因. 另外,当 n 很大时 U_2 与 S^2 的差别不大,**故当 n 很大时,常用 U_2 作为 $D(X)$ 的估计量**.

例 6.11 若 X_1,X_2 是来自总体 $N(\mu,1)$ 的一个样本容量为 2 的样本,判断下列统计量是否为 μ 的无偏估计量:

(1) $\hat{\mu}_1=\dfrac{2}{3}X_1+\dfrac{1}{3}X_2$; (2) $\hat{\mu}_2=\dfrac{1}{4}X_1+\dfrac{3}{4}X_2$; (3) $\hat{\mu}_3=\dfrac{1}{2}X_1+\dfrac{1}{2}X_2$.

解 因 X_1,X_2 与总体 $N(\mu,1)$ 同分布,故 $E(X_1)=E(X_2)=\mu$,从而结合数学期望的性质有

$$E(\hat{\mu}_1)=E\left(\frac{2}{3}X_1+\frac{1}{3}X_2\right)=\frac{2}{3}E(X_1)+\frac{1}{3}E(X_2)=\frac{2}{3}E(X)+\frac{1}{3}E(X)=\mu,$$

$$E(\hat{\mu}_2)=E\left(\frac{1}{4}X_1+\frac{3}{4}X_2\right)=\frac{1}{4}E(X_1)+\frac{3}{4}E(X_2)=\frac{1}{4}E(X)+\frac{3}{4}E(X)=\mu,$$

$$E(\hat{\mu}_3)=E\left(\frac{1}{2}X_1+\frac{1}{2}X_2\right)=\frac{1}{2}E(X_1)+\frac{1}{2}E(X_2)=\frac{1}{2}E(X)+\frac{1}{2}E(X)=\mu,$$

故 $\hat{\mu}_1,\hat{\mu}_2,\hat{\mu}_3$ 均为 μ 的无偏估计量. **解毕**

2. 估计量的有效性

例 6.11 说明:同一个未知参数可以有多个无偏估计量,但如何来评价这些无偏估计量的好坏呢? 这就促使人们考虑需**进一步给出评价估计量的新标准**,由此便引出下面给出的估计量有效性的概念.

定义 6.11　若 $X_1,X_2,\cdots,X_n$ 是取自总体 X 的一个样本,θ 是总体 X 的未知参数,$\hat{\theta}_1=\hat{\theta}_1(X_1,X_2,\cdots,X_n)$ 和 $\hat{\theta}_2=\hat{\theta}_2(X_1,X_2,\cdots,X_n)$ 是 θ 的两个无偏估计量,且满足条件

$$D(\hat{\theta}_1)<D(\hat{\theta}_2),$$

则称**估计量 $\hat{\theta}_1$ 比估计量 $\hat{\theta}_2$ 有效**,或称估计量 $\hat{\theta}_1$ **为比估计量 $\hat{\theta}_2$ 有效的估计量**,即

$$\theta \text{ 的估计量 } \hat{\theta}_1 \text{ 比 } \hat{\theta}_2 \text{ 有效} \quad \Leftrightarrow \quad E(\hat{\theta}_1)=E(\hat{\theta}_2)=\theta,\quad D(\hat{\theta}_1)<D(\hat{\theta}_2).$$

有效性是在无偏性已满足的条件下对估计量的进一步评价,而方差 $D(\hat{\theta})$ 能表示估计量 $\hat{\theta}=\hat{\theta}(X_1,X_2,\cdots,X_n)$ 误差的大小,因此,若在样本容量相同的情况下,未知参数 θ 的两个无偏估计量 $\hat{\theta}_1$ 和 $\hat{\theta}_2$ 中,$\hat{\theta}_1$ 的观察值比 $\hat{\theta}_2$ 的观察值更靠近真值 θ,则可认为 $\hat{\theta}_1$ 比 $\hat{\theta}_2$ 更好、更有效. 另外,由于方差是随机变量的取值与其数学期望的偏离程度的度量,故**无偏估计以方差小者为好**.

例 6.12　判定例 6.11 中的三个无偏估计量中哪个最有效?

解　因由例 6.11 知,$\hat{\mu}_1,\hat{\mu}_2$ 和 $\hat{\mu}_3$ 都是 μ 的无偏估计量,且由 X_1,X_2 与总体 $N(\mu,1)$ 同分布有 $D(X_1)=D(X_2)=1$,进而结合方差的性质有

$$D(\hat{\mu}_1)=D\left(\frac{2}{3}X_1+\frac{1}{3}X_2\right)=\frac{4}{9}D(X_1)+\frac{1}{9}D(X_2)=\frac{5}{9},$$

$$D(\hat{\mu}_2)=D\left(\frac{1}{4}X_1+\frac{3}{4}X_2\right)=\frac{1}{16}D(X_1)+\frac{9}{16}D(X_2)=\frac{5}{8},$$

$$D(\hat{\mu}_3)=D\left(\frac{1}{2}X_1+\frac{1}{2}X_2\right)=\frac{1}{4}D(X_1)+\frac{1}{4}D(X_2)=\frac{1}{2},$$

即有 $D(\hat{\mu}_2)>D(\hat{\mu}_1)>D(\hat{\mu}_3)$.

综上述知,在 $\hat{\mu}_1,\hat{\mu}_2$ 和 $\hat{\mu}_3$ 这三个估计量中,$\hat{\mu}_3$ 最有效,$\hat{\mu}_1$ 次之,$\hat{\mu}_2$ 最差. **解毕**

习　题　6.2

1. 若 $X_1,X_2,X_3,\cdots,X_n$ 是取自总体 X 的一个容量为 n 的样本,X 的密度函数为

$$p(x)=\begin{cases}\dfrac{2x}{\theta^2}, & 0\leqslant x\leqslant\theta,\\ 0, & x<0\text{ 或 }x>\theta,\end{cases}$$

其中 $\theta>0$ 为未知参数,求 θ 的矩估计量 $\hat{\theta}$.

2. 若总体 X 是服从$[0,\theta]$的均匀分布,其密度函数为

$$p(x)=\begin{cases}\dfrac{1}{\theta}, & 0\leqslant x\leqslant\theta,\\ 0, & x<0\text{ 或 }x>\theta,\end{cases}$$

求:(1) 未知参数 θ 的矩估计量 $\hat{\theta}$;

(2) 当样本的观测值为 0.3,0.8,0.27,0.35,0.62,0.55 时,θ 的矩估计值 $\hat{\theta}$.

3. 若 $X_1,X_2,X_3,\cdots,X_n$ 是取自总体 X 的一个容量为 n 的样本,X 的密度函数为

$$p(x)=\begin{cases}\dfrac{6x}{\theta^3}(\theta-x), & 0\leqslant x\leqslant\theta,\\ 0, & x<0\text{ 或 }x>\theta,\end{cases}$$

其中 $\theta>0$ 为未知参数,求 θ 的矩估计量 $\hat{\theta}$.

4. 若 X_1,X_2,X_3 是取自正态总体 $N(\mu,\sigma^2)$的样本容量为 3 的一个样本,问下列估计量中哪个最有效?

(1) $\hat{\mu}_1=\dfrac{1}{5}X_1+\dfrac{1}{5}X_2+\dfrac{3}{5}X_3$; (2) $\hat{\mu}_2=\dfrac{1}{3}X_1+\dfrac{1}{3}X_2+\dfrac{1}{3}X_3$;

(3) $\hat{\mu}_3=\dfrac{1}{4}X_1+\dfrac{1}{4}X_2+\dfrac{1}{2}X_3$.

5. 若 X_1,X_2,X_3 是取自正态总体 $N(\mu,\sigma^2)$的样本容量为 3 的一个样本,问估计量 $\hat{\mu}_1=\dfrac{1}{6}X_1+\dfrac{1}{3}X_2+\dfrac{1}{2}X_3$ 和 $\hat{\mu}_2=\dfrac{2}{5}X_1+\dfrac{1}{5}X_2+\dfrac{2}{5}X_3$ 是否都是总体均值 μ 的无偏估计量? 如果是,哪个最有效?

6. 若 X_1,X_2,X_3 是来自总体 $N(\mu,2)$的一个样本容量为 3 的样本,问下列估计量中哪个最有效?

(1) $\hat{\mu}_1=\dfrac{1}{3}X_1+\dfrac{1}{3}X_2+\dfrac{1}{3}X_3$; (2) $\hat{\mu}_2=\dfrac{1}{4}X_1+\dfrac{1}{4}X_2+\dfrac{1}{2}X_3$;

(3) $\hat{\mu}_3=\dfrac{1}{6}X_1+\dfrac{1}{3}X_2+\dfrac{1}{2}X_3$.

6.3 参数的区间估计

点估计仅仅给出未知参数的一个近似值(即估计值),但近似值难免会有误差,

误差的大小也难以衡量. 因此,若能给出一个区间,让我们能较大把握地相信未知参数的真值被包含在这个区间内,这样的估计便会显然更有价值,同时弥补了点估计法的不足,这就是下面要介绍的区间估计.

区间估计是将一个未知参数值估计在一个区间范围内. 例如,一个人的年龄,可以估计为 25 岁,这是点估计,但也可以估计其年龄在 24 岁到 26 岁之间,这种估计就是区间估计. 从直观上讲,后者给人的印象要比前者更可信,因为后者已经把可能出现的误差考虑在内.

6.3.1　置信区间与置信度

未知参数 θ 的点估计是从样本出发,通过构造出一个适当的统计量 $\hat{\theta}$ 作为未知参数 θ 的估计量,并由样本观测值计算出统计量的观察值 $\hat{\theta}$ 作为未知参数 θ 的估计值(即近似值).

点估计的特点是简单、易于计算,但由于估计值 $\hat{\theta}$ 的随机性,使得 $\hat{\theta}$ 与 θ 之间总存在一定的误差,且没有提供测量精度误差的任何信息,即不知道估计的精确度. 于是,人们希望给出 θ 的一个范围——**用区间对未知参数 θ 进行估计**,并希望知道这个范围包含真值 θ 的可信程度. 这就是说,要设法估计出未知参数 θ 可能取到的一个下限值 θ_1 和可能取到的一个上限值 θ_2,并使区间 (θ_1,θ_2) 以很大的概率覆盖住真值 θ,即**未知参数 θ 的估计范围以区间 (θ_1,θ_2) 的形式给出,同时还要给出区间 (θ_1,θ_2) 包含真值 θ 的可信程度,这就是区间估计**.

对于区间 (θ_1,θ_2),既要在相当大的程度上相信它能盖住未知参数的真值 θ,但又希望此区间的长度(即误差)越小越好. 所以,对于未知参数 θ 的估计区间,往往是先寻找一个仅含待估未知参数 θ 的随机变量,然后由给定的大概率事件表示覆盖真值 θ 的区间.

定义 6.12　若 θ 是总体 X 含有的一个待估未知参数,$X_1,X_2,\cdots,X_n$ 是取自总体 X 的一个样本,且对给定的数 $0<\alpha<1$,存在统计量 $\underline{\theta}=\underline{\theta}(X_1,X_2,\cdots,X_n)$ 和 $\bar{\theta}=\bar{\theta}(X_1,X_2,\cdots,X_n)$,使得

$$P(\underline{\theta}\leqslant\theta\leqslant\bar{\theta})=1-\alpha,$$

则称随机区间 $[\underline{\theta},\bar{\theta}]$ 为未知参数 θ 的**置信区间**(即**估计区间**),$1-\alpha$ 为置信区间 $[\underline{\theta},\bar{\theta}]$ 的**置信度**,$\underline{\theta}$ 及 $\bar{\theta}$ 分别为置信区间 $[\underline{\theta},\bar{\theta}]$ 的**置信下限**和**置信上限**,α 为**显著性水平**(一般取 α 为较小的正小数,如 0.1,0.05,0.01 等).

$P(\theta_1\leqslant\theta\leqslant\theta_2)=1-\alpha$ **的意义**:若反复抽样多次(各次样本容量均为 n),每次抽取的样本值都可确定一个区间 $[\underline{\theta},\bar{\theta}]$(不同样本值确定的区间一般不同),每个这样的区间可能包含 θ 的真值,也可能不包含 θ 的真值. 区间估计的含义是在 100 个这样的随机区间中,有 $100(1-\alpha)$ 个区间包含 θ 的真值,而有 100α 个区间不包含 θ 的

真值.

下面仅讨论正态分布总体 $N(\mu,\sigma^2)$的均值 μ 和方差 σ^2 的区间估计问题.

6.3.2　临界值

1. 标准正态分布 $N(0,1)$的双侧临界值

定义 6.13　若 $X\sim N(0,1)$，则对给定的数 $0<\alpha<1$，称满足条件

$$P(|X|\leqslant Z_{\frac{\alpha}{2}})=\int_{-Z_{\frac{\alpha}{2}}}^{Z_{\frac{\alpha}{2}}}\varphi(x)\mathrm{d}x=1-\alpha$$

的点 $-Z_{\frac{\alpha}{2}}$ 和点 $Z_{\frac{\alpha}{2}}$ 为标准正态分布的**双侧临界值点**(图 6-7).

由标准正态分布的密度函数 $\varphi(x)$的性质并结合定义 6.13 易得如下结果(图 6-7)：

$$P(X<-Z_{\frac{\alpha}{2}})=\int_{-\infty}^{-Z_{\frac{\alpha}{2}}}\varphi(x)\mathrm{d}x=\frac{\alpha}{2} \text{ 和 } P(X>Z_{\frac{\alpha}{2}})=\int_{Z_{\frac{\alpha}{2}}}^{+\infty}\varphi(x)\mathrm{d}x=\frac{\alpha}{2},$$

进而有

$$\Phi(Z_{\frac{\alpha}{2}})=P(X\leqslant Z_{\frac{\alpha}{2}})=P(X<-Z_{\frac{\alpha}{2}})+P(|X|\leqslant Z_{\frac{\alpha}{2}})=1-\frac{\alpha}{2}, \qquad (6.6)$$

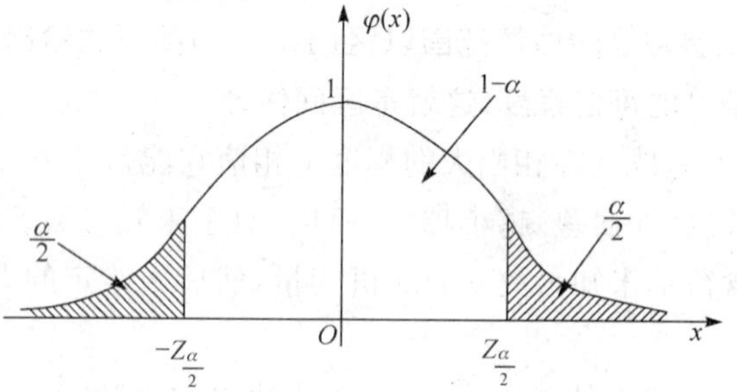

图 6-7　标准正态分布的双侧临界值点图

从而对给定的数 $0<\alpha<1$，结合式(6.6)反查标准正态分布表(附表 2)便可得到临界值 $Z_{\frac{\alpha}{2}}$. 例如，将正小数 $\alpha=0.05$ 代入式(6.6)后可得到 $\Phi(Z_{0.025})=0.975$，然后反查标准正态分布表便可得到临界值 $Z_{0.025}=Z_{\frac{0.05}{2}}=1.96$.

2. χ^2 分布 $\chi^2(n)$的双侧临界值

定义 6.14　若$X\sim\chi^2(n)$，则对给定的数 $0<\alpha<1$，称满足条件

$$P\left(X>\chi^2_{1-\frac{\alpha}{2}}(n)\right)=\int_{\chi^2_{1-\frac{\alpha}{2}}(n)}^{+\infty}p(x)\mathrm{d}x=1-\frac{\alpha}{2}$$

和

$$P\left(X > \chi^2_{\frac{\alpha}{2}}(n)\right) = \int_{\chi^2_{\frac{\alpha}{2}}(n)}^{+\infty} p(x)\mathrm{d}x = \frac{\alpha}{2} \tag{6.7}$$

的点 $\chi^2_{1-\frac{\alpha}{2}}(n)$ 和点 $\chi^2_{\frac{\alpha}{2}}(n)$ 为 χ^2 分布的**双侧临界值点**(图 6-8).

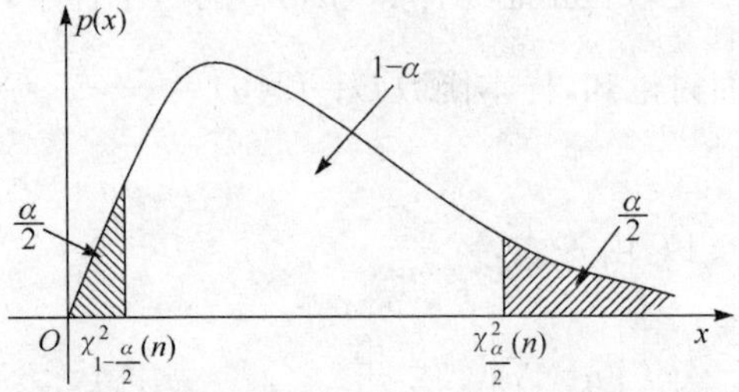

图 6-8　χ^2 分布双侧临界值点图

对给定的数 $0<\alpha<1$ 和自由度 n,计算出 $1-\frac{\alpha}{2}$ 和 $\frac{\alpha}{2}$ 后直接查 χ^2 分布临界值表(附表 3)便可得到临界值 $\chi^2_{1-\frac{\alpha}{2}}(n)$ 和 $\chi^2_{\frac{\alpha}{2}}(n)$. 例如,当 $\alpha=0.05$ 时,$1-\frac{\alpha}{2}=0.975$,$\frac{\alpha}{2}=0.025$,从而直接查 χ^2 分布临界值表便可得到临界值 $\chi^2_{0.975}(15)=6.262$ 和 $\chi^2_{0.025}(15)=27.488$.

另外,由 χ^2 分布的密度函数 $p(x)$ 的性质并结合定义 6.14 易得如下结果:

$$\begin{aligned} P\left(X \leqslant \chi^2_{1-\frac{\alpha}{2}}(n)\right) &= \int_{-\infty}^{\chi^2_{1-\frac{\alpha}{2}}(n)} p(x)\mathrm{d}x = 1 - \int_{\chi^2_{1-\frac{\alpha}{2}}(n)}^{+\infty} p(x)\mathrm{d}x \\ &= 1-\left(1-\frac{\alpha}{2}\right) = \frac{\alpha}{2}(\text{图 6-8}). \end{aligned} \tag{6.8}$$

3. t 分布的单侧临界值

t 分布的**单侧临界值点**就是 t 分布的上 α 分位点,即满足等式

$$P(T > t_\alpha(n)) = \int_{t_\alpha(n)}^{+\infty} p(t)\mathrm{d}t = \alpha$$

的点 $t_\alpha(n)$,从而对给定的数 $0<\alpha<1$,直接查 t 分布临界值表(附表 4)便可得到临界值 $t_\alpha(n)$.

6.3.3 总体 $N(\mu,\sigma^2)$ 的均值 μ 的区间估计

1. 方差 σ^2 已知，均值 μ 未知的情形

设 $X_1,X_2,\cdots,X_n$ 是取自正态总体 $N(\mu,\sigma^2)$ 的一个样本，其中方差 σ^2 为已知，均值 μ 未知，则由前面讨论知，样本函数 $U=U(\mu)=\dfrac{\overline{X}-\mu}{\frac{\sigma}{\sqrt{n}}}\sim N(0,1)$，因此，对给定的置信度 $1-\alpha(0<\alpha<1)$，由等式

$$P\left(|U|\leqslant Z_{\frac{\alpha}{2}}\right)=P\left(\left|\frac{\mu-\overline{X}}{\frac{\sigma}{\sqrt{n}}}\right|\leqslant Z_{\frac{\alpha}{2}}\right)=P\left(|\mu-\overline{X}|\leqslant Z_{\frac{\alpha}{2}}\cdot\frac{\sigma}{\sqrt{n}}\right)=1-\alpha,$$

即由等式

$$P\left(\overline{X}-Z_{\frac{\alpha}{2}}\cdot\frac{\sigma}{\sqrt{n}}\leqslant\mu\leqslant\overline{X}+Z_{\frac{\alpha}{2}}\cdot\frac{\sigma}{\sqrt{n}}\right)=1-\alpha$$

便可得到总体均值 μ 的置信度为 $1-\alpha$ 的置信区间如下：

$$\left[\overline{X}-Z_{\frac{\alpha}{2}}\cdot\frac{\sigma}{\sqrt{n}},\overline{X}+Z_{\frac{\alpha}{2}}\cdot\frac{\sigma}{\sqrt{n}}\right],\tag{6.9}$$

即随机区间 $\left[\overline{X}-Z_{\frac{\alpha}{2}}\cdot\frac{\sigma}{\sqrt{n}},\overline{X}+Z_{\frac{\alpha}{2}}\cdot\frac{\sigma}{\sqrt{n}}\right]$ **以** $1-\alpha$ **的概率包含未知参数** μ.

例 6.13 若 X_1,X_2,X_3,X_4 是取自正态总体 $X\sim N(\mu,0.09)$ 的一个样本，12.6，13.4，12.8 和 13.2 是样本 X_1,X_2,X_3,X_4 的一组观测值，对 $\alpha=0.05$，求未知参数 μ 的置信区间(即估计区间).

解 因 $\alpha=0.05$，故由等式 $\Phi(Z_{0.025})=\Phi(Z_{\frac{0.05}{2}})=1-\dfrac{0.05}{2}=0.9750$ 并通过反查标准正态分布表(附表 2)便可得到临界值 $Z_{0.025}=1.96$，再由假设有

$$\bar{x}=\frac{1}{4}(12.6+13.4+12.8+13.2)=\frac{52}{4}=13.0,$$

从而由公式(6.9)并结合条件 $n=4$ 和 $\sigma=\sqrt{0.09}=0.3$ 便得所求置信区间如下：

$$\begin{aligned}\left[\overline{X}-Z_{\frac{\alpha}{2}}\cdot\frac{\sigma}{\sqrt{n}},\overline{X}+Z_{\frac{\alpha}{2}}\cdot\frac{\sigma}{\sqrt{n}}\right]&=\left[13.0-1.96\cdot\frac{0.3}{\sqrt{4}},13.0+1.96\cdot\frac{0.3}{\sqrt{4}}\right]\\&=[12.706,13.294],\end{aligned}$$

即置信区间[12.706，13.294]以 95%的概率盖住未知参数 μ，或者说事件

$$\{12.706\leqslant\mu\leqslant13.294\}$$

以 95%的把握(即概率)会发生. **解毕**

例 6.14　某厂生产滚珠，从长期的实践中知道，滚珠的直径 X 可以认为服从正态分布，且其方差 $\sigma^2=0.24$. 现从某天生产的产品中随机抽取 6 个，测得直径(单位：mm)分别如下

$$14.6,\quad 15.1,\quad 14.9,\quad 14.8,\quad 15.2,\quad 15.1,$$

求直径的均值 μ 的置信度为 0.97 的置信区间.

解　因置信度 $1-\alpha=0.97$，故显著性水平 $\alpha=1-0.97=0.03$，从而由等式 $\Phi(Z_{0.015})=\Phi\left(Z_{\frac{0.03}{2}}\right)=1-\frac{0.03}{2}=0.9850$ 并通过反查标准正态分布表(附表 2)便可得到临界值 $Z_{0.015}=2.17$，再由假设有

$$\bar{x}=\frac{1}{6}(14.6+15.1+14.9+14.8+15.2+15.1)=\frac{89.7}{6}=14.95,$$

进而由公式(6.9)并结合条件 $Z_{\frac{\alpha}{2}}=2.17$，$n=6$ 和 $\sigma=\sqrt{0.24}$ 便得所求置信区间如下

$$\left[\bar{x}-Z_{\frac{\alpha}{2}}\cdot\frac{\sigma}{\sqrt{n}},\bar{x}+Z_{\frac{\alpha}{2}}\cdot\frac{\sigma}{\sqrt{n}}\right]=\left[14.95-2.17\cdot\frac{\sqrt{0.24}}{\sqrt{6}},14.95+2.17\cdot\frac{\sqrt{0.24}}{\sqrt{6}}\right]$$
$$=[14.516,15.384],$$

即置信区间[14.516，15.384]以 97% 的概率盖住直径的均值 μ.　**解毕**

2. 方差 σ^2 未知，均值 μ 未知的情形

设 $X_1,X_2,\cdots,X_n$ 是取自正态总体 $N(\mu,\sigma^2)$ 的一个样本，其中方差 σ^2 未知，均值 μ 也未知，则由前面讨论知，样本函数 $T=T(\mu)=\frac{\overline{X}-\mu}{\frac{S}{\sqrt{n}}}\sim t(n-1)$，因此，对给定的置信度 $1-\alpha(0<\alpha<1)$，由等式

$$P\left(|T|\leqslant t_{\frac{\alpha}{2}}(n-1)\right)=P\left\{\left|\frac{\mu-\overline{X}}{\frac{S}{\sqrt{n}}}\right|\leqslant t_{\frac{\alpha}{2}}(n-1)\right\}$$
$$=P\left\{|\mu-\overline{X}|\leqslant t_{\frac{\alpha}{2}}(n-1)\cdot\frac{S}{\sqrt{n}}\right\}=1-\alpha,$$

即由等式

$$P\left\{\overline{X}-t_{\frac{\alpha}{2}}(n-1)\cdot\frac{S}{\sqrt{n}}\leqslant\mu\leqslant\overline{X}+t_{\frac{\alpha}{2}}(n-1)\cdot\frac{S}{\sqrt{n}}\right\}=1-\alpha$$

便可得到总体均值 μ 的置信度为 $1-\alpha$ 的置信区间如下

$$\left[\overline{X}-t_{\frac{\alpha}{2}}(n-1)\cdot\frac{S}{\sqrt{n}},\overline{X}+t_{\frac{\alpha}{2}}(n-1)\cdot\frac{S}{\sqrt{n}}\right],\tag{6.10}$$

即随机区间$\left[\overline{X}-t_{\frac{\alpha}{2}}(n-1)\cdot\frac{S}{\sqrt{n}},\overline{X}+t_{\frac{\alpha}{2}}(n-1)\cdot\frac{S}{\sqrt{n}}\right]$以 $1-\alpha$ 的概率包含未知参数 μ.

例 6.15 为估计一批钢索所能承受的平均张力(单位:kg/cm^2),从中随机抽取 10 个样品作试验,并由试验数据算得 $\bar{x}=6720$,$s=220$. 假定张力服从正态分布 $N(\mu,\sigma^2)$,且参数 μ 和 σ 均未知,求平均张力 μ 的置信度为 0.95 的置信区间.

解 因置信度 $1-\alpha=0.95$,故 $\alpha=1-0.95=0.05$,且自由度为 $n-1=10-1=9$,进而通过查 t 分布临界值表(附表 4)可得临界值

$$t_{\frac{\alpha}{2}}(n-1)=t_{\frac{0.05}{2}}(10-1)=t_{0.025}(9)=2.2622,$$

从而由公式(6.10)(因 σ 未知),并结合条件 $\bar{x}=6720$,$n=10$ 和 $s=220$ 便得所求置信区间如下:

$$\begin{aligned}&\left[\bar{x}-t_{\frac{\alpha}{2}}(n-1)\cdot\frac{S}{\sqrt{n}},\bar{x}+t_{\frac{\alpha}{2}}(n-1)\cdot\frac{S}{\sqrt{n}}\right]\\&=\left[6720-2.2622\times\frac{220}{\sqrt{10}},6720+2.2622\times\frac{220}{\sqrt{10}}\right]\\&=[6562.6185,6877.3815],\end{aligned}$$

即置信区间[6562.6185,6877.3815]以 95%的概率盖住平均张力 μ. **解毕**

6.3.4 总体 $N(\mu,\sigma^2)$的方差 σ^2 的区间估计

设 $X_1,X_2,\cdots,X_n$ 是取自正态总体 $N(\mu,\sigma^2)$的一个样本,其中均值 μ 和方差 σ^2 都未知,则由前面讨论知,样本函数 $W=W(\sigma)=\frac{(n-1)S^2}{\sigma^2}\sim\chi^2(n-1)$,因此,对给定的置信度 $1-\alpha(0<\alpha<1)$,由等式

$$\begin{aligned}P(\chi_{1-\frac{\alpha}{2}}(n-1)\leqslant W\leqslant\chi_{\frac{\alpha}{2}}(n-1))&=1-P(W<\chi_{1-\frac{\alpha}{2}})-P(W>\chi_{\frac{\alpha}{2}})\\&=1-\frac{\alpha}{2}-\frac{\alpha}{2}=1-\alpha,\end{aligned}$$

即由等式

$$P\left(\chi^2_{1-\frac{\alpha}{2}}(n-1)\leqslant\frac{(n-1)S^2}{\sigma^2}\leqslant\chi^2_{\frac{\alpha}{2}}(n-1)\right)=1-\alpha,$$

亦即由等式

$$P\left(\frac{(n-1)S^2}{\chi^2_{\frac{\alpha}{2}}(n-1)}\leqslant\sigma^2\leqslant\frac{(n-1)S^2}{\chi^2_{1-\frac{\alpha}{2}}(n-1)}\right)=1-\alpha$$

便可得到总体方差 σ^2 的置信度为 $1-\alpha$ 的置信区间如下:

$$\left[\frac{(n-1)S^2}{\chi^2_{\frac{\alpha}{2}}(n-1)},\frac{(n-1)S^2}{\chi^2_{1-\frac{\alpha}{2}}(n-1)}\right],\tag{6.11}$$

即随机区间 $\left[\frac{(n-1)S^2}{\chi^2_{\frac{\alpha}{2}}(n-1)},\frac{(n-1)S^2}{\chi^2_{1-\frac{\alpha}{2}}(n-1)}\right]$ 以 $1-\alpha$ 的概率包含未知参数 σ^2.

例 6.16　若某自动车床加工出来的零件的长度 $X\sim N(\mu,\sigma^2)$，且方差 σ^2 未知. 现从该车床生产的产品中随机抽查 8 个零件，测得长度(单位:mm)分别如下

12.16，　12.14，　12.05，　12.09，　12.11，　12.19，　12.05，　12.01，

求该车床所加工零件长度的方差 σ^2 的置信度为 0.95 的置信区间.

解　因置信度 $1-\alpha=0.95$，故 $\alpha=0.05$，且自由度为 $n-1=8-1=7$，进而通过查 χ^2 分布临界值表(附表 3)可得临界值

$$\chi^2_{1-\frac{\alpha}{2}}(n-1)=\chi^2_{0.975}(7)=1.69 \quad 和 \quad \chi^2_{\frac{\alpha}{2}}(n-1)=\chi^2_{0.025}(7)=16.01.$$

另外，由假设条件有

$$\begin{aligned}\bar{x}&=\frac{1}{8}(12.16+12.14+12.05+12.09+12.11+12.19+12.05+12.01)\\&=\frac{96.8}{8}=12.1,\end{aligned}$$

$$\begin{aligned}s^2&=\frac{1}{8-1}\sum_{i=1}^{8}(x_i-\bar{x})^2=\frac{1}{7}\sum_{i=1}^{8}(x_i-12.1)^2\\&=\frac{1}{7}[(12.16-12.1)^2+(12.14-12.1)^2\\&\quad+(12.05-12.1)^2+(12.09-12.1)^2+(12.11-12.1)^2\\&\quad+(12.19-12.1)^2+(12.05-12.1)^2+(12.01-12.1)^2]\\&=\frac{1}{7}[0.06^2+0.04^2+(-0.05)^2+(-0.01)^2+0.01^2\\&\quad+0.09^2+(-0.05)^2+(-0.09)^2]\\&=\frac{0.0266}{7}=0.0038,\end{aligned}$$

从而由公式(6.11)并结合条件 $\chi^2_{0.975}(7)=1.69$，$\chi^2_{0.025}(7)=16.01$，$n=8$ 和 $s^2=0.0038$ 便得所求置信区间如下：

$$\left[\frac{(n-1)S^2}{\chi^2_{\frac{\alpha}{2}}(n-1)},\frac{(n-1)S^2}{\chi^2_{1-\frac{\alpha}{2}}(n-1)}\right]=\left[\frac{7\times0.0038}{16.01},\frac{7\times0.0038}{1.69}\right]\approx[0.0017,0.0157],$$

即置信区间[0.0017,0.0157]大约以 95%的概率盖住零件长度的方差 σ^2.　**解毕**

习　题　6.3

1. 某土木结构实验室对一批建筑材料进行抗断强度测试，已知这批材料的抗断强度 $X\sim N(\mu,0.04)$，现从中抽取容量为 6 的样本进行观测，并算得 $\bar{x}=8.54$，试求均值 μ 的置信度为 0.9 的置信区间.

2. 某化纤强力长期以来标准差稳定在$\sigma=1.19$,现抽取了一个容量为$n=100$的样本,求得样本均值$\bar{x}=6.35$,试求该化纤强力均值μ的置信度为0.95的置信区间.

3. 假定某商店中一种商品的月销售量X服从正态分布$N(\mu,\sigma^2)$,其中μ和σ^2均未知,为了决定商店对该商品的进货量,需对μ作估计,为此从该商店的账本中随机抽取了7个月的销售量进行查验,得知这7个月的销售量(单位:件)分别为

$$64,\quad 57,\quad 49,\quad 81,\quad 76,\quad 70,\quad 59,$$

试求μ的置信度为0.95的置信区间.

4. 若灯泡厂生产的一批灯泡的寿命X服从正态分布$N(\mu,\sigma^2)$,其中μ和σ^2均未知,现随机从这批灯泡中抽取了16只进行寿命测试,测得寿命(单位:h)数据如下

$$1502,\quad 1480,\quad 1485,\quad 1511,\quad 1514,\quad 1527,\quad 1603,\quad 1480,$$
$$1532,\quad 1508,\quad 1490,\quad 1470,\quad 1520,\quad 1505,\quad 1485,\quad 1540,$$

试求该批灯泡的平均寿命μ的置信度为0.95的置信区间.

5. 冷抽铜丝的折断力服从正态分布,从一批铜丝中任取10根,测试其折断力,得数据

$$482,\quad 493,\quad 457,\quad 471,\quad 510,\quad 446,\quad 435,\quad 418,\quad 394,\quad 469,$$

求:(1) 均值μ的置信区间($\alpha=0.05$); (2) 方差σ^2的置信区间($\alpha=0.05$).

6. 某单位职工每天的医疗费服从正态分布$N(\mu,\sigma^2)$,现抽查了25天,得$\bar{x}=170$元,$s=30$元,试求职工每天的医疗费均值μ的置信度为0.95的置信区间.

6.4 假设检验

前面讨论了对总体中未知参数的估计方法,但在实际中还有许多重要问题与参数估计问题的提法不同,也需要我们去解决.本节将介绍统计推断的另一类重要问题——**假设检验问题**:即先对总体的未知参数提出一种假设,或先对总体的分布提出某种假设,然后根据样本所提供的信息,运用统计分析的方法来检验所提假设是否正确,从而作出接受还是拒绝所提假设的决策.

6.4.1 假设检验的基本概念

1. 统计假设

统计假设——待考察的命题,即关于总体(分布、特征、未知参数、相互关系等)的论断,并记为H.

例 6.17 对某一总体X的分布提出某种假设,如

$$H:X\text{ 服从正态分布}\quad\text{或}\quad H:X\text{ 服从二项分布}$$

等.

例 6.18　对于总体 X 的分布参数提出某种假设，如

$$H:\mu=\mu_0 \quad 或 \quad H:\mu\leqslant\mu_0 \quad 或 \quad H:\sigma^2=\sigma_0^2 \quad 或 \quad H:\sigma^2\leqslant\sigma_0^2$$

等，其中 μ_0 和 σ_0^2 是已知数，μ 和 σ^2 是未知参数.

例 6.19　对于两个总体 X 与 Y 提出某种假设，如

H: X,Y 具有相同的分布　或　H: X,Y 相互独立

等.

综上述知，**统计假设**可分为两大类——**参数假设**和**非参数假设**，即有

统计假设
- 参数假设——在总体分布类型已知的情况下，关于未知参数的各种假设；
- 非参数假设——在总体分布类型不确知或完全未知的情况下，关于它的各种统计假设.

2. 统计假设检验

假设检验——根据样本所提供的信息，运用统计分析的方法去判断所提假设是否正确，从而作出接受还是拒绝所提假设的决策.

同统计假设类似，也可将统计假设检验分为**参数假设检验**和**非参数假设检验**两大类.

3. 原假设和对立假设

原假设——只提出一个统计假设 H_0 来进行检验.

若检验通不过，则得到"H_0 不成立"的结论.

对立假设——提出两个相互对立的统计假设 H_0 及 H_1，仍然对 H_0 进行检验.

若检验通不过，则得到"H_0 不成立，但 H_1 成立"的结论.

4. 假设检验的基本思想

假设检验中主要依据的原理是"**小概率原理**"，即"**实际推断原理**".

小概率原理——在一次观测中几乎不可能发生的事件的概率.

小概率事件——概率不超过 0.10 的事件，并记小概率事件的概率为 α，同时称 α 为**显著性水平**. 例如，$\alpha=010$，0.01，0.03 和 0.05 等均为小概率事件的概率.

因小概率事件在一次试验中几乎不会发生，故**进行检验的准则**如下.

(1) 若原假设为真，且在一次观测中发生了小概率事件——**视为不合理现象**，此时有理由认为原假设错误，因而可**拒绝原假设而接受对立假设**；

(2) 若原假设为真，且在一次观测中没有发生小概率事件——**视为合理现象**，此时有理由认为原假设正确，因而**接受原假设**.

对于一个实际问题,如何比较合理地提出原假设 H_0 和对立假设 H_1 呢? 这要看具体问题的目的和要求而定,二者的划分并不是绝对的. **通常把那些要着重考察的假设视为原假设** H_0,而对立假设 H_1 一定是与原假设 H_0 互不相容或对立的假设.

5. 统计假设检验方法与否定域、接受域

如何检验原假设 H_0 或对立假设 H_1 的正确性? 因统计假设检验的依据是抽样分布理论,故以此理论为基础可得到**统计假设检验方法如下**:

(1) 确定显著性水平 $\alpha(0<\alpha<1)$;

(2) 选定适当的统计量并确定其分布;

(3) 根据选定的统计量在其服从的分布下找出在给定显著性水平 α 下的临界值,然后用临界值把整个样本的取值区间分成两大部分,其中一部分是发生小概率事件的区间(称为**小概率事件区间**),并称小概率事件区间为**否定域**,而把剩余的区间(即**大概率事件区间**)称为**接受域**.

(4) 抽取样本并由样本的观测值计算出统计量的相应观测值:**若统计量的观测落入接受域中,则接受原假设** H_0 **而拒绝对立假设** H_1**,否则接受对立假设** H_1 **而拒绝原假设** H_0.

6. 两类错误

在进行假设检验时,由于人们作出判断的依据是样本,即由随机抽取的部分来推断整体,因而假设检验不可能绝对正确,由此难免会犯错误. 显然,犯错误的可能性也有大小之分,而且也是以统计规律性为依据的. 因此,当我们接受或拒绝一个假设时,就有可能发生下面的两类错误之一:

第一类错误(弃真错误—以真当假)——原假设 H_0 为真(即符合实际情况),而检验结果却把它否定(即拒绝)了;

第二类错误(存伪错误—以假当真)——原假设 H_0 不真(即不符合实际情况),而检验结果却把它肯定下来(即接受)了.

若记 K 为假设检验所选用的统计量,V 为根据显著性水平 α 所确定的**否定域**,则

$$P(K\in V\backslash H_0\text{ 为真})$$

表示犯**第一类(弃真)错误的概率**,即

$$P(K\in V\backslash H_0\text{ 为真})=P(\text{否定 }H_0\backslash H_0\text{ 为真})=\alpha.$$

上式表示:原假设 H_0 成立时,统计量 K 落入否定域 V 这个事件的概率(即可能性大小)为 α,即**犯第一类错误的概率为** α,**且** α **越小表示犯第一类错误的概率就越小**.

另外，易知

$P(K\in\overline{V}\backslash H_0$ 为假$)=P($接受 $H_0\backslash H_1$ 为真$)=P($接受 $H_0\backslash H_0$ 为假$)=\beta=1-\alpha$
表示**犯第二类（存伪）错误的概率**，即原假设 H_0 不成立时，统计量 K 落入**接受域** $\overline{V}$ 这个事件的概率为 β，亦即**犯第二类错误的概率为 β，且 β 越大表示犯第二类错误的概率就会越大.**

由上面讨论知，α 越小否定域 V 的范围就越小，从而否定原假设 H_0 的可能性就越小，进而犯第二类错误的概率就越大，即要使犯第一类错误的概率越小，则犯第二类错误的概率就会越大；要使犯第二类错误的概率变小，则犯第一类错误的概率就会增大.

在实际问题中，当样本容量 n 取定后，犯两类错误的概率不会同时变小. 通常在这种情形下，我们主要是控制第一类错误发生的概率，使它尽量变小. 当然，**要使两类错误发生的概率同时变小，只有增加样本容量，而样本容量的增加势必会使检验工作的负担加重且增加检验成本，因而只能适量增加样本容量.**

对一个实际问题，如何比较合理地提出原假设 H_0 和对立假设 H_1？这就要视具体问题的目的和要求而定，二者的划分不是绝对的，**通常把那些要着重考察的假设视为原假设 H_0.**

6.4.2　单正态总体均值的假设检验

设 $X_1,X_2,\cdots,X_n$ 为取自于正态总体 $N(\mu,\sigma^2)$ 的一个样本，下面讨论在给定的显著性水平为 $\alpha(0<\alpha<1)$ 的条件下，如何检验均值 μ 是否与某个指定的取值 μ_0 有关的检验法.

1. 已知方差，检验均值，选用 U 统计量——U 检验法

设 $X_1,X_2,\cdots,X_n$ 为取自于正态总体 $N(\mu,\sigma_0^2)$ 的一个样本，其中均值 μ 未知，方差 σ_0^2 已知，而 μ_0 为一给定常数，并设原假设和对立假设分别如下：

$$H_0:\mu=\mu_0,\quad H_1:\mu\neq\mu_0,$$

则在 H_0 成立的条件下，可选取 U 统计量 $U=\dfrac{\overline{X}-\mu_0}{\dfrac{\sigma_0}{\sqrt{n}}}\sim N(0,1)$，于是对给定的显著性水平 $\alpha(0<\alpha<1)$，结合等式 $\Phi\left(Z_{\frac{\alpha}{2}}\right)=P\left(U\leqslant Z_{\frac{\alpha}{2}}\right)=1-\dfrac{\alpha}{2}$ 反查标准正态分布表（附表 2）便可得到临界值 $Z_{\frac{\alpha}{2}}$ 和 $-Z_{\frac{\alpha}{2}}$，然后用临界值 $Z_{\frac{\alpha}{2}}$ 和 $-Z_{\frac{\alpha}{2}}$ 便可把整个样本的取值区间 $(-\infty,+\infty)$ 分成两大部分：

$$\left(-\infty,-Z_{\frac{\alpha}{2}}\right)\cup\left(Z_{\frac{\alpha}{2}},+\infty\right)\xlongequal{\text{记为}}V_\alpha \quad 和 \quad \left[-Z_{\frac{\alpha}{2}},Z_{\frac{\alpha}{2}}\right],$$

其中$V_\alpha=\left(-\infty,-Z_{\frac{\alpha}{2}}\right)\cup\left(Z_{\frac{\alpha}{2}},+\infty\right)$为**否定域**,$\left[-Z_{\frac{\alpha}{2}},Z_{\frac{\alpha}{2}}\right]$为**接受域**.

(1) 若在显著性水平$\alpha(0<\alpha<1)$下,由样本$X_1,X_2,\cdots,X_n$的一组观察值$x_1,x_2,\cdots,x_n$计算出来的统计量U的观察值$\hat{U}$落入U统计量的否定域V_α内,即在显著性水平α下发生了小概率事件,由此判定原假设H_0不成立,因而在显著性水平α下拒绝原假设H_0而接受对立假设H_1,并称检验是**显著的**.

(2) 若在显著性水平α下,由样本$X_1,X_2,\cdots,X_n$的一组观察值$x_1,x_2,\cdots,x_n$,计算出来的统计量U的观察值$\hat{U}$落入U统计量的**接受域**$\left[-Z_{\frac{\alpha}{2}},Z_{\frac{\alpha}{2}}\right]$内,即在显著性水平$\alpha$下没有发生小概率事件,由此判定原假设$H_0$成立,因而在显著性水平$\alpha$下接受原假设$H_0$而拒绝对立假设$H_1$,并称检验是**相容的**.

上述(1)和(2)给出的检验法称为U**检验法**,且U检验法的**否定域与接受域分别为**

$$V_\alpha=\left(-\infty,-Z_{\frac{\alpha}{2}}\right)\cup\left(Z_{\frac{\alpha}{2}},+\infty\right) \quad 和 \quad \bar{V}_\alpha=\left[-Z_{\frac{\alpha}{2}},Z_{\frac{\alpha}{2}}\right].$$

综上述可得U检验法的基本步骤如下:

(1) 根据所研究问题的需要提出原假设H_0的具体内容;

(2) 在原假设H_0成立的条件下,选取U统计量$U=\dfrac{\overline{X}-\mu_0}{\dfrac{\sigma_0}{\sqrt{n}}}\sim N(0,1)$,并由样本的一组观察值计算出统计量$U$的相应观察值$\hat{U}$;

(3) 根据所给显著性水平α,通过反查U统计量服从的标准正态分布表,由此求出临界值$Z_{\frac{\alpha}{2}}$和$-Z_{\frac{\alpha}{2}}$;

(4) **作决策**:比较计算出来的统计量的观察值$\hat{U}$与临界值$Z_{\frac{\alpha}{2}}$之间的关系:

1° 若$|\hat{U}|>Z_{\frac{\alpha}{2}}$,则$\hat{U}\in V_\alpha$(即发生了小概率事件),于是拒绝原假设$H_0$而接受对立假设$H_1$,这表明**检验是显著的**;

2° 若$|\hat{U}|\leqslant Z_{\frac{\alpha}{2}}$,则$\hat{U}\in\bar{V}_\alpha$(即没有发生小概率事件),于是接受原假设$H_0$而拒绝对立假设$H_1$,这表明**检验是相容的**.

例 6.20 已知滚珠的直径X服从正态分布,现随机从一批滚珠中抽取 6 个进行测试,测得其直径(单位:mm)如下

14.70, 15.21, 14.90, 14.91, 15.32, 15.32,

并设滚珠直径总体分布的方差为$\sigma_0^2=0.05$,问这一批滚珠的平均直径是否为 15.25mm(取$\alpha=0.05$)?

解　(1) 因 $\mu_0=15.25$,故可提出假设

$$H_0:\mu=\mu_0=15.25,\quad H_1:\mu\neq\mu_0=15.25.$$

(2) 因已知方差 $\sigma_0^2=0.05$,样本容量 $n=6$,故在假设 H_0 成立的前提下可选取 U 统计量:

$$U=\frac{\overline{X}-\mu_0}{\frac{\sigma_0}{\sqrt{n}}}=\frac{\overline{X}-15.25}{\frac{\sqrt{0.05}}{\sqrt{6}}}=2\sqrt{30}\cdot(\overline{X}-15.25)\sim N(0,1),$$

且由样本观察值计算出的样本均值的观察值如下

$$\overline{x}=\frac{1}{6}\sum_{k=1}^{6}x_k=\frac{1}{6}(14.70+15.21+14.90+14.91+15.32+15.32)=15.06,$$

从而可得到 U 统计量的观察值 $\hat{U}$ 如下

$$\hat{U}=2\sqrt{30}\cdot(\overline{x}-15.25)=2\sqrt{30}\cdot(15.06-15.25)\approx-2.08.$$

(3) 因已知显著性水平 $\alpha=0.05$,故结合等式 $\Phi\left(Z_{\frac{0.05}{2}}\right)=1-\frac{0.05}{2}$ 反查标准正态分布数值表(附表 2)后便得临界值 $Z_{0.025}=1.96$.

(4) 因 $\hat{U}\approx-2.08<-1.96=-Z_{0.025}$,故由观察值 x_1,x_2,x_3,x_4,x_5,x_6 计算出来的统计量 U 的观察值 $\hat{U}$ 落入否定域内,即

$$\hat{U}\approx-2.08\in V_{0.05}=(-\infty,-Z_{0.025})\cup(Z_{0.025},+\infty)=(-\infty,-1.96)\cup(1.96,+\infty),$$

亦即发生了小概率事件,从而拒绝原假设 $H_0:\mu=\mu_0=15.25$ 而接受对立假设

$$H_1:\mu\neq\mu_0=15.25,$$

即可以以 95%的概率认为这一批滚珠的平均直径不是 15.25mm,亦即**检验是显著的.**

解毕

2. 未知方差,检验均值,选用 T 统计量——T 检验法

设 $X_1,X_2,\cdots,X_n$ 为取自于正态总体 $N(\mu,\sigma^2)$ 的一个样本,其中均值 μ 和方差 σ^2 均未知,而 μ_0 为一给定常数,并设原假设和对立假设分别如下

$$H_0:\mu=\mu_0,\quad H_1:\mu\neq\mu_0,$$

则在 H_0 成立的条件下,可选取 T 统计量 $T=\frac{\overline{X}-\mu_0}{\frac{S}{\sqrt{n}}}\sim t(n-1)$,于是对给定的显著性水平 $\alpha(0<\alpha<1)$ 和样本容量 n,结合等式 $P\left(T>t_{\frac{\alpha}{2}}(n-1)\right)=\frac{\alpha}{2}$ 查 t 分布临界值表(附表 4)便可得到临界值 $t_{\frac{\alpha}{2}}(n-1)$ 和 $-t_{\frac{\alpha}{2}}(n-1)$,然后用临界值 $t_{\frac{\alpha}{2}}(n-1)$ 和 $-t_{\frac{\alpha}{2}}(n-1)$ 把样本的取值区间 $(-\infty,+\infty)$ 分成两大部分:

$\left(-\infty,-t_{\frac{\alpha}{2}}(n-1)\right)\cup\left(t_{\frac{\alpha}{2}}(n-1),+\infty\right)\xlongequal{\text{记为}}V_\alpha$ 和 $\left[-t_{\frac{\alpha}{2}}(n-1),t_{\frac{\alpha}{2}}(n-1)\right]\xlongequal{\text{记为}}\bar{V}_\alpha$，

其中 V_α 为**否定域**，$\bar{V}_\alpha$ 为**接受域**.

(1) 若在显著性水平 $\alpha(0<\alpha<1)$ 下，由样本 $X_1,X_2,\cdots,X_n$ 的一组观察值 $x_1,x_2,\cdots,x_n$ 计算出来的统计量 T 的观察值 $\hat{T}$ 落入 T 统计量的否定域 V_α 内，即在显著性水平 α 下发生了小概率事件，由此判定原假设 H_0 不成立，因而在显著性水平 α 下拒绝原假设 H_0 而接受对立假设 H_1，并称检验是**显著的**.

(2) 若在显著性水平 α 下，由样本 $X_1,X_2,\cdots,X_n$ 的一组观察值 $x_1,x_2,\cdots,x_n$ 计算出来的统计量 T 的观察值 $\hat{T}$ 落入 T 统计量的接受域 $\bar{V}_\alpha$ 内，即在显著性水平 α 下没有发生小概率事件，由此判定原假设 H_0 成立，因而在显著性水平 α 下接受原假设 H_0 而拒绝对立假设 H_1，并称检验是**相容的**.

上述(1)和(2)给出的检验法称为 T **检验法**，且 T 检验法的**否定域与接受域分别为**

$$V_\alpha=\left(-\infty,-t_{\frac{\alpha}{2}}(n-1)\right)\cup\left(t_{\frac{\alpha}{2}}(n-1),+\infty\right)\quad\text{和}\quad\bar{V}_\alpha=\left[-t_{\frac{\alpha}{2}}(n-1),t_{\frac{\alpha}{2}}(n-1)\right].$$

综上述可得 T 检验法的基本步骤如下：

(1) 根据所研究问题的需要提出原假设 H_0 的具体内容；

(2) 在 H_0 成立的条件下，选取 T 统计量 $T=\dfrac{\bar{X}-\mu_0}{\dfrac{S}{\sqrt{n}}}\sim t(n-1)$，并由样本的一组观察值计算出统计量 T 的相应观察值 $\hat{T}$；

(3) 根据所给显著性水平 α、样本容量 n 和等式 $P\left(T>t_{\frac{\alpha}{2}}(n-1)\right)=\dfrac{\alpha}{2}$，通过查 T 统计量服从的 t 分布临界值表，由此便可求得临界值 $t_{\frac{\alpha}{2}}(n-1)$ 和 $-t_{\frac{\alpha}{2}}(n-1)$；

(4) **作决策**：比较计算出来的统计量的观察值 $\hat{T}$ 与临界值 $t_{\frac{\alpha}{2}}(n-1)$ 之间的关系：

1° 若 $|\hat{T}|>t_{\frac{\alpha}{2}}(n-1)$，则 $\hat{T}\in V_\alpha$（即发生了小概率事件），于是拒绝原假设 H_0 而接受对立假设 H_1，这表明**检验是显著的**；

2° 若 $|\hat{T}|\leqslant t_{\frac{\alpha}{2}}(n-1)$，则 $\hat{T}\in\bar{V}_\alpha$（即没有发生小概率事件），于是接受原假设 H_0 而拒绝对立假设 H_1，这表明**检验是相容的**.

例 6.21 用某仪器间接测量温度，重复五次，所得数据(单位：℃)如下

1250，　1265，　1245，　1260，　1275.

假设用别的方法测得的温度为 1277℃(可看成温度的真值)，试问用此仪器间接测量温度有无系统偏差(取 $\alpha=0.05$)?

解　(1) 因 $\mu_0=1277$，故可提出假设

$$H_0:\mu=\mu_0=1277,\quad H_1:\mu\neq\mu_0=1277.$$

(2) 因方差 σ^2 未知，样本容量 $n=5$，故在假设 H_0 成立的前提下可选取 T 统计量：

$$T=\frac{\overline{X}-\mu_0}{\frac{S}{\sqrt{n}}}=\frac{\overline{X}-1277}{\frac{S}{\sqrt{5}}}=\frac{\sqrt{5}(\overline{X}-1277)}{S}\sim t(5-1)=t(4),$$

且由样本观察值计算出的样本均值和样本方差的观察值分别如下

$$\bar{x}=\frac{1}{5}\cdot\sum_{k=1}^{5}x_k=\frac{1}{5}(1250+1265+1245+1260+1275)=1259,$$

$$\begin{aligned}S^2&=\frac{1}{5-1}\sum_{k=1}^{5}(x_k-1259)^2\\&=\frac{1}{4}[(1250-1259)^2+(1265-1259)^2+(1245-1259)^2\\&\quad+(1260-1259)^2+(1275-1259)^2]=\frac{570}{4}=142.5,\end{aligned}$$

从而可得到 T 统计量的观察值 $\hat{T}$ 如下：

$$\hat{T}=\frac{\sqrt{5}(\bar{x}-1277)}{S}=\sqrt{\frac{5}{142.5}}\cdot(1259-1277)\approx-3.37.$$

(3) 因已知显著水平 $\alpha=0.05$ 和样本容量 $n=5$，故 $\frac{\alpha}{2}=0.025$，$n-1=4$，从而直接查 χ^2 分布临界值表(附表 4)后便得临界值 $t_{0.025}(4)=2.776$.

(4) 因 $\hat{T}\approx-3.37<-2.776=-t_{0.025}(4)$，故由观察值 x_1,x_2,x_3,x_4,x_5 计算出来的统计量 T 的观察值 $\hat{T}$ 落入否定域内，即

$$\begin{aligned}\hat{T}\approx-3.37\in V_{0.05}&=(-\infty,-t_{0.025}(4))\cup(t_{0.025}(4),+\infty)\\&=(-\infty,-2.776)\cup(2.776,+\infty),\end{aligned}$$

亦即发生了小概率事件，因而拒绝原假设 $H_0:\mu=\mu_0=1277$ 而接受对立假设

$$H_1:\mu\neq\mu_0=1277,$$

即以 95％的概率认为此仪器间接测量温度有系统偏差，亦即**检验是显著的**.　**解毕**

6.4.3　单正态总体方差的假设检验——χ^2 检验(均值未知)

设 $X_1,X_2,\cdots,X_n$ 为取自于正态总体 $N(\mu,\sigma^2)$ 的一个样本，其中均值 μ 和方差 σ^2 均未知，而 σ_0^2 为一给定常数，并设原假设和对立假设分别如下

$$H_0:\sigma^2=\sigma_0^2,\quad H_1:\sigma^2\neq\sigma_0^2,$$

则在 H_0 成立的条件下,可选取 W 统计量 $W=\frac{(n-1)S^2}{\sigma_0^2}\sim\chi^2(n-1)$,于是对给定的显著性水平 $\alpha(0<\alpha<1)$和样本容量 n,结合等式

$$P\left(W>\chi^2_{1-\frac{\alpha}{2}}(n-1)\right)=1-\frac{\alpha}{2} \quad 和 \quad P\left(W>\chi^2_{\frac{\alpha}{2}}(n-1)\right)=\frac{\alpha}{2}$$

查 χ^2 分布临界值表(附表 3)得到临界值 $\chi^2_{1-\frac{\alpha}{2}}(n-1)$和 $\chi^2_{\frac{\alpha}{2}}(n-1)$,然后用临界值 $\chi^2_{1-\frac{\alpha}{2}}(n-1)$和 $\chi^2_{\frac{\alpha}{2}}(n-1)$便可把正概率区间$(0,+\infty)$分成两大部分:

$$\left(0,\chi^2_{1-\frac{\alpha}{2}}(n-1)\right)\cup\left(\chi^2_{\frac{\alpha}{2}}(n-1),+\infty\right)\xlongequal{记为}V_\alpha \quad 和 \quad \left[\chi^2_{1-\frac{\alpha}{2}}(n-1),\chi^2_{\frac{\alpha}{2}}(n-1)\right]\xlongequal{记为}\bar{V}_\alpha,$$

其中 V_α 为**否定域**,$\bar{V}_\alpha$ 为**接受域**.

(1) 若在显著性水平 $\alpha(0<\alpha<1)$下,由样本 $X_1,X_2,\cdots,X_n$ 的一组观察值 $x_1,x_2,\cdots,x_n$ 计算出来的统计量 W 的观察值 $\hat{W}$ 落入 χ^2 统计量的否定域 V_α 内,即在显著性水平 α 下发生了小概率事件,由此判定原假设 H_0 不成立,因而在显著性水平 α 下拒绝原假设 H_0 而接受对立假设 H_1,并称检验是**显著的**.

(2) 若在显著性水平 α 下,由样本 $X_1,X_2,\cdots,X_n$ 的一组观察值 $x_1,x_2,\cdots,x_n$ 计算出来的统计量 W 的观察值 $\hat{W}$ 落入 χ^2 统计量的**接受域** $\bar{V}_\alpha$ 内,即在显著性水平 α 下没有发生小概率事件,由此判定原假设 H_0 成立,因而在显著性水平 α 下接受原假设 H_0 而拒绝对立假设 H_1,并称检验是**相容的**.

上述(1)和(2)给出的检验法称为 χ^2 检验法,且 χ^2 检验法的**否定域与接受域分别为**

$$V_\alpha=\left(0,\chi^2_{1-\frac{\alpha}{2}}(n-1)\right)\cup\left(\chi^2_{\frac{\alpha}{2}}(n-1),+\infty\right) 和 \bar{V}_\alpha=\left[\chi^2_{1-\frac{\alpha}{2}}(n-1),\chi^2_{\frac{\alpha}{2}}(n-1)\right].$$

综上述可得 χ^2 检验法的基本步骤,且其步骤与 T 检验法的基本步骤类似(不再重复).

例 6.22 某车间生产钢丝,生产一向比较稳定,且已知钢丝的折断力服从正态分布.现从产品中随机取出 5 根检查折断力,测得数据如下(单位:kg)

578, 572, 570, 582, 583,

试问是否可相信该车间生产的钢丝折断力的方差为 64(取 $\alpha=0.05$)?

解 (1) 因 $\sigma_0^2=64$,故可提出假设

$$H_0:\sigma^2=\sigma_0^2=64, \quad H_1:\sigma^2\neq\sigma_0^2=64.$$

(2) 因均值 μ 未知,样本容量 $n=5$,故在假设 H_0 成立的前提下可选取 W 统计量:

$$W=\frac{(n-1)S^2}{\sigma_0^2}=\frac{(5-1)S^2}{64}=\frac{S^2}{16}\sim\chi^2(5-1)=\chi^2(4),$$

且由样本观察值计算出的样本均值和样本方差的观察值分别如下

$$\bar{x}=\frac{1}{5}\cdot\sum_{k=1}^{5}x_k=\frac{1}{5}(578+572+570+582+583)=577,$$

$$s^2=\frac{1}{5-1}\sum_{k=1}^{5}(x_k-577)^2=\frac{1}{4}[(578-577)^2+(572-577)^2+(570-577)^2+(582-577)^2+(583-577)^2]=\frac{136}{4}=34,$$

从而可得到 W 统计量的观察值 $\hat{W}$ 如下

$$\hat{W}=\frac{s^2}{16}=\frac{34}{16}=2.125.$$

(3) 因已知显著水平 $\alpha=0.05$ 和样本容量 $n=5$，故 $1-\frac{\alpha}{2}=0.975$，$\frac{\alpha}{2}=0.025$，$n-1=4$，从而直接查 χ^2 分布临界值表后便得到临界值 $\chi^2_{0.975}(4)=0.484$ 和 $\chi^2_{0.025}(4)=11.143$.

(4) 因 $\chi^2_{0.975}(4)=0.484<\hat{W}=2.125<11.143=\chi^2_{0.025}(4)$，故由观察值 x_1,x_2,x_3,x_4,x_5 计算出来的统计量 W 的观察值 $\hat{W}$ 落入接受域内，即

$$\hat{W}=2.125\in V_{0.05}=[\chi^2_{0.975}(4),\chi^2_{0.025}(4)]=[0.484,11.143],$$

亦即没有发生小概率事件，从而接受原假设 $H_0:\sigma^2=\sigma_0^2=64$ 而拒绝对立假设

$$H_1:\sigma^2\neq\sigma_0^2=64,$$

即可以以 95%的概率相信该车间生产的钢丝折断力的方差为 64.　　**解毕**

习　题　6.4

1. 某电器零件的平均电阻一直保持在 2.64Ω，改变加工工艺后，测得 100 个零件的平均电阻为 2.62Ω，如改变工艺前后电阻的标准差保持在 0.06Ω，问新工艺对此零件的电阻有无显著影响(取 $\alpha=0.05$)?

2. 某洗涤剂厂有一台瓶装洗洁精的灌装机，在生产正常时，每瓶洗洁精的净重服从正态分布，均值为 454g，标准差为 12g. 为检查近期机器工作是否正常，从中抽取 16 瓶进行测试，称得其净重的平均值为 $\bar{x}=456.64$g，试对机器工作是否正常作出判断(取 $\alpha=0.01$，而 σ 不变).

3. 随机抽取某班 28 名学生的英语考试成绩，得平均分数为 $\bar{x}=80$ 分，样本标准差 $S=8$. 若全年级的英语成绩服从正态分布，且平均成绩为 85 分，试问在显著性水平 $\alpha=0.05$ 下，能否认为该班的英语成绩与全年级学生的英语成绩没有本质的差别?

4. 水泥厂用自动包装机包装水泥，每袋额定重量为 50kg，某日开工后随机抽查了 9 袋进行测试，称得重量如下

49.6，49.3，50.1，50.0，49.2，49.9，49.8，51.0，50.2，

并设每袋重量服从正态分布，试问包装机工作是否正常(取 $\alpha=0.05$)?

5. 某车间生产钢丝,生产一向比较稳定,且已知钢丝的折断力服从正态分布.现从产品中随机取出 9 根检查折断力,测得数据如下(单位:kg):

289,268,285,284,286,285,286,298,292,

试问是否可相信该车间生产的钢丝折断力的方差为 20(取 $\alpha=0.05$)?

习 题 六

一、单项选择题

1. 若 $X_1,X_2,X_3,\cdots,X_n$ 是来自于总体 X 的简单随机样本,则 $X_1,X_2,X_3,\cdots,X_n$ 必然满足　【　】

A. 独立同分布;　B. 独立但不同分布;　C. 不独立但同分布;　D. 不能确定.

2. 若 $X_1,X_2,X_3,\cdots,X_n$ 是来自于正态总体 $N(\mu,\sigma^2)$ 的简单随机样本,其中 μ,σ^2 为未知参数,则下列样本函数中不是统计量的是　【　】

A. X_4+X_5;　B. $\overline{X}$;　C. $S^2=\frac{1}{n-1}\sum_{i=1}^{n}(X_i-\overline{X})$;　D. $\frac{1}{n}\sum_{i=1}^{n}(X_i-\mu)^2$.

3. 若总体 $X\sim N(2,5^2)$,$X_1,X_2,X_3,\cdots,X_n$ 是来自于总体 X 的简单随机样本,则以下结果正确的是　【　】

A. $\frac{\overline{X}-2}{5}\sim N(0,1)$;　B. $\frac{\overline{X}-2}{\frac{5}{\sqrt{n}}}\sim N(0,1)$;

C. $\frac{\overline{X}-2}{25}\sim N(0,1)$;　D. $\frac{\overline{X}-2}{2}\sim N(0,1)$.

4. 若 0,1,0,1,1 为来自二项分布总体 $B(1,p)$ 的样本观测值,则 p 的矩估计量为　【　】

A. $\frac{1}{5}$;　B. $\frac{2}{5}$;　C. $\frac{3}{5}$;　D. $\frac{4}{5}$.

5. 若 1,3,4,4 为来自均匀分布总体 $U(0,\theta)$ 的样本观测值,则 θ 的矩估计值为　【　】

A. 3;　B. 2;　C. 4;　D. 6.

6. 若 X_1,X_2,X_3 是来自总体 X 的容量为 3 的一个样本,则以下不是无偏估计量的是　【　】

A. $\frac{1}{3}X_1+\frac{1}{3}X_2+\frac{1}{3}X_3$;　B. $\frac{1}{2}X_1+\frac{1}{2}X_2+X_3$;

C. $\frac{2}{5}X_1+\frac{1}{5}X_2+\frac{2}{5}X_3$;　D. $\frac{1}{6}X_1+\frac{1}{3}X_2+\frac{1}{2}X_3$.

7. 若X_1,X_2,X_3是来自总体X的容量为3的一个样本,则以下无偏估计量中最有效的是　【　】

A. $\frac{1}{3}X_1+\frac{1}{3}X_2+\frac{1}{3}X_3$;　B. $\frac{1}{6}X_1+\frac{1}{3}X_2+\frac{1}{2}X_3$;

C. $\frac{1}{4}X_1+\frac{1}{4}X_2+\frac{1}{2}X_3$;　D. $\frac{1}{4}X_1+\frac{1}{2}X_2+\frac{1}{4}X_3$.

8. 若$\hat{\theta}_1$和$\hat{\theta}_2$是总体未知参数θ的两个估计量,则下列说法中正确的是　【　】

A. 若$D(\hat{\theta}_1)>D(\hat{\theta}_2)$,则称$\hat{\theta}_1$比$\hat{\theta}_2$有效;

B. 若$D(\hat{\theta}_1)<D(\hat{\theta}_2)$,则称$\hat{\theta}_1$比$\hat{\theta}_2$有效;

C. 若$\hat{\theta}_1$和$\hat{\theta}_2$均为θ的无偏估计,且$D(\hat{\theta}_1)<D(\hat{\theta}_2)$,则称$\hat{\theta}_1$比$\hat{\theta}_2$有效;

D. 若$\hat{\theta}_1$和$\hat{\theta}_2$均为θ的无偏估计,且$D(\hat{\theta}_1)>D(\hat{\theta}_2)$,则称$\hat{\theta}_1$比$\hat{\theta}_2$有效.

9. 若总体$X\sim N(\mu,1)$,且根据来自总体X的容量为100的简单随机样本,测得样本均值为$\overline{X}=5$,则未知参数μ的置信度为0.95的置信区间为　【　】

A. [4.804,5.196];　B. [4.7,5.9];

C. [3.025,6.174];　D. [4.13,5.76].

10. 若$X_1,X_2,X_3,\cdots,X_n$是来自正态总体$X\sim N(\mu,\sigma^2)$的简单随机样本,$\overline{X}$是样本均值,S^2是样本方差,则　【　】

A. $E(\overline{X^2}-S^2)=\mu^2-\sigma^2$;　B. $E(\overline{X}-S^2)=\mu-\sigma^2$;

C. $E(\overline{X^2}+S^2)=\mu^2+\sigma^2$;　D. $E(\overline{X^3}+S^2)=\mu^3+\sigma^2$.

11. 若在假设检验中用符号H_0表示原假设,H_1表示对立假设,则将下列哪个做法称为犯第二类错误.　【　】

A. H_0不真时拒绝H_0;　B. H_0为真时接受H_0;

C. H_0不真但却接受了H_0;　D. H_0为真但却拒绝了H_1.

12. 若在一次假设检验中,当显著性水平$\alpha=0.01$时H_0被拒绝,则当$\alpha=0.05$时　【　】

A. 需要重新检验H_0是否会被拒绝;　B. H_0不一定会或不会被拒绝;

C. H_0一定不会被拒绝;　D. H_0也一定会被拒绝.

二、填空题

1. 若随机变量X服从$F(n_1,n_2)$分布,则$\frac{1}{X}$服从__________分布.

2. 若$X\sim N(\mu,\sigma^2)$,则$\frac{\overline{X}-\mu}{\frac{\sigma}{\sqrt{n}}}$服从__________分布.

3. 若X_1,X_2,X_3是来自正态总体的容量为3的一个样本,$\hat{\mu}_1=\frac{1}{5}X_1+\frac{3}{10}X_2+$

$\frac{1}{2}X_3$，$\hat{\mu}_2=\frac{1}{3}X_1+\frac{1}{4}X_2+\frac{5}{12}X_3$，$\hat{\mu}_3=\frac{1}{3}X_1+\frac{1}{3}X_2+\frac{1}{3}X_3$，则 $\hat{\mu}_1$，$\hat{\mu}_2$，$\hat{\mu}_3$ 皆为 μ 的__________估计，其中__________在 μ 的估计中最有效.

4. 若总体 X 是服从$[0,\theta]$的均匀分布，其中 $\theta>0$ 为未知参数，$X_1,X_2,X_3,\cdots,X_n$ 为来自总体的一个样本，则 θ 的矩估计量为__________.

5. 点估计量的两个评价标准是__________和__________.

6. 若由总体 $X\sim F(x,\theta)$（θ 为未知参数）的样本观测值求得 $P(35.5\leqslant\theta\leqslant 45.5)=0.9$，则称闭区间__________是未知参数 θ 的一个置信度为__________的置信区间.

7. 若总体 $X\sim N(\mu,\sigma^2)$ 且均值 μ 未知时，可得到总体方差 σ^2 的置信度为 $1-\alpha$ 的置信区间为$\left[\frac{(n-1)S^2}{\lambda_1},\frac{(n-1)S^2}{\lambda_2}\right]$，其中 $\lambda_1=$__________，$\lambda_2=$__________.

8. 在对总体参数的假设检验中，若给定显著性水平为 α，则犯第一类错误的概率为__________.

9. 若总体 $X\sim N(\mu,\sigma^2)$ 且方差 σ^2 未知时，对原假设 $H_0:\mu=\mu_0$ 和对立假设 $H_1:\mu\neq\mu_0$ 进行检验时，通常选取的统计量是__________，且该统计量服从__________分布.

10. 若总体 $X\sim N(\mu,\sigma^2)$ 且方差 σ^2 已知时，对原假设 $H_0:\mu=\mu_0$ 和对立假设 $H_1:\mu\neq\mu_0$ 进行检验时，通常选取的统计量是__________，且该统计量服从__________分布.

三、解答题

1. 若 $X_1,X_2,\cdots,X_{10}$ 是来自两点分布 $B(1,p)$ 的一个样本，其中 p 为未知参数，指出下列样本函数中哪些是统计量，哪些不是统计量？

(1) $\dfrac{\sum_{i=1}^{10}X_i}{10}$； (2) $\dfrac{X_{10}-E(x_1)}{p}$； (3) X_i-p； (4) $\max(X_1,X_2,\cdots,X_{10})$.

2. 某厂实行计件工资制，现随机抽取 8 名工人，调查各自在一周内加工的零件数，然后按规定计算出每名工人的周工资如下：

156， 134， 160， 141， 159， 141， 161， 157，

试计算样本均值 $\bar{x}$ 和样本方差 s^2.

3. 若 X_1,X_2,X_3 是来自正态总体 $N(\mu,1)$ 的一个样本，试找出下列估计量中最有效的估计量.

(1) $\hat{\mu}_1=\frac{1}{8}X_1+\frac{1}{2}X_2+\frac{3}{8}X_3$； (2) $\hat{\mu}_2=\frac{1}{5}X_1+\frac{1}{5}X_2+\frac{3}{5}X_3$；

(3) $\hat{\mu}_3=\frac{1}{6}X_1+\frac{1}{2}X_2+\frac{1}{3}X_3$.

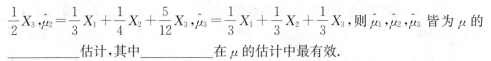

4. 某商店每天每百元投资的利润率服从正态分布 $N(\mu, 0.4)$，现抽取 5 天的利润率为 −0.2，0.1，0.8，−0.6，0.9，试求总体均值 μ 的置信度为 0.95 的置信区间.

5. 某自动车床加工的零件尺寸与规定尺寸的偏差 X 服从 $N(\mu, \sigma^2)$，现从加工的零件中随机抽取 10 个，其偏差分别为：2，1，−2，3，2，4，−2，5，3，4，试求总体均值 μ 的置信度为 0.90 的置信区间.

6. 已知某厂生产的化纤纤度服从正态分布 $N(\mu, 0.04^2)$，现随机从某天生产的化纤中抽取 25 根进行测试，测得化纤的纤度均值为 $\bar{x}=1.39$，问与原设计的标准值 1.40 有无显著差异(取 $\alpha=0.05$)？

7. 在正常情况下，某工厂生产的电灯泡的寿命 X 服从正态分布 $N(\mu, \sigma^2)$，现从生产的电灯泡中随机抽取 10 只进行测试，测得 10 只电灯泡的寿命(单位：h)如下

1490，1440，1680，1610，1500，1750，1550，1420，1800，1580，

试问在显著水平 $\alpha=0.05$ 下能否认为该工厂生产的电灯泡寿命的标准差为 120h？

附表 1　泊松分布概率值表

$$P(X=k)=\frac{\lambda^k}{k!}e^{-\lambda}(k=0,1,2,\cdots;\lambda>0)$$

k \ λ	0.1	0.2	0.3	0.4	0.5	0.6	0.7	0.8
0	0.904 837	0.818 731	0.740 818	0.676 320	0.606 531	0.548 812	0.496 585	0.449 329
1	0.090 484	0.163 746	0.222 245	0.268 128	0.303 256	0.329 287	0.347 610	0.359 463
2	0.004 524	0.016 375	0.033 337	0.053 626	0.075 816	0.098 786	0.121 663	0.143 785
3	0.000 151	0.001 092	0.003 334	0.007 150	0.012 636	0.019 757	0.028 388	0.038 343
4	0.000 004	0.000 055	0.000 250	0.000 715	0.001 580	0.002 964	0.004 986	0.007 669
5		0.000 002	0.000 015	0.000 057	0.000 158	0.000 356	0.000 696	0.001 227
6			0.000 001	0.000 004	0.000 013	0.000 036	0.000 081	0.000 164
7					0.000 001	0.000 003	0.000 008	0.000 019
8							0.000 001	0.000 002
9								

k \ λ	0.9	1.0	1.5	2.0	2.5	3.0	3.5	4.0
0	0.406 570	0.367 879	0.223 130	0.135 335	0.082 085	0.049 787	0.030 197	0.018 316
1	0.365 913	0.367 879	0.334 695	0.270 671	0.205 212	0.149 361	0.105 691	0.073 263
2	0.164 661	0.183 940	0.251 021	0.270 671	0.256 516	0.224 042	0.184 959	0.146 525
3	0.049 398	0.061 313	0.125 510	0.180 447	0.213 763	0.224 042	0.215 785	0.195 367
4	0.011 115	0.015 328	0.047 067	0.090 224	0.133 602	0.168 031	0.188 812	0.195 367
5	0.002 001	0.003 066	0.014 120	0.036 098	0.066 801	0.100 819	0.132 169	0.156 293
6	0.000 300	0.000 511	0.003 530	0.012 030	0.027 834	0.050 409	0.077 098	0.104 196
7	0.000 039	0.000 073	0.000 756	0.003 437	0.009 941	0.021 604	0.038 549	0.059 540
8	0.000 004	0.000 009	0.000 142	0.000 859	0.003 106	0.008 102	0.016 865	0.029 770
9		0.000 001	0.000 024	0.000 191	0.000 863	0.002 701	0.006 559	0.013 231
10			0.000 004	0.000 038	0.000 216	0.000 810	0.002 296	0.005 292
11				0.000 007	0.000 049	0.000 221	0.000 730	0.001 925
12				0.000 001	0.000 010	0.000 055	0.000 213	0.000 642
13					0.000 002	0.000 013	0.000 057	0.000 197
14						0.000 002	0.000 014	0.000 056
15						0.000 001	0.000 003	0.000 015
16							0.000 001	0.000 004
17								0.000 001

续表

k \ λ	4.5	5.0	5.5	6.0	6.5	7.0	7.5	8.0
0	0.011 109	0.006 738	0.004 087	0.002 479	0.001 503	0.000 912	0.000 553	0.000 335
1	0.049 990	0.033 690	0.022 477	0.014 873	0.009 773	0.006 383	0.004 148	0.002 684
2	0.112 479	0.084 224	0.061 812	0.044 618	0.031 760	0.022 341	0.015 556	0.010735
3	0.168 718	0.140 374	0.003 323	0.089 235	0.068 814	0.052 129	0.038 888	0.028 626
4	0.189 808	0.175 467	0.155 819	0.133 853	0.000 822	0.091 226	0.072 917	0.057 252
5	0.170 827	0.175 467	0.171 001	0.160 623	0.145 369	0.127 717	0.109 374	0.091 604
6	0.128 120	0.146 223	0.157 117	0.160 623	0.157 483	0.149 003	0.136 719	0.122 138
7	0.082 363	0.104 445	0.123 449	0.137 677	0.146 234	0.149 003	0.146 484	0.139 587
8	0.046 329	0.065 278	0.084 872	0.103 258	0.118 815	0.130 377	0.137 328	0.139 587
9	0.023 165	0.036 266	0.051 866	0.068 838	0.085 811	0.101 405	0.114 441	0.124 077
10	0.010 424	0.018 133	0.028 526	0.041 303	0.055 777	0.070 983	0.085 830	0.099 262
11	0.004 264	0.008 242	0.014 263	0.022 529	0.032 959	0.045 171	0.058 521	0.072 190
12	0.001 599	0.003 434	0.006 537	0.011 263	0.017 853	0.026 350	0.036 575	0.048 127
13	0.000 554	0.001 321	0.002 766	0.005 199	0.008 927	0.014 188	0.021 010	0.029 616
14	0.000 178	0.000 427	0.001 086	0.002 228	0.004 144	0.007 094	0.011 305	0.016 924
15	0.000 053	0.000 157	0.000 399	0.000 891	0.001 796	0.003 311	0.005 652	0.009 026
16	0.000 015	0.000 049	0.000 137	0.000 334	0.000 730	0.001 448	0.002 649	0.004 513
17	0.000 004	0.000 014	0.000 044	0.000 118	0.000 279	0.000 596	0.001 169	0.002 124
18	0.000 001	0.000 004	0.000 014	0.000 039	0.000 100	0.000 232	0.000 487	0.000 944
19		0.000 001	0.000 004	0.000 012	0.000 035	0.000 085	0.000 192	0.000 397
20			0.000 001	0.000 004	0.000 011	0.000 030	0.000 072	0.000 159
21				0.000 001	0.000 004	0.000 010	0.000 026	0.000 061
22					0.000 001	0.000 003	0.000 009	0.000 022
23						0.000 001	0.000 003	0.000 008
24							0.000 001	0.000 003
25								0.000 001
26								
27								
28								
29								

附表 2　标准正态分布数值表

$$\Phi(x) = P(X \leqslant x) = \frac{1}{\sqrt{2\pi}}\int_{-\infty}^{x} e^{-\frac{t^2}{2}}\,dt$$

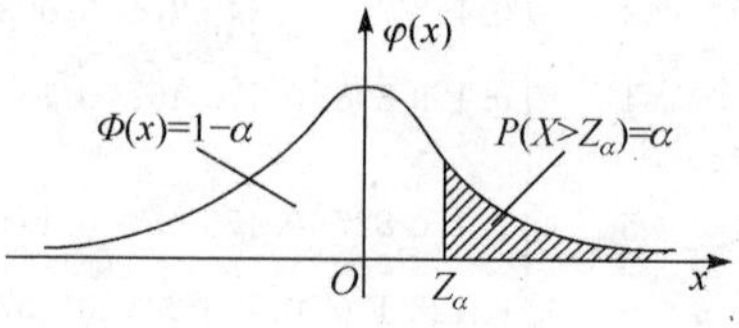

x	0.00	0.01	0.02	0.03	0.04	0.05	0.06	0.07	0.08	0.09
0.0	0.5000	0.5040	0.5080	0.5120	0.5160	0.5199	0.5239	0.5279	0.5319	0.5359
0.1	0.5398	0.5438	0.5478	0.5517	0.5557	0.5596	0.5636	0.5675	0.5714	0.5753
0.2	0.5793	0.5832	0.5871	0.5910	0.5948	0.5987	0.6026	0.6064	0.6103	0.6141
0.3	0.6179	0.6217	0.6255	0.6293	0.6331	0.6368	0.6406	0.6443	0.6480	0.6517
0.4	0.6554	0.6591	0.6628	0.6664	0.6700	0.6736	0.6772	0.6808	0.6844	0.6879
0.5	0.6915	0.6950	0.6958	0.7019	0.7054	0.7088	0.7123	0.7157	0.7190	0.7224
0.6	0.7257	0.7291	0.7324	0.7357	0.7389	0.7422	0.7454	0.7486	0.7517	0.7549
0.7	0.7580	0.7611	0.7642	0.7673	0.7703	0.7734	0.7764	0.7794	0.7823	0.7852
0.8	0.7881	0.7910	0.7939	0.7967	0.7995	0.8023	0.8051	0.8078	0.8106	0.8133
0.9	0.8159	0.8186	0.8212	0.8238	0.8264	0.8289	0.8315	0.8340	0.8365	0.8389
1.0	0.8413	0.8438	0.8461	0.8485	0.8508	0.8531	0.8554	0.8577	0.8599	0.8621
1.1	0.8643	0.8665	0.8686	0.8708	0.8729	0.8749	0.8770	0.8790	0.8810	0.8830
1.2	0.8849	0.8869	0.8888	0.8907	0.8925	0.8944	0.8962	0.8980	0.8897	0.9015
1.3	0.9032	0.9049	0.9066	0.9082	0.9099	0.9115	0.9131	0.9147	0.9162	0.6177
1.4	0.9192	0.9207	0.9222	0.9236	0.9251	0.9265	0.9278	0.9292	0.9306	0.9319
1.5	0.9332	0.9345	0.9357	0.9370	0.9382	0.9394	0.9406	0.9418	0.9430	0.9441
1.6	0.9452	0.9463	0.9474	0.9484	0.9495	0.9505	0.9515	0.9525	0.9535	0.9545
1.7	0.9554	0.9564	0.9573	0.9582	0.9591	0.9699	0.9608	0.9616	0.9625	0.9633
1.8	0.9641	0.9648	0.9656	0.9664	0.9671	0.9678	0.9686	0.9693	0.9700	0.9706

续表

x	0.00	0.01	0.02	0.03	0.04	0.05	0.06	0.07	0.08	0.09
1.9	0.9713	0.9719	0.9726	0.9732	0.9738	0.9744	0.9750	0.9756	0.9762	0.9767
2.0	0.9772	0.9778	0.9783	0.9788	0.9793	0.9798	0.9803	0.9808	0.9812	0.9817
2.1	0.9821	0.9826	0.9830	0.9834	0.9838	0.9842	0.9846	0.9850	0.9854	0.9857
2.2	0.9861	0.9864	0.9968	0.9871	0.9874	0.9878	0.9981	0.9884	0.9887	0.9890
2.3	0.9893	0.9896	0.9898	0.9901	0.9904	0.9906	0.9909	0.9911	0.9913	0.9916
2.4	0.9918	0.9920	0.9922	0.9925	0.9927	0.9929	0.9931	0.9932	0.9934	0.9936
2.5	0.9938	0.9940	0.9941	0.9943	0.9945	0.9946	0.9948	0.9949	0.9951	0.9952
2.6	0.9953	0.9955	0.9956	0.9957	0.9959	0.9960	0.9961	0.9962	0.9963	0.9964
2.7	0.9965	0.9966	0.9967	0.9968	0.9969	0.9970	0.9971	0.9972	0.9973	0.9974
2.8	0.9974	0.9975	0.9976	0.9977	0.9977	0.9878	0.9979	0.9979	0.9980	0.9981
2.9	0.9981	0.9982	0.9982	0.9983	0.9984	0.9984	0.9985	0.9985	0.9986	0.9986
3.0	0.9987	0.9987	0.9987	0.9988	0.9988	0.9989	0.9989	0.9989	0.9990	0.9990
3.1	0.9990	0.9991	0.9991	0.9991	0.9992	0.9992	0.9992	0.9992	0.9993	0.9993
3.2	0.9993	0.9993	0.9994	0.9994	0.9994	0.9994	0.9994	0.9995	0.9995	0.9995
3.3	0.9995	0.9995	0.9996	0.9996	0.9996	0.9996	0.9996	0.9996	0.9996	0.9997
3.4	0.9997	0.9997	0.9997	0.9997	0.9997	0.9997	0.9997	0.9997	0.9998	0.9998
3.5	0.9998	0.9998	0.9998	0.9998	0.9998	0.9998	0.9998	0.9998	0.9998	0.9999
3.6	0.9998	0.9999	0.9999	0.9999	0.9999	0.9999	0.9999	0.9999	0.9999	0.9999
3.7	0.9999	0.9999	0.9999	0.9999	0.9999	0.9999	0.9999	0.9999	0.9999	0.9999
3.8	0.9999	0.9999	0.9999	0.9999	0.9999	0.9999	0.9999	1.0000	1.0000	1.0000
3.9	1.0000	1.0000	1.0000	1.0000	1.0000	1.0000	1.0000	1.0000	1.0000	1.0000

附表 3　χ^2 分布临界值表

$$P(X > \chi_\alpha^2(n)) = \int_{\chi_\alpha^2(n)}^{+\infty} p_n(x)\mathrm{d}x = \alpha$$

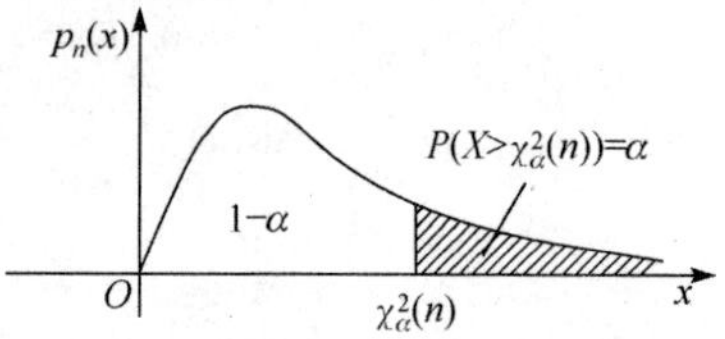

n	α=0.995	α=0.99	α=0.975	α=0.95	α=0.90	α=0.75
1	—	—	0.001	0.004	0.016	0.102
2	0.010	0.020	0.051	0.103	0.211	0.575
3	0.072	0.115	0.216	0.352	0.584	1.213
4	0.207	0.297	0.484	0.711	1.064	1.923
5	0.412	0.554	0.831	1.145	1.061	2.675
6	0.676	0.872	1.237	1.635	2.204	3.455
7	0.989	1.239	1.690	2.167	2.833	4.255
8	1.344	1.646	2.180	2.733	3.490	5.071
9	1.735	2.088	2.700	3.325	4.186	5.899
10	2.156	2.558	3.247	3.940	4.865	6.737
11	2.603	3.053	3.816	4.575	5.578	7.584
12	3.074	3.571	4.404	5.226	6.304	8.438
13	3.565	4.107	5.009	5.892	7.042	9.299
14	4.075	4.660	5.629	6.571	7.790	10.165
15	4.601	5.229	6.262	7.261	8.547	11.037
16	5.142	5.812	6.908	7.962	9.312	11.912
17	5.697	6.408	7.564	8.672	10.058	12.792
18	6.265	7.015	8.231	9.390	10.865	13.675
19	6.844	7.633	8.907	10.117	11.651	14.562
20	7.434	8.260	9.591	10.851	12.443	15.452
21	8.034	8.897	10.283	11.591	13.240	16.344
22	8.643	9.542	10.982	12.338	14.042	17.240
23	9.260	10.196	11.689	13.091	14.848	18.137
24	9.886	10.856	12.401	13.848	15.659	19.037
25	10.520	11.524	13.120	14.611	16.473	19.939
26	11.160	12.198	13.844	15.379	17.292	20.843
27	11.808	12.879	14.573	16.151	18.114	21.749
28	12.461	13.565	15.308	16.928	18.939	22.657
29	13.121	14.257	16.047	17.708	19.768	23.567
30	13.787	14.954	16.791	18.493	20.599	24.478
31	14.458	15.655	17.539	19.281	21.434	25.390
32	15.134	16.362	18.291	20.072	22.271	26.304
33	15.815	17.074	19.047	20.807	23.110	27.219
34	16.501	17.789	19.806	21.664	23.952	28.136
35	17.192	18.509	20.569	22.465	24.797	29.054
36	17.887	19.233	21.336	23.269	25.163	29.973
37	18.586	19.960	22.106	24.075	26.492	30.893
38	19.289	20.691	22.878	24.884	27.343	31.815
39	19.996	21.426	23.654	25.695	28.196	32.737
40	20.707	22.164	24.433	26.509	29.051	33.660

续表

n	$\alpha=0.995$	$\alpha=0.99$	$\alpha=0.975$	$\alpha=0.95$	$\alpha=0.90$	$\alpha=0.75$
41	21.421	22.906	25.215	27.326	29.907	34.585
42	22.138	23.650	25.999	28.144	30.765	35.510
43	22.859	24.398	26.785	28.965	31.625	36.430
44	23.584	25.143	27.575	29.787	32.487	37.363
45	24.311	25.901	28.366	30.612	33.350	38.291
1	1.323	2.706	3.841	5.024	6.635	7.879
2	2.773	4.605	5.991	7.378	9.210	10.597
3	4.108	6.251	7.815	9.348	11.345	12.838
4	5.385	7.779	9.448	11.143	13.277	14.860
5	6.626	9.236	11.071	12.833	15.086	16.750
6	7.841	10.654	12.592	14.499	16.812	18.548
7	9.037	12.071	14.067	16.013	18.475	20.278
8	10.219	13.362	15.507	17.535	20.090	21.955
9	11.289	14.684	16.919	19.023	21.666	23.598
10	12.549	15.987	18.307	20.483	23.209	25.188
11	13.701	17.275	19.675	21.920	24.725	26.757
12	14.845	18.549	21.026	23.337	26.217	28.299
13	15.984	19.812	22.362	24.736	27.688	29.819
14	17.117	21.064	23.685	26.119	29.141	31.319
15	18.245	22.307	24.996	27.488	30.578	32.801
16	19.369	23.542	26.286	28.845	32.000	34.267
17	20.489	24.769	27.587	30.191	33.409	35.718
18	21.605	25.989	28.869	31.526	34.805	37.156
19	22.718	27.204	30.144	32.853	36.191	38.582
20	23.828	28.412	31.410	34.170	37.566	39.997
21	24.935	29.615	32.671	35.479	38.932	44.401
22	26.039	30.813	33.924	36.781	40.298	42.796
23	27.141	32.007	35.172	38.076	41.638	44.181
24	28.241	33.196	36.415	39.364	42.980	45.559
25	29.339	34.382	37.652	40.646	44.314	46.928
26	30.435	35.563	38.885	41.923	45.642	48.290
27	31.528	36.741	40.113	43.194	46.963	49.654
28	32.620	37.916	41.337	44.461	48.278	50.933
29	33.711	39.087	42.557	45.722	49.588	52.336
30	34.800	40.256	43.773	46.979	50.892	53.672
31	35.887	41.422	44.985	48.232	52.191	55.003
32	36.973	42.585	46.194	49.480	53.486	56.328
33	38.053	43.745	47.400	50.725	54.776	57.648
34	39.141	44.903	48.602	51.966	56.061	58.964
35	40.223	46.095	49.802	53.203	57.342	60.275
36	41.304	47.212	50.998	54.437	58.619	61.581
37	42.383	48.363	52.192	55.668	59.892	62.883
38	43.462	49.513	53.384	56.896	61.162	64.181
39	44.539	50.660	54.572	58.120	62.428	65.476
40	45.616	51.805	55.758	59.342	63.691	66.766
41	46.692	52.949	53.942	60.561	64.960	68.053
42	47.766	54.090	58.124	61.777	66.206	69.336
43	48.840	55.230	59.304	62.990	67.459	70.606
44	49.913	56.369	60.481	64.201	68.710	71.893
45	50.985	57.505	61.565	65.410	69.957	73.166

附表 4　t 分布临界值表

$$P(T > t_\alpha(n)) = \int_{t_\alpha(n)}^{+\infty} h_n(t)\mathrm{d}t = \alpha$$

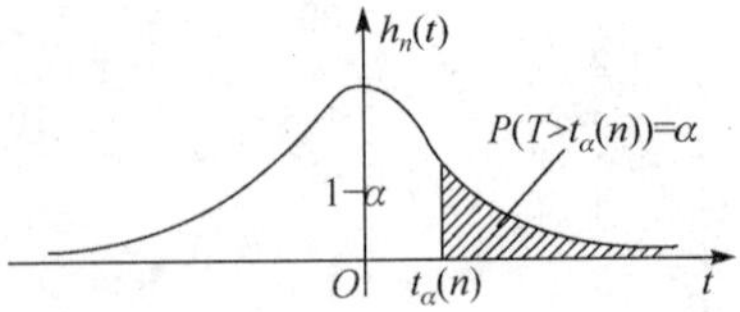

n	α=0.25	α=0.10	α=0.05	α=0.025	α=0.01	α=0.005
1	1.000 0	3.077 7	6.313 8	12.706 2	31.820 7	63.657 4
2	0.810 5	1.885 6	2.920 0	4.302 7	6.964 6	9.924 8
3	0.764 9	1.637 7	2.353 4	3.182 4	4.540 7	5.840 9
4	0.740 7	1.533 2	2.131 8	2.776 4	3.746 9	4.604 1
5	0.726 7	1.475 9	2.051 0	2.570 6	3.364 9	4.032 2
6	0.717 6	1.439 8	1.943 2	2.4469	3.142 7	3.707 4
7	0.711 1	1.414 9	1.894 6	2.364 6	2.998 0	3.499 5
8	0.706 4	1.396 8	1.859 5	2.306 0	2.896 5	3.355 4
9	0.702 7	1.383 0	1.833 1	2.262 2	2.821 4	3.249 8
10	0.699 8	1.372 2	1.812 5	2.228 1	2.763 8	3.169 3
11	0.697 4	1.363 4	1.795 9	2.201 0	2.718 1	3.105 8
12	0.695 5	1.356 2	1.782 3	2.178 8	2.681 0	3.054 5
13	0.693 8	1.350 2	1.770 9	2.160 4	2.650 3	3.012 3
14	0.692 4	1.345 0	1.761 3	2.144 8	2.624 5	2.976 8
15	0.691 2	1.340 6	1.753 1	2.131 5	2.602 5	2.946 7
16	0.690 1	1.336 8	1.745 9	2.119 9	2.583 5	2.920 8
17	0.689 2	1.333 4	1.739 6	2.109 8	2.566 9	2.898 2
18	0.688 4	1.330 4	1.734 1	2.100 9	2.552 4	2.878 4
19	0.687 6	1.327 7	1.729 1	2.093 0	2.539 5	2.860 9
20	0.687 0	1.325 3	1.724 7	2.086 0	2.528 0	2.845 3
21	0.686 4	1.323 2	1.720 7	2.079 6	2.517 7	2.831 4

续表

n	α=0.25	α=0.10	α=0.05	α=0.025	α=0.01	α=0.005
22	0.685 8	1.321 2	1.717 1	2.073 9	2.508 3	2.818 8
23	0.685 3	1.319 5	1.713 9	2.068 7	2.499 9	2.807 3
24	0.684 8	1.317 8	1.710 9	2.063 9	2.492 2	2.796 9
25	0.684 4	1.316 3	1.708 1	2.059 5	2.485 1	2.787 4
26	0.684 0	1.315 0	1.705 8	2.055 5	2.478 6	2.778 7
27	0.683 7	1.313 7	1.703 3	2.051 8	2.472 7	2.770 7
28	0.683 4	1.312 5	1.701 1	2.048 4	2.467 1	2.763 3
29	0.683 0	1.311 4	1.699 1	2.045 2	2.462 0	2.756 4
30	0.682 8	1.310 4	1.697 3	2.042 3	2.457 3	2.750 0
31	0.682 5	1.309 5	1.695 5	2.039 5	2.452 8	2.744 0
32	0.682 2	1.308 6	1.693 9	2.036 9	2.448 7	2.738 5
33	0.682 0	1.307 7	1.692 4	2.034 5	2.444 8	2.733 3
34	0.681 8	1.307 0	1.690 9	2.032 2	2.441 1	2.728 4
35	0.681 6	1.306 2	1.689 6	2.030 1	2.437 7	2.723 8
36	0.681 4	1.305 5	1.688 3	2.028 1	2.434 5	2.719 5
37	0.681 2	1.304 9	1.687 1	2.026 2	2.431 4	2.715 4
38	0.681 0	1.304 2	1.686 0	2.024 4	2.428 6	2.711 6
39	0.680 8	1.303 6	1.684 9	2.022 7	2.425 8	2.707 9
40	0.680 7	1.303 1	1.683 9	2.021 1	2.423 3	2.704 5
41	0.680 5	1.302 5	1.682 9	2.019 5	2.420 8	2.701 2
42	0.680 4	1.302 0	1.682 0	2.018 1	2.418 5	2.698 1
43	0.680 2	1.301 6	1.681 1	2.016 7	2.416 3	2.695 1
44	0.680 1	1.301 1	1.680 2	2.015 4	2.414 1	2.692 3
45	0.680 0	1.300 6	1.679 4	2.014 1	2.412 1	2.689 6

附表 5　F 分布临界值表

$$P(F > F_\alpha(n_1,n_2)) = \int_{F_\alpha(n_1,n_2)}^{+\infty} p_{(n_1,n_2)}(x)\mathrm{d}x = \alpha$$

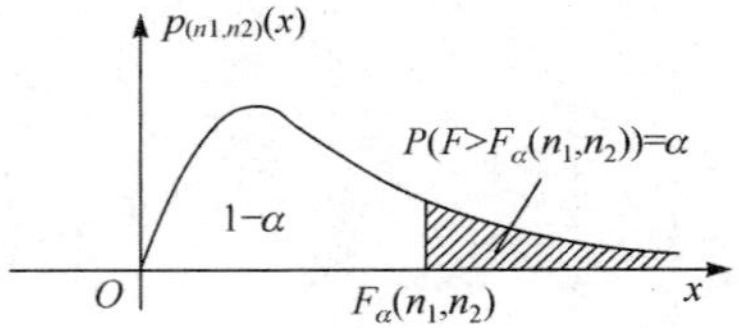

$\alpha=0.10$

n_2 \ n_1	1	2	3	4	5	6	7	8	9	10	12	15	20	24	30	40	60	120	∞
1	39.86	49.50	53.59	55.83	57.24	58.20	58.91	59.44	59.86	60.19	60.71	61.22	61.74	62.00	62.26	62.53	62.79	63.06	63.33
2	8.53	9.00	9.16	9.24	9.29	9.33	9.35	9.37	9.38	9.39	9.41	9.42	9.44	9.45	9.46	9.47	9.47	9.48	9.49
3	5.54	5.46	5.39	5.34	5.31	5.28	5.27	5.25	5.24	5.23	5.22	5.20	5.18	5.18	5.17	5.16	5.15	5.14	5.13
4	4.54	4.32	4.19	4.11	4.05	4.01	3.98	3.95	3.94	3.92	3.90	3.87	3.84	3.83	3.82	3.80	3.79	3.78	3.76
5	4.06	3.78	3.62	3.52	3.45	3.40	3.37	3.34	3.32	3.30	3.27	3.24	3.21	3.19	3.17	3.16	3.14	3.12	3.10
6	3.78	3.46	3.29	3.18	3.11	3.05	3.01	2.98	2.96	2.94	2.90	2.87	2.84	2.82	2.80	2.78	2.76	2.74	2.72
7	3.59	3.26	3.07	2.96	2.88	2.83	2.78	2.75	2.72	2.70	2.67	2.63	2.59	2.58	2.56	2.54	2.51	2.49	2.47
8	3.46	3.11	2.92	2.81	2.73	2.67	2.62	2.59	2.56	2.54	2.50	2.46	2.42	2.40	2.38	2.36	2.34	2.32	2.29
9	3.36	3.01	2.81	2.69	2.61	2.55	2.51	2.47	2.44	2.42	2.38	2.34	2.30	2.28	2.25	2.23	2.21	2.18	2.16
10	3.29	2.92	2.73	2.61	2.52	2.46	2.41	2.38	2.35	2.32	2.28	2.24	2.20	2.18	2.16	2.13	2.11	2.08	2.06
11	3.23	2.86	2.66	2.54	2.45	2.39	2.34	2.30	2.27	2.25	2.21	2.17	2.12	2.10	2.08	2.05	2.03	2.00	1.97

续表

$\alpha=0.10$

n_2 \ n_1	1	2	3	4	5	6	7	8	9	10	12	15	20	24	30	40	60	120	∞
12	3.18	2.81	2.61	2.48	2.39	2.33	2.28	2.24	2.21	2.19	2.15	2.10	2.06	2.04	2.01	1.99	1.96	1.93	1.90
13	3.14	2.76	2.56	2.43	2.35	2.28	2.23	2.20	2.16	2.14	2.10	2.05	2.01	1.98	1.96	1.93	1.90	1.88	1.85
14	3.10	2.73	2.52	2.39	2.31	2.24	2.19	2.15	2.12	2.10	2.05	2.01	1.96	1.94	1.91	1.89	1.86	1.83	1.80
15	3.07	2.70	2.49	2.36	2.27	2.21	2.16	2.12	2.09	2.06	2.02	1.97	1.92	1.90	1.87	1.85	1.82	1.79	1.76
16	3.05	2.67	2.46	2.33	2.24	2.18	2.13	2.09	2.06	2.03	1.99	1.94	1.89	1.87	1.84	1.81	1.78	1.75	1.72
17	3.03	2.64	2.44	2.31	2.22	2.15	2.10	2.06	2.03	2.00	1.96	1.91	1.86	1.84	1.81	1.78	1.75	1.72	1.69
18	3.01	2.62	2.42	2.29	2.20	2.13	2.08	2.04	2.00	1.98	1.93	1.89	1.84	1.81	1.78	1.75	1.72	1.69	1.66
19	2.99	2.61	2.40	2.27	2.18	2.11	2.06	2.02	1.98	1.96	1.91	1.86	1.81	1.79	1.76	1.73	1.70	1.67	1.63
20	2.97	2.59	2.38	2.25	2.16	2.09	2.04	2.00	1.96	1.94	1.89	1.84	1.79	1.77	1.74	1.71	1.68	1.64	1.61
21	2.96	2.57	2.36	2.23	2.14	2.08	2.02	1.98	1.95	1.92	1.87	1.83	1.78	1.75	1.72	1.69	1.66	1.62	1.59
22	2.95	2.56	2.35	2.22	2.13	2.06	2.01	1.97	1.93	1.90	1.86	1.81	1.76	1.73	1.70	1.67	1.64	1.60	1.57
23	2.94	2.55	2.34	2.21	2.11	2.05	1.99	1.95	1.92	1.89	1.84	1.80	1.74	1.72	1.69	1.66	1.62	1.59	1.55
24	2.93	2.54	2.33	2.19	2.10	2.04	1.98	1.94	1.91	1.88	1.83	1.78	1.73	1.70	1.67	1.64	1.61	1.57	1.53
25	2.92	2.53	2.32	2.18	2.09	2.02	1.97	1.93	1.89	1.87	1.82	1.77	1.72	1.69	1.66	1.63	1.59	1.56	1.52
26	2.91	2.52	2.31	2.17	2.08	2.01	1.96	1.92	1.88	1.86	1.81	1.76	1.71	1.68	1.65	1.61	1.58	1.54	1.50
27	2.90	2.51	2.30	2.17	2.07	2.00	1.95	1.91	1.87	1.85	1.80	1.75	1.70	1.67	1.64	1.60	1.57	1.53	1.49
28	2.89	2.50	2.29	2.16	2.06	2.00	1.94	1.90	1.87	1.84	1.79	1.74	1.69	1.66	1.63	1.59	1.56	1.52	1.48
29	2.89	2.50	2.28	2.15	2.06	1.99	1.93	1.89	1.86	1.83	1.78	1.73	1.68	1.65	1.62	1.58	1.55	1.51	1.47
30	2.88	2.49	2.28	2.14	2.05	1.98	1.93	1.88	1.85	1.82	1.77	1.72	1.67	1.64	1.61	1.57	1.54	1.50	1.46
40	2.84	2.44	2.23	2.09	2.00	1.93	1.87	1.83	1.79	1.76	1.71	1.66	1.61	1.57	1.54	1.51	1.47	1.42	1.38
60	2.79	2.39	2.18	2.04	1.95	1.87	1.82	1.77	1.74	1.71	1.66	1.60	1.54	1.51	1.48	1.44	1.40	1.35	1.29
120	2.75	2.35	2.13	1.99	1.90	1.82	1.77	1.72	1.68	1.65	1.60	1.55	1.48	1.45	1.41	1.37	1.32	1.26	1.19
∞	2.71	2.30	2.08	1.94	1.85	1.77	1.72	1.67	1.63	1.60	1.55	1.49	1.42	1.38	1.34	1.30	1.24	1.17	1.00

续表

$\alpha=0.05$

n_2 \ n_1	1	2	3	4	5	6	7	8	9	10	12	15	20	24	30	40	60	120	∞
1	161.4	199.5	215.7	224.6	230.2	234.0	236.8	238.9	240.5	241.9	243.9	245.9	248.0	249.1	250.1	251.1	252.2	253.3	254.3
2	118.51	19.00	19.16	19.25	19.30	19.33	19.35	19.37	19.38	19.40	19.41	19.43	19.45	19.45	19.46	19.47	19.48	19.49	19.50
3	10.13	9.55	9.28	9.12	9.01	8.94	8.89	8.85	8.81	8.79	8.74	8.70	8.66	8.64	8.62	8.59	8.57	8.55	8.53
4	7.71	6.94	6.59	6.39	6.26	6.16	6.09	6.04	6.00	5.96	5.91	5.86	5.80	5.77	5.75	5.72	5.69	5.66	5.63
5	6.61	5.79	5.41	5.19	5.05	4.95	4.88	4.82	4.77	4.74	4.68	4.62	4.56	4.53	4.50	4.46	4.43	4.40	4.36
6	5.99	5.14	4.76	4.53	4.39	3.28	4.21	4.15	4.10	4.06	4.00	3.94	3.87	3.84	3.81	3.77	3.74	3.70	3.67
7	5.59	4.74	4.35	4.12	3.97	3.87	3.79	3.73	3.68	3.64	3.57	3.51	3.44	3.41	3.38	3.34	3.30	3.27	3.23
8	5.32	4.46	4.07	3.84	3.69	3.58	3.50	3.44	3.39	3.35	3.28	3.22	3.15	3.12	3.08	3.04	3.01	2.97	2.93
9	5.12	4.26	3.86	3.63	3.48	3.37	3.29	3.23	3.18	3.14	3.07	3.01	2.94	2.90	2.86	2.83	2.79	2.75	2.71
10	4.96	4.10	3.71	3.48	3.33	3.22	3.14	3.07	3.02	2.98	2.91	2.85	2.77	2.74	2.70	2.66	2.62	2.58	2.54
11	4.84	3.98	3.59	3.36	3.20	3.09	3.01	2.95	2.90	2.85	2.79	2.72	2.65	2.61	2.57	2.53	2.49	2.45	2.40
12	4.75	3.89	3.49	3.26	3.11	3.00	2.91	2.85	2.80	2.75	2.69	2.62	2.54	2.51	2.47	2.43	2.38	2.34	2.30
13	4.67	3.81	3.41	3.18	3.03	2.92	2.83	2.77	2.71	2.67	2.60	2.53	2.46	2.42	2.38	2.34	2.30	2.25	2.21
14	4.60	3.74	3.34	3.11	2.96	2.85	2.76	2.70	2.65	2.60	2.53	2.46	2.39	2.35	2.31	2.27	2.22	2.18	2.13
15	4.54	3.68	3.29	3.06	2.90	2.97	2.71	2.64	2.59	2.54	2.48	2.40	2.33	2.29	2.25	2.20	2.16	2.11	2.07
16	4.49	3.63	3.24	3.01	2.85	2.74	2.66	2.59	2.54	2.49	2.42	2.35	2.28	2.24	2.19	2.15	2.11	2.06	2.01

续表

$\alpha=0.05$

n_2 \ n_1	1	2	3	4	5	6	7	8	9	10	12	15	20	24	30	40	60	120	∞
17	4.45	3.59	3.20	2.96	2.81	2.70	2.61	2.55	2.49	2.45	2.38	2.31	2.23	2.19	2.15	2.10	2.06	2.01	1.96
18	4.41	3.55	3.16	2.93	2.77	2.66	2.58	2.51	2.46	2.41	2.34	2.27	2.19	2.15	2.11	2.06	2.02	1.97	1.92
19	4.38	3.52	3.13	2.90	2.74	2.63	2.54	2.48	2.42	2.38	2.31	2.23	2.16	2.11	2.07	2.03	1.98	1.93	1.88
20	4.35	3.49	3.10	2.87	2.71	2.60	2.51	2.45	2.39	2.35	2.28	2.20	2.12	2.08	2.04	1.99	1.95	1.90	1.84
21	4.32	3.47	3.07	2.84	2.68	2.57	2.49	2.42	2.37	2.32	2.25	2.18	2.10	2.05	2.01	1.96	1.92	1.87	1.81
22	4.30	3.44	3.05	2.82	2.66	2.55	2.46	2.40	2.34	2.30	2.23	2.15	2.07	2.03	1.98	1.94	1.89	1.84	1.78
23	4.28	3.42	3.03	2.80	2.64	2.53	2.44	2.37	2.32	2.27	2.20	2.13	2.05	2.01	1.96	1.91	1.86	1.81	1.76
24	4.26	3.40	3.01	2.78	2.62	2.51	2.42	2.36	2.30	2.25	2.18	2.11	2.03	1.98	1.94	1.89	1.84	1.79	1.73
25	4.24	3.39	2.99	2.76	2.60	2.49	2.40	2.34	2.28	2.24	2.16	2.09	2.01	1.96	1.92	1.87	1.82	1.77	1.71
26	4.23	3.37	2.98	2.74	2.59	2.47	2.39	2.32	2.27	2.22	2.15	2.07	1.99	1.95	1.90	1.85	1.80	1.75	1.69
27	4.21	3.35	2.96	2.73	2.57	2.46	2.37	2.31	2.25	2.20	2.13	2.6	1.97	1.93	1.88	1.84	1.79	1.73	1.67
28	4.20	3.34	2.95	2.71	2.56	2.45	2.36	2.29	2.24	2.19	2.12	2.04	1.96	1.91	1.87	1.82	1.77	1.71	1.65
29	4.18	3.33	2.93	2.70	2.55	2.43	2.35	2.28	2.22	2.18	2.10	2.03	1.94	1.90	1.85	1.81	1.75	1.70	1.64
30	4.17	3.32	2.92	2.69	2.53	2.42	2.33	2.27	2.21	2.16	2.09	2.01	1.93	1.89	1.84	1.79	1.74	1.68	1.62
40	4.08	3.23	2.84	2.61	2.45	2.34	2.25	2.18	2.12	2.08	2.00	1.92	1.84	1.79	1.74	1.69	1.64	1.58	1.51
60	4.00	3.15	2.76	2.53	2.37	2.25	2.17	2.10	2.04	1.99	1.92	1.84	1.75	1.70	1.65	1.59	1.53	1.47	1.39
120	3.92	3.07	2.68	2.45	2.29	2.17	2.09	2.02	1.96	1.91	1.83	1.75	1.66	1.61	1.55	1.50	1.43	1.35	1.25
∞	3.84	3.00	2.60	2.37	2.21	2.10	2.01	1.94	1.88	1.83	1.75	1.67	1.57	1.52	1.46	1.39	1.32	1.22	1.00

续表

n_2 \ n_1	1	2	3	4	5	6	7	8	9	10	12	15	20	24	30	40	60	120	∞
	$\alpha=0.025$																		
1	647.8	799.5	864.2	899.6	921.8	937.1	948.2	956.7	963.3	368.6	976.7	984.9	993.1	997.2	1001	1006	1010	1014	1018
2	38.51	39.00	39.17	36.25	39.30	39.33	39.36	39.37	39.39	39.40	39.41	39.43	39.45	39.46	39.46	39.47	39.48	39.49	39.50
3	17.44	16.04	15.44	15.10	14.88	14.73	14.62	14.54	14.47	14.42	14.34	14.25	14.17	14.21	14.08	14.04	13.99	13.95	13.90
4	12.22	10.65	9.98	9.60	9.36	9.20	9.07	9.98	8.90	8.84	8.75	8.66	8.56	8.51	8.46	8.41	8.36	8.31	8.26
5	10.01	8.43	7.76	7.39	7.15	6.98	6.85	6.76	6.68	6.62	6.52	6.43	6.33	6.28	6.23	6.18	6.12	6.07	6.02
6	8.81	7.26	6.60	6.23	5.99	5.82	5.70	5.60	5.52	5.46	5.37	5.27	5.17	5.12	5.07	5.01	4.96	4.90	4.85
7	8.07	6.54	5.89	5.52	5.29	5.12	4.99	4.90	4.82	4.76	4.67	4.57	4.47	4.42	4.36	4.31	4.25	4.20	4.14
8	7.57	6.06	5.42	5.05	4.82	4.65	4.53	4.43	4.36	4.30	4.20	4.10	4.00	3.95	3.89	3.84	3.78	3.73	3.67
9	7.21	5.71	5.08	4.72	4.48	4.23	4.20	4.10	4.03	3.96	3.87	3.77	3.67	3.61	3.56	3.51	3.45	3.39	3.33
10	6.94	5.46	4.83	4.47	4.24	4.07	3.95	3.85	3.78	3.72	3.62	3.52	3.42	3.37	3.31	3.26	3.20	3.14	3.08
11	6.72	5.26	4.63	4.28	4.04	3.88	3.76	3.66	3.59	3.53	3.43	3.33	3.23	3.17	3.12	3.06	3.00	2.94	2.88
12	6.55	5.10	4.47	4.12	3.89	3.73	3.61	3.51	3.44	3.37	3.28	3.18	3.07	3.02	2.96	2.91	2.85	2.79	2.72
13	6.41	4.97	4.35	4.00	3.77	3.60	3.48	3.39	3.31	3.25	3.15	3.05	2.95	2.89	2.84	2.78	2.72	2.66	2.60
14	6.30	4.86	4.24	3.89	3.66	3.50	3.38	3.29	3.21	3.15	3.05	2.95	2.84	2.79	2.73	2.67	2.61	2.55	2.49
15	6.20	4.77	4.15	3.80	3.58	3.41	3.29	3.20	3.12	3.06	2.96	2.86	2.76	2.70	2.64	2.59	2.52	2.46	2.40
16	6.12	4.69	4.08	3.73	3.50	3.34	3.22	3.12	3.05	2.99	2.89	2.79	2.68	2.63	2.57	2.51	2.45	2.38	2.32

续表

$\alpha=0.025$

n_2 \ n_1	1	2	3	4	5	6	7	8	9	10	12	15	20	24	30	40	60	120	∞
17	6.04	4.62	4.01	3.66	3.44	3.28	3.16	3.06	2.98	2.92	2.82	2.72	2.62	2.56	2.50	2.44	2.38	2.32	2.25
18	5.98	4.56	3.95	3.61	3.38	3.22	3.10	3.01	2.93	2.87	2.77	2.67	2.56	2.50	2.44	2.38	2.32	2.26	2.19
19	5.92	4.51	3.90	3.56	3.33	3.17	3.05	2.96	2.88	2.82	2.62	2.62	2.51	2.45	2.39	2.33	2.27	2.20	2.13
20	5.87	4.46	3.86	3.51	3.29	3.13	3.01	2.91	2.84	2.77	2.68	2.57	2.46	2.41	2.35	2.29	2.22	2.16	2.09
21	5.83	4.42	3.82	3.48	3.25	3.09	2.97	2.87	2.80	2.73	2.64	2.53	2.42	2.37	2.31	2.25	2.18	2.11	2.04
22	5.79	4.38	3.78	3.44	3.22	3.05	2.93	2.84	2.76	2.70	2.60	2.50	2.39	2.33	2.27	2.21	2.14	2.08	2.00
23	5.75	4.35	3.75	3.41	3.18	3.02	2.90	2.81	2.73	2.67	2.57	2.47	2.36	2.30	2.24	2.18	2.11	2.04	1.97
24	5.72	4.32	3.72	3.38	3.15	2.99	2.87	2.78	2.70	2.64	2.54	2.44	2.33	2.27	2.21	2.15	2.08	2.01	1.94
25	5.69	4.29	3.69	3.35	3.13	2.97	2.85	2.75	2.68	2.61	2.51	2.41	2.30	2.24	2.18	2.12	2.05	1.98	1.91
26	5.66	4.27	3.67	3.33	3.10	2.94	2.82	2.73	2.65	2.59	2.49	2.39	2.28	2.22	2.16	2.09	2.03	1.95	1.88
27	5.63	4.24	3.65	3.31	3.08	2.92	2.80	2.71	2.63	2.57	2.47	2.36	2.25	2.19	2.13	2.07	2.00	1.93	1.85
28	5.61	4.22	3.63	3.29	3.06	2.90	2.78	2.69	2.61	2.55	2.45	2.34	2.23	2.17	2.11	2.05	1.98	1.91	1.83
29	5.59	4.20	3.61	3.27	3.04	2.88	2.76	2.67	2.59	2.53	2.43	2.32	2.21	2.15	2.09	2.03	1.96	1.89	1.81
30	5.57	4.18	3.59	3.25	3.03	2.87	2.75	2.65	2.57	2.51	2.41	2.31	2.20	2.14	2.07	2.01	1.94	1.87	1.79
40	5.42	4.05	3.46	3.13	2.90	2.74	2.62	2.53	2.45	2.39	2.29	2.18	2.07	2.01	1.94	1.88	1.80	1.72	1.64
60	5.29	3.93	3.34	3.01	2.79	2.63	2.51	2.41	2.33	2.27	2.17	2.06	1.94	1.88	1.82	1.74	1.67	1.58	1.48
120	5.15	3.80	3.23	2.89	2.67	2.52	2.39	2.30	2.22	2.16	2.05	1.94	1.82	1.76	1.69	1.61	1.53	1.43	1.31
∞	5.02	3.69	3.12	2.79	2.57	2.41	2.29	2.19	2.11	2.05	1.94	1.83	1.71	1.64	1.57	1.48	1.39	1.27	1.00

续表

n_2 \ n_1 ($\alpha=0.01$)	1	2	3	4	5	6	7	8	9	10	12	15	20	24	30	40	60	120	∞
1	4052	4999.5	5403	5625	5764	5859	5928	5982	6022	6056	6106	6157	6209	6235	6261	6287	6313	6339	6366
2	98.50	99.00	99.17	99.25	99.30	99.33	99.36	99.37	99.39	99.40	99.42	99.43	99.45	99.46	99.47	99.47	99.48	99.49	99.50
3	34.12	30.82	29.46	28.71	28.24	27.91	27.67	27.49	27.35	27.23	27.05	26.87	26.69	26.60	26.50	26.41	26.32	26.22	26.13
4	21.30	18.00	16.69	15.98	15.52	15.12	14.98	14.80	14.66	14.55	14.37	15.20	14.02	13.93	13.84	13.75	13.65	13.56	13.46
5	16.26	13.27	12.06	11.39	10.97	10.67	10.46	10.29	10.16	10.05	9.89	9.72	9.55	9.47	9.38	9.29	9.20	9.11	9.02
6	13.75	10.92	9.78	9.15	8.75	8.47	8.26	8.10	7.98	7.87	7.72	7.56	7.40	7.31	7.23	7.14	7.06	6.97	6.88
7	12.25	9.55	8.45	7.85	7.46	7.19	6.99	6.84	6.72	6.62	6.47	6.31	6.16	6.07	5.99	5.91	5.82	5.74	5.65
8	11.26	8.65	7.59	7.01	6.63	6.37	6.18	6.03	5.91	5.81	5.67	5.52	5.36	5.28	5.20	5.12	5.03	4.95	4.86
9	10.56	8.02	6.99	6.42	6.06	5.80	5.61	5.47	5.35	5.26	5.11	4.96	4.81	4.73	4.65	4.57	4.48	4.40	4.31
10	10.04	7.56	6.55	5.99	5.64	5.39	5.20	5.06	4.94	4.85	4.71	4.56	4.41	4.33	4.25	4.17	4.08	4.00	3.91
11	9.65	7.21	6.22	5.67	5.32	5.07	4.89	4.47	4.63	4.54	4.40	4.25	4.10	4.02	3.94	3.86	3.78	3.69	3.60
12	9.33	6.93	5.95	5.41	5.06	4.82	4.64	4.50	4.39	4.30	4.16	4.01	3.86	3.78	3.70	3.62	3.54	3.45	3.36
13	9.07	6.70	5.74	5.21	4.86	4.62	4.44	4.30	4.19	4.10	3.96	3.82	3.66	3.59	3.51	3.43	3.34	3.25	3.17
14	8.86	6.51	5.56	5.04	4.69	4.46	4.28	4.14	4.03	3.84	3.80	3.66	3.51	3.43	3.35	3.27	3.18	3.09	3.00
15	8.68	6.36	5.42	4.89	4.56	4.32	4.14	4.00	3.89	3.80	3.67	3.52	3.37	3.29	3.21	3.13	3.05	2.96	2.87
16	8.53	6.23	5.29	4.77	4.44	4.20	4.03	3.89	3.78	3.69	3.55	3.41	3.26	3.18	3.10	3.02	2.93	2.89	2.75

续表

n_2 \ n_1	1	2	3	4	5	6	7	8	9	10	12	15	20	24	30	40	60	120	∞
	$\alpha=0.01$																		
17	8.40	6.11	5.18	4.67	4.34	4.10	3.93	3.79	3.68	3.59	3.46	3.31	3.16	3.08	3.00	2.92	2.83	2.75	2.65
18	8.29	6.01	5.09	4.58	4.25	4.01	3.84	3.71	3.60	3.51	3.37	3.23	3.08	3.00	2.92	2.84	2.75	2.66	2.57
19	8.18	5.93	5.01	4.50	4.17	3.94	3.77	3.63	3.52	3.43	3.30	3.15	3.00	2.92	2.84	2.76	2.67	2.58	2.49
20	8.10	5.85	4.94	4.43	4.10	3.87	3.70	3.56	3.46	3.37	3.23	3.09	2.94	2.86	2.78	2.69	2.61	2.52	2.42
21	8.02	5.78	4.87	4.37	4.04	3.81	3.64	3.51	3.40	3.31	3.17	3.03	2.88	2.80	2.72	2.64	2.55	2.46	2.36
22	7.95	5.72	4.82	4.31	3.99	3.76	3.59	3.45	3.35	3.26	3.12	2.98	2.83	2.75	2.67	2.58	2.50	2.40	2.31
23	7.88	5.66	4.76	4.26	3.94	3.71	3.54	3.41	3.30	3.21	3.07	2.93	2.78	2.70	2.62	2.54	2.45	2.35	2.26
24	7.82	5.61	4.72	4.22	3.90	3.67	3.50	3.36	3.26	3.17	3.03	2.89	2.74	2.66	2.58	2.49	2.40	2.31	2.21
25	7.77	5.57	4.68	4.18	3.85	3.63	3.46	3.32	3.22	3.13	2.99	2.85	2.70	2.62	2.54	2.45	2.36	2.27	2.17
26	7.72	5.53	4.64	4.14	3.82	3.59	3.42	3.29	3.18	3.09	2.96	2.81	2.66	2.58	2.50	2.42	2.33	2.23	2.13
27	7.68	5.49	4.60	4.11	3.78	3.56	3.39	3.26	3.15	3.06	2.93	2.78	2.63	2.55	2.47	2.38	2.29	2.20	2.10
28	7.64	5.45	4.57	4.07	3.75	3.53	3.36	3.23	3.12	3.03	2.90	2.75	2.60	2.52	2.44	2.35	2.26	2.17	2.06
29	7.60	5.42	4.54	4.04	3.73	3.50	3.33	3.20	3.09	3.00	2.87	2.73	2.57	2.49	2.41	2.33	2.23	2.14	2.03
30	7.56	5.39	4.51	4.02	3.70	3.47	3.30	3.17	3.07	2.98	2.84	2.70	2.55	2.47	2.39	2.30	2.21	2.11	2.01
40	7.31	5.18	4.31	3.83	3.51	3.29	3.12	2.99	2.98	2.80	2.66	2.52	2.37	2.29	2.20	2.11	2.02	1.92	1.80
60	7.08	4.98	4.13	3.65	3.34	3.12	2.95	2.82	2.72	2.63	2.50	2.35	2.20	2.12	2.03	1.94	1.84	1.73	1.60
120	6.85	4.79	3.95	3.48	3.17	2.96	2.79	2.66	2.56	2.47	2.34	2.19	2.03	1.95	1.86	1.76	1.66	1.53	1.38
∞	6.63	4.61	3.78	3.32	3.02	2.80	2.64	2.51	2.41	2.32	2.18	2.04	1.88	1.79	1.70	1.59	1.47	1.32	1.00

续表

$\alpha=0.005$

n_2 \ n_1	1	2	3	4	5	6	7	8	9	10	12	15	20	24	30	40	60	120	∞
1	16 211	20 000	21 615	22 500	23 056	23 437	23 715	23 925	24 091	24 224	24 426	24 630	24 836	24 940	25 044	25 148	25 253	25 359	25 465
2	198.5	199.0	199.2	199.2	199.3	199.3	199.4	199.4	199.4	199.4	199.4	199.4	199.4	199.5	199.5	199.5	199.5	199.5	199.5
3	55.55	49.80	47.47	46.19	45.39	44.84	44.43	44.13	43.88	43.69	43.39	43.08	42.78	42.62	42.47	42.31	42.15	41.99	41.83
4	31.33	26.28	24.26	23.15	22.46	21.97	21.62	21.35	21.14	20.97	20.70	20.44	20.17	20.03	19.89	19.75	19.61	19.47	19.32
5	22.78	18.31	16.53	15.56	14.94	14.51	14.20	13.96	13.77	13.62	13.38	13.15	12.90	12.78	12.66	12.53	12.40	12.27	12.14
6	18.63	14.54	12.92	12.03	11.46	11.07	10.79	10.57	10.39	10.25	10.03	9.81	9.59	9.47	9.36	9.24	9.12	9.00	8.88
7	16.24	12.40	10.88	10.05	9.52	9.16	8.89	8.68	8.51	8.38	8.18	7.97	7.75	7.65	7.53	7.42	7.31	7.19	7.08
8	14.69	11.04	9.60	8.81	8.30	7.95	7.69	7.50	7.34	7.21	7.01	6.81	6.61	6.50	6.40	6.29	6.18	6.06	5.95
9	13.61	10.11	8.72	7.96	7.47	7.13	6.88	6.69	6.54	6.42	6.23	6.03	5.83	5.73	5.62	5.52	5.41	5.30	5.19
10	12.83	9.43	8.08	7.34	6.87	6.54	6.30	6.12	5.97	5.85	5.66	5.47	5.27	5.17	5.07	4.97	4.86	4.75	4.64
11	12.23	8.91	7.60	6.88	6.42	6.10	5.86	5.68	5.54	5.42	5.24	5.05	4.86	4.76	4.65	4.55	4.44	4.34	4.23
12	11.75	8.51	7.23	6.52	6.07	5.76	5.52	5.35	5.20	5.09	4.91	4.72	4.53	4.43	4.33	4.23	4.12	4.01	3.90
13	11.37	8.19	6.93	6.32	5.79	5.48	5.25	5.08	4.94	4.82	4.64	4.46	4.27	4.17	4.07	3.97	3.87	3.76	3.65
14	11.06	7.92	6.68	6.00	5.56	5.26	5.03	4.86	4.72	4.60	4.43	4.25	4.06	3.96	3.86	3.76	3.66	3.55	3.44
15	10.80	7.70	6.48	5.80	5.37	5.07	4.85	4.67	4.54	4.42	4.25	4.07	3.88	3.79	3.69	3.58	3.48	3.37	3.26
16	10.58	7.51	6.30	5.64	5.21	4.91	4.69	4.52	4.38	4.27	4.10	3.92	3.73	3.64	3.54	3.44	3.33	3.22	3.11

续表

$\alpha=0.005$

n_2 \ n_1	1	2	3	4	5	6	7	8	9	10	12	15	20	24	30	40	60	120	∞
17	10.38	7.35	6.16	5.50	5.07	4.78	4.56	4.39	4.25	4.14	3.97	3.79	3.61	3.51	3.41	3.31	3.21	3.10	2.98
18	10.22	7.21	6.03	5.37	4.96	4.66	4.44	4.28	4.14	4.03	3.86	3.68	3.50	3.40	3.30	3.20	3.10	2.99	2.87
19	10.07	7.09	5.92	5.27	4.85	4.56	4.34	4.18	4.04	3.93	3.76	3.59	3.40	3.31	3.21	3.11	3.00	2.89	2.78
20	9.94	6.99	5.82	5.17	4.76	4.47	4.26	4.09	3.96	3.85	3.68	3.50	3.32	3.22	3.12	3.02	2.92	2.81	2.69
21	9.83	6.89	5.73	5.09	4.68	4.39	4.18	4.01	3.88	3.77	3.60	3.43	3.24	3.15	3.05	2.95	2.84	2.73	2.61
22	9.73	6.81	5.65	5.02	4.61	4.32	4.11	3.94	3.81	3.70	3.54	3.36	3.18	3.08	2.98	2.88	2.77	2.66	2.55
23	9.63	6.73	5.58	4.95	4.54	4.20	4.05	3.88	3.75	3.64	3.47	3.30	3.12	3.02	2.92	2.82	2.71	2.60	2.48
24	9.55	6.66	5.52	4.89	4.49	4.20	3.99	3.83	3.69	3.59	3.42	3.25	3.06	2.97	2.87	2.77	2.66	2.55	2.43
25	9.48	6.60	5.46	4.84	4.43	4.15	3.94	3.78	3.64	3.54	3.37	3.20	3.01	2.92	2.82	2.72	2.61	2.50	2.38
26	9.41	6.54	5.41	4.79	4.38	4.10	3.89	3.73	3.60	3.49	3.33	3.15	2.97	2.87	2.77	2.67	2.56	2.45	2.33
27	9.34	6.49	5.36	4.74	4.34	4.06	3.85	3.69	3.56	3.45	3.28	3.11	2.93	2.83	2.73	2.63	2.52	2.41	2.29
28	9.28	6.44	5.32	4.70	4.30	4.02	3.81	3.65	3.52	3.41	3.25	3.07	2.89	2.79	2.69	2.59	2.48	2.37	2.25
29	9.23	6.40	5.28	4.66	4.26	3.98	3.77	3.61	3.48	3.38	3.21	3.04	2.86	2.76	2.66	2.56	2.45	2.33	2.21
30	9.18	6.35	5.24	4.62	4.23	3.95	3.74	3.58	3.45	3.34	3.18	3.01	2.82	2.73	2.63	2.52	2.42	2.30	2.18
40	8.83	6.07	4.98	4.37	3.99	3.71	3.51	3.35	3.22	3.12	2.95	2.78	2.60	2.50	2.40	2.30	2.18	2.06	1.93
60	8.49	5.79	4.73	4.14	3.76	3.49	3.29	3.13	3.01	2.90	2.74	2.57	2.39	2.29	2.19	2.08	1.96	1.83	1.69
120	8.18	5.54	4.50	3.92	3.55	3.28	3.09	2.93	2.81	2.71	2.54	2.37	2.19	2.09	1.98	1.87	1.75	1.61	1.43
∞	7.88	5.30	4.28	3.72	3.35	3.09	2.90	2.74	2.62	2.52	2.36	2.19	2.00	1.90	1.79	1.67	1.53	1.36	1.00

习题参考答案或提示

第1章 行 列 式

习题 1.1

1. (1) -2； (2) -19； (3) $\sin x\cos x-1$； (4) 1； (5) 1； (6) $1-b^2$.

2. (1) 18； (2) 12； (3) 8； (4) 0； (5) 0； (6) $3abc-a^3-b^3-c^3$.

3. $\lambda=-\dfrac{1}{3}$或$\lambda=1$.

4. $-2<a<2$.

5. (1) $A_{13}=-1,A_{21}=-1,A_{32}=3$； (2) $A_{13}=ab+c^2,A_{21}=ac-b^2,A_{32}=bc-a^2$； (3) $A_{13}=24,A_{21}=-12,A_{32}=8$.

6. $x_1=-1,x_2=3$.

习题 1.2

1. (1) 101； (2) 53； (3) 1； (4) $4abcdef$； (5) 0； (6) $-2(x^3+y^3)$.

2. (1) 1； (2) -15；(3) 160； (4) abc； (5) $4a-1$； (6) a^2b^2.

3. (1) $[a+(n-1)b](a-b)^{n-1}$；
   (2) $x^n+(-1)^{n+1}y^n$；(3) $x^n+a_1x^{n-1}+\cdots+a_{n-1}x+a_n$.

4. 提示：
   (1) 应用性质 1.4、推论 1.1 和推论 1.2；
   (2) 反复应用性质 1.4 和性质 1.2；
   (3) 反复应用性质 1.5.

5. $x_1=-1,x_2=1,x_3=-2$ 和 $x_4=2$.

习题 1.3

1. (1) $x_1=3,x_2=-1$； (2) $x_1=1,x_2=2,x_3=3$；
   (3) $x_1=-1,x_2=-1,x_3=0,x_4=1$.

2. A,B,C,D 四种产品的单位成本分别为 10 元、5 元、3 元和 2 元.

3. (1) 有非零解； (2) 只有零解.

4. $\lambda=-1$ 或 $\lambda=4$.

习　题　一

一、单项选择题

1. C；　2. D；　3. B；　4. A；　5. C；　6. D；
7. A；　8. A；　9. B；　10. D；　11. C；　12. B.

二、填空题

1. 3；　2. $\lambda\neq 0$ 且 $\lambda\neq 2$；　3. 0；　4. D_n；　5. $(-1)^n M$；
6. 0；　7. $x_1=2, x_2=1$；　8. 60；　9. $a^2\neq b^2$；　10. 充要.

三、解答题

1. (1) 0；　(2) 8；　(3) 512；　(4) 8；　(5) a^4.

2. (1) $b_1b_2\cdots b_n$；　(2) $(-1)^n(n+1)a_1a_2\cdots a_n$.

3. $x_1=0, x_2=1, x_3=2$.

4. 提示：(1) 将左边的三阶行列式展开后与右边的式子进行比较；
(2) 反复应用性质 1.5.

5. (1) $x_1=10, x_2=-13, x_3=6$；　(2) $x_1=0, x_2=0, x_3=0, x_4=0$；
(3) $x_1=0, x_2=2, x_3=0, x_4=0$.

6. 因系数行列式 $D=-30\neq 0$，故方程组仅有零解.

7. $\lambda=1$ 或 $\lambda=-2$.

第 2 章　矩　　阵

习题 2.1

1. $\boldsymbol{A}_{4\times 5}=\begin{pmatrix}1 & 3 & -1 & 2 & 1\\ 1 & -2 & -1 & 3 & -2\\ 3 & 5 & -1 & -2 & -1\\ 1 & 9 & -3 & 4 & 6\end{pmatrix}$.　2. $\boldsymbol{A}_{3\times 2}=\begin{pmatrix}3000 & 1000\\ 2500 & 1100\\ 2000 & 1000\end{pmatrix}$.

3. $\boldsymbol{A}_3=\begin{pmatrix}90 & 85 & 94\\ 100 & 90 & 95\\ 80 & 85 & 91\end{pmatrix}$.　4. $\boldsymbol{A}_4=(a_{ij})_4=\begin{pmatrix}0 & 1 & 0 & 1\\ 1 & 0 & 0 & 0\\ 0 & 1 & 0 & 0\\ 1 & 0 & 1 & 0\end{pmatrix}$.

习题 2. 2

1. $\boldsymbol{A}^{\mathrm{T}}+\boldsymbol{B}=\begin{pmatrix} 2 & -1 & 9 \\ -4 & 6 & 8 \end{pmatrix}$, $\boldsymbol{B}^{\mathrm{T}}-\boldsymbol{A}=\begin{pmatrix} 0 & 0 \\ 7 & 6 \\ -1 & -4 \end{pmatrix}$, $2\boldsymbol{A}-3\boldsymbol{B}^{\mathrm{T}}=\begin{pmatrix} -1 & 2 \\ -17 & -18 \\ -2 & 6 \end{pmatrix}$.

2. $(\boldsymbol{AB})^{\mathrm{T}}=\begin{pmatrix} 1 & 8 \\ 4 & 10 \\ 0 & 6 \end{pmatrix}$, $\boldsymbol{AB}^{\mathrm{T}}=\begin{pmatrix} 0 & 4 & 3 \\ 7 & 7 & 9 \end{pmatrix}$.

3. $\boldsymbol{AB}-\boldsymbol{BA}=\begin{pmatrix} -1 & -2 & -1 \\ 4 & 0 & 0 \\ 3 & -4 & 1 \end{pmatrix}$.

4. (1) $\begin{pmatrix} 1 & -2 \\ 3 & 5 \end{pmatrix}$; (2) $\begin{pmatrix} 5 & 3 \\ -2 & 1 \end{pmatrix}$; (3) $\begin{pmatrix} 35 \\ 6 \\ 49 \end{pmatrix}$; (4) $\begin{pmatrix} 2 & 0 \\ 3 & 2 \\ 1 & 4 \end{pmatrix}$; (5) (-3);

(6) $\begin{pmatrix} -6 & 6 & 15 & 12 \\ 0 & 0 & 0 & 0 \\ 2 & -2 & -5 & -4 \\ -4 & 4 & 10 & 8 \end{pmatrix}$; (7) $\begin{pmatrix} 8 & -2 & 1 \\ -1 & 9 & 0 \\ -9 & -3 & 1 \\ -1 & 2 & 1 \end{pmatrix}$; (8) $\begin{pmatrix} 1 & 0 & 0 \\ 0 & 1 & 0 \\ 0 & 0 & 1 \end{pmatrix}$.

5. $\begin{pmatrix} a & b \\ 0 & a \end{pmatrix}$,其中 a,b 为任意常数.

6. $f(\mathbf{A})=\begin{pmatrix} 0 & 0 \\ 0 & 0 \end{pmatrix}$.

7. $f(x_1,x_2,x_3)=x_1^2+2x_3^2-2x_1x_2+4x_1x_3+6x_2x_3$.

8. $|\mathbf{AA}^{\mathrm{T}}|=(a^2+b^2)^2$, $|3\mathbf{AA}^{\mathrm{T}}|=9(a^2+b^2)^2$.

9. (1) $\mathbf{A}^n=\begin{pmatrix} 1 & n \\ 0 & 1 \end{pmatrix}$; (2) $f(\mathbf{A})=\begin{pmatrix} 4 & n+2 \\ 0 & 4 \end{pmatrix}$.

习题 2. 3

1. $\begin{pmatrix} d_1a_{11} & d_1a_{12} & d_1a_{13} \\ d_2a_{21} & d_2a_{22} & d_2a_{23} \\ d_3a_{31} & d_3a_{32} & d_3a_{33} \end{pmatrix}$ 和 $\begin{pmatrix} d_1a_{11} & d_2a_{12} & d_3a_{13} \\ d_1a_{21} & d_2a_{22} & d_3a_{23} \\ d_1a_{31} & d_2a_{32} & d_3a_{33} \end{pmatrix}$,**结果说明:**如果用对角矩阵 $\mathrm{diag}(d_1,d_2,d_3)$ 左(右)乘矩阵 $\mathbf{A}=(a_{ij})_{3\times3}$,相当于用对角矩阵 $\mathrm{diag}(d_1,d_2,d_3)$ 中主对角线上的第 i 个元素 d_i 去乘矩阵 $\mathbf{A}$ 中第 i 行(列)($i=1,2,3$)的每一个元素.

2. **提示**：由矩阵转置的性质易得$(\boldsymbol{A}+\boldsymbol{A}^{\mathrm{T}})^{\mathrm{T}}=\boldsymbol{A}+\boldsymbol{A}^{\mathrm{T}}$，由此知结论成立.

3. **提示**：先计算出$\boldsymbol{A}^2$，然后令$\boldsymbol{A}^2$中的元素等于零，由此即可推出$\boldsymbol{A}=\boldsymbol{O}$.

4. **提示**：构造$\boldsymbol{B}=\frac{1}{2}(\boldsymbol{A}+\boldsymbol{A}^{\mathrm{T}})$和$\boldsymbol{C}=\frac{1}{2}(\boldsymbol{A}-\boldsymbol{A}^{\mathrm{T}})$，则$\boldsymbol{A}=\boldsymbol{B}+\boldsymbol{C}$且$\boldsymbol{B}^{\mathrm{T}}=\boldsymbol{B},\boldsymbol{C}^{\mathrm{T}}=-\boldsymbol{C}$.

5. **提示**：由$\boldsymbol{A}^{\mathrm{T}}=-\boldsymbol{A}$可推出$|\boldsymbol{A}|=(-1)^n|\boldsymbol{A}|$，进而结合$n$为奇数的条件便可得结论.

习题 2.4

1. (1) $\begin{pmatrix}1 & -4 & -5 & 3\\0 & 2 & -4 & -26\\0 & 0 & 29 & 106\end{pmatrix}$；　(2) $\begin{pmatrix}1 & 1 & 2 & 1 & 3\\0 & 1 & -1 & -2 & -1\\0 & 0 & 0 & 0 & 0\end{pmatrix}$；

(3) $\begin{pmatrix}1 & 0 & 1\\0 & 1 & -2\\0 & 0 & 2\end{pmatrix}$；　(4) $\begin{pmatrix}1 & 3 & 0 & 6\\0 & 1 & -8 & -2\\0 & 0 & 73 & 41\\0 & 0 & 0 & 1\end{pmatrix}$.

注　本大题中各小题的答案不唯一，但非零行的行数却是一个不变的正整数.

2. (1) $\begin{pmatrix}1 & 0 & 0 & 0\\0 & 1 & 0 & 0\\0 & 0 & 1 & 0\\0 & 0 & 0 & 1\end{pmatrix}$；　(2) $\begin{pmatrix}1 & -1 & 0 & 2 & -3\\0 & 0 & 1 & -2 & 2\\0 & 0 & 0 & 0 & 0\\0 & 0 & 0 & 0 & 0\end{pmatrix}$.

3. (1) $r=2$；　(2) $r=3$；　(3) $r=3$.

4. $r(\boldsymbol{A})=r(\boldsymbol{A}^{\mathrm{T}})=3$.

5. $\lambda=\frac{9}{4}$.

6. (1) $\lambda=1$；　(2) $\lambda=-2$；　(3) $\lambda\neq1$且$\lambda\neq-2$.

习题 2.5

1. (1) 可逆；(2) 不可逆；(3) 可逆；(4) 不可逆；(5) 可逆；(6) 可逆.

2. $x=-\frac{1}{5},y=\frac{1}{10}$.

3. (1) $\begin{pmatrix}2 & 5 & 5\\0 & 2 & 9\\-1 & 1 & 11\end{pmatrix}$；　(2) $\begin{pmatrix}4 & 1 & 4\\4 & 5 & 7\\5 & 6 & 8\end{pmatrix}$；　(3) $\begin{pmatrix}2 & 0 & -1\\5 & 2 & 1\\5 & 9 & 11\end{pmatrix}$.

4. (1) 可逆，$\boldsymbol{A}^{-1}=\begin{pmatrix}-1 & 2\\\frac{3}{2} & -\frac{5}{2}\end{pmatrix}$；　(2) 不可逆；

(3) 可逆，$\boldsymbol{A}^{-1}=\begin{pmatrix}\cos\theta & \sin\theta\\ -\sin\theta & \cos\theta\end{pmatrix}$；(4) 可逆，$\boldsymbol{A}^{-1}=\begin{pmatrix}1 & 0 & 0\\ -\frac{1}{2} & \frac{1}{2} & 0\\ 0 & -\frac{1}{3} & \frac{1}{3}\end{pmatrix}$.

5. (1) $\begin{pmatrix}5 & -2\\ -2 & 1\end{pmatrix}$；　　(2) $\begin{pmatrix}-2 & 1 & 0\\ -\frac{13}{2} & 3 & -\frac{1}{2}\\ -16 & 7 & -1\end{pmatrix}$；

(3) $\frac{1}{9}\begin{pmatrix}1 & 2 & 2\\ 2 & 1 & -2\\ 2 & -2 & 1\end{pmatrix}$；　　(4) $\begin{pmatrix}-\frac{5}{2} & 1 & -\frac{1}{2}\\ 5 & -1 & 1\\ \frac{7}{2} & -1 & \frac{1}{2}\end{pmatrix}$；

(5) $\begin{pmatrix}1 & -1 & 0 & 0\\ 0 & 1 & -1 & 0\\ 0 & 0 & 1 & -1\\ 0 & 0 & 0 & 1\end{pmatrix}$.

6. (1) $\boldsymbol{X}=\begin{pmatrix}2 & -23\\ 0 & 8\end{pmatrix}$；　　(2) $\boldsymbol{X}=\frac{1}{7}\begin{pmatrix}13 & 2\\ 10 & -13\\ 18 & -1\end{pmatrix}$；

(3) $\boldsymbol{X}=\begin{pmatrix}3 & -8 & -6\\ 2 & -9 & -6\\ -2 & 12 & 9\end{pmatrix}$；　　(4) $\boldsymbol{X}=\frac{1}{7}\begin{pmatrix}5 & 16 & 5\\ -8 & 57 & 20\end{pmatrix}$；

(5) $\boldsymbol{X}=\begin{pmatrix}1 & 1\\ \frac{1}{4} & 0\end{pmatrix}$.

7. $\boldsymbol{X}=\begin{pmatrix}3 & -1\\ 2 & 0\\ 1 & -1\end{pmatrix}$.　　8. (1) $\begin{cases}x_1=1,\\ x_2=0,\\ x_3=0;\end{cases}$　(2) $\begin{cases}x_1=5,\\ x_2=0,\\ x_3=3.\end{cases}$

习　题　二

一、单项选择题

1. D；　2. A；　3. B；　4. C；　5. A；　6. C；
7. D；　8. B；　9. D；　10. C；　11. B；　12. A.

二、填空题

1. $m=s,n=t$;　2. $n=s$;　3. $\boldsymbol{AB}=\boldsymbol{BA}$;　4. $\boldsymbol{A}$;　5. $\boldsymbol{I}_n-\boldsymbol{A}$;

6. $(\boldsymbol{A}^{\mathrm{T}})^{-1}$;　7. $\boldsymbol{A}$;　8. 1;　9. $\begin{pmatrix} 0 & 0 & -1 \\ 0 & \frac{1}{2} & 0 \\ 1 & 0 & 0 \end{pmatrix}$;　10. $\boldsymbol{BA}^{-1}$.

三、解答题

1. $\boldsymbol{X}=\begin{pmatrix} 2 & -2 \\ -2 & 2 \end{pmatrix}$.　2. $x=0,y=-4,z=-8$.

3. (1) (17);　(2) $\begin{pmatrix} 2 & 0 & 4 & 6 \\ -1 & 0 & -2 & -3 \\ 0 & 0 & 0 & 0 \\ 5 & 0 & 10 & 15 \end{pmatrix}$;　(3) $\begin{pmatrix} \lambda_1 a_{11} & \lambda_1 a_{12} \\ \lambda_2 a_{21} & \lambda_2 a_{22} \\ \lambda_3 a_{31} & \lambda_3 a_{32} \end{pmatrix}$;

(4) $a_{11}+a_{22}+4a_{33}-2a_{12}+4a_{13}-4a_{23}$;　(5) $\begin{pmatrix} -6 & 29 \\ 5 & 32 \end{pmatrix}$.

4. (1) $\begin{pmatrix} a & b \\ 0 & a \end{pmatrix}$($a,b$ 为任意常数);　(2) $\begin{pmatrix} a & b & c \\ 0 & a & b \\ 0 & 0 & a \end{pmatrix}$($a,b,c$ 为任意常数).

5. (1) $\begin{pmatrix} 1 & 3n \\ 0 & 1 \end{pmatrix}$;　(2) $\begin{pmatrix} a^n & 0 & 0 \\ 0 & b^n & 0 \\ 0 & 0 & (-c)^n \end{pmatrix}$.

6. $f(\boldsymbol{A})=\begin{pmatrix} 7 & 1 & 3 \\ 8 & 2 & 3 \\ -2 & 1 & 0 \end{pmatrix}$.

7. (1) $r(\boldsymbol{A})=2$;　(2) $r(\boldsymbol{A})=3$;　(3) $r(\boldsymbol{A})=4$;　(4) $r(\boldsymbol{A})=2$.

8. **提示**:所证结论等价于 $\boldsymbol{A}(\boldsymbol{B}+\boldsymbol{C})=(\boldsymbol{B}+\boldsymbol{C})\boldsymbol{A}$ 和 $\boldsymbol{A}(\boldsymbol{B}\cdot\boldsymbol{C})=(\boldsymbol{B}\cdot\boldsymbol{C})\boldsymbol{A}$.

9. **提示**:$\boldsymbol{A}^2+\boldsymbol{A}-3\boldsymbol{I}_n=(\boldsymbol{A}-\boldsymbol{I}_n)(\boldsymbol{A}+2\boldsymbol{I}_n)-\boldsymbol{I}_n=\boldsymbol{O}$.

10. (1) $\boldsymbol{A}^{-1}=\begin{pmatrix} 1 & -4 & -3 \\ 1 & -5 & -3 \\ -1 & 6 & 4 \end{pmatrix}$;　(2) $\boldsymbol{A}^{-1}=\begin{pmatrix} 1 & 0 & 0 \\ -\frac{1}{2} & \frac{1}{2} & 0 \\ 0 & -\frac{1}{3} & \frac{1}{3} \end{pmatrix}$;

(3) $\boldsymbol{A}^{-1}=\begin{pmatrix} 1 & 0 & 0 & 0 \\ -2 & 1 & 0 & 0 \\ 1 & -2 & 1 & 0 \\ 0 & 1 & -2 & 1 \end{pmatrix}$;　(4) $\boldsymbol{A}^{-1}=\begin{pmatrix} 0 & 0 & 1 \\ 0 & 1 & -1 \\ 1 & -1 & 0 \end{pmatrix}$;

(5) $\boldsymbol{A}^{-1}=\begin{pmatrix}1&-1&0\\-2&3&-4\\-2&3&-3\end{pmatrix}$；　(6) $\boldsymbol{A}^{-1}=\begin{pmatrix}-4&-3&1\\-5&-3&1\\6&4&-1\end{pmatrix}$；

(7) $\boldsymbol{A}^{-1}=\frac{1}{3}\begin{pmatrix}0&-3&6\\2&0&-1\\-1&3&-4\end{pmatrix}$；　(8) $\boldsymbol{A}^{-1}=\begin{pmatrix}1&1&0\\-4&-3&2\\2&2&-1\end{pmatrix}$；

(9) $\boldsymbol{A}^{-1}=\begin{pmatrix}1&-4&-3\\1&-5&-3\\-1&6&4\end{pmatrix}$；　(10) $\boldsymbol{A}^{-1}=\frac{1}{4}\begin{pmatrix}1&1&1&1\\1&1&-1&-1\\1&-1&1&-1\\1&-1&-1&1\end{pmatrix}$；

(11) $\boldsymbol{A}^{-1}=\begin{pmatrix}0&0&0&1\\1&0&0&0\\0&1&0&0\\0&0&1&0\end{pmatrix}$.

11. (1) $\boldsymbol{X}=\begin{pmatrix}-4\\-1\\8\end{pmatrix}$；　(2) $\boldsymbol{X}=\frac{1}{6}\begin{pmatrix}6&2\\-6&-1\\-18&-5\end{pmatrix}$；　(3) $\boldsymbol{X}=\begin{pmatrix}2&1&0\\29&7&-11\\6&1&-2\end{pmatrix}$；

(4) $\boldsymbol{X}=\begin{pmatrix}20&-15&13\\-105&77&-58\end{pmatrix}$；　(5) $\boldsymbol{X}=\begin{pmatrix}2&9&-5\\-2&-8&6\\-4&-14&9\end{pmatrix}$；

(6) $\boldsymbol{X}=\begin{pmatrix}0&3&3\\-1&2&3\\1&1&0\end{pmatrix}$；　(7) $\boldsymbol{X}=\begin{pmatrix}3&-1\\2&0\\1&-1\end{pmatrix}$.

12. (1) $\begin{cases}x_1=\frac{1}{2},\\x_2=-\frac{3}{2},\\x_3=2;\end{cases}$　(2) $\begin{cases}x_1=1,\\x_2=1,\\x_3=0;\end{cases}$　(3) $\begin{cases}x_1=3,\\x_2=4,\\x_3=5.\end{cases}$

第3章　线性方程组

习题 3.1

1. (1) (1,1,1,1)不是解，(13,0,−4,−7)和$\left(-\frac{13}{7}c,0,\frac{4}{7}c,c\right)$都是解；

(2) (1,0,0,0, 0)不是解,(2,−1,3,0,0)和$(27c+2,4c-1,41c+3,c,0)$都是解.

2. $\begin{pmatrix}5&6&0&0&0\\1&5&6&0&0\\0&1&5&6&0\\0&0&1&5&6\\0&0&0&5&6\end{pmatrix}\begin{pmatrix}x_1\\x_2\\x_3\\x_4\\x_5\end{pmatrix}=\begin{pmatrix}1\\-2\\2\\-2\\-4\end{pmatrix}$, $\left(\begin{array}{ccccc:c}5&6&0&0&0&1\\1&5&6&0&0&-2\\0&1&5&6&0&2\\0&0&1&5&6&-2\\0&0&0&5&6&-4\end{array}\right)$.

3. (1) $\begin{pmatrix}2&1&0\\-2&1&2\\3&-2&-4\end{pmatrix}\begin{pmatrix}x_1\\x_2\\x_3\end{pmatrix}=\begin{pmatrix}5\\3\\2\end{pmatrix}$, $\left(\begin{array}{ccc:c}2&1&0&5\\-2&1&2&3\\3&-2&-4&2\end{array}\right)$, $\begin{cases}x_1=-8,\\x_2=21,\\x_3=-17;\end{cases}$

(2) $\begin{pmatrix}2&2&-1\\1&-2&4\\5&7&1\end{pmatrix}\begin{pmatrix}x_1\\x_2\\x_3\end{pmatrix}=\begin{pmatrix}6\\3\\28\end{pmatrix}$, $\left(\begin{array}{ccc:c}2&2&-1&6\\1&-2&4&3\\5&7&1&28\end{array}\right)$, $\begin{cases}x_1=1,\\x_2=3,\\x_3=2.\end{cases}$

4. (1) 有唯一解; (2) 有唯一零解; (3) 有非零解.

习题 3.2

1. (1) 不是, $\begin{pmatrix}1&0&-\frac{14}{5}&0&-\frac{9}{5}\\0&1&\frac{7}{2}&0&\frac{5}{2}\\0&0&0&1&3\end{pmatrix}$; (2) 不是, $\begin{pmatrix}1&0&0&1\\0&1&0&7\\0&0&1&-2\end{pmatrix}$; (3) 是;

(4) 不是, $\begin{pmatrix}1&5&0&0&-15\\0&0&1&0&-1\\0&0&0&1&3\end{pmatrix}$; (5) 不是, $\begin{pmatrix}1&0&0&-1&-1&32\\0&1&0&1&3&1\\0&0&1&-5&2&-1\\0&0&0&0&0&0\end{pmatrix}$.

2. (1) $\begin{cases}x_1=-\frac{1}{4},\\x_2=\frac{23}{4},\\x_3=-\frac{5}{4};\end{cases}$ (2) 无解; (3) $\begin{cases}x_1=9,\\x_2=-1,\\x_3=-6;\end{cases}$ (4) $\begin{cases}x_1=5,\\x_2=-2,\\x_3=1;\end{cases}$

(5) $\begin{cases}x_1=-2,\\x_2=5,\\x_3=0,\\x_4=-10;\end{cases}$ (6) 无解; (7) $\begin{cases}x_1=0,\\x_2=0,\\x_3=0,\\x_4=0.\end{cases}$

3. $\lambda\neq 1,-2$.

4. 当 a,b,c 互不相等时，方程组只有零解.

习题 3.3

1. (1) 无解； (2)和(3) 有唯一解； (4),(5),(6) 有无穷多解.

2. (1),(3),(4) 有无穷多解； (2),(5),(6) 有唯一零解.

3. $\lambda=-\frac{1}{6}$.

4. (1) 当 $\lambda=-2$ 时无解，当 $\lambda=1$ 时有无穷多解，当 $\lambda\neq -2$ 且 $\lambda\neq 1$ 时有唯一解；

(2) 当 $\lambda=0$ 时无解，当 $\lambda=1$ 时有无穷多解，当 $\lambda\neq 0$ 且 $\lambda\neq 1$ 时有唯一解.

5. (1) 当 $\lambda\neq 3$ 时无解，当 $\lambda=3$ 时有无穷多解；

(2) 当 $\lambda\neq -3$ 时无解，当 $\lambda=-3$ 时有无穷多解.

6. (1) 当 $\lambda=-1$ 时有非零解，当 $\lambda\neq -1$ 时只有唯一零解；

(2) 当 $\lambda=-2$ 时有非零解，当 $\lambda\neq -2$ 时只有唯一零解.

习题 3.4

1. (1) 无解； (2) 无解； (3) $\begin{cases}x_1=1,\\x_2=-1,\\x_3=4;\end{cases}$ (4) $\begin{cases}x_1=4,\\x_2=3,\\x_3=2;\end{cases}$

(5) $\begin{cases}x_1=-c,\\x_2=c,\\x_3=1\end{cases}$ (c 为任意常数)； (6) $\begin{cases}x_1=1-c,\\x_2=-c,\\x_3=-1+c,\\x_4=c\end{cases}$ (c 为任意常数)；

(7) $\begin{cases}x_1=3+\frac{5}{3}c,\\x_2=1-\frac{2}{3}c,\\x_3=-2-\frac{1}{3}c,\\x_4=c\end{cases}$ (c 为任意常数)； (8) $\begin{cases}x_1=-3+c_1-c_2,\\x_2=-4+c_1+c_2,\\x_3=c_1,\\x_4=c_2\end{cases}$ (c_1,c_2 为任意常数).

2. (1) $\begin{cases}x_1=0,\\x_2=0,\\x_3=0;\end{cases}$ (2) $\begin{cases}x_1=c,\\x_2=c,\\x_3=0\end{cases}$ (c 为任意常数)；

(3) $\begin{cases} x_1=0, \\ x_2=2c, \\ x_3=c, \\ x_4=0 \end{cases}$ (c 为任意常数)； (4) $\begin{cases} x_1=-c, \\ x_2=-2c, \\ x_3=0, \\ x_4=c \end{cases}$ (c 为任意常数)；

(5) $\begin{cases} x_1=c_1+c_2, \\ x_2=c_1, \\ x_3=2c_2, \\ x_4=c_2 \end{cases}$ (c_1,c_2 为任意常数)； (6) $\begin{cases} x_1=-2c_1+c_2, \\ x_2=c_1, \\ x_3=0, \\ x_4=c_2 \end{cases}$ (c_1,c_2 为任意常数).

3. 当 $\lambda\neq2$ 时有唯一解 $\begin{cases} x_1=\dfrac{1}{2}, \\ x_2=1, \\ x_3=-\dfrac{1}{2}; \end{cases}$ 当 $\lambda=2$ 时有无穷多解 $\begin{cases} x_1=\dfrac{5}{2}-2c, \\ x_2=c, \\ x_3=-\dfrac{1}{2} \end{cases}$ (c 为任意常数).

4. 当 $\lambda\neq-3$ 时无解；当 $\lambda=-3$ 时有无穷多解 $\begin{cases} x_1=-8, \\ x_2=3+c, \\ x_3=6+2c, \\ x_4=c \end{cases}$ (c 为任意常数).

5. $\lambda=-2$.

习题 3.5*

1. (1) 无解； (2) 无解； (3) 有唯一解；
(4) 有唯一解； (5) 有无穷多解； (6) 有无穷多解.

2. (1) $\boldsymbol{X}=\dfrac{1}{7}\begin{pmatrix} 13 & 2 \\ 10 & -13 \\ 18 & -1 \end{pmatrix}$； (2) $\boldsymbol{X}=\begin{pmatrix} 21 \\ -10 \\ -3 \end{pmatrix}$；

(3) $\boldsymbol{X}=\begin{pmatrix} 1 & 5 \\ 1+c_1 & 2+c_2 \\ c_1 & c_2 \end{pmatrix}$ (c_1,c_2 为任意常数)；

(4) $\boldsymbol{X}=\begin{pmatrix} 2-3c_1 & -1-3c_2 \\ -1 & 1 \\ c_1 & c_2 \end{pmatrix}$ (c_1,c_2 为任意常数)；

(5) $\boldsymbol{X}=\begin{pmatrix} 0 & 0 & 0 \\ 0 & 0 & 0 \\ 0 & 0 & 0 \end{pmatrix}$； (6) $\boldsymbol{X}=\begin{pmatrix} -2c_1 & -2c_2 \\ -2c_1 & -2c_2 \\ c_1 & c_2 \end{pmatrix}$ (c_1,c_2 为任意常数).

3. (1) $\boldsymbol{X}=\begin{pmatrix}1 & -1 & -3\\ \frac{1}{3} & -\frac{1}{6} & -\frac{5}{6}\end{pmatrix}$； (2) $\boldsymbol{X}=\begin{pmatrix}0 & 0\\ 0 & 0\\ 0 & 0\end{pmatrix}$；

(3) $\boldsymbol{X}=\begin{pmatrix}-5c_1 & 3c_1 & c_1\\ -5c_2 & 3c_2 & c_2\end{pmatrix}$ (c_1,c_2 为任意常数)；

(4) $\boldsymbol{X}=\begin{pmatrix}3-2c_1 & 2-7c_1 & c_1\\ -1-2c_2 & 3-7c_2 & c_2\end{pmatrix}$ (c_1,c_2 为任意常数).

习 题 三

一、单项选择题

1. D； 2. B； 3. C； 4. A； 5. C； 6. D；
7. A； 8. B； 9. A； 10. D； 11*. C； 12*. B.

二、填空题

1. $\begin{pmatrix}2 & -9 & -1\\ 1 & 3 & -5\\ 3 & -1 & 4\end{pmatrix}\begin{pmatrix}x_1\\ x_2\\ x_3\end{pmatrix}=\begin{pmatrix}2\\ 1\\ 5\end{pmatrix}$； 2. $r(\boldsymbol{A}\,\vdots\,\boldsymbol{B})=r(\boldsymbol{A})$； 3. $r(\boldsymbol{A}\,\vdots\,\boldsymbol{B})=r(\boldsymbol{A})=n$；

4. $r(\boldsymbol{A})<n$； 5. 充分必要； 6. $\frac{1}{2}$； 7. $3m=2n$；

8. -3； 9. 0 或 ±1； 10*. $r(\boldsymbol{A}\,\vdots\,\boldsymbol{B})=r(\boldsymbol{A})=r<n$.

三、解答题

1. (1) 无解；(2) $\begin{cases}x_1=-3,\\ x_2=\frac{11}{2},\\ x_3=-\frac{1}{2};\end{cases}$ (3) $\begin{cases}x_1=-18,\\ x_2=-20,\\ x_3=26;\end{cases}$ (4) $\begin{cases}x_1=\frac{19}{3}-c,\\ x_2=-\frac{4}{3},\\ x_3=-1,\\ x_4=c\end{cases}$ (c 为任意常数)；

(5) $\begin{cases}x_1=\frac{1}{6}+\frac{5}{6}c,\\ x_2=\frac{1}{6}-\frac{7}{6}c,\\ x_3=\frac{1}{6}+\frac{5}{6}c,\\ x_4=c\end{cases}$ (c 为任意常数)； (6) $\begin{cases}x_1=1+2c_1+\frac{2}{7}c_2,\\ x_2=c_2,\\ x_3=1-\frac{5}{7}c_2,\\ x_4=c_2\end{cases}$ (c_1,c_2 为任意常数)；

(7) $\begin{cases} x_1=19-9c_1-19c_2, \\ x_2=-4+2c_1+4c_2, \\ x_3=c_1, \\ x_4=c_2 \end{cases}$ (c_1,c_2 为任意常数).

2. (1) $\begin{cases} x_1=-3c, \\ x_2=c, \\ x_3=0, \\ x_4=0, \\ x_5=0 \end{cases}$ (c 为任意常数); (2) $\begin{cases} x_1=-2c_1+2c_2, \\ x_2=-c_1+c_2, \\ x_3=c_1-c_2, \\ x_4=c_1, \\ x_5=c_2 \end{cases}$ (c_1,c_2 为任意常数).

3*. (1) $\boldsymbol{X}=\begin{pmatrix} 0 & 1 \\ 0 & 0 \\ 1 & -1 \end{pmatrix}$; (2) $\boldsymbol{X}=\begin{pmatrix} 3 & -8 & -6 & -17 \\ 2 & -9 & -6 & -18 \\ -2 & 12 & 9 & 24 \end{pmatrix}$;

(3) $\boldsymbol{X}=\begin{pmatrix} -2-2c_1 & 10-2c_2 & 9-2c_3 \\ -1 & 4 & 5 \\ -1-2c_1 & -1-2c_2 & -3-2c_3 \\ c_1 & c_2 & c_3 \end{pmatrix}$ (c_1,c_2,c_3 为任意常数);

(4) $\boldsymbol{X}=\begin{pmatrix} 1-c_1 & 4-c_2 & 3-c_3 & 7-c_4 \\ -c_1 & 3-c_2 & 3-c_3 & 6-c_4 \\ c_1 & c_2 & c_3 & c_4 \end{pmatrix}$ (c_1,c_2,c_3,c_4 为任意常数).

4*. (1) $\boldsymbol{X}=\frac{1}{7}\begin{pmatrix} 1 & 20 & 1 \\ -8 & 57 & 20 \end{pmatrix}$;

(2) $\boldsymbol{X}=\begin{pmatrix} -2-2c_1 & -1 & -1-2c_1 & c_1 \\ 10-2c_2 & 4 & -1-2c_2 & c_2 \\ 9-2c_3 & 5 & -3-2c_3 & c_3 \end{pmatrix}$ (c_1,c_2,c_3 为任意常数).

5*. $\boldsymbol{X}=\begin{pmatrix} 3 & 6 \\ -4 & -5 \\ 3 & 4 \end{pmatrix}$.

6. (1) $f(x)=-4x+5$; (2) $f(3)-f(5)=10$.

7. (1) 当 $\lambda\neq0$ 时无解;当 $\lambda=0$ 时有无穷多解: $\begin{cases} x_1=-\frac{7}{2}, \\ x_2=\frac{3}{2}+c, \\ x_3=\frac{7}{2}+2c, \\ x_4=c \end{cases}$ (c 为任意常数);

(2) 当 $\lambda\neq3$ 时无解；当 $\lambda=3$ 时有无穷多解：$\begin{cases}x_1=\frac{7}{9}-\frac{1}{9}c_1-\frac{4}{9}c_2,\\x_2=\frac{1}{9}+\frac{5}{9}c_1+\frac{2}{9}c_2,\\x_3=c_1,\\x_4=c_2\end{cases}$ (c_1,c_2 为任意常数).

8. **提示**：对方程组的增广矩阵施行矩阵的初等行变换，将其化为行阶梯形矩阵，然后根据定理 3.3 下结论.

第 4 章　随机事件及其概率

习题 4.1

1. (1) $U=\{$正正，正反，反正，反反$\}$；(2) $U=\{2,3,4,5,6,7,8,9,10,11,12\}$；
(3) $U=\{10,11,12,\cdots\}$；　(4) $U=\{0,1,2,\cdots\}$；
(5) $U=\{W\mid 0\leqslant W<+\infty\}$.

2. 不是对立事件.

3. (1) $\overline{A}=\{$抛两枚硬币且至少出现一个反面$\}$；
(2) $\overline{A}=\{$生产 4 个零件且全都不合格$\}$.

4. (1) $A+B=\{1,2,3,4,5,6,8,10\}$；(2) $AB=\{2,4\}$；(3) $ABC=\varnothing$；
(4) $\overline{A}C=\{5,7,9\}$；　(5) $A+\overline{A}=U$；　(6) $A\overline{A}=\varnothing$.

5. (1) $A_1A_2A_3A_4$；　(2) $\overline{A_1A_2A_3A_4}$ 或 $\overline{A}_1+\overline{A}_2+\overline{A}_3+\overline{A}_4$；
(3) $\overline{A}_1A_2A_3A_4+A_1\overline{A}_2A_3A_4+A_1A_2\overline{A}_3A_4+A_1A_2A_3\overline{A}_4$；
(4) $A_1A_2+A_1A_3+A_1A_4+A_2A_3+A_2A_4+A_3A_4$.

6. (1)成立；(2)不成立；(3)不成立；(4)成立.

7. (1) $\overline{A}$；(2) $\overline{AB}$；(3) A；(4) U；(5) $\varnothing$.

习题 4.2

1. 0.8.　2. $P(A-B)=P(A-AB)=P(A)-P(AB)=0.3$.

3. $P(A-B)=0.1, P(B-A)=0.3$.

4. (1) $P(A+B+C)=0.7$；(2) $P(\overline{A+B+C})=1-P(A+B+C)=0.3$.

5. $1-p$.　6. $\frac{1}{6}$.　7. (1) $\frac{C_M^kC_{N-M}^{n-k}}{C_N^n}$；(2) $1-\frac{C_{N-M}^n}{C_N^n}$.

8. (1) $P(A)=0.216, P(B)=0.288$；(2) $P(A)\approx0.212, P(B)\approx0.289$.

9. (1) $\frac{C_5^2C_3^0}{C_8^2}=\frac{5}{14}$；(2) $\frac{C_5^1C_3^1}{C_8^2}=\frac{15}{28}$.　10. (1) $\frac{C_5^2}{C_{10}^3}=\frac{1}{12}$；(2) $\frac{C_4^2}{C_{10}^3}=\frac{1}{20}$.

11. (1) $\frac{5}{8}$;(2) $\frac{3}{8}$.

习题 4.3

1. **提示**:应用乘法公式和加法公式,$P(A+B)=\frac{3}{4}$.

2. **提示**:记 $A=\{$活到 20 年以上$\}$,$B=\{$活到 25 年以上$\}$,$P(B\backslash A)=0.5$.

3. **提示**:记 $A=\{$利率下调$\}$,$\bar{A}=\{$利率不变$\}$,并利用全概公式有 $P(B)=0.64$.

4. **提示**:利用全概公式. (1) 0.056;(2) $\frac{5}{90}\approx 0.056$.

5. **提示**:利用全概公式. $P(A)=\frac{23}{36}\approx 0.639$.

6. **提示**:记 $A=\{$产品合格$\}$,$B=\{$机器调整良好$\}$,利用逆概公式 $P(B\backslash A)\approx 0.9713$.

7. (1) $(1-0.2)^4=0.4096$;(2) $1-(1-0.2)^4=0.5904$;(3) $C_4^1\times 0.2\times(1-0.2)^3=0.4096$;(4) $(1-0.2)^4+C_4^1\times 0.2\times(1-0.2)^3=0.8192$; (5) $0.2\times(1-0.2)^3=0.1024$.

8. (1) $P(A\backslash B)=\frac{P(AB)}{P(B)}=0$, $P(\bar{A}\backslash\bar{B})=\frac{P(\bar{A}\bar{B})}{P(\bar{B})}=\frac{P(\overline{A+B})}{P(\bar{B})}=0.25$;

(2) $P(A\backslash B)=\frac{P(AB)}{P(B)}=\frac{P(A)}{P(B)}=0.5$, $P(\bar{A}\backslash\bar{B})=\frac{P(\bar{A}\bar{B})}{P(\bar{B})}=\frac{P(\overline{A+B})}{P(\bar{B})}=\frac{P(\bar{B})}{P(\bar{B})}=1$.

习 题 四

一、单项选择题

1. B; 2. D; 3. B; 4. C; 5. D; 6. A;
7. B; 8. C; 9. C; 10. D; 11. A; 12. B.

二、填空题

1. $\varnothing$,$\varnothing$,0.1;

2. (1) 甲未得 100; (2) 甲、乙中至少有一人得 100;
(3) 甲、乙两人都得 100; (4) 甲得 100 但乙未得 100;
(5) 甲、乙两人都没得 100; (6) 甲、乙两人中至少有一人没得 100.

3. $P(A)+P(B)+P(C)-P(A)P(B)-P(A)P(C)-P(B)P(C)+P(A)P(B)P(C)$.

4. 0.625.　　5. $\frac{7}{16},\frac{9}{16}$.　　6. $\frac{1}{1260}$.　　7. $\frac{1}{3}$.

8. $\frac{2(n-r-1)}{n(n-1)}$.　　9. 0.6,0.3,1,0.7.　　10. 0.52.

三、解答题

1. (1) $U=\{1,2,3,4,5,6\},A=\{1,3,5\}$;　(2) $U=\{1,2,\cdots,n,\cdots\},A=\{1,2,3\}$;

(3) 设折得的三段长度分别为 x,y 和 $1-x-y$,则

$$U=\{(x,y)\mid 0<x+y<1,0<x<1,0<y<1\},$$

$$A=\left\{(x,y)\left|\frac{1}{2}<x+y<1,0<x<\frac{1}{2},0<y<\frac{1}{2}\right.\right\}.$$

2. (1) $A+B=B$;　(2) $AB=A$;　(3) $A-B=\varnothing$;

(4) $B-A=\{x\mid 0\leqslant x<1\}$;　(5) $\overline{A}=\{x\mid 0\leqslant x<1$ 或 $2<x\leqslant 5\}$.

3. (1) $A=\{$最小号码为 5$\}$,　$P(A)=\frac{C_5^2}{C_{10}^3}=\frac{1}{12}$;

(2) $B=\{$最大号码为 5$\}$,　$P(B)=\frac{C_4^2}{C_{10}^3}=\frac{1}{20}$.

4. (1) $P(A)=\frac{C_4^4}{6^4}=\frac{1}{1296}$;　(2) $P(B)=\frac{P_6^4}{6^4}=\frac{5}{18}$;　(3) $P(C)=1-P(B)=\frac{13}{18}$.

5. **提示**:$U=\{(x,y)\mid x^2+y^2<1\},A=\left\{(x,y)\left|1-(x^2+y^2)>\left(\frac{1}{2}\right)^2\right.\right\},P(A)=$

$\frac{\pi\cdot\frac{3}{4}}{\pi\cdot 1^2}=0.75$.

6. **提示**:记 $A=\{$4 只中至少有 2 只配对成双$\}$,则 $\overline{A}=\{$4 只中没有 2 只配对成双$\}$,先计算出 $P(\overline{A})=\frac{10\times 8\times 6\times 4}{10\times 9\times 8\times 7}=\frac{8}{21}$,故 $P(A)=1-P(\overline{A})=\frac{13}{21}$.

7. **提示**:记 $A_i=\{$第 i 次取的是合格品$\}(i=1,2)$,则

(1) $P(A_1A_2)=\frac{7}{15}$;　(2) $P(A_1\overline{A}_2+\overline{A}_1A_2)=\frac{7}{15}$;　(3) $P(A_1+A_2)=\frac{14}{15}$.

8. **提示**:记 $A_i=\{$第 i 次取的是不合格品$\}(i=1,2,3)$,则 $P(A_1A_2A_3)=\frac{3}{160775}$.

9. **提示**:记 $A_i=\{$第 i 次命中目标$\}(i=1,2,3,4)$,则

$P(\overline{A}_i)^4=P(\overline{A}_1\overline{A}_2\overline{A}_3\overline{A}_4)=1-\frac{80}{81}=\left(\frac{1}{3}\right)^4$,　$P(A_i)=1-P(\overline{A}_i)=\frac{2}{3}(i=1,2,3,4)$.

10. **提示**:记 $A_i=\{$第 i 个运动员命中$\}(i=1,2,3,4,5)$,则

(1) $P(A)=5P(\overline{A}_1A_2A_3A_4A_5)=0.4096$;

(2) $P(B)=P(A)+P(A_1A_2A_3A_4A_5)=0.73728$;

(3) $P(C)=1-P(A_1A_2A_3A_4A_5)=0.67232$.

11. **提示**:记 $B_1=\{$第一次取出的球全是新球$\}$,$B_2=\{$第一次取出的球全是旧球$\}$,$B_3=\{$第一次取出的球一新一旧$\}$,$A=\{$第二次取出的球全是新球$\}$,并应用全概公式和条件概率公式有:(1) $P(A)=\frac{4}{25}$; (2) $P(B_3\backslash A)=\frac{2}{3}$.

12. **提示**:记 $B_1=\{$甲抢到答题权$\}$,$B_2=\{$乙抢到答题权$\}$,$B_3=\{$丙抢到答题权$\}$,$A=\{$答对题$\}$,并应用逆概公式有 $P(B_1\backslash A)=0.36$,$P(B_2\backslash A)=0.24$,$P(B_3/A)=0.4$,比较这三个数据知,丙答对的可能性最大.

13. **提示**:记 $B_1=\{$甲阵地发射的炮弹$\}$,$B_2=\{$乙阵地发射的炮弹$\}$,$B_3=\{$丙阵地发射的炮弹$\}$,$A=\{$目标被击毁$\}$,并应用逆概公式有 $P(B_1\backslash A)=\frac{1}{23}$.

14. **提示**:分别证明 $P(\overline{A}B)=P(\overline{A})P(B)$,$P(A\overline{B})=P(A)P(\overline{B})$和 $P(\overline{A}\overline{B})=P(\overline{A})P(\overline{B})$即可.

第 5 章　随机变量及其数字特征

习题 5.1

1. 若用 X 表示抽取产品的等级 $k(k=1,2,3)$,则 X 的分布列如右表所示.

X	1	2	3
$P_k=P(X=k)$	$\frac{1}{2}$	$\frac{1}{3}$	$\frac{1}{6}$

2. 若用 X 表示抽取产品中次品的件数 $k(k=0,1,2,3)$,则 X 的分布列如下表所示.

X	0	1	2	3
$P_k=P(X=k)$	$\frac{1}{6}$	$\frac{1}{2}$	$\frac{3}{10}$	$\frac{1}{30}$

3. (1) 不是; (2) 是; (3) 是.

4. **提示**:若用 X 表示投篮 10 次命中的次数,则所求概率分别为

$P(X=3)=C_{10}^3\times0.8^3\times(1-0.8)^{10-3}\approx0.0008$; $P(X\geqslant3)=1-P(X<3)\approx0.9999$.

5. **提示**:$X\sim B(15,0.2)$(二项分布),分布列如下:

$$P(X=k)=C_{15}^k\cdot0.2^k\cdot(1-0.2)^{15-k}\quad(k=0,1,2,\cdots,15).$$

(1) $P(X=3)=C_{15}^3\times0.2^3\times(1-0.2)^{15-3}$;

(2) $P(X\geqslant2)=1-P(X<2)=1-P(X=0)-P(X=1)$;

(3) $P(1\leqslant X\leqslant3)=P(X=1)+(X=2)+P(X=3)$;

(4) $P(X>5)=1-P(X\leqslant5)=1-\sum_{k=0}^{5}P(X=k)$.

6. (1) $P(X=3)=\frac{10^3}{3!}\cdot e^{-10}\approx 0.007566$;

(2) **提示**:由 $0.5=P(X>0)=1-e^{-\lambda}$ 可得 $\lambda=\ln 2$,进而有 $P(X\geqslant 2)\approx 0.1534$.

7. (1) $k=3$; (2) $P\left(X\leqslant\frac{1}{3}\right)=\frac{1}{27}$;

(3) $P\left(\frac{1}{4}\leqslant X\leqslant\frac{1}{2}\right)=\frac{7}{64}$; (4) $P\left(X>\frac{2}{3}\right)=\frac{19}{27}$.

8. (1) $k=1.2$; (2) $P(0\leqslant X\leqslant 0.5)=0.25$; (3) $P(X<0.5)=0.45$.

9. (1) $P(X<1.85)=0.9678$; (2) $P(X<-2.25)=0.0122$;

(3) $P(X>2.25)=0.0122$; (4) $P(X>-2)=0.9772$;

(5) $P(|X|<2.54)=0.989$; (6) $P(|X|>1.55)=0.1212$.

10. (1) $P(X<1.8)=0.9713$; (2) $P(1<X<3)=0.0606$;

(3) $P(X>2.2)=0.0179$; (4) $P(X>-2)=0.5$;

(5) $P(|X|<2.5)=0.5865$; (6) $P(|X+1|>2)=0.3753$.

习题 5.2

1. (1)

Y_1	-8	-3	7	12
$P(Y=y_i)$	0.4	0.3	0.2	0.1

;

(2)

Y_2	0	3
$P(Y=y_i)$	0.5	0.5

;

(3)

Y_3	1	2
$P(Y=y_i)$	0.5	0.5

;

(4)

Y_4	0	1	4	9
$P(Y=y_i)$	0.3	0.4	0.2	0.1

.

2. (1) $p_Y(y)=\begin{cases}\frac{3}{8}y^2, & 0<y<2,\\ 0, & y\leqslant 0 \text{ 或 } y\geqslant 2;\end{cases}$

(2) $p_Y(y)=\begin{cases}\frac{3}{8}(y^2-4y+4), & 0<y<2,\\ 0, & y\leqslant 0 \text{ 或 } y\geqslant 2;\end{cases}$

(3) $p_Y(y)=\begin{cases}\frac{3}{2}\sqrt{y}, & 0<y<1,\\ 0, & y\leqslant 0 \text{ 或 } y\geqslant 1.\end{cases}$

3. (1) $p_Y(y)=\begin{cases}\frac{1}{2}, & -1\leqslant y\leqslant 1,\\ 0, & y<-1 \text{ 或 } y>1;\end{cases}$ (2) $p_Y(y)=\begin{cases}\frac{1}{y}, & 1\leqslant y\leqslant e,\\ 0, & y<1 \text{ 或 } y>e.\end{cases}$

4. (1) $p_Y(y)=\begin{cases}\frac{1}{2}e^{-\frac{y-1}{2}}, & y\geqslant 1,\\ 0, & y<1;\end{cases}$ (2) $p_Y(y)=\begin{cases}\frac{1}{2\sqrt{y}}e^{-\sqrt{y}}, & y\geqslant 0,\\ 0, & y<0.\end{cases}$

5. (1) $p_Y(y)=\begin{cases}\sqrt{\dfrac{2}{\pi}}\mathrm{e}^{-\frac{y^2}{2}}, & y\geqslant 0,\\ 0, & y<0;\end{cases}$ (2) $p_Y(y)=\begin{cases}\dfrac{1}{2\sqrt{\pi(y-1)}}\mathrm{e}^{-\frac{y-1}{4}}, & y\geqslant 1,\\ 0, & y<1.\end{cases}$

习题 5.3

1. $E(X)=-0.3$, $D(X)=1.41$.

2. (1) $E(X)=\dfrac{21}{8}$, $E(X^2)=\dfrac{61}{8}$, $E(2X+1)=\dfrac{25}{4}$;

(2) $D(X)=\dfrac{47}{64}$, $D(2X-1)=\dfrac{47}{16}$.

3. 若用 X 表示射四次所得分数($k=0,20,40,70,100$),则 $X\sim B\left(4,\dfrac{3}{5}\right)$,故$E(X)=\dfrac{6756}{125}$.

4. $E(X)=0.9, D(X)=0.49$.

5. 若用 X 表示在取得合格品之前的废品数,则 $E(X)=\dfrac{3}{10}, D(X)=\dfrac{351}{1100}$.

6. $E(X)=\dfrac{1}{4}, D(X)=\dfrac{43}{80}$.

7. (1) $E(X)=\dfrac{3}{4}, E(X^2)=\dfrac{3}{5}, E(2X+1)=\dfrac{5}{2}$;

(2) $D(X)=\dfrac{3}{80}, D(2X-1)=\dfrac{3}{20}$.

8. $E(\xi)=a, D(\xi)=\dfrac{\sigma^2}{n}$.

9. $E(X-Y)=-1, D(X-Y)=3$.

10. **提示**:由$\int_{-\infty}^{+\infty}p(x)\mathrm{d}x=1, E(X)=\dfrac{1}{2}, D(X)=\dfrac{3}{20}$并结合等式$E(X^2)=D(X)+[E(X)]^2$. 可得方程组:

$$\frac{a}{3}+\frac{b}{2}+c=1, \frac{a}{4}+\frac{b}{3}+\frac{c}{2}=\frac{1}{2}, \frac{a}{5}+\frac{b}{4}+\frac{c}{3}=\frac{2}{5},$$

解此方程组便得$\begin{cases}a=12,\\ b=-12,\\ c=3.\end{cases}$

习题 5.4

1.　　二维离散型随机向量(X,Y)的联合分布列表

$X \backslash Y$	0	1	2	3	4
0	0	0	$\frac{C_3^0C_5^2C_2^2}{C_{10}^4}=\frac{10}{210}$	$\frac{C_3^0C_5^3C_2^1}{C_{10}^4}=\frac{20}{210}$	$\frac{C_3^0C_5^4C_2^0}{C_{10}^4}=\frac{5}{210}$
1	0	$\frac{C_3^1C_5^1C_2^2}{C_{10}^4}=\frac{15}{210}$	$\frac{C_3^1C_5^2C_2^1}{C_{10}^4}=\frac{60}{210}$	$\frac{C_3^1C_5^3C_2^0}{C_{10}^4}=\frac{30}{210}$	0
2	$\frac{C_3^2C_5^0C_2^2}{C_{10}^4}=\frac{3}{210}$	$\frac{C_3^2C_5^1C_2^1}{C_{10}^4}=\frac{30}{210}$	$\frac{C_3^2C_5^2C_2^0}{C_{10}^4}=\frac{30}{210}$	0	0
3	$\frac{C_3^3C_5^0C_2^1}{C_{10}^4}=\frac{2}{210}$	$\frac{C_3^2C_5^1C_2^0}{C_{10}^4}=\frac{5}{210}$	0	0	0

2.　　二维离散型随机向量(X,Y)的联合分布列与边缘分布综合表

$X \backslash Y$	0	1	2	3	$P_{i\cdot}=P(X=x_i)$
1	0	$\frac{3}{8}$	$\frac{3}{8}$	0	$\frac{6}{8}$
3	$\frac{1}{8}$	0	0	$\frac{1}{8}$	$\frac{2}{8}$
$P_{\cdot j}=P(Y=y_j)$	$\frac{1}{8}$	$\frac{3}{8}$	$\frac{3}{8}$	$\frac{1}{8}$	1

3. **提示**:由向量(X,Y)的联合分布列易得

$$P(X=-1,Y=-1)=\frac{1}{8}\neq\frac{3}{8}\cdot\frac{3}{8}=P(X=-1)\cdot P(Y=-1),$$

由此知X与Y不相互独立.

4*. $D(X+Y)=85, D(X-Y)=37$.

习　题　五

一、单项选择题

1. D;　2. A;　3. C;　4. B;　5. C;　6. B;
7. A;　8. D;　9. B;　10. C;　11. A;　12. D;
13. A;　14. B.　15. C;　16. D.

二、填空题

1. $E(X)=4$. 2. $E(2X+3)=5, D(2X-3)=2$. 3. $\frac{3}{64}$.

4. 0.0228. 5. 0.6826. 6. $n=400, p=0.5$. 7. $n=5, p=0.1$.

8. $E(X^2)=18.4$. 9. $a=1, b=3$. 10. $a=\frac{1}{5}, b=-2$ 或 $a=-\frac{1}{5}, b=2$.

11. $E(Y)=4$. 12. $D(X_1-2X_2)=19$.

13. $D(X+Y)=202.6, D(X-Y)=23.4$.

三、解答题

1.

X	1	2	3
p	$\frac{1}{5}$	$\frac{3}{5}$	$\frac{1}{5}$

2. (1)

X	1	2	3
p	$\frac{4}{9}$	$\frac{4}{9}$	$\frac{1}{9}$

; (2) $E(X)=\frac{80}{3}$, $D(X)=\frac{400}{9}$.

3. $E(X)=-0.2$; $E(X^2)=2.8$; $E(3X^2+5)=13.4$; $D(2X-1)=11.04$.

4. **提示**:由

Y	0	1	8	27
p	$\frac{1}{8}$	$\frac{3}{8}$	$\frac{3}{8}$	$\frac{1}{8}$

易得 $E(Y)=\frac{27}{4}$.

5. **提示**:由 $X\sim U(0,10)$ 易得 $E(X)=5, D(X)=\frac{25}{3}$.

6. (1) $A=\frac{3}{2}$; (2) $P\left(|X|\leqslant\frac{1}{2}\right)=\frac{1}{8}$;

(3) $E(X)=0$; (4) $D(X)=\frac{3}{5}$.

7. **提示**:由 $E[(X-1)(X-2)]=1$ 易得 $E(X^2)-3E(X)+1=0$,结合已知条件易得 $\lambda=1$.

8. $E(X-1)^2=4$.

9. **提示**:由 $\lambda^2=D(X)=3$ 可得 $\lambda=\sqrt{3}$,进而易得 $P(1<X\leqslant 3)=e^{-\frac{\sqrt{3}}{3}}-e^{-\sqrt{3}}$.

10. **提示**:$X\sim U(0,1)$, $Y=\pi X^2$,故结合 $E(X^2)=D(X)+[E(X)]^2$ 易得 $E(Y)=\frac{\pi}{3}$.

11. **提示**:先计算出 $E(X)=E(Y)=\frac{2}{3\theta}$,进而结合等式 $E(cX+2Y)=\frac{1}{\theta}$ 易得 $c=-\frac{1}{2}$.

第 6 章　数理统计初步

习题 6.1

1. (1)和(2)不是统计量;(3)和(4)是统计量.

2. **提示**:利用 t 分布和 F 分布的定义.

3. $\bar{x}=20.25$;$s^2=1.165$.

4. (1) $c=1, X_1^2+X_2^2 \sim \chi^2(2)$(即自由度为 2);

(2) $d=\sqrt{\frac{3}{2}}, \sqrt{\frac{3}{2}} \cdot \frac{X_1+X_2}{\sqrt{X_3^2+X_4^2+X_5^2}} \sim t(3)$(即自由度为 3).

5. (1) $\chi^2_{0.95}(45)=30.612, \chi^2_{0.025}(24)=39.364, \chi^2_{0.95}(43)=28.965, \chi^2_{0.005}(32)=56.328$;

(2) $t_{0.10}(12)=1.3562, t_{0.01}(25)=2.4851, t_{0.005}(40)=2.7045, t_{0.95}(9)=-1.8331$.

习题 6.2

1. 由 $\frac{2}{3}\theta = \int_{-\infty}^{+\infty} x \cdot p(x)\mathrm{d}x = E(X) \approx V_1 = \overline{X}$ 可得 $\theta \approx \hat{\theta} = \frac{3}{2}\overline{X}$.

2. (1) $\theta \approx \hat{\theta}=2\overline{X}$; (2) $\hat{\theta}=\frac{2.89}{3} \approx 0.96$.

3. $\theta \approx \hat{\theta}=2\overline{X}$.

4. $\hat{\mu}_2$ 最有效,$\hat{\mu}_3$ 次之,$\hat{\mu}_1$ 最差.

5. μ_1 和 μ_2 都是总体均值 μ 的无偏估计量,且 $\hat{\mu}_2$ 比 $\hat{\mu}_1$ 有效.

6. $\hat{\mu}_1$ 最有效,$\hat{\mu}_2$ 次之,$\hat{\mu}_3$ 最差.

习题 6.3

1. 利用公式(6.9)得[8.485,8.595].

2. 利用公式(6.9)得[6.117,6.583].

3. 利用公式(6.10)得[54.74,75.54].

4. 利用公式(6.10)得[1492.3,1526.7].

5. (1) 利用公式(6.10)得[432.3,482.7]; (2) 利用公式(6.11)得[586.79,4134.26].

6. 利用公式(6.10)得[157.6166,182.3834].

习题 6.4

1. **提示**：$H_0:\mu=\mu_0=2.64,\sigma_0=0.06,n=100,\alpha=0.05,\bar{x}=2.62,Z_{0.025}=1.96,\hat{U}=\dfrac{\bar{x}-\mu_0}{\dfrac{\sigma_0}{\sqrt{n}}}=-\dfrac{10}{3}\in V_{0.05}=(-\infty,-1.96)\cup(1.96,+\infty)$. 结论：拒绝原假设，新工艺有显著影响.

2. 结论：接受原假设，可认为机器工作正常.

3. **提示**：$H_0:\mu=\mu_0=85,S=8,n=28,\alpha=0.05,\bar{x}=80,t_{0.025}(27)=2.0518,\hat{T}=\dfrac{\bar{x}-\mu_0}{\dfrac{S}{\sqrt{n}}}\approx-3.307\in V_{0.05}=(-\infty,-2.0518)\cup(2.0518,+\infty)$. 结论：拒绝原假设，有本质差别.

4. 结论：接受原假设，可认为包装机工作正常.

5. **提示**：$H_0:\sigma^2=\sigma_0^2=20,s^2=64.86,n=9,\alpha=0.05,\bar{x}=285.89,\chi^2_{0.975}(8)=2.180$ 和 $\chi^2_{0.025}(8)=17.535,\hat{W}=\dfrac{(n-1)s^2}{\sigma_0^2}\approx25.944\in V_{0.05}=(-\infty,2.18)\cup(17.535,+\infty)$. 结论：拒绝原假设，不相信该车间的钢丝折断力的方差为 20.

习 题 六

一、单项选择题

1. A；　2. D；　3. B；　4. C；　5. D；　6. B；
7. A；　8. C；　9. A；　10. B；　11. C；　12. D.

二、填空题

1. $F(n_2,n_1)$；　2. $N(0,1)$；　3. 无偏，$\hat{\mu}_3$；　4. $2\bar{X}$；
5. 估计量的无偏性，估计量的有效性；　6. [35.5,45.5]，0.9；
7. $\chi^2_{\frac{\alpha}{2}}(n-1),\chi^2_{1-\frac{\alpha}{2}}(n-1)$；8. α；9. $T=\dfrac{\bar{X}-\mu_0}{\dfrac{S}{\sqrt{n}}},t$；　10. $U=\dfrac{\bar{X}-\mu_0}{\dfrac{\sigma}{\sqrt{n}}},N(0,1)$.

三、解答题

1. (1)和(4)是统计量；　(2)和(3)不是统计量.
2. (1) $\bar{x}=151.125$；　(2) $s^2\approx113.55$.
3. $\hat{\mu}_1,\hat{\mu}_2,\hat{\mu}_3$ 都是总体均值 μ 的无偏估计量，且 $\hat{\mu}_3$ 最有效.
4. 利用公式(6.9)得[−0.354,0.754].

5. 利用公式(6.10)得[−0.6066,3.3934].

6. **提示**:$H_0:\mu=\mu_0=1.40,\sigma_0=0.04,n=25,\alpha=0.05,\bar{x}=1.39,Z_{0.025}=1.96,U=\dfrac{\bar{x}-\mu_0}{\frac{\sigma_0}{\sqrt{n}}}=-1.25\in[-1.96,1.96]$. 结论:接受原假设,与原设计标准值1.40无显著差异.

7. **提示**:$H_0:\sigma=\sigma_0=120$,$s^2=16528.8889$,$n=10$,$\alpha=0.05$,$\bar{x}=1582$,$\chi^2_{0.975}(9)=2.700$和$\chi^2_{0.025}(9)=19.023$,$\hat{W}=\dfrac{(n-1)s^2}{\sigma_0^2}\approx10.331\in[2.700,19.023]$. 结论:接受原假设,可以认为标准差是120h.